蘇詩彙評（一）

曾棗莊・曾濤編

文史哲出版社印行

國家圖書館出版品預行編目資料

蘇詩彙評 / 曾棗莊. 曾濤編 -- 初版. -- 臺北市：文史哲，民87

冊： 公分

含索引

ISBN 957-549-137-8(一套：精裝)

1. (宋) 蘇軾 - 作品集 - 評論 2. 中國詩 - 歷史 - 宋 (960-1297)

851.4516 87005070

蘇 詩 彙 評

編著者：曾棗莊・曾濤
出版者：文史哲出版社
登記證字號：行政院新聞局版臺業字五三三七號
發行人：彭正雄
發行所：文史哲出版社
印刷者：文史哲出版社
臺北市羅斯福路一段七十二巷四號
郵政劃撥帳號：一六一八〇一七五
電話 886-2-23511028・傳真 886-2-23965656
精裝四冊實價新臺幣三六〇〇元
中華民國八十七年五月初版

ISBN 957-549-137-8

前　言

蘇軾在《書黃子思詩集後》中寫道：「蘇李之天成，曹劉之自得，陶謝之超然，蓋亦至矣。而李太白、杜子美以英偉絕世之姿，凌跨百代，古今詩人盡廢，然魏晉以來高風絕塵亦少衰矣。李杜之後，詩人繼作，雖間有遠韻，而才不逮意。獨韋應物、柳宗元發纖穠于簡古，寄至味于淡泊，非餘子所及也。唐末司空圖崎嶇兵亂之間而詩文高雅，猶有承平之遺風，其論詩曰：梅止于酸，鹽止于鹹，飲食不可無鹽梅，而其美常在鹹酸之外。」這段話頗能代表蘇軾的詩歌見解。詩貴韻味，要有弦外之音，言外之意。蘇軾很欣賞鍾繇、王羲之的書法：「蕭散簡遠，妙在筆畫之外。」他認爲詩也應該這樣，梅的味道只是酸，鹽的味道只是鹹，「飲食不可無鹽梅，而其美常在鹹酸之外」。他正是根據這一觀點來衡量兩漢至隋唐的詩人的。他稱頌傳說的李陵、蘇武詩的「天成」，曹植、劉楨詩的「自得」，陶淵明、謝靈運的「超然」，韋應物、柳宗元的「簡古」、「澹泊」，司空圖的「高雅」。他特別推崇李白和杜甫，認爲他們一出，「古今詩人盡廢」。李杜二人中，他更推崇杜甫，他說：「古今詩人衆矣，而杜子美爲首。」（《王定國詩集叙》）

蘇軾的詩歌創作正是他的論詩見解的體現。蘇轍《亡兄子瞻端明墓誌銘》云：「公詩本似李杜，晚喜淵明，追和之者幾遍。」他的詩既具有杜詩的現實精神，又具有李詩豪放不羈的浪漫風格，還具有陶潛「質（質樸）而實綺（綺麗），癯（清瘦）而實腴（豐腴）」，清新淡雅，托意高遠的特徵。

東坡對民間疾苦十分關心，對窮奢極欲的統治者極端不滿。他的《許州西湖》揭露了在「許川七不登」即連年欠收的情況下，當地官吏竟大量動用民力，爲其「春游」開浚許州西湖：「使君欲春游，浚沼役千掌。紛紜具畚鍤，鬧若蟻運壤。」《李氏園》揭露了官僚貴族兼併土地的罪行，他們爲了建築「美園圃」，不惜「奪民田」，「破千家」。特別是晚年遠謫惠州期間寫的《荔枝嘆》，揭露了歷代官僚（包括本朝）爲了贏得「宮中美人一破顏」，不惜造成「驚塵濺血流千載」的罪行，甚至對當權的哲宗也有譏刺。

他對危害人民的水、旱、蝗災，一直十分關注：「三年東方旱，逃戶連欹棟」（《除日大雪，元日早晴，遂行》）；「水旱行十年，饑疫遍九土。」（《答郡中同僚賀雨》）他很希望能消除自然災害給人民帶來的痛苦：「安得雲如蓋，能令雨翻盆。」（《自磻溪憩翠麓亭》）他常常爲不能消除天災給人民帶來的痛苦而深感內疚：「永愧此邦人，芒刺在膚肌。平生五千卷，一字不救饑。」（《和孔郎中荆林馬上見寄》）

天災常常與人禍交織在一起，那些高高在上的統治者「居高忘下」，對嚴重的自然災害毫不關心：「農夫輟耒女廢筐，白衣僊人在高堂。」（《雨中游天竺靈感觀音院》）統治者不僅對自然災害毫不關心，而且還強迫人民在雨中服役，使他們過着豬鴨不如的生活：「天雨助官政，泫然淋衣襟。人如鴨與豬，投泥相濺驚。」（《湯村開運鹽河雨中督役》）傜役繁重，賦稅更繁重，貪官污吏深更半夜都在催征賦稅，鬧得鷄犬不寧：「而今風物那堪畫，縣吏催錢夜打門」（《陳季常所蓄朱陳村嫁娶圖》）；「人間行路難，踏地出賦租」（《魚蠻子》）；「賣牛納稅折房屋，慮淺不及明年饑。」（《吳中田婦嘆》）殘酷的剝削必然引起人民的反抗。蘇軾作爲封建統治階級中的一員，必然要參與鎮壓反抗者和懲治觸犯刑律的人。但他又明明知道，許多身繫囚籠的人是無辜的，是腐敗的吏治造成的，因此，他經常感到內疚和自責：「平生所慚今不恥，坐對疲民更鞭箠。」（《戲子由》）

蘇軾還有些詩篇客觀上反映了當時嚴重的階級對立：「池臺信宏麗，貴與民同賞。但恐城市歡，不知田野愴」（《許州西湖》）；「市人爭誇鬭巧智，野人喑啞遭欺謾」（《和子由蠶市》）；「富人事華靡，彩綉光翻座。貧者愧不能，微摯出舂磨」（《饋歲》）；「檐楹飛舞垣牆外，桑柘蕭條斤斧餘。」（《築高麗亭館》）在這些詩篇里，誠實的鄉村農民和巧詐的城市商人的尖銳對立，宏麗豪華的池臺樓閣與蕭條荒涼的田野山村的鮮明對比，都表現得很突出。讀到這些詩句，我們會很自然地聯想到杜甫的名句「朱門酒肉自，路有凍死骨」。

遼和西夏的騷擾，一直是北宋王朝的心腹之患。蘇軾主張抗擊遼和西夏的侵擾，洋溢着強烈的愛國感情。青年時代，他就表示了「與虜試周旋」（《和子由苦寒見寄》）的決心。以後，他又經常表示願意效命疆場：「聖朝若用西涼簿，白羽猶能效一揮。」（《祭常山回小獵》）他甚至在貶官黃州期間，在政治上極不得意之時，也沒有忘記「臂弓腰箭何時去，直上陰山取可汗」。（《謝陳季常惠一揞巾》）

出于對抗擊遼和西夏的愛國感情，蘇軾對那些從征將士進行了熱烈的歌頌。其中有歌頌「將官雷勝」的：「胡騎入雲中，急烽連夜過。短刀穿虜陣，濺血貂裘涴」（《將官雷勝得過字，代作》）有歌頌「戰西羌」的沈逵的：「君隨幕府戰西羌，夜渡冰河斫雲壘。飛塵漲天箭灑甲，歸時妻孥眞夢耳。」（《送沈逵赴廣南》）他對「屢戰有功」，後來卻「貧不能歸」，在嘉州監稅的「河西弓箭手」郭綸，寄予了深切的同情和期望：「河西猛士無人識，日暮津亭閱過船。路人但覺驄馬瘦，不知鐵槊大如船。因言西方久不戰，截髮願作萬騎先。我當憑軾與寓目，看君飛矢射蠻氈。」（《郭綸》）「首二句寫出英雄失意之概」（紀昀評），以「閱過船」這樣一個特寫鏡頭，就烘托出了英雄放閑，百無聊賴的神情。「猛士」而「無人識」，眼前的「驄馬瘦」與當年的「鐵槊大如椽」，構成鮮明對比，既寫出了當年的威武，又寫出了眼下的潦倒。

蘇軾時常關心着邊事，因此，每當他得知邊境告捷，常常表現出由衷的高興。熙寧五年（一〇七二）他得知洮西大捷時寫道：「漢家將軍一尺佛，詔賜天池八尺龍。露布（緊急文書）朝馳玉關塞，捷書夜到甘泉宮。似聞指揮築上郡，已覺談笑無西戎。牧臣不見天顏喜，但驚草木放春容。」（《聞洮西捷報》）元豐四年（一〇八一）种諤率兵深入敵境，破殺西夏六萬餘人，獲馬五千匹。蘇軾得知這一消息，爲收復失地而非常興奮：「聞說將軍取乞誾，將軍旗鼓捷如神。故知無定河邊柳，共得中原雪絮春。」（《聞捷》）元祐二年（一〇八七）擒獲吐蕃首領鬼章，蘇軾也寫詩稱頌道：「堅壘千兵破，連航一炬燒。擒奸從窟穴，奏捷上煙霄。」但他也清醒地告誡說：「羌情防報復，軍勝忌矜驕。愼重關西將，奇功忽再邀。」（《獲鬼章二十韻》）驕兵必敗，輕敵必敗，因此他很強調將帥的選擇。元豐七年（一〇八四）西夏大寇蘭州，蘇軾焦急地寫道：「西方正苦戰，誰補將帥缺？（《岐亭五首》）元祐八年（一〇九三）蘇軾知定州，他又說：「收邊在得士，此語要而簡。」（《次韻李端叔謝送牛戩鴛鴦竹石圖》）這些詩句都反映了蘇軾對邊防的關心。

錢鍾書先生《宋詩選注》說：蘇軾「曾經說過：『出新意于法度之中，寄妙理于豪放之外。』從分散在他的著作里的詩文評看來，這兩句話也許可以現成的應用在他自己身上，概括他的詩歌里的理論和實踐。……李白以後，古代大約沒有人趕得上蘇軾這種『豪放』。」他的不少詩篇有着磅礴的氣勢，如《游徑山》：「衆峰來自天目山，勢若駿馬奔平川。」又如《八月十五日看潮》：「江神河伯兩醯鷄，海若東來氣吐霓。安得夫差水犀手，三千強弩射潮低。」蘇軾有着豐富的想象力，他看見天上的明月，就覺得似乎是誰用銀河之水爲老天爺洗亮了眼睛：「誰爲天公洗眸子，應費明河千斛水」（《和子由中秋見月》）；他看見石屏上畫的松樹，就覺得是已死的畫家畢宏、韋偃的「神機巧思」都化于石中了：「我恐畢宏、韋偃死葬虢山下，骨可朽爛心難窮。神機巧思無所發，化爲煙霏沉石中」（《歐陽少師令賦所蓄石屏》）；他看見金山寺下白天、黃昏、月夜和月落後的不同的瑰麗景色，覺得江神都似乎在責怪自己不歸隱山林：「江山如此不歸山，江神見怪驚我頑。」（《游金山寺》）在蘇軾的筆下，萬物好像都具有人的感情和行爲，如海棠會睡：「東風嫋嫋泛崇光，香霧霏霏月轉廊。只恐夜深花睡去，故燒高燭照紅妝。」（《海棠》）牡丹怕羞：「人老簪花不自羞，花應羞上老人頭。醉歸扶路花應笑，十里珠簾半上鈎。」（《吉祥寺賞牡丹》）龜魚識聲：「朱欄畫柱照湖明，白葛烏紗曳履行。橋下龜魚晚無數，識君柱杖過橋聲。」（《湖橋》）風解人意：「東風知我欲山行，吹斷檐間積雨聲。嶺上晴雲披絮帽，樹頭初日挂銅鉦。」（《新城道中》）「子瞻作詩，長于比喻。」（宋魏慶之《詩人玉屑》卷一七）蘇軾詩中大量生動貼切的比喻，也大大增強了他的詩歌的形象性。如《鳳翔八觀》接連以多種形象寫石鼓文字的模糊，《讀孟郊詩》以一連串比喻，形容「夜讀孟郊詩，……佳處時一遭」，均以博喻見長。正如《說詩粹語》所指出的：「天馬脫羈，飛僊游戲，窮極變化，而適如意中之所欲出。」這段話道出了蘇詩的豪放不羈的特點。

所謂蘇軾「晚喜陶淵明」，主要是指蘇軾晚年貶官嶺南期間特別喜好陶詩。但是，蘇軾喜好陶詩並非自貶官嶺南開始，而是早在貶官黃州期間就開始了。當時他就把自己躬耕的東坡比作陶潛游過的斜川，並把陶潛的《歸去來辭》隱括入詩詞中。蘇軾寫作「和陶詩」也不是從貶官嶺南開始的，在任揚州知州時就曾和陶潛《飲酒》詩二十首。但蘇軾大量寫作和陶詩是在貶官嶺南期間。他在給蘇轍的信中說：「古之詩人有擬古之作矣，未有追和古人者也。追和古人，則始于吾。吾于詩人無所甚好，獨好淵明之詩。淵明作詩不多，然其詩質而實綺，癯而實腴，自曹（植）、劉（楨）、鮑（照）、謝（靈運）諸人，皆莫及也。吾前後和其詩凡一百有九篇，至其得意，自謂不甚愧淵明。……然吾于淵明豈獨好其詩也哉？如其爲人實有感焉。淵明臨終，疏告儼（陶儼、淵明子）等：『吾少而窮苦，每以家弊東西游走，性剛才拙，與物多忤。自量爲己，必貽後患，黽勉辭世，使汝等幼而饑寒。」淵明此語，蓋實錄也。吾眞有此病，而不早自知，半生出仕，以犯世患，此所以深愧淵明，欲以晚節師範其萬一也。」（見蘇轍《追和陶淵明詩引》）從蘇軾這段話可看出，蘇軾之所以大量寫作和陶詩，除了因爲陶潛詩確實寫得好以外，還與他在政治上的失意是分不開的。他有感于陶潛的「爲人」，有感于陶潛「不肯爲五斗米一束帶見鄉里小兒」，深悔自己不該「半生出仕，以犯世患」，所以，「欲以晚節師範其萬一」。蘇軾說他的和陶詩「不甚愧淵明」，這是合乎實際的。蘇軾的和陶詩也同陶詩一樣，具有「質而實綺」的特點，即表面質樸而實際綺麗，不用華麗的詞藻卻能形象地刻畫出客觀事物。在《和移居》中，蘇軾說，他對惠州嘉祐寺很喜歡：「昔我初來時，水東有幽宅。晨與烏鵲朝，暮與牛羊夕。」從早到晚都與烏鵲牛羊共同居處，「幽宅」之幽也就可想而知了。可惜後來遷到了合江樓，即惠州東門樓：「誰令遷近市，日有造請役。歌呼雜閭巷，鼓角鳴枕席。」「拜往迎來，喧囂嘈雜，厭煩之情，躍然紙上。蘇軾贊王維「詩中有畫」，他自己也當得起這樣的評價。和陶詩中那些描寫嶺南風光的詩句就有如山水畫一般的形象，如「颶作海渾，天水溟濛」（《和停雲》）；「環州多白水，際海皆蒼山」（《和歸田園居》）；「登高望雲海，醉覺三山傾」（《和九日閑居》）；「稍喜海南州，自古無戰場。奇峰望黎母，何異嵩與邙。飛泉瀉萬仞，舞鶴雙低昂」（《和擬古》）；「海南無冬夏，安知歲將窮。時時小搖落，榮瘁俯仰中」（《五月旦日作和戴主簿》）等等。這些詩句都形象地描繪了海南的地理和氣候特徵。

蘇軾的和陶詩也像陶詩一樣「癯而實腴」，即表面清瘦而實際豐腴，在自然平淡的話語中有着豐富的內涵。他在《歸田園居》中寫道：「新浴覺身輕，新沐感髮稀。風乎懸瀑下，卻行詠而歸。仰觀江搖山，俯見月在衣。步從父老語，有約吾敢違？」眞是無官一身輕，擺脫官場如釋重負之感，溢于字里行間，讀起來確實是「極平淡而有深味」。（紀昀評《蘇文忠公詩集》）他在《和貧士》之三中寫道：「誰謂淵明貧？尙有一素琴。心閑手自適，寄此無窮音。佳晨愛重九，芳菊起自尋。疏巾嘆虛漉，塵爵笑空斟。忽餉二萬錢，顏生良足欽。思送酒家保，勿違故人心。」誰說淵明貧？他既有素琴可彈，又有芳菊可賞，而當他無米釀酒，酒杯生塵時，顏延之又送來「二萬錢」，作他的沽酒之資。紀昀說這首詩是在「寄友朋莫助之慨」。若不細細體味，就容易當作一般叙事放過，而看不出其中的寄慨。蘇軾貶官嶺南，雖有很多友朋待他很好，但也有不少勢利鬼生怕連累自己，避之惟恐不及。蘇軾在《和九日閑居》中就曾發出「坎坷見天意，滯留見人情」的感嘆。讀蘇軾的和陶詩要注意透過他那平淡的語言，體會他的弦外之音，言外之意。

蘇軾說：「觀陶彭澤詩，初若散緩不收，反復不已，乃識其奇趣。」（《書唐氏六家書後》）蘇軾和陶詩也具有這種表面散實際不散，反復咀嚼，奇趣盎然的特點。《和貧士》之二寫道：「夷齊耻周粟，高歌頌虞軒。產祿彼何人，能致綺與園。古來避世士，死灰或餘煙。末路亦可羞，朱墨手自研。淵明初亦仕，弦歌本誠言。不樂乃徑歸，視世差獨賢。」伯夷、叔齊寧肯餓死首陽山，也不肯食周粟，似乎夠高雅了，但他們卻高歌虞舜、軒轅，說明他們並沒有忘懷世事。商山四皓（綺里季、東園公、夏黃公、甪里先生），因劉邦待人「侮慢」，逃匿深山，「義不爲漢臣」，但呂產、呂祿算什麼東西，卻以「卑辭厚禮」把他們羅致來了。陶潛不願爲五斗米折腰，但他也曾奔走仕途，表白過「猛志逸四海，騫翮思遠翥」。（《雜詩》）表面看，這里平行列舉了伯夷，叔齊、商山四皓和陶淵明等高士的事迹，似乎「散緩不收」。但「古來避世士，死灰或餘煙」十字，卻把這幾件事緊緊地綰在一起，使全詩主題很鮮明：自古以來的高士們都未能忘懷世事，何況我蘇軾呢？《和乞食》一詩也是列舉許多古人乞貸的事來同自己「幸有餘薪米，養此老不才」作比較，說明他已比他們幸運得多；而全詩以「嗚呼天下事，死生寄一杯」把各自獨立的事件聯結起來，對人生的艱難發出了深沉的喟嘆。和陶詩中還有不少組詩，初看也像是各自獨立的，細味卻往往有內在聯繫。如《和雜詩》十一首，前兩首寫自己貶官海南；中間八首是以古方今，以古人況自己；最後一首仍以收到海南作結。「題目《雜詩》，詩不雜也。十一首以我字作骨，一綫穿成。」（王文誥《蘇文忠公詩編注集成》）

宋人魏慶之《詩人玉屑》說：「余觀東坡自南遷以後詩，全類子美（杜甫）夔州以後詩，精深華妙，正所謂『老而嚴』者也。子由云：『東坡謫居儋耳，獨善爲詩，精深華妙，不見老人衰憊之氣。』魯直（黃庭堅）亦云：『東坡嶺外文字，讀之使人耳目聰明，如清風自外來也。』觀二公之言如此，則余非過論矣。」詩窮而後工，蘇軾貶官黃州特別是貶官嶺南以後，他的詩確實寫得更好了。

宋人嚴羽的《滄浪詩話》說：「盛唐詩人惟在興趣，言有盡而意無窮。近代諸公，以文爲詩，以才學爲詩，以議論爲詩。夫豈不工，終非古人之詩也。」就蘇詩而論，可說有三種情況：一是蘇詩也具有「以文爲詩，以才學爲詩，以議論爲詩」的特點，如《觀魚臺》：「欲將同異較錙銖，肝膽猶能楚越如。若信萬殊歸一體，子今知我我知魚。」全詩都是檃括《莊子》，說理談玄，枯燥無味，沒有新的思想，沒有鮮明的形象，沒有詩的意境，讀起來晦澀難懂。二是在以議論爲主的詩篇中，也有一些雖無鮮明形象，但卻耐人尋味的作品，有的甚至成了家喻戶曉的名篇。在黃州，朝雲生一子，他在《洗兒》詩中憤慨地寫道：「人皆有子望聰明，我被聰明誤一生。惟願孩兒愚且魯，無災無難到公卿。」駡得何等痛快！他少有壯志，才氣橫溢，卻窮愁潦倒，坎坷不平，屢遭排斥打擊，而那些酒囊飯袋，卻能安于朝廷，無災無難，青雲直上。寥寥四句，充滿了作者的滿腔悲憤，揭露了封建官僚制度的黑暗。《宋史·蘇軾傳》說他的「嬉笑怒駡之詞，皆可書而誦之」，這首《洗兒》詩就屬這種「嬉笑怒駡」之詞。《題西林壁》也不是以寫景見長，而卻充滿了理趣：「橫看成嶺側成峰，遠近高低各不同。不識廬山眞面目，只緣身在此山中。」看廬山，橫看和側看，遠看和近看，高處看和低處看，往往有不同景色。身在廬山，往往只見樹木，不見森林，看不到廬山的全貌，或常在廬山，反而熟視無睹，感覺不到廬山之幽美，正如久居芳室而不聞其香一樣。《洗兒》、《題西林壁》等詩，都不是以形象取勝，而是以理趣取勝，讀起來仍覺得「言有盡而意無窮」，就在于它善于從人們司空見慣的事物中，發掘出一些頗富哲理的思想。三是在東坡詩中也有不少堪與唐詩媲美的作品，蘇詩有的感情奔放，氣勢雄渾，粗獷豪邁；有的文筆細膩，自然流麗，清新雋永，所謂「清水出芙蓉，天然去雕飾」。他作詩追求清新和自然；「詩畫本一律，天工與清新」。（《書鄢陵王主簿所畫折枝》）：「新詩如洗出，不受外垢蒙。」（《僧惠勤初罷僧職》）。蘇軾的寫景詠物詩尤其寫得來清新自然。如《崇惠春江曉景》：「竹外桃花三兩枝，春江水暖鴨先知。蔞蒿滿地蘆芽短，正是河豚欲上時。」桃花初放，江水漸暖，蔞蒿滿地，蘆芽破土，群鴨戲水，河豚（產于海）隨潮水涌入春江，一派生機勃勃的景色。

蘇軾是全能作家，詩、文、詞的藝術成就都很高。但前人對對蘇詩的研究遠遠超過對蘇詞、蘇文的研究。從宋代起，蘇詩就既有分類注（舊題王十朋《集百家注分類東坡先生詩》），又有編年注（施元之、顧景繁《注東坡先生詩》）。清人更是評注蘇詩成風，如查愼行《補注東坡先生編年詩》、翁方綱《蘇詩補注》、馮應榴《蘇文忠詩合注》、王文誥《蘇文忠公詩編注集成》等等。各種蘇詩的選注本更是多如牛毛。評論蘇詩的專著也不少，如汪師韓《蘇詩選評箋釋》、查愼行《初白庵詩評》、趙克宜《角山樓蘇詩評注彙鈔》，紀昀評《蘇文忠公詩集》更是幾乎盡評蘇詩，歷代的文集、詩話、筆記評及蘇詩者更多。爲研究蘇詩，需要全面掌握前人對蘇詩的評論。本書有些資料是特別珍貴的，如一位老先生送給我的紀昀評《蘇文忠公詩集》，有香巖手批，這可算是孤本；日本池澤滋子女士及其丈夫池澤一郎還送給我幾種日本有關蘇軾的書，其中有賴山陽《東坡詩鈔》及所附《書韓蘇古詩後》等，也是中國學者難于見到的。

編纂本書的目的，在于爲蘇詩研究者和愛好者提供盡可能全的有關蘇詩的評論資料和背景資料，以省大家的翻檢之勞。章學誠《文史通義》卷五《詩話》云：「詩話之源，本于鍾榮《詩品》。

然考之經傳，如云：「爲此詩者，其知道乎？」又云：「未之思也，何遠之有？」此論詩而及事也。又如「吉甫作誦，穆如淸風」，「其詩孔碩，其風肆好。」此論詩而及辭也。事有是非，辭有工拙，觸類旁通，啓發實多。」「論詩而及事」偏重于背景資料，「論詩而及辭」偏重于評論資料。二者對研讀蘇詩都是很重要的。故本書雖名之曰《蘇詩彙評》，但所收不限于評論資料，有關背景資料也一併收錄。本書以紀昀評《蘇文忠公詩》爲底本，把上舉各書有關蘇詩的評論背景資料總彙于此。涉及單篇者皆錄于各篇之後，謂之《蘇詩篇評》。有一則資料評及數首蘇詩者，短者在各首之下皆收；過長者，則涉及各篇之評語重收，所舉詩則僅收該篇；不便截取者則作「又見」，而不重出。有的資料，層層相因，後出而全無新意者不收。因蘇詩幾乎篇篇有評，爲使讀者得一完整的紀昀評《蘇文忠公詩集》，故少數無評者亦一併收錄。所收蘇詩原文文字，以紀昀評《蘇文忠公詩集》爲準（少數明顯有誤者徑改，不出校記），卷次也不變。不涉及單篇而綜論蘇詩者，附于單篇作品之後，謂之《蘇詩總評》，作爲附錄一。無論篇評或附錄的資料，皆大體按朝代先後編排。爲便讀者檢索，書末附有《蘇詩篇名索引》，作爲附錄二。本書目的雖在于盡可能全地彙總有關蘇詩的資料，但限于見聞，遺漏一定很多，容後續補。

本書我曾請本所的刁忠民先生審讀過，兩种索引是本所沈治宏先生爲我代作，本所的王蓉貴先先也爲此書排版付出了不少勞動，日本池澤滋子女士及其丈夫爲我提供了一些日本資料，特此一並表示謝意。

目錄

紀昀玉蘇文忠公詩集卷二……三七

紀昀評蘇文忠公詩集卷三

紀昀評蘇文忠公詩集卷四……九八

紀昀評蘇文忠公詩集卷五……一四五

紀昀評蘇文忠公詩集卷六……一七七

紀昀評蘇文忠公詩集卷七……二〇八

紀昀評蘇文忠公詩集卷八……二六一

紀昀評蘇文忠公詩集卷九

紀昀評蘇文忠公詩集卷十……三五六

紀昀評蘇文忠公詩集卷十一……四〇一

紀昀評蘇文忠公詩集卷十二

去年秋偶遊寶山上方入一小院闃然無人有一僧隱几低頭讀書與之語漠然不甚對問其鄰之僧曰此雲闍黎也不出十五年矣今年六月自常潤還復至其室則死葬數月矣

紀昀評蘇文忠公詩集卷十三……五〇四

第二冊

紀昀評蘇文忠公詩集卷十四

紀昀評蘇文忠公詩集卷十五

五九一

紀昀評蘇文忠公詩集卷十六

紀昀評蘇文忠公詩集卷十七

紀昀評蘇文忠公詩集卷十八

紀昀評蘇文忠公詩集卷十九

紀昀評蘇文忠公詩集卷二十

紀昀評蘇文忠公詩集卷二十一

紀昀評蘇文忠公詩集卷二十二……九五四

紀昀評蘇文忠公詩集卷二十三

紀昀評蘇文忠公詩集卷二十四

紀昀評蘇文忠公詩集卷二十五……一〇八五

第三冊

紀昀評蘇文忠公詩集卷二十七

紀昀評蘇文忠公詩集卷二十九……一二三三

紀昀評蘇文忠公詩集卷三十……一二五八

紀昀評蘇文忠公詩集卷三十一……一三〇三

紀昀評蘇文忠公詩集卷三十二

紀昀評蘇文忠公詩集卷三十三 …… 一三七六

紀昀評蘇文忠公詩集卷三十四

紀昀評蘇文忠公詩集卷三十五……一四七〇

紀昀評蘇文忠公詩集卷三十六……一五〇八

紀昀評蘇文忠公詩集卷三十七

紀昀評蘇文忠公詩集卷三十八……一五八八

紀昀評蘇文忠公詩集卷三十九

紀昀評蘇文忠公詩集卷四十

第四冊

紀昀評蘇文忠公詩集卷四十一

紀昀評蘇文忠公詩集卷四十二

紀昀評蘇文忠公詩集卷四十三……一八三三

紀昀評蘇文忠公詩集卷四十四 …… 一八七四

紀昀評蘇文忠公詩集卷四十五

紀昀評蘇文忠公詩集卷四十六……一九三二

紀昀評蘇文忠公詩集卷四十七

紀昀評蘇文忠公詩集卷四十九……二〇二六

紀昀評蘇文忠公詩集卷五十……二〇四七

紀昀評蘇文忠公詩集卷一

郭綸

自注：綸本河西弓箭手，屢戰有功不賞，自黎州都監官滿，貧不能歸，今權嘉州監稅。

河西猛士無人識，日暮津亭閱過船。路人但覺驄馬瘦，不知鐵槊大如椽。因言西方久不戰，截髮願作萬騎先。我當憑軾與寓目，看君飛矢集蠻氈。

紀昀評《蘇文忠公詩集》卷一：首二句寫出英雄失路之慨。頗作意態，而不免淺弱，病在五句（「因言西方久不戰」）接落少力。而五句之少力，則病在「因言」二字之板滯也。

翁方綱《七言詩三昧舉隅》：此在漁洋先生以爲「羚羊挂角」之妙，而東坡少年時特以無意偶然得之。

又《漁洋詩髓論》：蘇律可以補李之闕，而（漁洋）先生置之，然于《郭綸》一篇，遂以爲司空王官之遺也，是又先生別具神理云爾。

王文誥《蘇海識餘》卷一：編南行詩以《郭綸》爲首，用子由詩之次序也。其詩詳序綸事，故論者以爲佳，予獨不然。子由詩是叙事體，雖佳易辨，彼中無路數也。公詩寥寥數語，欲于其潦倒中見長，故難。此是大家作法，卻不是大家詩，以氣體未成故也。然其所以成之之故，即基于此。學者當由是以求其詩之進步，則思過半矣。

初發嘉州

朝發鼓闐闐，西風獵畫旆。故鄉飄已遠，往意浩無邊。錦水細不見，蠻江清可憐。奔騰過佛腳，曠蕩造平川。野市有禪客，釣臺尋暮煙，相期定先到，久立水潺潺。

紀昀評《蘇文忠公詩集》卷一：氣韻灑脫，格律謹嚴。此少年未縱筆時。出句五仄，則對句第三字必平，唐人定格（按指「錦水細不見，蠻江清可憐」）。（「野市有禪客」二句）接得挺拔，彷佛孟公「問我今何適，天台訪石橋」二句筆意。

王士禎《帶經堂詩話》卷一三《遺蹟類》上：江岸大像，開元中釋海通所鑿，未竟示寂，韋皋鎮蜀始成之。像前即三江合流處，東坡詩「奔騰過佛腳」謂此。像南競秀、清音兩亭，皆俯江干，平視三峨，極曠望之致，「振衣千仞岡，濯足萬里流」，差足當之。殿右爲宋州守吳秘治

《易》洞，坡公有詩。

犍爲王氏書樓

樹林幽翠滿山谷，樓觀突兀起江濱。云是昔人藏書處，磊落萬卷今生塵。江邊日出紅霧散，綺窗畫閣青氛氳。山猿悲嘯谷泉響，野鳥嘐戛巖花春。借問主人今何在，被甲遠戍長苦辛。先登搏戰事斬級，區區何者爲三墳。書生古亦有戰陣，葛衣羽扇揮三軍。古人不見悲世俗，回首蒼山空白雲。

查愼行《初白庵蘇詩補注》卷一：先生在黃州，與王齊萬秀才詩云：「君家稻田冠西蜀，擣玉揚珠三萬斛。塞江流柹起書樓，碧瓦朱欄照山谷！」齊萬字文甫，蜀人，時寓居武昌縣，當即書樓主人也。

紀昀評《蘇文忠公詩集》卷一：亦頗淺弱。此時氣格尙未成就也。

香巖批《紀評蘇詩》卷一：純用唐法。

過宜賓見夷牢亂山

江寒晴不知，遠見山上日。朦朧含高峰，晃蕩射峭壁。横雲忽飄散，翠樹紛歴歴。行人挹孤光，飛鳥投遠碧。蠻荒誰復愛，穠秀安可適。豈無避世士，高隱鍊精魄。誰能從之游，路有豺虎跡。

袁宏道評閱譚元春選《東坡詩選》卷一譚元春評：「落葉滿空山，何處尋行迹」，此首反可以和之。

汪師韓《蘇詩選評箋釋》卷一：孤冷戍削，具縋幽鑿險之能。

紀昀評《蘇文忠公詩集》卷一：清而未厚，峭而未堅。火候未足時，雖東坡天才，不能强造也。起六句寫景自好。收入俗徑。「穠秀」句不成句法。

夜泊牛口

日落江霧生，繫舟宿牛口。居民偶相聚，三四依古柳。負薪出深谷，見客喜且售。煮蔬爲夜飧，安識肉與酒。朔風吹茅屋，破壁見星斗。兒女自咿嚘，亦足樂且久。人生本無事，苦爲世味誘。富貴耀吾前，貧賤獨難守。誰知深山子，甘與麋鹿友。置身落蠻荒，生意不自陋。今予獨何者，汲汲強奔走。

袁宏道評閱譚元春選《東坡詩選》卷一：「富貴耀吾前，貧賤獨難守」，是眞實語，前人不曾說破疼根。

查愼行《初白庵詩評》卷中：以地度之，牛口當在叙州府眞溪驛北。

汪師韓《蘇詩選評箋釋》卷一：不見可欲，使心不亂，於此悟出艱難中骨力。孰謂陋室荒村不可以學道？

紀昀評《蘇文忠公詩集》卷一：「喜且售」三字（「見客喜且售」）湊。「安識」句（「安識肉與酒」）率。「樂且久」（「亦足樂且久」）三字趁韻。此處（「甘與麋鹿友」）可住。後半全是俗徑。凡遊眺山水之詩，此意搖筆便來，切宜避之。

牛口見月

掩窗寂已睡，月腳垂孤光。披衣起周覽，飛露灑我裳。山川同一色，浩若涉大荒。幽懷耿不寐，四顧獨徬徨。忽憶丙申年，京邑大雨霶。蔡河中夜決，橫浸國南方。車馬無復見，紛紛操栰郎。新秋忽已晴，九陌尚汪洋。龍津觀夜市，燈火亦煌煌。新月皎如畫，疏星弄寒芒。不知京國喧，謂是江湖鄉。今來牛口渚，見月重淒涼。卻思舊遊處，滿陌沙塵黃。

袁宏道評閱譚元春選《東坡詩選》卷一譚元春評：氣格渾蒼，無咿嚘之病。且無故思及丙申河決事，便遠。

查愼行《初白庵蘇詩補注·例略》：公詩自仁宗嘉祐己亥始見集中，所謂《南行集》也。《牛口見月》詩亦是年作，注家顧繫諸嘉祐元年。按嘉祐元年爲丙申，而詩中有「忽憶丙申年」之句，其乖戾可知。

紀昀評《蘇文忠公詩集》卷一：起八句極佳！以下殊乏鎔鍊。「霶」字（「京邑大雨霶」）懸腳。

王文誥《蘇文忠公詩編注集成》卷一：自「忽憶丙申年」句至此（「謂是江湖鄉」），皆追憶京中事。

香巖批《紀評蘇詩》卷一：（「京邑大雨霶」）「霶」韻句法從《春秋》得來，語有經典，不得目爲懸腳。（「不知京國喧」）二句束上，逗起下意，鍼綫細密。結四句殊乏陶冶。

戎州

亂山圍古郡，市易帶羣蠻。瘦嶺春耕少，孤城夜漏閒。往時邊有警，征馬去無還。自頃方從化，年來亦款關。頗能貪漢布，但未脫金鐶。何足爭強弱，吾民盡玉顔。

紀昀評《蘇文忠公詩集》卷一：順筆寫出，有揮灑自如之意，對獠人之獰陋言之，故曰「玉顔」（「吾民盡玉顔」）。然二字究是強押。

趙克宜《角山樓蘇詩評注彙鈔》卷一：排律一氣流轉，頗爲可法。

香巖批《紀評蘇詩》卷一：微嫌直瀉，凡是爲此等運氣之詩，須有頓挫乃佳。

舟中聽大人彈琴

彈琴江浦夜漏永，斂衽竊聽獨激昂。《風松》《瀑布》已清絕，更愛《玉珮》聲琅璫。自從鄭衛亂雅樂，古器殘缺世已忘。千年寥落獨琴在，有如老仙不死閱興亡。世人不容獨反古，強以新曲求鏗鏘。微音淡弄忽變轉，數聲浮脆如笙簧。無情枯木今尚爾，何況古意墮渺茫。江空月出人響絶，夜闌更請彈《文王》。

袁宏道評閲譚元春選《東坡詩選》卷一譚元春評：纔是子聽父彈琴詩，古穆莊嚴，無一毫褻怠歡暢之氣。

紀昀評《蘇文忠公詩集》卷一：通篇不脱舊人習徑，句法亦多淺弱。漁洋《古詩選》取之，是所未喻。「獨激昂」三字（「斂衽竊聽獨激昂」）不似聽琴，且與下文不貫。《文王操》（「夜闌更請彈《文王》」）無所取義，即是趁韻。

翁方綱《石洲詩話》卷三：《舟中聽大人彈琴》一篇，對世人愛新曲説，必當時坐間或有所指，因感觸而云然。故一篇俱是「激昂」意，直到末句，始轉出正意也。此篇阮亭亦第以格韻之高選之，其實在蘇詩，只是平正之作耳。

王文誥《蘇文忠公詩編注集成》卷一：紀曉嵐謂「獨激昂」三字不似聽琴，此不懂琴者之言也。曉嵐又謂此三字與下文不貫，彼何由知《風松》、《玉佩》諸曲必非激昂者乎？所論皆謬。

方東樹《昭昧詹言》卷一二：高韻，意境可比陶公。詞意韻格，超詣入妙，而筆勢又奇縱恣肆。六一尚不脱退之窠臼，此獨如飛天仙人，下視塵壒，俱凡骨矣。

泊南牛口期任遵聖長官到晚不及見復來

江上有微徑，深榛煙雨埋。崎嶇欲取別，不見又重來。下馬未及語，固已慰長懷。江湖涉浩渺，安得與之偕。

查愼行《初白庵蘇詩補注》卷一：遵聖曾爲平原令，故稱爲「長官」。先生詩有「平原老令更可悲」之句，見本集。

王文誥《蘇文忠公詩編注集成》卷一：伯淳創爲明道之論，天下警疑。公此類詩，正如北宋道學變而未化之時，非具體也。

過安樂山聞山上木葉有文如道士篆符云此山乃張道陵所寓二首

天師化去知何在，玉印相傳世共珍。故國子孫今尚死，滿山秋葉豈能神。

眞人已不死，外慕墮空虛。猶餘好名意，滿樹寫天書。

趙克宜《角山樓蘇詩評注彙鈔附錄》卷中：論雖透，而乏詩人氣息。

渝州寄王道矩

曾聞五月到渝州，水拍長亭砌下流。唯有夢魂長繚繞，共論唐史更綢繆。舟經故國歲時改，霜落寒江波浪收。歸夢不成冬夜永，厭聞船上報更籌。

紀昀評《蘇文忠公詩集》卷一：「唐史」太不對。

入　峽

自昔懷幽賞，今茲得縱探。長江連楚蜀，萬派瀉東南。合水來如電，黔波綠似藍。餘流細不數，遠勢競相參。入峽初無路，連山忽似龕。縈紆收浩渺，蹙縮作淵潭。風過如呼吸，雲生似吐含。墜崖鳴窣窣，垂蔓綠毿毿。冷翠多崖竹，孤生有石楠。飛泉飄亂雪，怪石走驚驂。絕澗知深淺，樵童忽兩三。人煙偶逢郭，沙岸可乘籃。野戍荒州縣，邦君古子男。放衙鳴晚鼓，留客薦霜柑。聞道黃精草，叢生綠玉篸。盡應充食飲，不見有彭聃。氣候冬猶煖，星河夜半涵。遺民悲昶衍，舊俗接魚蠶。板屋漫無瓦，巖居窄似菴。伐薪常冒險，得米不盈甔。歎息生何陋，劬勞不自慚。葉舟輕遠泝，大浪固嘗諳。矍鑠空相視，嘔啞莫與談。蠻荒安可住，幽邃信難妉。獨愛孤棲鶻，高超百尺嵐。横飛應自得，遠颺似無貪。振翮游霄漢，無心顧雀鴿。塵勞世方病，局促我何堪。盡解林泉好，多爲富貴酣。試看飛鳥樂，高遁此心甘。

汪師韓《蘇詩選評箋釋》卷一：用險韻作長律，盡如其意之所出，固稱體大，亦由思精。首二句，虛籠以作起局；「長江」六句，又作總挈；其「入峽」十二句，峽中之景物也；「絕澗」十二句，峽中之人事也；「氣候」八句，則言人居峽之陋；「歎息」八句，則言入峽之勞。至「獨愛孤棲鶻」以下十二句，前六句就孤鶻寫其高超自得之樂，後六句以我之局促與鳥之飛颺兩相對照，作開合之勢，知高超之樂，則知高遁之甘矣。章法明爈，如觀遠岫，列秀青青。

紀昀評《蘇文忠公詩集》卷一：刻意鍛鍊，語皆警峭，氣局亦寬然有餘。「餘流」句（「餘流細不數，遠勢竟相參」）總括得好。二句亦不冗不漏。「聞道」四句（「聞道黃精草，從生綠玉篸。盡應充食餘，不見有彭聃」），百忙中忽插一波，筆墨閒逸之至。字（「大浪固嘗諳」）不雅。結亦常意，而忽借一鳥（「獨愛孤棲鶻」）生波，即覺詠嘆淫佚，意味深長。故詩家當爭用筆。

王文誥《蘇文忠公詩編注集成》卷一：通幅整暇，自能入妙。

趙克宜《角山樓蘇詩評注彙鈔》卷一：叙形勢起。次入本題，歷叙所見。（「舊俗接魚蠶」）以下叙民俗。（「飛泉飄亂雪」二句）精采。結尾一段及中幅數語皆以用筆别致取勝。

延君壽《老生常談》：天地生一傳人，從小即心地活潑，理解神透。如東坡《入峽》詩「聞道黄草，叢生綠玉篸。盡應充食飲，不見有彭聃」，以年譜讀之，公作此詩不過二十歲。若鈍根人，有老死悟心不生者，難以語此。

香巖批《紀評蘇詩》卷一：起八句總寫形勢。

江上看山

船上看山如走馬，倏忽過去數百羣。前山槎牙忽變態，後嶺雜沓如驚奔。仰看微徑斜繚繞，上有行人高縹緲。舟中舉手欲與言，孤帆南去如飛鳥。

紀昀評《蘇文忠公詩集》卷一：起勢雄悍。後四句撐拄不起。

香巖批《紀評蘇詩》卷一：五、六接落全力，七、八跌宕自喜。

趙克宜《角山樓蘇詩評注彙鈔》附録卷中：查云：馬思贊曰：「起句用少陵『隔河見胡騎，倏忽數百群』二語，杜是正，而此是譬喻，所謂奪胎换骨法。」（「後嶺雜沓如驚奔」）與起句意複。

涪州得山胡次子由韻 自注：善鳴，出黔中。

終日鎖筠籠，回頭惜翠茸。誰知聲嘵嘵，亦自意重重。夜宿煙生浦，朝鳴日上峰。故巢何足戀，鷹隼豈能容。

紀昀評《蘇文忠公詩集》卷一：純是古法。強無爲有（三四兩句），亦自有味。結乃慰之之詞。東坡此時，尙無世途之感，非有託也。

留題仙都觀

山前江水流浩浩，山上蒼蒼松栢老。舟中行客去紛紛，古今換易如秋草。空山樓觀何峥嶸，眞人王遠陰長生。飛符御氣朝百靈，悟道不復誦《黄庭》。龍車虎駕來下迎，去如旋風摶紫淸。眞人厭世不回顧，世間生死如朝暮。學仙度世豈無人，餐霞絕粒長苦辛。安得獨從逍遙君，泠然乘風駕浮雲，超世無有我獨存。

查慎行《初白庵蘇詩補注》卷一：《百川學海》：「治平末，東坡泊舟仙都觀下。道士持陰長生石刻《金丹訣》，就質眞贗。（原注：「空山樓觀何崢嶸，眞人王遠陰長生。飛符御氣朝百靈，悟道不復誦《黃庭》。」）坡曰：『不知也。然士大夫遇此，必以請。久之，自有知者。』」按治平末，先生方在鳳翔，焉得泊舟觀下？或誤以嘉祐爲治平爾。

紀昀評《蘇文忠公詩集》卷一：氣味遒逸，但乏精意。

仙都山鹿

日月何促促，塵世苦局束。仙子去無蹤，故山遺白鹿。仙人已去鹿無家，孤棲悵望層城霞。至今聞有遊洞客，夜來江市叫平沙。長松千樹風蕭瑟，仙宮去人無咫尺。夜鳴白鹿安在哉，滿山秋草無行迹。

紀昀評《蘇文忠公詩集》卷一：詩亦清拔，但乏深警。「至今」二句太率易。

趙克宜《角山樓蘇詩評注彙鈔》附錄卷中：只末二句雅音，口無味。

江上值雪效歐陽體限不以鹽玉鶴鷺絮蝶飛舞之類爲比仍不使皓白潔素等字次子由韻

縮頸夜眠如凍龜，雪來惟有客先知。江邊曉起浩無際，樹杪風多寒更吹。青山有似少年子，一夕變盡滄浪髭。方知陽氣在流水，沙上盈尺江無澌。隨風顛倒紛不擇，下滿坑谷高陵危。江空野闊落不見，入戶但覺輕絲絲。沾裳細看若刻鏤，豈有一一天工爲。霍然一揮徧九野，吁此權柄誰執持。世閒苦樂知有幾，今我幸免沾膚肌。山夫只見壓樵擔，豈知帶酒飄歌兒。天王臨軒喜有麥，宰相獻壽嘉及時。凍吟書生筆欲折，夜織貧女寒無幃。高人著屐踏冷冽，飄拂巾帽眞仙姿。野僧斫路出門去，寒液滿鼻淸淋漓。灑袍入袖濕靴底，亦有執板趨堦墀。舟中行客何所愛，願得獵騎當風披。草中咻咻有寒兎，孤隼下擊千夫馳。敲冰煮鹿最可樂，我雖不飲強倒巵。楚人自古好弋獵，誰能往者我欲隨。紛紜旋轉從滿面，馬上操筆爲賦之。

朱翌《猗覺寮雜記》卷上：東坡《雪》詩云：「青山有似少年子，一夕變盡滄浪髭。」蓋用皮日休《元魯山》詩云「世無用賢人，青山生白髭」意也。

汪師韓《蘇詩選評箋釋》卷一：巖壑高卑，人物錯雜，大處浩渺，細處纖微，無所不盡，可敵一幅王維《江干初雪圖》。

紀昀評《蘇文忠公詩集》卷一：「青山」二句自佳。「豈知」句不妥。「斫路」二字不妥。「寒液滿鼻」太俚。「溼靴底」亦俚。結太率。

趙翼批沈德潛《宋金元三家詩選·蘇東坡詩選》上卷：後幅全從遇雪之人鋪叙，難在簡勁。末專以弋獵作結，似覺無謂。

王文誥《蘇文忠公詩編注集成》卷一：自「世間」至此（「孤隼下擊千夫馳」）一段，妙在拉雜而前後過脈。

趙克宜《角山樓蘇詩評注彙鈔》附錄卷中：（「隨風顛倒紛不擇」）此聯寫雪勢渾括透徹。

張謙宜《䌹齋詩話》卷五《評論二·蘇東坡》：全是設想，映襯好。

張道《蘇亭詩話》卷一《論述類》：人但知東坡《聚星堂雪》詩效歐陽「禁體物語」，不知其二十四歲適楚時，已有《江上值雪效歐陽體》詩。雖不及潁州作之遒警，然如「江邊曉起浩無際，樹杪風多寒更吹。青山有似少年子，一夕變盡滄浪髭。方知陽氣在流水，沙上盈尺江無澌。隨風顛倒紛不擇，下滿坑谷高陵危。江空野闊落不見，入戶但覺輕絲絲。沾裳細看若刻鏤，豈有一一天工爲」，亦善繪神色者。夫所云「禁體物語」，言以鹽、玉、鶴、鷺比似爲體物也。今人以「禁體」句，公然書集云「效禁體」，殊不覺其誤，則試思「體」字截斷，「物語」二字將作何解耶？

陳衍《宋詩精華錄》卷一：二雪詩（指此首及《聚星堂》詩）結束皆能避熟。

嚴顏碑

自註：在忠州，嚴即巴郡太守，事見《蜀志·張飛傳》。

先主反劉璋，兵意頗不義。孔明古豪傑，何乃為此事。劉璋固庸主，誰為死不二。嚴子獨何賢，談笑傲碪几。國亡君已執，嗟子死誰為。何人刻山石，使我空涕淚。吁嗟斷頭將，千古為病悸。

王文誥《蘇海識餘》卷一：公少作《孔明論》，主老蘇之說，其南行之《嚴顏碑》（略）詩皆同，故持論多未當。

屈原塔

自注：在忠州，原不當有碑塔於此，意者後人追思，故為作之。

楚人悲屈原，千載意未歇。精魂飄何處，父老空哽咽。至今滄江上，投飯救饑渴。遺風成競渡，哀叫楚山裂。屈原古壯士，就死意甚烈。世俗安得知，眷眷不忍決。南賓舊屬楚，山上有遺塔。應是奉佛人，恐子就淪滅。此事雖無憑，此意固已切。古人誰不死，何必較考折。名聲實無窮，富貴亦暫熱。大夫知此理，所以持死節。

紀昀評《蘇文忠公詩集》卷一：（「投飯救饑渴」）「渴」字添出趁韻。（「遺風成競渡」二句）「遺風」二句亦不自然。結四句（「名聲實無窮，富貴亦暫熱。大夫知此理，所以持死節。」）將屈原說作好名，語病不小。若節去「至今」四句及此四句，轉覺完美。

王文誥《蘇文忠公詩編注集成》卷一：（「應是奉佛人」二句）完出證據，若實有其事者然。公凡隨手起波，必于隨手抹到處敲進一層，此終其身用筆如一轍者，而其法初見于此。亦猶曲工必送足五六上而後回至四合，工中有天籟存焉，不可強也。

香巖批《紀評蘇詩》卷一：（「名聲實無窮」）但易去「名聲」兩字，便是好詩，節去卻不成章法。「至今」四句，亦不可節也。

望夫臺

自注：在忠州南數十里。

山頭孤石遠亭亭，江轉船回石似屏。可憐千古長如昨，船去船來自不停。浩浩長江赴滄海，紛紛過客似浮萍。誰能坐待山月出，照見寒影高伶俜。

香巖批《紀評蘇詩》卷一：不刻劃望夫，只用落句烘染便了，此爲有識度。

竹枝歌

《竹枝歌》本楚聲，幽怨惻怛，若有所深悲者，豈亦往者之所見有足怨者與？夫傷二妃而哀屈原，思懷王而憐項羽，此亦楚人之意相傳而然者。且其山川風俗鄙野勤苦之態，固已見於前人之作與今子由之詩，故特緣楚人疇昔之意，爲一篇九章，以補其所未道者。

蒼梧山高湘水深，中原北望度千岑。帝子南遊飄不返，惟有蒼蒼楓桂林。楓葉蕭蕭桂葉碧，萬里遠來超莫及。乘龍天上去無蹤，草木無情空寄泣。水濱擊鼓何喧闐，相將扣水求屈原。屈原已死今千載，滿船哀唱似當年。海濱長鯨徑千尺，食人爲糧安可入。招君不歸海水深，海魚豈解哀忠直。吁嗟忠直死無人，可憐懷王西入秦。秦關已閉無歸日，章華不復見車輪。君王去時簫鼓咽，父老送君車軸折。千里逃歸迷故鄉，南公哀痛彈長鋏。三戶亡秦信不虛，一朝兵起盡讙呼。當時項羽年最少，提劍本是耕田夫。橫行天下竟何事，棄馬烏江馬垂涕。項王已死無故人，首入漢庭身委地。富貴榮華豈足多，至今惟有冢嵯峨。故國凄涼人事改，楚鄉千古爲悲歌。

紀昀評《蘇文忠公詩集》卷一：每段八句，過接處若斷若連，章法甚妙。勢須有一總收。（「富貴榮華豈足多」四句）音節酷似《汾陰行》，其聲哀曼動人。

王文誥《蘇文忠公詩編注集成》卷一：第九章（「富貴榮華豈足多」四句）總結。

趙克宜《角山樓蘇詩評注彙鈔》卷一：依序中傷二妃、哀屈原、思懷王、憐項羽，平列四段，下三段事本相因，惟此處（「水濱擊鼓何喧闐」句）是突接。

八陣磧

平沙何茫茫，彷彿見石蕝。縱橫滿江上，歲歲沙水齧。孔明死已久，誰復辨行列。神兵非學到，自古不留訣。至人已心悟，後世徒妄說。自從漢道衰，蠭起盡姦傑。英雄不相下，禍難久連結。驅民市無煙，戰野江流血。萬人賭一擲，殺盡如沃雪。不爲久遠計，草草常無法。孔明最後起，意欲掃羣孽。崎嶇事節制，隱忍久不決。志大遂成迂，歲月去如瞥。六師紛未整，一旦英氣折。惟餘八陣圖，千古壯夔峽。

汪師韓《蘇詩選評箋釋》卷一：後幅評論孔明數語，惜之至，服之至也。八陣圖壘，人所共知。其箕張翼舒之形，無煩鋪叙。放懷今古，歷歷千年，氣成虹霓，詞出金石，意獨爲武侯嘆絕。

紀昀評《蘇文忠公詩集》卷一：解以不解，用筆巧妙，善於擊虛。「自從」以下十句，尚可以簡括其詞。此（指「孔明最後起」以下十句）即《孔明論》意。眉山父子持論如此。收得完密，住得簡潔。

王文誥《蘇海識餘》卷一：公少作《孔明論》，主老蘇之説，其南行之《嚴顔碑》、《永安宫》詩皆同，故持論多未當。其後即無復此等語矣。其《八陣磧》後半云（略）。其中「隱忍久不決」，「志大遂成迂」二句，頗覺疵累。有此闖筆，則「壯」字全失，結不下也。删此二句，則「夔峽」句叫起矣。曉嵐于《神女廟》詩謂「飄蕭駕風馭」四句可删，乃其看失眼者。此詩專取後半，以爲「收得完密，住得簡潔」者，亦看失眼也。

延君壽《老生常談》：天地生一傳人，從小即心地活潑，理解神透。如（略）《八陣磧》云：「神兵非學到，自古不留訣。至人已心悟，後世徒妄説。」以年譜讀之，公作此詩不過二十歲。若鈍根人，有老死悟心不生者，難以語此。

趙克宜《角山樓蘇詩評注彙鈔》卷一：（「神兵非學到」二句）先作斷語，語意簡要。（「自從漢道衰」）以下入議論。（「不爲久遠計」二句）反頓語，勢足。（「志大遂成迂」以下）括一篇大文于三韻中，結尾一筆醒題，純是神力。

諸葛鹽井

自注：井有十四，自山下至山上，其十三井常空。每盛夏水漲，則鹽泉迤邐還去，常去於江水之所不及。

五行水本鹹，安擇江與井。如何不相入，此意誰復省。人心固難足，物理偶相逞。猶嫌取未多，井上無閒綆。

紀昀評《蘇文忠公詩集》卷一（「物理偶相逞」）「逞」字不甚穩。

白帝廟

朔風催入峽，慘慘去何之。共指蒼山路，來朝白帝祠。荒城秋草滿，古樹野藤垂。浩蕩荆江遠，凄涼蜀客悲。遲回問風俗，涕泗憫興衰。故國依然在，遺民豈復知。一方稱警蹕，萬乘擁旌旗。遠略初吞漢，雄心豈在夔。崎嶇來野廟，閔默愧當時。破甑蒸山麥，長歌唱《竹枝》。荆邯眞壯士，吳柱本經師。失計雖無及，圖王固已奇。猶餘帝王號，皎皎在門楣。

紀昀評《蘇文忠公詩集》卷一：通篇老健。四句（「遲回問風俗」以下四句）一篇眼目。對句（「故國依然在，遺民豈復知！」）烘託得好。結不作漫駡語，亦脱蹊徑。

趙克宜《角山樓蘇詩評注彙鈔》卷一：「蜀客」自謂也，領起下文。「閔默」句謂述當時不能用荆邯之言而爲之愧也。後三韻，筆筆轉動，結語自在眼前，而未經人道。

永安宫

自注：今夔之永安門即宫之遺址也。

千古陵谷變，故宫安得存。徘徊問耆老，惟有永安門。遊人雜楚蜀，車馬晚喧喧。不見重樓好，誰知昔日尊。吁嗟蜀先主，兵敗此亡魂。只應法正死，使公去遭燔。

紀昀評《蘇文忠公詩集》卷一：後四句（指結處四句）凡鄙之至，殊不似坡公手筆。

王文誥《蘇海識餘》卷一：公少作《孔明論》，主老蘇之説，其南行之（略）《永安宫》詩皆同，故持論多未當。

過木櫪觀

石壁高千尺，微蹤遠欲無。飛簷如劍寺，古柏似仙都。許子嘗高遯，行舟悔不迂。斬蛟聞猛烈，提劍想崎嶇。寂寞棺猶在，修崇世已愚。隱居人不識，化去俗爭吁。洞府煙霞遠，人間爪髮枯。飄飄乘倒景，誰復顧遺軀。

紀昀評《蘇文忠公詩集》卷一：（「行舟悔不遷」、「提劍想崎嶇」、「修崇世已愚」）語多疵累。

巫　山

瞿塘迤邐盡，巫峽崢嶸起。連峰稍可怪，石色變蒼翠。天工運神巧，漸欲作奇偉。坱軋勢方深，結構意未遂。旁觀不暇瞬，步步造幽邃。蒼崖忽相逼，絕壁凜可悸。仰觀八九頂，俊爽凌顥氣。晃蕩天宇高，奔騰江水沸。孤超兀不讓，直拔勇無畏。攀緣見神宇，憩坐就石位。巉巉隔江波，一一問廟吏。遙觀神女石，綽約誠有以。俯首見斜鬟，拖霞弄修帔。人心隨物變，遠覺含深意。野老笑我旁，少年嘗屢至。去隨猿猱上，反以繩索試。石筍倚孤峰，突兀殊不類。世人喜神怪，論說驚幼穉。楚賦亦虛傳，神仙安有是。次問掃壇竹，云此今尙爾。翠葉紛下垂，婆娑綠鳳尾。風來自偃仰，若爲神物使。絕頂有三碑，詰曲古篆字。老人那解讀，偶見不能記。窮探到峰背，採斫黃楊子。黃楊生石上，堅瘦紋如綺。貪心去不顧，澗谷千尋縋。山高虎狼絕，深入坦無忌。溟濛草樹密，蔥蒨雲霞膩。石竇有洪泉，甘滑如流髓。終朝自盥漱，冷冽清心胃。浣衣挂樹梢，磨斧就石鼻。徘徊雲日晚，歸意念城市。不到今十年，衰老筋力憊。當時伐殘木，牙蘖已如臂。忽聞老人說，終日爲歎喟。神仙固有之，難在忘勢利。貧賤爾何愛，棄去如脫屣。嗟爾若無還，絕糧應不死。

查愼行《初白庵詩評》卷中：（「野老笑我旁」）以下皆述野老之言。結處又爲野老進一解。

汪師韓《蘇詩選評箋釋》卷一：帶阜纓巒，屯雲積氣，析之則句鍊字琢，合之則悠悠乎將灝氣以俱，而莫得其涯。

紀昀評《蘇文忠公詩集》卷一：（起處）波瀾壯闊，繁而不沓。（「人心隨物變」二句）寫景入神，即隨手帶出「野老」二句，天然無迹。（「不到今十年」二句）少年纔過十年，不應衰老。此亦偶不檢點，不以詞害意可也。（「芽蘖已如臂」）「已」字作「應」字更穩。一篇大文，如何收束？趁勢以野老作結，極完密，又極脫灑。查初白謂「又爲野老進一辭」，淺矣。

王文誥《蘇文忠公詩編注集成》卷一：（「神仙安有是」）以上借野老口中述舊游，洗滌穢，賦爲後《神女廟》詩章本。其下入掃壇竹，至游歸，寫得在有意無意間，高貴之甚。自「次問掃壇竹」至此（「牙蘗已如臂」），亦述老人相告之詞也。

趙克宜《角山樓蘇詩評注彙鈔》卷一：（「晃蕩天宇高」數句）昌黎句法。（「遙觀神女石」一段）前後皆巫山實境，斷無逐節挨寫之理，借神女石小作頓挫。託之野老口中，遂有「次問」一層，生出後半篇來，實處皆虛，篇法不板。（「忽聞老人語」以下）于無情處尋出議論作收。

又見本卷《神女廟》汪師韓評。

巫山廟上下數十里有烏鳶無數取食於行舟之上舟人以神之故亦不敢害

羣飛來去噪行人，得食無憂便可馴。江上饑烏無足怪，野鷹何事亦頻頻。

紀昀評《蘇文忠公詩集》卷一：「得食」句不自然。

神女廟

大江從西來，上有千仞山。江山自環擁，詼詭富神姦。深淵鼉鼈橫，巨壑蛇龍頑。旌陽斬長蛇，雷雨移滄灣。蜀守降老蹇，至今帶連鐶。縱横若無主，蕩逸侵人寰。上帝降瑶姬，來處荆巫間。神仙豈在猛，玉座幽且閒。飄蕭駕風馭，弭節朝天關。倏忽巡四方，不知道里艱。古粧具法服，邃殿羅煙鬟。百神自奔走，雜沓來趨班。雲興靈怪聚，雲散鬼神還。茫茫夜潭静，皎皎秋月彎。還應摇玉佩，來聽水潺潺。

汪師韓《蘇詩選評箋釋》卷一：徘徊神境，彷彿仙踪，不襲用玉色頩顔及望帷褰幬一切猥瑣漫褻之語。范成大《巫山圖》及《巫山高》二詩，亹亹力辨，何不緣軾詩《巫山》、《神女》二作爲證耶？

紀昀評《蘇文忠公詩集》卷一：神女詩不作艷詞，亦不作莊論，是本領過人處。（「深淵鼉鼈横，巨壑蛇龍頑」）「横」字、「頑」字俱鍊得穩。（「神仙豈在猛」二句）十字精警。「飄蕭」四句（「飄蕭駕風馭」）可删。結得恍忽杳冥，極爲灑脱，無所取義之題，只可如此取姿。

王文誥《蘇文忠公詩編注集成》卷一：以治水作骨。起四句從江山入手，領起治水。自「深淵」至此（「蕩逸侵人寰」）一節，以二比代本事，迹不露而神自到。（「上帝降瑤姬」）五字棒喝，喚醒多少癡兒傎女。（「神仙豈在猛」）此句明翻治水，以自蓋不敘本事之迹，實乃坐實前比一節，究竟是治水也，落筆高潔之至。（「玉座幽且閒」）此句掃除凡穢，出落清楚。自「上帝」至此（「不知道里艱」）一節，敘神女在不即不離之間，意有所避就也。（「古粧具法服」二句）此二句始敘入廟所見。曉嵐謂「飄蕭」四句可刪，欲以「古粧」接「玉座」句，乃全不知作者意也。公乃特意下「幽閒」二字，又不欲着迹，故以「玉座」二字架空，乃敘事，非敘游也。「飄蕭」四句，全包助禹在內，特蓄此氣，納入前比一節，刪去則格法亂矣。（「百神自奔走」二句）此二句結「神女」一節，完他治水本事。妙在下一「自」字，作想像之辭，收入眼界。（「雲興靈怪聚」二句）此二句結前比一節，妙在忽聚忽散，以有爲無，仍是公口吻中。以上自「古粧」至此一節，敘入游廟中。結有遠神，通篇藏「水」字不露，至末句出落「水」字，點明詩旨。

趙克宜《角山樓蘇詩評注彙鈔》卷一：次聯老重有力，領起下文。（「神仙豈在猛」二句）扼要語，不在多。（「飄蕭駕風馭」四句）四語與「上帝」一聯相應，刪不得。

又見《八陣磧》、《巫山》王文誥評。

過巴東縣不泊聞頗有萊公遺蹟

萊公昔未遇，寂莫在巴東。聞道山中樹，猶餘手種松。江山養豪俊，禮數困英雄。執板迎官長，趨塵拜下風。當年誰刺史，應未識三公。

紀昀評《蘇文忠公詩集》卷一：一往駿爽。五韻律詩唐人多有此。又不以二句爲聯、四句爲解律之。（「執板迎長官」）二句即承「禮數」句。一結隱然自負，非詠萊公也。

張道《蘇亭詩話》卷五《補注類》：《吳船錄》：「過歸州巴東縣，有寇忠愍公祠，縣亭二柏，傳爲公手植。」按此則應補注《過巴東縣云云》詩「猶餘手種松」句下。

趙克宜《角山樓蘇詩評注彙鈔》卷一：頗似王右丞，「江山」一聯尤沈著。

昭君村

昭君本楚人，豔色照江水。楚人不敢娶，謂是漢妃子。誰知去鄉國，萬里爲胡鬼。人言生女作門楣，昭君當時憂色衰。古來人事盡如此，反覆縱横安可知。

紀昀評《蘇文忠公詩集》卷一：不免凡近。

新灘

扁舟轉山曲，未至已先驚。白浪横江起，槎牙似雪城。番番從高來，一一投澗坑。大魚不能上，暴鬣灘下橫。小魚散復合，瀺灂如遭烹。鸕鷀不敢下，飛過兩翅輕。白鷺誇瘦捷，插腳還敧傾。區區舟上人，薄技安敢呈。只應灘頭廟，賴此牛酒盈。

紀昀評《蘇文忠公詩集》卷一：（起處）純是香山門徑。以四層（指「大魚」「小魚」「鸕鷀」「白鷺」八句）襯起舟人，未免太排，香山詩格不高，亦坐此。以爲奇恣，非也。結二句拙。「盈」字亦押得牽強。

新灘阻風

北風吹寒江，來自兩山口。初聞似搖扇，漸覺平沙走。飛雲滿巖谷，舞雪穿窗牖。灘下三日留，識盡灘前叟。孤舟倦鵶軋，短纜困牽揉。嘗聞不終朝，今此獨何久。只應留遠人，此意固已厚。吾今幸無事，閉戶爲飲酒。

紀昀評《蘇文忠公詩集》卷一：第三句欠精切。（「嘗聞不終朝」以下）不作感憤，身分特高。

黄牛廟

江邊石壁高無路，上有黄牛不服箱。廟前行客拜且舞，擊鼓吹簫屠白羊。山下耕牛苦磽确，兩角磨崖四蹄濕。青芻半束長苦饑，仰看黄牛安可及。

紀昀評《蘇文忠公詩集》卷一：（起處）比興太淺。（「擊鼓吹蕭屠白羊」）「白」字太坐煞。

蝦蟆培

蟆背似覆盂，蟆頤似偃月。謂是月中蟆，開口吐月液。根源本甚遠，百尺蒼崖裂。當時龍破山，此水隨龍出。入江江水濁，猶作深碧色。稟受苦潔清，猶與凡水隔。豈惟煮茶好，釀酒應無敵。

查慎行《初白庵詩評》卷中：結稍率。

紀昀評《蘇文忠公詩集》卷一：率易。

出峽

入峽喜巉巖，出峽愛平曠。吾心淡無累，遇境即安暢。東西徑千里，勝處頗屢訪。幽尋遠無厭，高絕每先上。前詩尙遺略，不錄久恐忘。憶從巫廟回，中路寒泉漲。汲歸眞可愛，翠碧光滿盎。忽驚巫峽尾，巖腹有穿壙。仰見天蒼蒼，石室開南向。宣尼古廟宇，叢木作帷帳。鐵楯橫半空，俯瞰不計丈。古人誰架構，下有不測浪。石竇見天囷，瓦棺悲古葬。新灘阻風雪，村落去攜杖。亦到龍馬溪，茅屋沽村釀。玉虛悔不至，實爲舟人誑。聞道石最奇，寤寐見怪狀。峽山富奇偉，得一知幾喪。苦恨不知名，歷歷但想像。今朝脫重險，楚水渺平蕩。魚多客庖足，風順行意王。追思偶成篇，聊助舟人唱。

汪師韓《蘇詩選評箋釋》卷一：險境發以雄詞，須看意思閒暇蕭散處。

紀昀評《蘇文忠公詩集》卷一：（起處）出峽詩卻寫未出峽事，一到本題，戛然竟住。瀠洄掩映，運意玲瓏。（「玉虛悔不至」二句）得此一虛，實處皆活。且前逐一鋪叙，難免挂漏，得此一補，方滿足無罅，凡不盡處皆到。

趙克宜《角山樓蘇詩評注彙鈔》卷一：（起處）以賓形主，雙起總頓。（「東西徑千里」）四語，虛領下文。（「憶從巫廟回」）以下追敘。（「玉虛悔不至」）以未至之處反託所已至，用筆已妙矣，又以所不知名者多于所知，將前文一齊托空，兩重裹結，運掉自如。（「今朝脱重險」以下）此方入題，篇幅已畢，格意絕奇。

《歷代詩發》卷二四：寫奇怪有實有虛，方見不盡之妙。若一味實疏，則筆意反無出沒也。

遊三遊洞

凍雨霏霏半成雪，遊人屨冷蒼苔滑。不辭攜被巖底眠，洞口雲深夜無月。

游洞之日有亭吏乞詩既爲留三絕句於洞之石壁明日至峽州吏又至意若未足乃復以此詩授之

一徑繞山翠，縈紆去似蛇。忽驚溪水急，爭看洞門呀。滑磴攀秋蔓，飛橋踏古槎。三扉迎北吹，一穴向西斜。歎息煙雲老，追思歲月遐。唐人昔未到，古俗此爲家（查注：自此以下，王注分爲二首，今從補施注本，合而爲一）。洞煖無風雪，山深富鹿豭。相逢衣盡草，環坐髻應髽。竃突依巖黑，樽罍就石窪。洪荒無傳記，想像在羲媧。此事今安有，遺蹤我獨嗟。山翁勸留句，強爲寫槎牙。

紀昀評《蘇文忠公詩集》卷一：（起處）一氣呵成，語特遒拔，但無深味耳。（「爭看洞門呀」）「呀」字懸腳。「洪荒」二句即繳足「古俗」句，確是一首，王氏本誤也。

寄題清溪寺

口舌安足恃，韓非死《說難》。自知不可用，鬼谷乃眞姦。遺書今未亡，小數不足觀。秦儀固新學，見利不知患。嗟時無桓文，使彼二子顚。死敗無足怪，夫子固使然。君看巧更窮，不若愚自安。遺宮若有神，頷首然吾言。

紀昀評《蘇文忠公詩集》卷一：（起處）意好而語未工。（「鬼谷乃眞奸」）未雅。（「使彼二子顚」）未穩。

留題峽州甘泉寺　自注：姜詩故居。

輕舟橫江來，弔古悲純孝。逶迤尋遠跡，婉變見遺貌。清泉不可挹，涸盡空石窖。古人飄何之，惟有風竹鬧。行行翫村落，戶戶懸網罩。民風坦和平，開戶夜無鈔。叢林富筍茹，平野絕虎豹。嗟哉此樂鄉，毋乃姜子敎。

紀昀評《蘇文忠公詩集》卷一：（起處）糾纏姜詩，牽強無味。（「開戶夜無鈔」）趁韻不穩。

夷陵縣歐陽永叔至喜堂

夷陵雖小邑，自古控荊吳。形勝今無用，英雄久已無。誰知有文伯，遠謫自王都。人去年年改，堂傾歲歲扶。追思猶咎呂，感歎亦憐朱（自注：時朱太守爲公築此堂）。舊種孤楠老，新霜一橘枯。清篇留峽洞，醉墨寫邦圖（自注：三遊洞有詩，夷陵圖後有公題處）。故老問行客，長官今白鬚。著書多念慮，許國減歡娛。寄語公知否，還須數倒壺。

王十朋《至喜亭》(《梅溪王先生文集》卷一五)：歸客來登至喜亭，喜歸兼喜峽江平。當時作記文章伯，不止文章得美名。

紀昀評《蘇文忠公詩集》卷一：(起處)純以氣機勝。(「追思猶咎呂」二句)用同時人作對偶入詩，此長慶法也。

紀昀玉蘇文忠公詩集卷二

息壤詩

《淮南子》曰：鯀湮洪水，盜帝之息壤，帝使祝融殺之於羽淵。今荆州南門外有狀若屋宇，陷入地中而猶見其脊者，旁有石記，云不可犯。畚鍤所及，輒復如故。又頗以致雷雨，歲大旱，屢發有應。予感之，乃爲作詩，其辭曰：

帝息此壤，以藩幽臺。有神司之，隨取而培。帝勑下民，無敢或開。惟帝不言，以雷以雨。惟民知之，幸帝之恕。帝茫不知，誰敢以告。帝怒不常，下土是震。使民前知，是役於民。無是墳者，誰取誰干。惟其的之，是以射之。

查慎行《初白庵蘇詩補注》卷二：「幸帝之怒」，「怒」字似當作「恕」。「誰敢以告」，「告」字叶韻，似當作「許」。諸刻本恐訛。存疑，再考。

紀昀評《蘇文忠公詩集》卷二：四言詩可以不作。

荊州十首

汪師韓《蘇詩選評箋釋》卷一：俯仰陳迹，懷古者所同。悲壯慷慨，則唐賢得意筆也。

紀昀評《蘇文忠公詩集》卷二：篇章字句，都合古法。此東坡摹杜之作，純是《秦州雜詩》。

游人出三峽，楚地盡平川。北客隨南賈，吳檣間蜀船。江侵平野斷，風捲白沙旋。欲問興亡意，重城自古堅。

紀昀評《蘇文忠公詩集》卷二：此首總起。（次句「楚地盡平川」、五句「江侵平野斷」）複「平川」。

南方舊戰國，慘澹意猶存。慷慨因劉表，凄涼爲屈原。廢城猶帶井，古姓聚成村。亦解觀形勝，昇平不敢論。

紀昀評《蘇文忠公詩集》卷二：結即高常侍「豈無安邊策，諸將已承恩」意。

趙克宜《角山樓蘇詩評注彙鈔》卷一：（結二句）抱負語，不傷粗露。

楚地闊無邊，蒼茫萬頃連。耕牛未嘗汗，投種去如捐。農事誰當勸，民愚亦可憐。平生事遊惰，那得怨凶年。

紀昀評《蘇文忠公詩集》卷二：三四（「耕牛未嘗汗」二句）太拙，後四句（「農事誰當勸？民愚亦可憐。平生事遊惰，那得怨凶年。」）亦太直。十首中如明月之累。

趙克宜《角山樓蘇詩評注彙鈔》卷一：第三句及後半首，尚是少陵門徑中語，獨第四句拙耳。

朱檻城東角，高王此望沙。江山非一國，烽火畏三巴。戰骨淪秋草，危樓倚斷霞。百年豪傑盡，擾擾見魚蝦。

查慎行《初白庵蘇詩補注》卷一：此詩因南平而致概於五季也。季興初爲荆南節度，所領止江陵、歸、峽三城，地狹而兵弱，難與諸國爭衡。（略）及後唐伐蜀，請以本道兵自取夔、萬等州，終不敢出。「畏蜀如虎」之識，其能解免乎？未幾而強弱大小，同歸澌滅。百年以來，戰骨已銷，孤城猶在。千秋形勝之區，惟「危樓倚斷霞」耳（「戰骨淪秋草，危樓倚斷霞」）！一時豪傑自命者，細瑣么麼，無足比數。「魚蝦擾擾」一語（「百年豪傑盡，擾擾見魚蝦」），說得五代君臣及僭號諸國可憐可憫，可鄙可羞，又無論孱弱之高氏也。施氏補注此篇，專爲南平而發，淺之乎論蘇矣！

紀昀評《蘇文忠公詩集》卷二：結（「百年豪傑盡，擾擾見魚蝦」）即羅江東《甘露》詩後半篇意。

趙克宜《角山樓蘇詩評注彙鈔》卷一：此首望沙樓弔古。次聯切當日事勢，五六轉關結，言百年以來，昔時豪傑都已同歸于盡，而斯時樓頭所見，惟有沙津之魚蝦擾擾而已。此即從樓名生情也。以魚蝦與豪傑相形，自然成趣。查氏謂魚蝦比五季之君臣，夫既謂之豪傑矣，何得又以魚蝦比之？且句中「盡」字「見」字，分明有既往、見存之別，若如查說，句意難通矣。（「高王此望沙」）伏結句（「擾擾見魚蝦」）之脈。（「危樓倚斷霞」）俊句。（「百年豪傑盡」二句）結有遠致。

沙頭煙漠漠，來往厭喧卑。野市分竇鬧，官船過渡遲。遊人多問卜，傖叟盡攜龜。日暮江天靜，無人唱楚辭。

紀昀評《蘇文忠公詩集》卷二：（「日暮江天靜」二句）識古風之不存也。

趙克宜《角山樓蘇詩評注彙鈔》卷一：結有遠致。

太守王夫子，山東老俊髦。壯年聞猛烈，白首見雄豪。食雁君應厭，驅車我正勞。中書有安石，愼勿賦離騷。

紀昀評《蘇文忠公詩集》卷二：夾此一首，章法生動。從杜公《遊何氏山林》「萬里戎王子」一首化出。（「中書有安石」二句）綰結得好。

殘臘多風雪，荆人重歲時。客心何草草，里巷自嬉嬉。爆竹驚鄰鬼，驅儺聚小兒。故人應念我，相望各天涯。

紀昀評《蘇文忠公詩集》卷二：一結不脫自己，方不是泛陳風土。

江水深成窟，潛魚大似犀。赤鱗如琥珀，老枕勝玻瓈。上客舉雕俎，佳人摇翠篦。登庖更作器，何以免屠刲。

紀昀評《蘇文忠公詩集》卷二：寓多材爲累之感。（「上客舉雕俎」二句）雙拗格。

北雁來南國，依依似旅人。縱橫遭折翼，感惻爲沾巾。平日誰能挹，高飛不可馴。故人持贈我，三嗅若爲珍。

紀昀評《蘇文忠公詩集》卷二：此首意格特高。（前四句）有意無意，映帶生情。（平日誰能挹）接得好。

柳門京國道，驅馬及春陽。野火燒枯草，東風動綠芒。北行連許鄧，南去極衡湘。楚境橫天下，懷王信弱王。

紀昀評《蘇文忠公詩集》卷二：此首總收。結寓自負之意。此猶少年初出，氣象方盛之時也。黃州後無此議論也。

渚宮

渚宮寂莫依古郢，楚地荒茫非故基。二王臺閣已鹵莽（自注：湘東王高氏），何況遠問縱橫時。楚王獵罷擊靈鼓，猛士操舟張水嬉。釣魚不復數魚鱉，大鼎千古烹蛟螭。當時郢人架宮殿，意思絕妙般與倕。飛樓百尺照湖水，上有燕趙千蛾眉。臨風揚揚意自得，長使宋玉作楚辭。秦兵西來取鐘簴，故宮禾黍秋離離。千年壯觀不可復，今之存者蓋已卑。池空野迥樓閣小，惟有深竹藏狐狸。臺中絳帳誰復見，臺下野水浮清漪。綠窗朱戶春晝閉，想見深屋彈朱絲。腐儒亦解愛聲色，何用白首談孔姬。沙泉半涸草堂在，破窗無紙風颸颸。陳公蹤蹟最未遠，七瑞寥落今何之。百年人事知幾變，直恐荒廢成空陂。誰能爲我訪遺蹟，草間應有湘東碑。

葛立方《韻語陽秋》卷一三：荆州者，上流之重鎭，詩人賦詠多矣。（略）若其邑屋之繁富，山川之秀美，則罕有言之者。蓋自秦並楚之後，宮室盡爲禾黍，未易興復，而况秦楚之後，代代爲百戰爭奪之場邪！故東坡《渚宮》詩備言楚王宮室之盛，而繼之以「秦兵西來取鐘虡，故宮禾黍秋離離。千年壯觀不可復，今之存者蓋已卑。池空野迥樓閣小，惟有深竹藏狐狸」之句。

紀昀評《蘇文忠公詩集》卷二：乏深湛之思，亦乏老健之氣。蓋七言本難於五言，故此時尚風骨未成。

姚範《援鶉堂筆記》卷四〇《渚宮》：余疑此詩亦非東坡作。方東樹案：此詩筆勢放縱，淒麗豪宕，猶不失東坡面目。若《驪山》則氣勢凡淺，眞非蘇詩。海峰以此入選，而不取《驪山》，識勝阮亭。

方東樹《昭昧詹言》卷一二：重複不妙。「故宮」、「千年壯觀不可復」、「池」、「樓閣」、「臺」、「綠窗」、「朱戶」、「草堂」、「破窗」、「百年人事」等字，俱擲。費力蹇頓，必非坡作，與《驪山》山同。薑塢以爲陳堯咨所建，文義似是。

趙克宜《角山樓蘇詩評注彙鈔》附卷中：（「綠窗朱戶春晝閉」二句）此聯吐屬佳妙，但絳帳臺非渚宮，正文安用多衍？篇中叙次雜沓，故紀氏以爲「風骨未成」也。

荆門惠泉

自注：荆門山在宜都大江之南，與虎山對。

泉源從高來，走下隨石脈。紛紛白沫亂，隱隱蒼崖坼。縈回成曲沼，清澈見肝膈。潨瀉爲長溪，奔駛蕩蛙蟈。初開不容椀，漸去已如帛。傳聞此山中，神物懶遭謫。不能致雷雨，灪灪吐寒碧。遂令山前人，千古灌稻麥。

紀昀評《蘇文忠公詩集》卷二：「容椀」用濫觴意，「如帛」用飛練意，意皆可通，而語皆不工。結亦少力。

次韻答荆門張都官維見和惠泉詩

楚人少井飲，地氣常不洩。蓄之爲惠泉，坌若有所折。泉源本無情，豈問濁與澈。貪愚彼二水，終古恥莫雪。只應所處然，遂使語異別。泉旁地平衍，泉上山嵽嵲。君子慎所居，此義安可闕。古人貴言贈，敢用況高節。不爲冬霜乾，肯畏夏日烈。泠泠但不已，海遠要當徹。

紀昀評《蘇文忠公詩集》卷二：頗參理語，遂入論宗。由其明而未融，故未能縱横無礙。（「語異別」）三字未妥。

淯陽早發

富貴本先定，世人自榮枯。囂囂好名心，嗟我豈獨無？不能便退縮，但使進少徐。我行念西國，已分田園蕪。南來竟何事，碌碌隨商車。自進苟無補，乃是懶且愚。人生重意氣，出處夫豈徒。永懷江陽叟，種藕春滿湖。

紀昀評《蘇文忠公詩集》卷二：途中感懷，適在洌陽，遂以命篇。不爲洌陽作也，故不及山川地理。（「囂囂好名心」以下四句）眞語轉高。

夜行觀星

天高夜氣嚴，列宿森就位。大星光相射，小星鬧若沸。天人不相干，嗟彼本何事。世俗強指摘，一一立名字。南箕與北斗，乃是家人器。天亦豈有之，無乃遂自謂。迫觀知何如，遠想偶有似。茫茫不可曉，使我長歎喟。

汪師韓《蘇詩選評箋釋》卷一：搔首問天，迺以元解，是即道不可名，強名曰道之旨也。

紀昀評《蘇文忠公詩集》卷二：（起處）語特奇恣。「鬧若沸」似流星矣。（「天亦豈有之」二句）謂因人所名而名之。

趙克宜《角山樓蘇詩評注彙鈔》卷一：起語沈著，以下意之所觸，信筆寫出，達意而已，不以詩論。

漢水

捨櫂忽踰月，沙塵困遠行。襄陽逢漢水，偶似蜀江清。蜀江固浩蕩，中有蛟與鯨。漢水亦云廣，欲涉安敢輕。文王化南國，遊女儼如卿。洲中浣紗子，環珮鏘鏘鳴。古風隨世變，寒水空泠泠。過之不敢慢，佇立整冠纓。

紀昀評《蘇文忠公詩集》卷二：起四句全入律，究不合格。無所取義而支綴成篇，宜其語皆牽湊。（「遊女儼如卿」）句拙滯。

襄陽古樂府三首

紀昀評《蘇文忠公詩集》卷二：樂府音節失傳，不過摹其字句。不似何取乎擬？太似何取乎擬？少陵純製新題，自是斬斷葛藤手。太白雖用古題，多是不敢明言，而託之古，亦非以此題爲高。

趙克宜《角山樓蘇詩評注彙鈔》卷一：樂府本無一定音節，觀李、杜、張、王所作可知。紀氏本從蘇詩入手，于此體未能潛心，乃遽欲廢之，何妄誕也？

野鷹來

野鷹來，萬山下。荒山無食鷹苦饑，飛來爲爾繫綵絲。北原有兔老且白，年年養子秋食菽。我欲擊之不可得，年深兔老鷹力弱。野鷹來，城東有臺高崔巍。臺中公子著皮袖，東望萬里心悠哉。心悠哉，鷹何在！嗟爾公子歸無勞，使鷹可呼亦凡曹，天陰月黑狐夜嘷。

賀裳《載酒園詩話》：二蘇《野鷹來》，大蘇尤俊邁，如「嗟爾公子歸無勞，使鷹可呼亦凡曹。」然子由「可憐野雉亦有爪，兩手捽鷹猶可傷」，借以誚劉琮兄弟，猶覺有意。蓋此題本爲襄陽樂府也，而坡公坦率，頴濱幹略，亦具見矣。

紀昀評《蘇文忠公詩集》卷二：此首摹古有痕，故爲姿致，都非天然。

趙克宜《角山樓蘇詩評注彙鈔》卷一：此亦未見其爲古，何爲有痕？一結氣骨，頗似少陵。

上堵吟

臺上有客吟秋風，悲聲蕭散飄入空。臺邊游女來竊聽，欲學聲同意不同。君悲竟何事，千里金城兩稚子。白馬爲塞鳳爲闕，山川無人空自閒。我悲亦何苦，江水冬更深。鯿魚冷難捕，悠悠江上聽歌人，不知我意徒悲辛。

紀昀評《蘇文忠公詩集》卷二：此首有太白之意。

趙克宜《角山樓蘇詩評注彙鈔》卷一：（「我悲亦何苦」數句）絶妙，古樂府詞氣。

延君壽《老生常談》：黄仲則詩，（略）眞能直闖太白堂奥，東坡而後，罕有其匹。今試略舉東坡之學太白數句，可以頓悟矣。《上堵吟》云：「臺上有客吟秋風，悲聲蕭散飄入空。臺邊游女來竊聽，欲學聲同意不同。」（略）此皆非有意學太白也，天才相近，故能偶然即似耳。

襄陽樂

使君未來襄陽秋，提戈入市裹氈裘。自從氈裘南渡沔，襄陽無事多春遊。襄陽春遊樂何許，峴山之陽漢江浦。使君朱旆來翩翩，人道使君似羊杜。道邊逢人問洛陽，中原苦戰春田荒。北人聞道襄陽樂，目送飛鴻應斷腸。

紀昀評《蘇文忠公詩集》卷二：似張、王不着意作。

趙克宜《角山樓蘇詩評注彙鈔》卷一：氣息遜前二首，以爲似張、王者非也。

峴山

遠客來自南，游塵昏峴首。過關無百步，曠蕩吞楚藪。登高忽惆悵，千載意有偶。所憂誰復知，嗟我生苦後。團團山上檜，歲歲閱榆柳。大才固已殊，安得同永久。可憐山前客，倏忽星過霤。賢愚未及分，來者當自剖。

紀昀評《蘇文忠公詩集》卷二：（「登高忽惆悵」以下）四句寫出遠懷，自是有心人語。（「團團山上檜」以下四句）借喻蘊藉。（「賢愚未及分」二句）十字深警。

萬山

西行度連山，北出臨漢水。漢水蹙成潭，旋轉山之趾。禪房久已壞，古甃含清泚。下有仲宣欄，綆刻深容指。回頭望西北，隱隱龜背起。傳云古隆中，萬樹桑柘美。月炯轉山曲，山上見淵尾。綠水帶平沙，盤盤如抱珥。山川近且秀，不到嬾成恥。問之安能詳，畫地費簪箠。

紀昀評《蘇文忠公詩集》卷二：（「不到嬾成恥」）「成」字未妥。

隆中

諸葛來西國，千年愛未衰。今朝游故里，蜀客不勝悲。誰言襄陽野，生此萬乘師。山中有遺貌，矯矯龍之姿。龍蟠山水秀，龍去淵潭移。空餘蜿蜒蹟，使我寒涕垂。

紀昀評《蘇文忠公詩集》卷二：起四句全入律。（「龍蟠山水秀」以下四句）意亦猶人，而寫來脫灑。

趙克宜《角山樓蘇詩評注彙鈔》卷一：借卧龍二字生情。（「龍蟠山水秀」四句）數語澄淡有味。

竹葉酒

楚人汲漢水，釀酒古宜城。春風吹酒熟，猶似漢江清。耆舊人何在，邱墳應已平。惟餘竹葉在，留此千古情。

紀昀評《蘇文忠公詩集》卷二：頗有風調，然是空腔。若以此種爲超妙，則終身在窠臼中！

趙克宜《角山樓蘇詩評注彙鈔》卷一：次聯情思自佳，後半率甚。

鯿魚

曉日照江水，遊魚似玉瓶。誰言解縮項，貪餌每遭烹。杜老當年意，臨流憶孟生。吾今又悲子，輟筯涕縱橫。

紀昀評《蘇文忠公詩集》卷二：（「誰言解縮項」二句）點綴警切。

食雉

雄雉曳修尾，驚飛向日斜。空中紛格鬬，綵羽落如花。喧呼勇不顧，投網誰復嗟。百錢得一雙，新味時所佳。烹煎雜鷄鶩，爪距漫槎牙。誰知化爲蜃，海上落飛鴉。

袁宏道評閱譚元春選《東坡詩選》卷一譚元春評：甚古。

紀昀評《蘇文忠公詩集》卷二：（「新味時所佳」）《唐韻》「麻」部有「佳」字。

潁大夫廟

自注：潁考叔也，廟在汝州潁橋。

人情難強回，天性可微感。世人爭曲直，苦語費搖撼。大夫言何柔，暴主意自慘。荒祠傍孤冢，古隧有殘坎。千年惟茅蕉，世亦貴其膽。不解此微言，脫衣徒勇敢。

紀昀評《蘇文忠公詩集》卷二：（「人情難強回」六句）純用諫臣從諷之意，而語特明透。「荒祠」二句，上下文不甚融貫。雖意在照應「廟」字，終不免於硬插。

新渠詩

庚子正月，予過唐州，太守趙侯始復三陂，疏召渠，招懷遠人，散耕於唐。予方爲旅人，不得親執壺漿簞食以與侯勸逆四方之來者，獨爲《新渠詩》五章，以告於道路，致侯之意。其詞曰：

新渠之水，其來舒舒。溢流於野，至於通衢。渠成如神，民始不知。問誰爲之，邦君趙侯。新渠之田，在渠左右。渠來奕奕，如赴如湊。如雲斯積，如屋斯溜。嗟唐之人，始識秔稌。

王文誥《蘇文忠公詩編注集成》卷二：以上二章告唐民也。

新渠之民，自淮及潭。挈其婦姑，或走而顛。王命趙侯，宥我新民。無與王事，以訖七年。侯謂新民，爾既來止。其歸爾邑，告爾鄰里。良田千萬，爾擇爾取。爾耕爾食，遂爲爾有。

王文誥《蘇文忠公詩編注集成》卷二：以上二章，告流民也。

築室於唐，孔碩且堅。生爲唐民，民粥與饘。死葬於唐，祭有鷄豚。天子有命，我惟爾安。

王文誥《蘇文忠公詩編注集成》卷二：此章總結。

雙梟觀 自注：在葉縣。

王喬古仙子，時出觀人寰。常爲漢郎吏，厭世去無還。雙鳧偶爲戲，聊以驚世頑。不然神仙迹，羅網安能攀。紛紛塵埃中，銅印紆青綸。安知無隱者，竊笑彼愚奸。

查慎行《初白庵蘇詩補注》卷二：《後漢・方術傳》：「王喬河東人，爲葉令。」或云：「古仙人王子喬也。」（略）殊不知「王子喬」乃靈王之子，非姓王也。先生詩云云（「王喬古仙子，時出觀人寰」），似亦承本傳之訛，今援證於後。

紀昀評《蘇文忠公詩集》卷二：（「雙鳧偶爲戲」以下四句）解脱得妙。結太淺直。

延君壽《老生常談》：天地生一傳人，從小即心地活潑，理解神透。如（略）《雙鳧觀》云：「雙鳧偶爲戲，聊以驚世頑。不然神仙迹，羅網安能攀。」以年譜讀之，公作此詩不過二十歲。若鈍根人，有老死悟心不生者，難以語此。

許州西湖

西湖小雨晴，灩灩春渠長。來從古城角，夜半轉新響。使君欲春游，浚沼役千掌。紛紜具畚鍤，鬧若蟻運壤。夭桃弄春色，生意寒猶快。惟有落殘梅，標格若矜爽。游人坌已集，挐檣三且兩。醉客卧道旁，扶起尚偃仰。池臺信宏麗，貴與民同賞。但恐城市歡，不知田野愴。潁川七不登，野氣長蒼莽。誰知萬里客，湖上獨長想。

紀昀評《蘇文忠公詩集》卷二：（「池臺信宏麗」以下八句）忽歸莊論，妙非迂詞。此從《觀打魚歌》化來。

趙克宜《角山樓蘇詩評注彙鈔》卷一：前半俊語絡繹，入後詞旨愷惻，不愧風人之筆。

阮籍嘯臺

阮生古狂達，遁世默無言。猶餘胸中氣，長嘯獨軒軒。高情遺萬物，不與世俗論。登臨偶自寫，激越蕩乾坤。醒爲嘯所發，飲爲醉所昏。誰能與之較，亂世足自存。

大雪獨留尉氏有客入驛呼與飲至醉詰旦客南去竟不知其誰

古驛無人雪滿庭，有客冒雪來自北。紛紛笠上已盈寸，下馬登堂面蒼黑。苦寒有酒不能飲，見之何必問相識。我酌徐徐不滿觥，看客倒盡留不濕。千門晝閉行路絕，相與笑語不知夕。醉中不復問姓名，上馬忽去橫短策。

袁宏道評閱譚元春選《東坡詩選》卷一袁宏道評：倉卒逢客，情景入畫。

又譚元春評：尤是雪中生客情景。

查慎行《初白庵蘇詩補注》卷二：諸刻本此題止「大雪獨留尉氏」六字，今從外集采錄全題。

王文誥《蘇文忠公詩編注集成》卷二：（「看客倒盡留不濕」）公後有「飲酒但飲濕」句，此似蜀中語也。

黃　河

活活何人見混茫，崑崙氣脈本來黃。濁流若解污清濟，驚浪應須動太行。帝假一源神禹蹟，世流三患梗堯鄉。靈槎果有仙家事，試問青天路短長。

汪師韓《蘇詩選評箋釋》卷一：黄河渾渾泡泡，從天而來，非此才筆賦之不稱。

紀昀評《蘇文忠公詩集》卷二：「帝假」二句，極用意而不工。

王文誥《蘇文忠公詩編注集成》卷二：此詩與少作全不類。

朱亥墓　自注：俗謂屠兒原。

昔日朱公子，雄豪不可追。今來遊故國，大塚屈稱兒。平日輕公相，千金棄若遺。梁人不好事，名姓寄當時。魯史盗齊豹，求名誰復知。慎無怨世俗，猶不遭仲尼。

查慎行《初白庵蘇詩補注》卷二：信陵既誘竊兵符，復使玄椎殺晉鄙，而奪其軍，所報者私恩，所負者大義。史遷不美晉鄙之死節，而多朱亥之豪俠，取予似乎失當。故公詩意，謂以《春秋》之義責之，則必曰「盗殺晉鄙」矣。幸而不遭孔子，獲免盗名。然則世俗呼爲「屠兒」，猶未爲辱也。

紀昀評《蘇文忠公詩集》卷二：（起處數句）東坡何忽鈍拙乃爾？（「昔日朱公子」）此稱未

詳所出。

次韻水官詩

淨因大覺璉師以閻立本畫水官遺編禮公，公既報之以詩，謂某：「汝亦作。」某頓首再拜次韻，仍錄二詩爲一卷獻之。

高人豈學畫，用筆乃其天。譬如善游人，一一能操船。閻子本縫掖，疇昔慕雲淵。丹青偶爲戲，染指初嘗黿。愛之不自已，筆勢如風翻。傳聞貞觀中，左衽解椎鬟。南夷羞白雉，佛國貢青蓮。詔令擬王會，別殿寫戎蠻。熊冠金絡額，豹袖擁旛旜。傳入應門內，俯伏脫劍彎。天姿儼龍鳳，雜沓朝鵬鱣。神功與絕迹，後世兩莫扳。自從李氏亡，羣盜竊山川。長安三日火，至寶隨飛煙。尙有脫身者，漂流出東關。三官豈容獨，得此今已編。吁嗟至上物，會合當有年。京城諸權貴，欲取百計難。贈以玉如意，豈能動高禪。信應一篇詩，皎若畫在前。

魏慶之《詩人玉屑》卷一七引《室中語》：子瞻作詩，長于譬喻。（略）《畫水官》詩云：「高人豈學畫，用筆乃其天。譬如善游人，一一能操船。」（略）皆累數句也。

袁文《甕牖閑評》云：「長安三月火，至寶隨飛煙。尚有脫身者，漂流東出關。」夫「東出關」三字出《前漢・終軍傳》，東坡用古人句語，押韻精切如此。而舊本乃作「出東關」，且長安之地本無東關，可見舊本之誤也，學者其可不知？

袁宏道評閱譚元春選《東坡詩選》卷一袁宏道評：不及老泉。查慎行《初白庵詩評》卷中：畫中光景已曲折寫盡，有此原唱，殊難繼和，況次韻乎？

查慎行《初白庵詩評》卷中：張安道《老泉墓誌》云：「太常禮書成，未報」，（原注：「一本尚有『以疾卒』三字。」故稱「編禮公」。

紀昀評《蘇文忠公詩集》卷二：起四句透脫，以下語多率易。

戴第元《唐宋詩本》卷五二：坡詩較老泉作似遜，而語意穩愜，亦極和韻之能事。

張道《蘇亭詩話》卷一《論述類》：老蘇《水官詩》，描繪畫中神物詭怪之態，如現紙上，讀詩，不必見畫也。東坡和作，但敘閻立本善畫妙跡，後經喪亂，諸跡就湮，而此畫獨存。又嗟閻畫共有三官，尚冀天官地官二圖或者會合。末乃言權貴欲以玉如意易畫，而大覺不爲動，卻以遺老蘇。其結二句云：「信應一篇詩，皎若畫在前。」亦以老蘇詩已極寫畫之致，故絕不再敘一字。讀此可知和詩變化脫換之法。

又見卷三《和子由澠池懷舊》韓駒評。

紀昀評蘇文忠公詩集卷三

辛丑十一月十九日既與子由別於鄭州西門之外馬上賦詩一篇寄之

不飲胡爲醉兀兀，此心已逐歸鞍發。歸人猶自念庭闈，今我何以慰寂寞。登高回首坡壠隔，但見烏帽出復沒。苦寒念爾衣裘薄，獨騎瘦馬踏殘月。路人行歌居人樂，童僕怪我苦悽惻。亦知人生要有別，但恐歲月去飄忽。寒燈相對記疇昔，夜雨何時聽蕭瑟。君知此意不可忘，愼勿苦愛高官職（自注：嘗有夜雨對牀之言，故云爾）。

胡仔《苕溪漁隱叢話》前集卷三八引《王直方詩話》：東坡喜韋蘇州「寧知風雨夜，復此對牀眠」之句，故在鄭州別子子由云：「寒燈相對記疇昔，夜雨何時聽蕭瑟。」（略）此其兄弟所賦也，相約退休，可謂無日忘之，然竟不能成其約。

《許彥周詩話》：「燕燕于飛，差池其羽。之子于歸，遠送於野。瞻望弗及，泣涕如雨。」此眞可泣鬼神矣。張子野長短句云：「眼力不知人，遠上溪橋去。」東坡《送子由詩》云：「登高回首坡隴隔，惟見烏帽出復沒。」皆遠紹其意。

陳巖肖《庚溪詩話》卷下：昔人臨歧執別，回首引望，戀戀不忍遽去而形於詩者，如王摩詰云：「車徒望不見，時見起行塵。」歐陽詹云：「高城已不見，況復城中人。」東坡與其弟子由別云：「登高回首坡隴隔，時見烏帽出復沒。」咸紀行人已遠，而故人不復可見，語雖不同，其惜別之意則同也。

吳師道《吳禮部詩話》：東坡《送別子由》詩云：「登高回首坡隴隔，時見烏帽出復沒。」模寫甚工。異時記凌虛臺，謂「見山之出於林木之上者，纍纍然如人之旅行於牆外而見其髻也」，蓋同一機軸。

葉矯然《龍性堂詩話初集》：古人送別，苦語不一，而意實相師。《衛風》：「瞻望弗及，泣涕如雨。」《琴操》：「手無斧柯，奈龜山何。」謝客：「顧望脰未悁，河曲舟已隱。」岑參：「橋回忽不見，征馬尙聞嘶。」東坡：「登高回首坡隴隔，惟見烏帽出復沒。」總是一意。

汪師韓《蘇詩選評箋釋》卷一：軾與其弟轍友愛特至。時轍以父洵被命修禮書，傍無侍子，因奏乞留養親。軾赴鳳翔簽判之任，既別而作此詩。起句突兀有意味。前叙既別之深情，後憶昔年之舊約。「亦知人生要有別」，轉進一層，曲折遒宕。軾是年甫二十六，而詩格老成如是。

紀昀評《蘇文忠公詩集》卷三：起得飄忽。（「歸人猶自念庭闈」二句）加一倍法。（「登高回首坡壠隔」二句）寫難狀之景。（「亦知人生要有別」二句）作一頓挫，便不直瀉，直瀉是七古第一病。收處又繞一波，高手總不使一直筆。

又卷七《臘日遊孤山方惠勤惠思二僧》「出山迴望雲木合，但見野鶻盤浮圖」評：其源出於古樂府，與「但見烏帽出復沒」，同一寫法。

（日本）賴山陽《東坡詩鈔》卷三：（題批）別時之日月不可忘，人之常情，故今具記之，此亦可法者。此篇不押韻，「念庭闈」與「不可忘」，纔兩處耳。此法，老杜往往有之，彼每句用韻者，以語意促迫耳。此篇憂過，故置此二句，以緩節奏也。（「登高回首坡壠隔」）作樹間見烏帽，乃不振。（「獨騎瘦馬踏殘月」）騎馬所以得見烏帽。（「亦知人生要有別」）「亦」字，我亦知之意。

（日本）賴山陽《東坡詩鈔》附《書韓蘇古詩後》：《別子由》諸作，皆眞勸人。要看謔浪笑傲其貌，鐵石心腸其神也。後人舍劉，襲其貌，非好學者。蘇詩雖戲，猶士大夫之善謔也，如明清二袁乃幫閑牽頭耳。

翁方綱《石洲詩話》卷三：東坡與子由別詩，題中屢言「初別」。考嘉祐六年辛丑冬先生授大理評事、簽書鳳翔判官時，子由留京侍老蘇公，《十一月十九日與子由別於鄭州西門之外馬上賦詩》七言古一篇，此二公相別之始也。

王文誥《蘇海識餘》卷一：自「不飲何爲醉兀兀」起，至「獨騎瘦馬踏殘夢」止，雖寓意高妙，只是「馬上兀殘月」一句景象耳。其下突云「路人行歌居人樂」，忽然拓開，不可思議。又接云「僮僕怪我苦悽惻」，意謂路人當歌，居人常樂，故童僕以爲怪耳。上句縱放甚遠，下句自爲注解，卻將上句注入童僕意中，故能立地收轉也。以下「亦知人生」四句，皆承明所以「苦悽惻」之故，有非童僕所知而惟子由知之。此意透，則寄詩之意不必更道，故結二句反以誠勉子由，于通透之中，即又透過一層也。

方東樹《昭昧詹言》卷一二：起突兀，「惟見」句寫。

陳衍《宋詩精華錄》卷二：可當「陟岵」、「陟岡」詩讀。（按：指《詩·陟岵》。）

陳衍《石遺室詩續集》卷一二：自韋蘇州有「對牀聽雨」之言，東坡與子由詩復屢及之。「聽雨」遂爲詩人一特別意境。

高步瀛《唐宋詩舉要》卷三引吳汝綸語：（「亦知人生要有別」）頓挫。筆筆突兀而起，此奇氣也。

和子由澠池懷舊

人生到處知何似，應似飛鴻踏雪泥。泥上偶然留指爪，鴻飛那復計東西。老僧已死成新塔，壞壁無由見舊題。往日崎嶇還記否，路長人困蹇驢嘶（自注：往歲馬死於二陵，騎驢至澠池）。

魏慶之《詩人玉屑》卷一七引《室中語》：子瞻作詩，長于譬喻。如《和子由》云：「人生到處知何似，應是飛鴻踏雪泥。泥上偶然留指爪，鴻飛那復計東西。」（略）皆累數句也。

劉壎《隱居通議》卷一〇：「人生到處知何似，應似飛鴻踏雪泥。」（略）此《東坡集》律詩第一首也。（略）此詩若繩以唐人律體，大概疏直欠工。然「鴻泥」之諭，眞是造理，前人所未到也。且悠然感慨，令人動情，世不可率爾讀之，要須具眼。

何孟春《餘冬詩話》卷上：（「人生到處知何似」四句）讀者試思，向來陳迹，可爲之一慨，世事轉頭尙問耶？

袁宏道評閱譚元春選《東坡詩選》卷一袁宏道評：後四句傷韻。

查愼行《初白庵蘇詩補注》卷三：《傳燈錄》：「天衣義懷禪師云：『雁過長空，影沉寒水。雁無遺跡之意，水無留影之心。若能如是，方解向異類中行。』」先生此詩前四句暗用此語。

紀昀評《蘇文忠公詩集》卷三：前四句單行入律，唐人舊格，而意境恣逸，則東坡本色。渾灝不及崔司勳《黃鶴樓》詩，而撒手遊行之妙，則不減義山《杜司勳》一首。

王文誥《蘇文忠公詩編注集成》卷三：查注引《傳燈錄》義懷語，謂此四句本諸義懷，誣罔已極。凡此類詩，皆性靈所發，實以禪語，則詩爲糟粕。句非語錄，况公是時並未聞語錄乎？

王文誥《蘇海識餘》一：曉嵐謂前四句單行入律，唐人舊格，意指崔顥《黃鶴》。顥句乃粗才耳，又其法全彷《龍池》篇，非創制手也。若此四句，孰敢以粗才目之？且公詩律句甚多，而通集不再見，亦見其得之之不易矣。故自爲此詩，而崔顥《黄鶴》可以無取。

方東樹《昭昧詹言》卷二〇：此詩人所共賞，然余不甚喜，以其流易。

高步瀛《唐宋詩舉要》卷六引吳汝綸評：起超俊，後半率。

次韻劉京兆石林亭之作石本唐苑中物散流民間劉購得之

都城日荒廢，往事不可還。惟餘古苑石，漂散尚人間。公來始購蓄，不憚道里艱。忽從塵埃中，來對冰雪顔。瘦骨拔凜凜，蒼根漱潺潺。唐人惟奇章，好石古莫攀。盡令屬牛氏，刻鑿紛斑斑。嗟此本何常，聚散實循環。人失亦人得，要不出區寰。君看劉李末，不能保河關。況此百株石，鴻毛於泰山。但當對石飲，萬事付等閑。

王鳴盛《蛾術編》卷七八：《次韻和劉京兆石林亭之作》云：「嗟此本何常，聚散實循環。人失亦人得，要不出區寰。」（略）同紐字連用二韻，似全無知識之人所爲。集中如此逞筆亂寫者甚多，略舉數章以明之。古人韻本如《廣韻》、《集韻》，皆于同紐字另作一圈，以爲識別，界限甚嚴。若如東坡，則何不概去其圈，混而爲一？蓋在東坡當日，初不知其爲病，一時後生小子，從風而靡，同紐連用。東坡見之，亦不以爲病，且和其韻，存之集中。識既粗極，心又不虛，貽誤千古矣。鶴壽按：古人作詩不避重韻，况同紐乎？（略）同字尙連用之，况同紐乎？（略）然古人不以爲意，今人則嫌其重複矣。東坡之文如萬斛泉源，隨地湧出，未可以用同紐韻少之。

紀昀評《蘇文忠公詩集》卷三：（「唐人惟奇章」以下）意境開拓，而理趣亦極融徹。

王文誥《蘇文忠公詩編注集成》卷三：（「聚散實循環」）自此以下四折，皆文情所必有，非用樂天語也。

趙克宜《角山樓蘇詩評注彙鈔》卷一：（「聚散實循環」以下）持論通達。

和劉長安題薛周逸老亭周善飲酒未七十而致仕

近聞薛公子，早退驚常流。買園招野鶴，鑿井動潛虯。自言酒中趣，一斗勝《涼州》。翻然拂衣去，親愛挽不留。隱居亦何樂，素志庶可求。所亡嗟無幾，所得不啻酬。青春爲君好，白日爲君悠。山鳥奏琴築，野花弄閒幽。雖辭功與名，其樂實素侯。至今淸夜夢，尙驚冠壓頭。誰能載美酒，往以大白浮。之子雖不識，因公可與游。

查愼行《初白庵詩評》卷中：（「之子雖不識」二句）先生未嘗識薛，與起句「近聞」二字相應。

紀昀評《蘇文忠公詩集》卷三：（「白日爲君悠」）「悠」字懸腳。（「冠壓頭」）三字未雅。

驪山三絶句

姚範《援鶉堂筆記》卷四〇《渚宮》方東樹案：若《驪山》則氣勢凡淺，眞非蘇詩。海峰以此入選，而不取《驪山》，識勝阮亭。

功成惟欲善持盈，可歎前王恃太平。辛苦驪山山下土，阿房纔廢又華清。

紀昀評《蘇文忠公詩集》卷三：此種卻有史論之嫌。

趙克宜《角山樓蘇詩評注彙鈔》卷一：三四，風人之筆。

幾變雕牆幾變灰，舉烽指鹿事悠哉。上皇不念前車戒，卻怨驪山是禍胎。

紀昀評《蘇文忠公詩集》卷三：次句（「舉烽指鹿事悠哉」）湊。

海中方士覓三山，萬古明知去不還。咫尺秦陵是商鑒，朝元何必苦躋攀。

方東樹《昭昧詹言》卷一二：《宋文鑑》以爲李廌作，此詩用意似近沉著，而氣骨實輕，不足錄也。收四句如此淺近，豈成坡語？

次韻子由岐下詩

予既至岐下逾月，於其廨宇之北隙地爲亭。亭前爲横池，長三丈。池上爲短橋，屬之堂。分堂之北廈爲軒窗曲檻，俯瞰池上。出堂而南爲過廊，以屬之廳。廊之兩旁各爲一小池，皆引汧水，種蓮養魚於其中。池邊有桃、李、杏、梨、棗、櫻桃、石榴、樗、槐、松、檜、柳三十餘株，又以斗酒易牡丹一叢於亭之北。子由以詩見寄，次韻和答，凡二十一首。

紀昀評《蘇文忠公詩集》卷三：五絶分章，模山範水，如畫家之有尺幅小景，其格倡自輞川。爾後輾轉相摹，漸成窠臼，流連光景，作似盡不盡之詞，似解不解之語，千人可共一詩，一詩可題千處。桃花作飯，轉塵劫，此非創始者之過，而依草附木者過也。東坡此廿一首，雖非佳作，要是我用我法。固知豪傑之士，必不依託門戶以炫俗也。

北亭

誰人築短牆，横絶擁吾堂。不作新亭檻，幽花爲誰香（自注：舊堂北有牆，予始與之爲亭）。

横池

明月入我池，皎皎鋪紵縞。何日變成緇，《太玄》吾嬾草。

短橋

誰能鋪白簟，永日卧朱橋。樹影欄邊轉，波光版底摇。

軒窗

東鄰多白楊，夜作雨聲急。窗下獨無眠。

趙克宜《角山樓蘇詩評注彙鈔》卷一：此手純乎唐人氣息，而紀獨不取，可怪之甚。

王文濡《宋元明詩評注讀本》卷三：一寫所聞，一寫所見，承上啓下，極連貫之能事。

曲檻

流水照朱欄，青紅亂明鑑。誰見檻上人，無言觀物泛。

雙池

汧流入城郭，亹亹渡千家。不見雙池水，長漂十里花。

荷花

田田抗朝陽，節節卧春水。平鋪亂萍葉，屢動報魚子。

紀昀評《蘇文忠公詩集》卷二：（「屢動報魚子」）「報」字未穩。

魚

湖上移魚子，初生不畏人。自從識鈎餌，欲見更無因。

紀昀評《蘇文忠公詩集》卷三：託意好。從列子狎鷗意化來。

王文誥《蘇文忠公詩編注集成》卷三：（首二句）此種極細微處，他人不留意，公必搜索出之，着花落地，自成妙文。

牡　丹

花好長患稀，花多信佳否。未有四十枝，枝枝大如斗（自注：牡丹花有四十餘枝）。

桃　花

爭開不待葉，密綴欲無條。傍沼人窺鑑，驚魚水濺橋。

王文誥《蘇文忠公詩編注集成》卷三：（「爭開不待葉」二句）十字自是桃花，與梅花有別。

李

不及梨英軟，應慚梅萼紅。西園有千葉，淡佇更纖穠（自注：城西有千葉，李若荼䕷）。

王文誥《蘇文忠公詩編注集成》卷三：（「不及梨英軟」二句）此二句，與前《桃花》詩，同一手法。

杏

開花送餘寒，結子及新火。關中辛無梅（自注：關中地不生梅），汝彊充鼎和。

紀昀評《蘇文忠公詩集》卷三：寄託兀傲。

梨

霜降紅梨熟，柔柯已不勝。未嘗蠲夏渴，長見助春冰。

棗

居人幾番老，棗樹未成槎。汝長才堪軸，吾歸已及瓜（自注：棗樹至難長）。

櫻桃

獨遶櫻桃樹，酒醒喉肺乾。莫除枝上露，從向口中漙。

紀昀評《蘇文忠公詩集》卷三：（「獨遶櫻桃樹」）未雅。

石榴

風流意不盡，獨自送殘芳。色作裙腰染，名隨酒盞狂（自注：酒名有石榴）。

紀昀評《蘇文忠公詩集》卷三：（「名隨酒盞狂」）「狂」字不穩。

樗

自昔爲神樹，空聞蜩鴳鳴。社公煩見輟，爲爾致羊羹（自注：樗舊爲土地廟所蔽，余始遷廟牆北）。

槐

采擷殊未厭，忽然已成陰。蟬鳴看不見，鶴立赴還深（自注：上有野鶴三四）。

松　查注：按此首疑是檜。

強致南山樹，來經渭水灘。生成未有意，鴉鵲莫相干。

檜　查注：按此首疑是松。

依依古松子，鬱鬱綠毛身。每長須成節，明年漸庇人。

柳

今年手自栽，問我何年去。他年我復來，搖落傷人意。

紀昀評《蘇文忠公詩集》卷三：用桓大司馬意。

次韻子由除日見寄

薄宦驅我西，遠別不容惜。方悉後會遠，未暇憂歲夕。強歡雖有酒，冷酌不成席。秦烹惟羊羹，隴饌有熊腊。念爲兒童歲，屈指已成昔。往事今何追，忽若箭已釋。感時嗟事變，所得不償失。府卒來驅儺，矍鑠驚遠客。愁來豈有魔，煩汝爲攘磔。寒梅與凍杏，嫩萼初似麥。攀條爲惆悵，玉蕊何時坼？不憂春艷晚，行見棄夏覈。人生行樂耳，安用聲名藉。胡爲獨多感，不見膏自炙。詩來苦相寬，子意遠可射。依依見其面，疑子在咫尺。兄今雖小官，幸忝佐方伯。北池近所鑿，中有汧水碧。臨池飲美酒，尚可消永日。但恐詩力弱，鬬健未免馘。詩成十日到，誰謂千里隔。一月寄一篇，憂愁何足擲。

紀昀評《蘇文忠公詩集》卷三：（「感時嗟事變」以下數句）小作點綴，卻有致。「行見」句太晦。「子意」句用射覆意，押字不妥。（「鬬健未免馘」）強押不妥。

壬寅二月有詔令郡吏分往屬縣減決囚禁自十三日受命出府至寶鷄虢郿盩厔四縣既畢事因朝謁太平宮而宿於南谿谿堂遂並南山而西至樓觀大秦寺延生觀仙遊潭十九日乃歸作詩五百言以記凡所經歷者寄子由

遠人罹水旱，王命釋俘囚。分縣傳明詔，尋山得勝遊。蕭條初出郭，曠蕩實消憂。薄暮來孤鎮，登臨憶武侯。峥嶸依絕壁，蒼茫瞰奔流。半夜人呼急，橫空火氣浮。天遙殊不辨，風急已難收。曉入陳倉縣，猶餘賣酒樓。煙煤已狼藉，吏卒尚呀咻（自注：十三日宿武城鎮，即俗所謂石鼻寨也，云孔明所築。是夜二鼓，寶鷄火作，相去三十里，而見於武城）。鷄嶺雲霞古，龍宮殿宇幽（自注：縣有鷄爪峰、龍宮寺）。南山連大散，歸路走吾州。欲往安能遂，將歸爲少留。回趨西虢道，卻渡小河洲。聞道磻溪石，猶存渭水頭。蒼崖雖有跡，大釣本無鈎（自注：十四日自寶雞行至虢，聞太公蟠溪石在縣東南十八里，猶有投竿跪餌兩膝所著之處）。東去過郿塢，孤城象漢劉（自注：十五日至郿縣，縣有董卓城，象長安，俗謂之小長安）。誰言董公健，竟復伍孚仇。白刃俄生肘，黃金謾似邱。平生聞太白，一見駐行騶。鼓角誰能試，風雷果致不。巖崖已奇絕，冰雪更琱鎪。春旱憂無麥，山靈喜有湫。蛟龍懶方睡，缾罐小容偷（自注：是日晚自郿起至淸秋鎭宿，道過太白山，相傳云，軍行鳴鼓角過山下，輒致雷雨。山上有湫，甚靈，以今歲旱，方議取之）。二曲林泉勝，三川氣象侔。近山麰麥早，臨水竹篁修。先帝膺符命（自注：十七日寒食，自盩厔東南行二十餘里，朝謁太平宮二聖御容。此宮乃太宗皇帝時，有神降於道士張守眞以告受命之符，所爲立也。神封翊聖將軍，有殿），行宮畫冕旒。侍臣簪武弁，女樂抱箜篌。秘殿開金鎖，神人控玉虬。黑衣橫巨劍，被髮凜雙眸。邂逅逢佳士，相將弄彩舟。投篙披綠荇，濯足亂淸溝。晚宿南溪上，森如水國秋。遶湖栽翠密，終夜響颼颼（自注：是日與監宮張杲之泛舟南溪，遂留宿於溪堂）。冒曉窮幽邃，操戈畏炳彪（自注：十八日循終南而西，縣尉以甲卒見送。或云近官竹園，往往有虎）。尹生猶有宅，老氏舊停輈。問道遺踪在，登仙往事悠。御風歸汗漫，閱世似蜉蝣。羽客知人意，瑤琴繫馬鞦。不辭山寺遠，來作鹿鳴呦。帝子傳聞李，崇堂髣像縤。輕風幃慢卷，落日髻鬟愁。入谷驚蒙密，登坡費挽摟。亂峰攙似槊，一水淹如油。中使何年到，金龍自古投。千重橫翠石，百丈見游鯈。最愛泉鳴洞，初嘗雪入喉。滿瓶雖可致，洗耳歎無由（自注：是日游崇聖觀，俗所謂樓觀也，乃尹喜舊宅。山腳有授經臺尙在，遂與張杲之同至大秦寺，早食而別。有太平觀道士趙宗有抱琴見送至寺，作鹿鳴之引乃去。又西至延生觀，觀後上小山，有唐玉眞公主修道之遺跡。下山而西行十數里，南入黑水谷。谷中有潭名僊游潭，潭上有寺三，倚峻峰，面清溪，樹林深翠，怪石不可勝數。潭水以繩縋石數百尺，不得其底。以瓦礫投之，翔揚徐下，食頃乃不見。其清澈如此。遂宿於中興寺，寺中有玉女洞，洞中有飛泉甚甘。明日以泉二瓶歸至郿，又明日乃至府）。忽憶尋蟆培，方冬脫鹿裘。山川良甚似，水石亦堪儔。惟有泉傍飲，無人自獻酬（自注：昔與子由游蝦蟆培，方冬，洞中溫溫如二三月）。

陳鵠《耆舊續聞》卷八：唐人以格律自拘，唯白居易敢易其音于詩中。（略）東坡詩：「崢嶸依絕壁，蒼茫瞰奔流。」「蒼茫」二字，古人用之皆是平聲，而此作仄聲。又《石鼻城》詩：「獨穿暗月朦朧裏，愁渡奔河蒼茫間。」亦作仄聲。

王楙《野客叢書》卷八：東坡詩曰：「蒼茫瞰奔流。」又曰：「愁渡奔河蒼茫間。」趙注謂「蒼茫」兩字，古人用之，皆是平聲，而先生所用，乃是仄聲。「蒼」字，《廣韻》音粗朗反，而「茫」字，上聲皆不收。不知先生所用出處，以俟博聞。僕觀揚雄《校獵賦》「鴻荒沆茫」，字音莽。白樂天《雪》詩「寒銷春蒼茫」，又曰「野道何茫蒼」，注並音上聲。近時蘇子美詩亦曰「淮天蒼茫背殘臘，江路委蛇逢舊春」，自注「蒼茫，仄聲，茫作仄用」。似此甚多。

李冶《敬齋古今黈拾遺》卷五：（前引王楙《野客叢書拾遺》從略）案《莊子》「適茫蒼者三餐而返，腹猶果然。」「茫蒼」並仄聲，前人詩句，亦多有用此二字者。「蒼茫」蓋本「莽蒼」，但以「茫」易「莽」而倒之耳，此何足致疑？

紀昀評《蘇文忠公詩集》卷三：大段似香山《東南行》，不免小小疵累。而五百字一氣相生，不見窘束，亦不見紛雜，筆力殊不可及。次句（「王命釋俘囚」）「俘」字不妥。（「分縣傳明詔」）二句領起一篇。（「蒼茫瞰奔流之『瞰』字）上聲。（「孤城象漢劉」）倒押不妥。（「臨水竹篁修」）「竹篁」二字不宜疊。（「操戈畏炳彪」）強押不妥。（「登仙往事悠」）「悠」字縣腳。（「忽憶尋蟆培」以下）一路雜述風土，如何挽到子由？如此趁勢打合，借作總收，眞心靈手敏。

王文誥《蘇文忠公詩編注集成》卷三：純以氣勝，如流水曲折，任其所之，自成蹊徑。題云五百字，而不云五十韻者，蓋其意不欲爲長律所囿。

香巖批《紀評蘇詩》卷三：（「蒼茫瞰奔流」）「蒼茫」仄用。見《莊子．逍遙游》。先寫火，次入寶鷄，情景逼眞。（「欲往安能遂」二句）頓挫不可少，長篇無頓挫之筆，尤嫌直瀉。（「巖崖已奇絕」）巖崖連用，不知何所本。

趙克宜《角山樓蘇詩評注彙鈔附錄》卷一：逐節鋪叙，言盡而止，篇中無勝可尋。長律當宗杜陵，不應以元、白自畫。

太白山下早行至橫渠鎮書崇壽院壁

馬上續殘夢，不知朝日昇。亂山橫翠幛，落月澹孤燈。奔走煩郵吏，安閑愧老僧。再遊應眷眷，聊亦記吾曾。

黃徹《䂬溪詩話》卷五：莊子文多奇變，如「技經肯綮之未嘗」，乃「未嘗經肯綮」也。詩句中時有此法。（略）坡（略）「聊亦記吾曾」，餘人罕敢用。

王世貞《藝苑卮言》卷四：劉駕「馬上續殘夢」，境頗佳。下云「馬嘶而復驚」，遂不成語矣。蘇子瞻用其語，下云「不知朝日昇」，亦未是。至復改爲「瘦馬兀殘夢」（《除夜大雪留濰州元日早晴遂行中途雪復作》），愈墜惡趣。

查慎行《初白庵詩評》卷中：「亂山」二句從首句「殘夢」二字生出。

汪師韓《蘇詩選評箋釋》卷一：次聯是早行景色，妙從首句「殘夢」二字生出，故佳。

《御選唐宋詩醇》卷三二：次聯是早行景色，妙從首句「殘夢」二字生出，故日、月字不嫌雜見。王世貞之論（見前引），似密實疏。

紀昀評《蘇文忠公詩集》卷三：此昌黎所謂何好何惡之詩。首句直寫劉方平之詩，當由偶合，東坡非盜句者也。

趙克宜《角山樓蘇詩評注彙鈔》卷一：（劉）駕次句云「馬嘶時復驚」，與首句（「馬上續殘夢」）相足傳神，勝此（「馬上續殘夢」二句）多矣。

王文濡《宋元明詩評注讀本》卷五：從殘夢說起，生出「亂山」一聯，是曉行景象。末聯結到重來，是書壁本意。

高步瀛《唐宋詩舉要》卷四：（「馬上續殘夢」）超妙。「馬上續殘夢」乃劉駕《早行》詩，未知子瞻偶用之耶，抑造句相同耶？

留題延生觀後山上小堂

溪山愈好意無厭，上到巉巉第幾尖。深谷野禽毛羽怪，上方仙子鬢眉纖。不慚弄玉騎丹鳳，應逐嫦娥駕老蟾。澗草巖花自無主，晚來蝴蝶入疏簾。

汪師韓《蘇詩選評箋釋》卷一：三句觀後之景，四句小堂之景。唐時文安、潯陽、平恩、邵陽、永嘉、永安、義昌、安陽諸主，皆先後丐爲道士，築觀在外，玉眞師事道士史崇元。腹聯較之李義山「不逢蕭史休回首，莫見洪崖又拍肩」之句，更爲語隱而意微。

紀昀評《蘇文忠公詩集》卷三：取其生造。

留題僊遊潭中興寺寺東有玉女洞洞南有馬融讀書石室過潭而南山石益奇潭上有橋畏其險不敢渡

清潭百尺皎無泥，山木陰陰谷鳥啼。蜀客曾遊明月峽，秦人今在武陵溪。獨攀書室窺巖竇，還訪僊姝款石閨。猶有愛山心未至，不將雙腳踏飛梯。

王文誥《蘇文忠公詩編注集成》卷三：結二句畏險不渡，乃完題中所有也。

張道《蘇亭詩話》卷五《補注類》：趙崡《訪古游記》：「仙游潭上架一木而過，則馬季常讀書洞，殊偪側不可居，不曉所出。」按此則應補注《留題仙游潭云云》詩「獨攀書室窺巖竇」句下。

又：（趙崡《訪古游記》：「仙游寺，傳是隋文帝避暑宮，唐韓均平詩：『仙臺初見五城樓。』即其地。」按此則應補入《中興寺》詩題注。

又：趙崡《訪古游記》：「仙游寺下潭曰黑龍，渟泓淵碧，洞駭人心。聞宋時每歲遣中使投金龍于中，居人言其深不可測，今亦漸淺矣。」此則應補入《仙游潭》詩題注。黑龍之名，或後人所加也。

石鼻城

平時戰國今無在，陌上征夫自不閒。北客初來試新險，蜀人從此送殘山。獨穿暗月朦朧裏，愁渡奔河蒼茫間。漸入西南風景變，道傍修竹水潺潺。

陳鵠《耆舊續聞》卷八：唐人以格律自拘，唯白居易敢易其音于詩中。東坡詩之「崢嶸依絕壁，蒼茫瞰奔流。」「蒼茫」二字，古人用之皆是平聲，而此作仄聲。又《石鼻城》詩「獨穿暗月朦朧裏，愁渡奔河蒼茫間。」亦作仄聲。

王楙《野客叢書》卷七《蒼茫作上聲》：東坡詩曰：（略）「愁度奔河蒼茫間。」趙注謂：「蒼茫兩字，古人用之，皆是平聲。而先生所用乃是仄聲。蒼字，《廣韻》音粗朗反。而茫之上聲皆不收。不知先生所用出處，以俟博聞。」僕觀揚雄《校獵賦》：「鴻濛沆茫。」字音莽。白樂天雪詩：「寒銷春蒼茫。」又曰：「野道何茫蒼。」注「並音上聲」。近時蘇子美詩亦曰：「淮在蒼茫背殘臘，江路委蛇逢舊春。」自注：「蒼茫，仄聲。」茫作仄用，似此甚多。

李治《敬齋古今黈拾遺》卷五：（前引王楙《野客叢書》從略）案《莊子》「適茫蒼者三餐而

返，腹猶果然。」「茫蒼」並仄聲，前人詩句，亦多有用此二字者。「蒼茫」蓋本「莽蒼」，但以「茫」易「莽」而倒之耳，此何足致疑？

汪師韓《蘇詩選評箋釋》卷一：揮霍如意。五六一聯深沉雄健，景中有情。「蒼茫」二字，俱讀從上聲，前人所未有，此自軾詩創用。唐人如韓詩讀張王爲去聲，白詩讀「嚨嗯」爲上聲，後人不審所出，遂謂前賢自我作古，恐不盡然耳。

紀昀評《蘇文忠公詩集》卷三：三四天然清切。

王士禎《帶經堂詩話》卷一四《遺蹟類》下四九：寶鷄縣西南，彌望連峰疊巘，杳然無際，詠坡詩「北客初來試新險，蜀人從此送殘山」，感嘆久之。

王文誥《蘇文忠公詩編注集成》卷三：（「北客初來試新險」二句）此聯畫出川陝山疆水界，妙在關合蜀事。

香巖批《紀評蘇詩》卷三：結筆直而寡味。

磻溪石

墨突不暇黔，孔席未嘗煖。安知渭上叟，跪石留雙骭。一朝嬰世故，辛苦平多難。亦欲就安眠，旅人譏客懶。

紀昀評《蘇文忠公詩集》卷三：借寫仕宦之勞（指後四句），渾然無迹。
趙克宜《角山樓蘇詩評注彙鈔》卷一：逆旅之人謂之旅人，似未洽。

郿塢

衣中甲厚行何懼，塢裏金多退足憑。畢竟英雄誰得似，臍脂自照不須燈。

紀昀評《蘇文忠公詩集》卷三：（「畢竟英雄誰得似」二句）太涉輕薄，便入晚唐五代惡趣中。

樓觀

自注：秦始皇立老子廟於觀南，晉惠始修此廟。

門前古碣卧斜陽，閱世如流事可傷。長有幽人悲晉惠，強修遺廟學秦皇。丹砂久窖井水赤，白朮誰燒廚竈香。聞道神仙亦相過，只疑田叟又庚桑。

紀昀評《蘇文忠公詩集》卷三：次聯湊泊。

題寶鷄縣斯飛閣

西南歸路遠蕭條，倚檻魂飛不可招。野闊牛羊同雁鶩，天長草樹接雲霄。昏昏水氣浮山麓，汎汎春風弄麥苗。誰使愛官輕去國，此身無計老漁樵。

賀裳《載酒園詩話·蘇軾》：至其清空而妙者，如「野闊牛羊同雁鶩，天長草樹接雲霄」，（略）俱清新俊逸。

紀昀評《蘇文忠公詩集》卷三：三四寫景自眞。五六殊弱。結二句更入習徑。

王文誥《蘇文忠公詩編注集成》卷三：此詩懷宋選之去也，至以此身無計爲言。其慨之也至矣。

香巖批《紀評蘇詩》卷三：若結二句佳，則五六不覺其淺弱，此自可爲知者道。

方東樹《昭昧詹言》卷二〇：此思歸作也。起述作詩本意。中四句寫閣下所望之景，奇警如見。收曲折，又應起處不得歸意。

趙克宜《角山樓蘇詩評注彙鈔》卷一四：漁洋集中極多雄深雅健之作，初不專恃此種，紀氏不足以知之，而每以此語相義底，蓋當時習氣也。

壬寅重九不預會獨遊普門寺僧閣有懷子由

花開酒美曷不醉，來看南山冷翠微。憶弟淚如雲不散，望鄉心與雁南飛。明年縱健人應老，昨日追歡意已違。不向秋風強吹帽，北人不笑楚人譏。

查慎行《初白庵詩評》卷中：（「花間酒美盍不歸」）「不歸」當作「言歸」。（「不問秋風強吹帽」）「問」或當作「分」。

紀昀評《蘇文忠公詩集》卷三：五六深穩。

趙克宜《角山樓蘇詩評注彙鈔》卷一：（「明年縱健人應老」二句）切九日無迹。結太率。

毛延壽《老生常談》：（同上二句）亦是翻進一層，用杜句。

客位假寐

自注：因謁鳳翔府守陳公弼。

謁入不得去，兀坐如枯株。豈惟主忘客，今我亦忘吾。同僚不解事，慍色見髯鬚。雖無性命憂，且復忍須臾。

袁宏道評閱譚元春選《東坡詩選》卷一譚元春評：（謁入不得去）眞可笑，頑皮如此。

查愼行《初白庵蘇詩補注·例略》：施元之、顧景繁生南渡時，去先生之世未遠，排纂尙有舛錯。如《客位假寐》一首，鳳翔所作，而入倅杭時。

紀昀評《蘇文忠公詩集》卷三：太露便非詩品。

又《病中聞子由得告不赴商州三首》：忽觸「客位假寐」之感，卻說得和平無迹。

王文誥《蘇文忠公詩編注集成》卷四：此詩僅係解嘲之作，蓋同僚有慍色者，故以是爲戲耳。

趙克宜《角山樓蘇詩評注彙鈔附錄》卷中：此首非傳誦之作。

九月二十日微雪懷子由弟二首

岐陽九月天微雪，已作蕭條歲暮心。短日送寒砧杵急，冷官無事屋廬深。愁腸別後能消酒，白髮秋來已上簪。近買貂裘堪出塞，忽思乘傳問西琛。

江上同舟詩滿篋，鄭西分馬涕垂膺。未成報國慚書劍，豈不懷歸畏友朋。官舍度秋驚歲晚，寺樓見雪與誰登。遙知讀易東窗下，車馬敲門定不譍。

紀昀評《蘇文忠公詩集》卷三：居下僚而不得志，憤激而爲立功邊外之思，鬱鬱時實有此想。驟看若不相屬也。（「屋廬深」）三字入神。

香巖批《紀評蘇詩》卷三：（「近買貂裘堪出塞」二句）必西夏有事而發此慨耳。

趙克宜《角山樓蘇詩評注彙鈔》卷一：此首氣體雅潔。

病中聞子由得告不赴商州三首

王文誥《蘇文忠公詩編注集成》卷四：讀此三詩，眞乃可歌可泣。

趙克宜《角山樓蘇詩評注彙鈔》附錄卷中：三詩評（指紀評）皆未當。

病中聞汝免來商，旅雁何時更著行？遠別不知官爵好，思歸苦覺歲年長。著書多暇眞良計，從宦無功漫去鄉。惟有王城最堪隱，萬人如海一身藏。

紀昀評《蘇文忠公詩集》卷三：忽觸「客位假寐」之感，卻說得和平無迹。（略）此等詩雖非坡公著意之作，然自然湊泊，觸手生春，亦見其學之富而筆之靈也。

吳喬《圍爐詩話》卷五引黃公曰：「子瞻詩美不勝言，病不勝摘。大率多俊邁而少淵渟，得瑰奇而失詳愼，多粗豪滑稽草率，又多以文爲詩。然其才古今獨絕。子瞻聞子由不赴商州曰：『惟有王城最堪隱，萬人如海一身藏。』俱佳。」

賀裳《載酒園詩話·蘇軾》：坡詩吾第一服其氣概。《聞子由不赴商州》曰：「惟有王城最堪隱，萬人如海一身藏。」（略）如此胸襟，眞天人也。

王文誥《蘇文忠公詩編注集成》卷四：凡從無賴中尋出好處，必要完出證據，于虛中占實步。此其天性生成，落筆處所在皆是也。

趙克宜《角山樓蘇詩評注彙鈔》卷一：意蘊藉而語氣卻快，此東坡本色也。

近從章子聞渠說（自注：章子，惇也），苦道商人望汝來。說客有靈慚直道，逋翁久歿厭凡才。夷音僅可通名姓，瘿俗無由辨頸顋。答策不堪宜落此，上書求免亦何哉。

查愼行《初白庵詩評》卷中：頸聯俱用商州故事。「說客」句指張儀詐楚。州北有智亭山，相傳四皓所隱。

紀昀評《蘇文忠公詩集》卷三：一結殊不成語。

趙克宜《角山樓蘇詩評注彙鈔》卷中：結二句以「上書求免」爲言，用意沉痛，觀第三首起二句便知，非眞求免也。

辭官不出意誰知，敢向清時怨位卑。萬事悠悠付杯酒，流年冉冉入霜髭。策曾忤世人嫌汝，《易》可忘憂家有師。此外知心更誰是，夢魂相覓苦參差。

紀昀評《蘇文忠公詩集》卷三：此首亦太平直。

王文誥《蘇文忠公詩編注集成》卷四：（「萬事悠悠付杯酒」二句）凡此等句，皆說得傷筋動骨，但看去不覺耳。

病中大雪數日未嘗起觀號令趙薦以詩相屬戲用其韻答之

經旬卧齋閣，終日親劑和。不知雪已深，但覺寒無那。飄蕭窗紙鳴，堆壓簷板墮（自注：關中皆以板爲簷）。風飄助凝冽，幃幔困掀簸。惟思近醇醲，未敢窺璨瑳。何時反炎赫，卻欲躬臼磨。誰云坐無氈，尚有裘充貨。西鄰歌吹發，促席寒威挫。崩騰踏成逕，繚繞飛入座。人歡瓦先融，飲雋餅屢卧。嗟予獨愁寂，空室自困坷。欲爲後日賞，恐被遊塵涴。寒更報新霽，皎月懸半破。有客獨苦吟，清夜默自課。詩人例窮蹇，秀句出寒餓。何當暴雪霜，庶以躡郊賀。

吳曾《能改齋漫錄》卷七《酒盡臥空瓶》：東坡《病中大雪》詩：「飲雋瓶屢臥。」趙夔注云：「歐陽詩：『不覺長瓶臥。』張籍詩：『酒盡臥空瓶。』」

紀昀評《蘇文忠公詩集》卷三：（起數句）語自峭拔。「卻欲」句未佳，意謂操勞則汗出身暖耳。是有此理，然成何語？「西鄰」下生出一波，便筆有起伏，不致直滯。此于無頓挫處生頓挫，不必眞有其事。

《御選唐宋詩醇》卷三二：和韻詩峻拔瀏利，如彈丸脫手，大蘇所長。

張道《蘇亭詩話》卷五《補注類》《耆舊續聞》：「子厚爲商州推官，時子瞻爲鳳翔幕僉，因差試官開院同途，小飲山寺，聞報有虎，二人酒狂，因勒馬同往之，去虎數十步外，馬驚不敢前。子瞻云：『馬猶如此，著甚來由！』乃轉去。子厚獨鞭馬向前去曰：『我自有道理。』既近，取銅鑼于石上顚響，虎即驚竄。歸語子瞻曰：『子定不如我！』異時奸計，已見于此矣。」按此則應補注《病中聞子由云云》詩「近從章子聞渠說」句下。又按：時章爲商洛令，此作推官，疑誤。

趙克宜《角山樓蘇詩評注彙鈔》卷一：（「經旬臥齋閣」二句）切臥病叙起。（「卻欲躬臼磨」）謂當待暄暖時躬親勞苦，語本無弊，紀誤會矣。（「人歡瓦先融」二句）妙語。（「有客獨苦吟」）入趙薦寄詩。

香巖批《紀評蘇詩》卷三：通篇句句屬對，句句轉換，斯爲大筆。紀公好言「生波」，猶是八股試帖家當。「西鄰」一段蓋紀當時所見耳。

歲晚相與餽問爲餽歲酒食相邀呼爲別歲至除夜達旦不眠爲守歲蜀之風俗如是余官於岐下歲暮思歸而不可得故爲此三詩歲晚相與餽問爲餽歲酒食相邀呼爲別歲至除夜達旦不眠爲守歲蜀之風俗如是余官於岐下歲暮思歸而不可得故爲此三詩以寄子由

紀昀評《蘇文忠公詩集》卷三：三首俱謹嚴有格。

饋歲

農功各已畢，歲事得相佐。爲歡恐無及，假物不論貨。山川隨出產，貧富稱小大。寘盤巨鯉橫，發籠雙兔卧。富人事華靡，綵繡光翻座。貧者愧不能，微摯出春磨。官居故人少，里巷佳節過。亦欲舉鄉風，獨唱無人和。

查愼行《初白庵詩評》卷中：（「微摯出春磨」）「摯」與「贄」同，《曲禮》作「摯」。（「官居故人少」四句）入情。

紀昀評《蘇文忠公詩集》卷三：（結處四句）歸思在言外。

（日本）賴山陽《東坡詩鈔》卷一：（「賔盤巨鯉横」二句）一篇釆色，在此二句。

（日本）賴山陽《東坡詩鈔》附《書韓蘇古詩後》：《饋歲》、《守歲》、《泛潁》、《眼醫》等，韓集亦無此妙語也。

別歲

故人適千里，臨別尙遲遲。人行猶可復，歲行那可追。問歲安所之，遠在天一涯。已逐東流水，赴海歸無時。東鄰酒初熟，西舍彘亦肥。且爲一日歡，慰此窮年悲。勿嗟舊歲別，行與新歲辭。去去忽回顧，還君老與衰。

查愼行《初白庵詩評》卷中：（「且爲一日歡」至末）一層深一層，字字警動！

紀昀評《蘇文忠公詩集》卷三：此首氣息特古。（「勿嗟舊歲別」以下四句）逼入一步，更沉着。

《御選唐宋詩醇》卷三二：《別歲》即古詩「所遇無故物，焉能不速老」意，而暢言之，頓挫淋漓，有對此茫茫，百端交集之慨。

（日本）賴山陽《東坡詩鈔》卷一：其所言者陳腐，而自故人下筆卻爲奇。（「還君老與衰」）用恢戲筆。

趙克宜《角山樓蘇詩評注彙鈔》卷一：（「勿嗟舊歲別」四句）沉痛語，以警快之筆出之，遂成絕調。

守歲

欲知垂盡歲，有似赴壑蛇。修鱗半已沒，去意誰能遮。況欲繫其尾，雖勤知奈何。兒童強不睡，相守夜讙譁。晨雞且勿唱，更鼓畏添撾。坐久燈燼落，起看北斗斜。明年豈無年，心事恐蹉跎。努力盡今夕，少年猶可誇。

魏慶之《詩人玉屑》卷一七引《室中語》：子瞻作詩，長于譬喻。（略）《守歲》詩云：「欲知垂盡歲，有似赴壑蛇。修鱗半已沒，去意誰能遮。況欲系其尾，雖勤知奈何。」（略）皆累數句也。

汪師韓《蘇詩選評箋釋》卷一：前六句比，中六句賦，結句「猶可誇」者非幸詞，正以見去日之苦多，而盛年之不再也。此與《別歲》一首，佳處不減魏武《短歌》。

紀昀評《蘇文忠公詩集》卷三：用古韻。「坐久」十字眞景。

（日本）賴山陽《東坡詩鈔》卷一：（「有似赴壑蛇」）譬喻出意表而卻切。（「去意誰能遮」）

韻腳，蛇押匀宜如此。

（日本）賴山陽《東坡詩鈔》附《書韓蘇古詩後》：《饋歲》、《守歲》、《泛潁》、《眼醫》等，韓集亦無此妙語也。

王文誥《蘇文忠公詩編注集成》卷四：全幅矯健，此爲三詩之冠。

趙克宜《角山樓蘇詩評注彙鈔》卷一：（「努力盡今夕」二句）一結「守」字，精神迸出，非徒作無聊自慰語也。

楊鍾羲《雪橋詩話》初集卷十二：何蝯叟云：「時文忠、文定同舉進士，授官未久，年在三十以前，詩中乃兢兢于衰老壽考，蓋志惜日，深懼時逝，雖春秋鼎盛，名位鵲起，不自矜持。」所謂能得二蘇詩意者也。

讀開元天寶遺事三首

姚宋亡來事事生，一官銖重萬人輕。朔方老將風流在，不取西蕃石堡城。

潭裏舟船百倍多，廣陵銅器越溪羅。三郎官爵如泥土，爭唱宏農得寶歌。

琵琶絃急袞梁州，羯鼓聲高舞臂韝。破費八姨三百萬，大唐天子要纏頭。

朱翌《猗覺寮雜記》卷上：坡云：「揚州銅器越州羅，爭唱洪農得寶歌。」見《韋堅傳》云云。

查愼行《初白庵蘇詩補注》卷三：「得體」（「爭唱弘農得体歌」），「体」字，《舊唐書》注云：「都董砌」，此「体」字之本音也。補注者改「体」爲「體」，繆以千里矣！讀書不識字，貽誤非細，特爲牽連駁正。

紀昀評《蘇文忠公詩集》卷三：三首皆有姿致。詠史小詩，宜如此作。

紀昀評蘇文忠公詩集卷四

和子由踏青

東風陌上驚微塵，遊人初樂歲華新。人閒正好路旁飲，麥短未怕遊車輪。城中居人厭城郭，喧闐曉出空四鄰。歌鼓驚山草木動，簞瓢散野烏鳶馴。何人聚衆稱道人，遮道賣符色怒嗔。宜蠶使汝繭如甕，宜畜使汝羊如麕。路人未必信此語，強爲買服禳新春。道人得錢徑沽酒，醉倒自謂吾符神。

紀昀評《蘇文忠公詩集》卷四：首尾兩截，緲不相屬，不踰其故。

王文誥《蘇文忠公詩編注集成》卷四：《欒城集》題作《記歲首鄉俗二首》，故詩從歲首起。此意並該後篇（按指《和子由蠶市》）也。詩和歲首鄉俗，故有「歲華新」、「禳新春」二句。曉嵐謂「首尾兩截緲不相屬，不喻其故」，即又不知看到何處去矣。

曾國藩《曾文公全集·讀書錄》卷九《東坡文集》：前八句叙踏青，後八句就道人賣符生波。

陳衍《宋詩精華錄》卷二：不甚高妙，大名家能寫得恰如其分，小名家則非雅事不肯落筆矣。

和子由蠶市

蜀人衣食常苦艱，蜀人遊樂不知還。千人耕種萬人食，一年辛苦一春閒。閒時尚以蠶爲市，共忘辛苦逐欣歡。去年霜降砍秋荻，今年箔積如連山。破瓢爲輪土爲釜，爭買不啻金與紈。憶昔與子皆童丱，年年廢書走市觀。市人爭誇鬬巧智，野人喑啞遭欺謾。詩來使我感舊事，不悲去國悲流年。

紀昀評《蘇文忠公詩集》卷四：「恐忘」句未自然。「市人」二句有所託，而文義頗覺突兀。王文誥《蘇文忠公詩編注集成》卷四：「悲流年」句結到歲首，與前篇（按指《和子由踏青》起句相合。當如《欒城集》于前列總題云《和子由記歲首二首》，則此意自見。

次韻子由論書

吾雖不善書，曉書莫如我。苟能通其意，常謂不學可。貌妍容有矉，璧美何妨橢。端莊雜流麗，剛健含婀娜。好之每自譏，不獨子亦頗。書成輒棄去，繆被傍人裹。體勢本闊落，結束入細麼。子詩亦見推，語重未敢荷。爾來又學射，力薄愁官笴（自注：官箭十二把，吾能十一把箭耳）。多好竟無成，不精安用夥。何當盡屏去，萬事付懶惰。吾聞古書法，守駿莫如跛。世俗筆苦驕，衆中強嵬騀。鍾張忽已遠，此語與時左。

葛立方《韻語陽秋》卷五：東坡《與子由論書》云：「吾雖不善書，曉書莫如我。苟能通其意，常謂不學可。」故其子叔黨跋公書云：「吾先君子豈以書自名哉？特以其至大至剛之氣，發於胸中而應之以手，故不見其有刻畫嫵媚之態，而端乎章甫，若有不可犯之色。少年喜二王書，晚乃喜顏平原，故時有二家風氣。俗手不知，妄謂學徐浩，陋矣。」觀此則知初未嘗規規然出於翰墨積習也。

婁堅《蘇文忠墨蹟》（《學古緒言》卷二三）：坡公書肉豐而骨勁，態濃而意淡，藏巧於拙，特爲秀偉。公詩有云：「守駿莫如跛。」蓋言其所自得於書者如此。此卷爲北歸時答謝書，予所見公遺蹟，獨《楚頌帖》用筆與此相類，彼似少縱，而此則穩重，皆可想見純綿裹鐵也。今爲辰玉太史收藏，惜卷首脫數行，屬予補之。公書自不容輕補，特以此書極文章之妙致，得展卷即一誦公全文，亦大快也。今世之重公文又十倍於翰墨，至其悟解處，或似好事家多不辨公書眞贋，抑又何耶？末段「然則」，「則」字蓋公名之誤，今裝潢跡分明非筆誤也。

查愼行《初白庵詩評》卷中：（「苟能通其意」二句）直是以文爲詩，何意不達。（「端莊雜流麗」二句）讀此十字，知少陵瘦硬未是定評。（「繆被旁人裹」）「裹」字叶未穩。（「邇來又學射」二句）奇峰忽插。（「多好竟無成」二句）先生尚云爾，學者可不自警？（「吾觀古書法」四句）所謂寧拙勿巧。

汪師韓《蘇詩選評箋釋》卷二：論書實自道其所得。「端莊」、「剛健」一聯，「體勢」、「結束」一聯，宛然見軾書也。「通其意」三字最精。「不通其意，雖學何益？固知「不學」匪直爲大言耳。忽插入「學射」一段，軒然波起，凌厲無前。

紀昀評《蘇文忠公詩集》卷四：（指起處）峭而不剽。（「爾來又學射」以下六句）插入一波，便意境生動。

趙翼批沈德潛《宋金元三家詩選·蘇東坡詩選》上卷：書中三昧，非深于此道者不能言。

王文誥《蘇文忠公詩編注集成》卷四：（「語重未敢荷」）下入學射，卻特意抹倒，以足上意。

趙克宜《角山樓蘇詩評注彙鈔》卷二：（「端莊雜秀麗」二句）拈出三語大旨已盡，所謂「通其意」也。（「多好竟無成」）頓束極精。（「世俗筆苦驕」）以俗書反託。（「鍾張忽已遠，此語與時左」）結醒論字。

又見卷八《孫莘老求墨妙亭》詩汪師韓評。

記所見開元寺吳道子畫佛滅度以答子由

西方眞人誰所見，衣被七寶從雙狻。當時修道頗辛苦，柏生兩肘烏巢肩。初如濛濛隱山玉，漸如濯濯出水蓮。道成一旦就空滅，奔會四海悲人天。翔禽哀響動林谷，獸鬼躑躅淚迸泉。龐眉深目彼誰子，繞牀彈指性自圓。隱如寒月墮清晝，空有孤光留故躔。春遊古寺拂塵壁，遺像久此霾香煙。畫師不復寫名姓，皆云道子口所傳。縱橫固已蔑孫鄧，有如巨鰐吞小鮮。來詩所誇孰與此，安得攜挂其旁觀。

紀昀評《蘇文忠公詩集》卷四：題不了了。當云：「子由以畫文珠普賢詩見寄，因記所見開元寺吳道子畫佛滅度答之。」不然，末二句不知爲何語。筆筆圓勁，大抵東坡詩，自是氣格方成就。

王文誥《蘇文忠公詩編注集成》卷四：原題至「答子由」止，王、施本皆然，與詩意不合。今以《欒城集》原題補（案：此詩王文誥本題爲《記所見開元吳道子畫佛滅度以答子由題文殊普賢》）。紀昀曰（見前，略），若如紀說，則此題拖沓之甚，且此詩應從子由入手，當別作一篇矣。

香巖批《紀評蘇詩》卷四：（「隱如寒月墮清晝」二句）東坡此時已深入佛海，所謂去則實不去也。

和子由寒食

寒食今年二月晦，樹林深翠已生煙。遶城駿馬誰能借，到處名園意盡便。但挂酒壺那計盞，偶題詩句不須編。忽聞啼鴂驚羈旅，江上何人治廢田。

紀昀評《蘇文忠公詩集》卷四：此種七律，選一代之詩則可刪，選一家之詩則可存。

中隱堂詩

岐山宰王君紳，其祖故蜀人也，避亂來長安而遂家焉。其居第園圃，有名長安城中，號中隱堂者是也。予之長安，王君以書戒其子弟邀予遊，且乞詩甚勤。因爲作此五篇。

紀昀評《蘇文忠公詩集》卷四：亦是摹杜《何氏山林》諸作，句句謹嚴，不失風格。

去蜀初逃難，遊秦遂不歸。園荒喬木老，堂在昔人非。鑿石清泉激，開門野鶴飛。退居吾久念，長恐此心違。

紀昀評《蘇文忠公詩集》卷四：「昔人」承起二句，指王之祖。

趙克宜《角山樓蘇詩評注彙鈔》卷一：言王君之祖去蜀游秦，遂得昔人之故園也。昔人指歸登，查說爲是。

徑轉如修蟒，坡垂似伏黿。樹從何代有，人與此堂高。好古嗟生晚，偷閒厭久勞。王孫早歸隱，塵土汙君袍。

《容齋續筆》卷一四：作詩至百韻，詞意既多，故有失于點檢者。（略）東坡賦《中隱堂》五詩各四韻，亦有「坡垂似伏鰲」，「崩崖露伏龜」之語，近於意重。

王楙《野客叢書》卷二八：（前引洪邁語）僕謂古人之詩，古人之意也，正不當以是論。但晚輩規倣前作，不可用此爲格。此魯男子所謂「柳下惠則可，吾輩則不可」，豈失于檢點哉？

紀昀評《蘇文忠公詩集》卷四：（前四句）高渾。

王文誥《蘇文忠公詩編注集成》卷四：（前四句）有杜神韻，非尋常襲杜面目者比。

趙克宜《角山樓蘇詩評注彙鈔》卷二：次首「人與此堂高」，乃指王君之祖耳。

二月驚梅晚，幽香此地無。依依慰遠客，皎皎似吳姝。不恨故園隔，空嗟芳歲徂。春深桃杏亂，笑汝益羈孤。

紀昀評《蘇文忠公詩集》卷四：（「依依慰遠客」二句）對法生動。結寓意。

翠石如鸚鵡，何年別海壖。貢隨南使遠，載壓渭舟偏。已伴喬松老，那知故國遷。金人解辭漢，汝獨不潸然。

紀昀評《蘇文忠公詩集》卷四：分明是「萬里戎王子」一首。

都城更幾姓，到處有殘碑。古隧埋蝌蚪，崩崖露伏龜。安排壯亭榭，收拾費金貲。岣嶁何須到，韓公浪自悲。

《容齋續筆》卷一四：作詩至百韻，詞意既多，故有失于點檢者。（略）東坡賦中隱堂五詩各四韻，亦有「坡垂似伏鱉」，「崩崖露伏龜」之語，近似意重。

紀昀評《蘇文忠公詩集》卷四：此首詠中隱堂所聚古石刻，安排收拾，俱指石刻言也。於法尚須總束一首。東坡詩間有疏於律處。結稍弩末。

王文誥《蘇文忠公詩編注集成》卷四：（「都城更幾姓」二句）此二句故作開筆，實乃挽到王氏得園也。（「安排壯亭樹」二句）此二句歸結中隱堂，已在首聯安根，詩乃雙管並下，非專詠碑也。故其下以韓公作總收，謂韓如至此，則可悲可詠者尚多，蓋以韓自況也。曉嵐謂安排收拾，皆指石刻，于法尚須總束一首。此乃作者手法太高，未能稍卑以就後人繩墨。且其作意收拾無餘，亦無貂可續也。

又卷五：《中隱堂》之第五首云：「都城更幾姓，到處有殘碑。岣嶁何須到，韓公浪自悲。」此眞乃雖就碑說，已隱隱收盡前四首者，何不亦以文結題外，意結題中論之，而謂其疏于律耶？

次韻子由彈琴

琴上遺聲久不彈，琴中古義本長存。苦心欲記常迷舊，信指如歸自著痕。應有仙人依樹聽，空教瘦鶴舞風騫。誰知千里溪堂夜，時引驚猿撼竹軒（自注：過終南日，令道士趙宗有彈琴溪堂）。

查愼行《初白庵詩評》卷中：（「信指如歸自看痕」）「看」當作「着」。

紀昀評《蘇文忠公詩集》卷四：（「信指如歸自著痕」）句小有意。

次韻和子由欲得驪山澄泥硯

舉世爭稱鄴瓦堅，一枚不換百金頒。豈知好事王夫子，自採臨潼繡嶺山。經火尚含泉脈暖，弔秦應有淚痕潸。封題寄去吾無用，近日從戎擬學班。

紀昀評《蘇文忠公詩集》卷四：（「一枚不換百金頒」）「頒」字不妥。（「弔秦應有泪痕潸」）「潸」字懸脚。

次韻和子由聞予善射

中朝鸞鷺自振振，豈信邊隅事執殳。共怪書生能破的，也如驍將解論文。穿揚自笑非猿臂，射隼長思逐馬軍。觀汝長身最堪學，定如髯羽便超群。

紀昀評《蘇文忠公詩集》卷四：二詩（指前首《次韻和子由欲得驪山澄泥硯》及此首）皆不

免提襟見肘之態，故作詩和韻最害事。元白以前作者都不爲之。三四有致。

鳳翔八觀

《鳳翔八觀》詩，記可觀者八也。昔司馬子長登會稽，探禹穴，不遠千里，而李太白亦以七澤之觀至荆州。二子蓋悲世悼俗，自傷不見古人，而欲一觀其遺跡，故其勤如此。鳳翔當秦、蜀之交，士大夫之所朝夕往來，此八觀者又皆跬步可至，而好事者有不能徧觀焉。故作詩以告欲觀而不知者。

查愼行《初白庵蘇詩補注》卷一三：鳳翔府治鳳翔縣，東坡先生簽判鳳翔日作《八觀詩》，石鼓今在太學，詛楚文、王右丞、吳道子畫，皆已不存，唯東湖無恙。岐州水苦鹹濁，獨此水味絕甘美，多荷芰修竹，爲郡中遊觀之最。府署有東坡《九日獨遊開元寺懷子由詩》，石刻完好，和之。石鼓山在城東，即周宣王所鑿獵碣處也。

王士禛《帶經堂詩話》卷二：蘇文忠公《風翔八觀》詩，古今奇作，與杜子美、韓退之鼎峙。文定皆有和作，謂之《岐梁唱和集》，然魄力不逮文忠遠矣。文定作文忠墓誌，謂「自黃州後，其文一變，如川之方至，而轍瞠乎不能及。」然此早歲之作，亦自不敵也。

又：余嘗謂東坡《鳳翔八觀》詩，不減杜子美。

石鼓歌

冬十二月歲辛丑，我初從政見魯叟。舊聞石鼓今見之，文字鬱律蛟蛇走。細觀初以指畫肚，欲讀嗟如箝在口。韓公好古生已遲，我今况又百年後。強尋偏傍推點畫，時得一二遺八九。我車既攻馬亦同，其魚維鱮貫之柳（自注：其詞云：「我車既攻，我馬既同。」又云：「其魚維何，維鱮維鯉。何以貫之，維楊與柳。」惟此六句可讀，餘多不可通）。古器縱橫猶識鼎，衆星錯落僅名斗。模糊半已隱瘢胝，詰曲猶能辨跟肘。娟娟缺月隱雲霧，濯濯嘉禾秀稂莠。漂流百戰偶然存，獨立千載誰與友。上追軒頡相唯諾，下揖冰斯同鷇鷇。憶昔周宣歌鴻雁，當時籀史變蝌蚪。厭亂人方思聖賢，中興天爲生耆耇。東征徐虜闞虓，北伏犬戎隨指嗾。象胥雜沓貢狼鹿，方召聯翩賜圭卣。遂因鼓鼙思將帥，豈爲考擊煩矇瞍。何人作頌比嵩高，萬古斯文齊岣嶁。勳勞至大不矜伐，文武未遠猶忠厚。欲尋年歲無甲乙，豈有名字記誰某。自從周衰更七國，竟使秦人有九有。埽除詩書誦法律，投棄俎豆陳鞭杻。當年何人佐祖龍，上蔡公子牽黃狗。登山刻石頌功烈，後者無繼前無偶。皆云皇帝巡四國，烹滅強暴救黔首。六經既已委灰塵，此鼓亦當遭擊掊。傳聞九鼎淪泗上，欲使萬夫沉水取。暴君縱欲窮人力，神物義不污秦垢。是時石鼓何處避，無乃天工令鬼守。興亡百變物自閒，富貴一朝名不朽。細思物理坐嘆息，人生安得如汝壽。

《敬齋古今黈》卷八：東坡先生，神仙中人也。其篇什歌詠，沖融浩翰，庸何敢議爲。然其才大氣壯，語太峻快，故中間時時有少隉杌者。如牏廁、廁牏之倒，滹沱河、蕪蔞亭之誤皆是也。今聊疏其一二，可以爲峻健者之戒。（略）《石鼓歌》云：「上蔡公子牽黃狗。」本謩李斯善作篆，而復引黃犬事，殆似勉強。

袁宏道評閱譚元春選《東坡詩選》卷一袁宏道評：道古不減昌黎。

王士禎《帶經堂詩話》卷二：《筆墨閒錄》云：「退之《石鼓歌》全學子美《李潮八分小篆歌》。」此論非是。杜此歌尚有敗筆，韓《石鼓》詩雄奇怪偉，不啻倍蓰過之，豈可謂後人不及前人也？後子瞻作《鳳翔八觀詩》，中《石鼓》一篇別自出奇，乃是韓公勍敵。

喬億《劍溪說詩》卷上：詩與題稱乃佳。如《石鼓歌》三篇，韓、蘇爲合作，韋左司殊未盡致。

姚範《援鶉堂筆記》卷四〇：韓昌黎《石鼓歌》，阮亭嘗云：「杜《李潮八分歌》不及韓，蘇《石鼓歌》壯偉可喜。」余謂少陵此詩不及二百字，而往復頓挫，一出一入，竟祇煙波老境，豈他人所易到。（方）東樹按：往時海峰先生言：「東坡《石鼓詩》如不能勝韓，必不作。」今觀之，但奇恣使才爲佳耳，勝韓，未也。以校杜《八分歌》，則益爲冗長。阮亭乃謂杜不及之，豈知言乎？

汪師韓《蘇詩選評箋釋》卷一：雄文健筆，句奇語重，氣魄與韓退之作相埒而研鍊過之。細玩通篇，以「冬十二月」四句起，以「興亡百變」四句結。起仿《北征》，詩體莊重有法，結亦悠然不盡。若韓詩起四句未免平率，結云「嗚呼吾意其蹉跎」，又何衰颯也。中間分三大段。第一段自「細觀初以指畫肚」至「下揖冰斯同㲉鷇」，鋪叙石鼓之文詞字迹，實景實事。所與韓公不同者在此，故詳述於前，且正是初見時情狀也。「古器縱橫」六句，其贊嘆鼓與文處，文辭秀麗而詳盡。石鼓之奇古，固非「文字鬱律蛟蛇走」一句所能盡。「缺月」、「嘉禾」，視韓詩「鸞翔鳳翥」、「珊瑚碧樹」之詞又出一奇也。「漂流百戰」四句作轉軸，起下二段意。「憶昔周宣歌鴻雁」至「豈有名字記誰某」，推原溯委，鋪述典重。「自從周衰更七國」至「無乃天工令鬼守」，憑弔古今，卻以六經、九鼎作陪襯，瀾翻無竭，筆力馳驟，而章法乃極謹嚴，自是少陵嗣響。

紀昀評《蘇文忠公詩集》卷四：精悍之氣，殆駕昌黎而上之。摹寫入微。「歌鴻雁」與石鼓無涉，只徒與科蚪作對句耳，未免湊泊。（「自從周衰更七國」以下數句）看似順次寫下，卻是隨手生出波瀾，展開境界，文情如風水之相遭。（「登山刻石頌功烈」以下數句）妙以刻石與石鼓相關照，不是強生事端，泛作感慨。陡合捷便。（「傳聞九鼎淪泗上」）「傳聞」數語又起一波，更爲滿足深厚。前路犀利之極，眞有千尺建瓴之勢。非如此層層起伏瀠洄，則收束不住矣。

趙翼批沈德潛《宋金元三家詩選·蘇東坡詩選》上卷：形容處沉着有力。又：到鼓字（「遂因鼓鼙思將帥」），又鋪秦皇一段，雖以其刻石頌德爲襯，但太冗長，氣便不捷。又：（結處）氣竭。

翁方綱《石洲詩話》卷三：蘇《石鼓歌》，《鳳翔八觀》之一也。鳳翔，漢右扶風，周、秦遺迹皆在焉。昔劉原父出守長安，嘗集古簋、敦、鏡、甗、尊、彝之屬，著《先秦古器記》一編。是則其地秦蹟尤多，所以此篇後段，忽從嬴氏刻石頌功發出感慨，不特就地生發，兼復包括無數古蹟矣，非隨手泛泛作《過秦論》也。蘇詩此歌，魄力雄大，不讓韓公，然至描寫正面處，以「古器」、「衆星」、「缺月」、「嘉禾」錯列於後，以「鬱律蛟蛇」、「指肚」、「箝口」渾舉於前，尤較韓爲斟酌動宕矣。而韓則「快劍斫蛟」一連五句，撑空而出，其氣魄橫絕萬古，固非蘇所能及。方信鋪張實際，非易事也。

又：蘇公《石鼓歌》末一段，用秦事，亦本韋左司詩，而魄力雄大，勝之遠矣。且從鳳翔覽古意，包括秦蹟，則較諸左司爲尤切實也。

翁方綱《七言詩三昧舉隅》：以東坡才力之富健，于《石鼓》中間用力摹寫，亦何難直造昌黎堂室。然亦只得「勳勞至大不矜伐，文武未遠猶忠厚」爲昌黎未道，而已着議論矣，焉能有「快劍蛟鼉」、「鸞翔鳳翥」一段光芒乎？此畫家所謂筆虛筆實二義，皆一毫勉強不得也。

郭麐《靈芬館詩話》卷二：姬傳先生言：文章之事，後出者勝，如東坡《石鼓歌》實過昌黎。蓋同此一詩，同此一體，自度力不能敵，斷不復出此，所謂于艱難中特出奇麗也。

曾國藩《曾文公全集·讀書錄》卷九《東坡文集》：「下揖冰斯同鷇敎」以上，推尋字體。「豈有名字記誰某」以上，叙石鼓爲周宣王時作。以下至末，論鼓不爲秦所掊擊。

《唐宋詩本》戴第元評：「遂因鼓鼙思將帥」等語，至爲典切。

王文誥《蘇文忠公詩編注集成》卷三：自起至此（下揖冰斯同教𣪊）爲第一段，叙所見之石鼓，乃撫摩其傍之詞也。（「憶昔周宣歌鴻雁」）（紀昀）所論非是，此句特出周宣，乃提筆也。使他人爲之，必要將當時勞來還定無不得所之意承明，此則得過便過，其捷如風。公此類大篇，大率用單行法，讀者惟當以氣勝求之。如或截出一句，求其一二字疵累，此非知詩者也。李太白不怕疵累，而杜子美最忌疵累，此天工人巧，勢不能合一者。朱彝尊七古以杜法行李筆，前人未嘗無此志，而始終不能者，正以逐句撮出似杜，而一串讀下，不似李也。公詩未嘗無李、杜，而妙在下筆不必定似李、杜。（「欲尋年歲無甲乙」二句）此二句收到見鼓，作一頓。自「憶昔周宣歌鴻雁」句至此，爲第二段，叙鼓之出于周宣也。自「自從周衰更七國」句至此（「無乃天工令鬼守」），爲第三段，叙鼓之至今猶存也。雖四句煞尾，而「興亡」分結中二段。「物閑」收起一段，只七字了當，故其餘意無窮。詩完而氣猶未盡，此其才局天成，不可以力爭也。起叙見鼓，極力鋪排，仍不犯實。忽用「上追」、「下揖」二句一束，乃開拓周、秦二段之根，其必用周、秦分段者，不但鼓之盛衰得失可興可感，本意以秦之暴虐形周之忠厚。秦固有詩書之毁，而文字石刻猶盛于秦，明取此巧，以周、秦串作，一反一正之間，處處皆《石鼓文》地位矣。「歌鴻雁」句開拓中興全段，緊接史籀，其法至密。此係大篇，斷無逐句皆石鼓之理，且此句借點歌字，順手又開發作歌，並非閑筆，故通篇歌字不再見也。

王文誥《蘇海識餘》卷一：本集引用《左傳》至多，豈不知成有岐陽之蒐乎？其作《石鼓歌》獨不引用者，蓋有故焉。昌黎作此詩，主詩序，不主傳，極是特識，非漫爲宣王之説也。如韓案可翻，公必翻作，其不爲者，正以傳虛序實故耳。且《左傳》引詩甚多，獨無《車攻》，亦是一病。凡此皆在昌黎意中，亦在公之意中。公不能翻案，始極力經營其詩以爭勝之。查注不察，猶以成王爲論，此非進一解也，乃智出韓、蘇下也。

又：到鳳翔首作《石鼓歌》，已出昌黎之上，不可壓也。

方東樹《昭昧詹言》卷一：韓、蘇《石鼓》，自然奇偉。

又：東坡《石鼓》，飛動奇縱，有不可一世之概，故自佳。然似有意使才，又貪使事，不及韓氣體肅穆沉重。海峰謂蘇勝韓，非篤論也。以余較之，坡《石鼓》不如韓，韓《石鼓》又不如杜《李潮八分小篆歌》文法縱横，高古奇妙。要之此三詩更古今天壤，如華嶽三峰矣。

又卷一二：渾轉溜亮，酣恣淋漓。坡此首暨《王維吳道子畫》、《龍興寺》、《武昌劍》、《虢國夜游》、《雪浪石》、杜《李潮八分歌》、韓《贈簟》、《赤藤杖》、李《韓碑》、歐《古瓦》、《菱溪》、黄《磨崖碑》，皆可爲典制之式。起三句叙，四句寫，「細觀」句棱。以下夾叙夾議。「古器」六句起棱，「漂流」二句伏收處。「上追」二句束。以上實叙。「憶昔」以下，追叙本事原委。「何人」四句，大筆。「欲尋」二句入妙，起棱，事外遠致。「六經」句又一襯。「傳聞」句起棱，「是時」句收轉。

梁章鉅《退庵隨筆》：七古有仄韻到底者，則不妨以律句參錯其間，以用仄韻，已別于近體，故間用律句，不至落調。如昌黎《寒食日出游》詩，凡二十韻，而律句十四見；東坡《石鼓歌》，凡三十韻，而律句十五見。

施山《望雲詩話》卷一：《石洲詩話》謂東坡《石鼓》不如昌黎。愚案：昌黎作于強盛之年，東坡作《石鼓》時，年僅逾冠，何可較量？況詩中亦惟「牽黃狗」三字率湊，「富貴」二字尚未精，「時得一二遺八九」之下，未免多說數句，其餘足以相埒。至云「勳勞至大不矜伐，文武未遠猶忠厚」、「暴君縱欲窮人力，神物義不污秦垢」，且猶過之。

施補華《峴庸說詩》：《石鼓歌》，退之一副筆墨，東坡一副筆墨，古之名大家必自具目如此。

香巖批《紀評蘇詩》卷四：（「憶昔周宣歌鴻雁」二句）（紀昀）此論太苛，吾不謂然。

趙克宜《角山樓蘇詩評注彙鈔》卷二：通篇無一筆與昌黎相犯，凡題有古人傳作在前，必須別尋出路，此可例推。（「冬十二月歲辛丑」）直叙起。（「文字鬱律蛟蛇走」數句）形容字體難識光景，造句最爲奇警。（「韓公好古生已遲」）借韓公墊一筆。極力寫出有「一二」可識，正見其餘之難識也。「我車」一聯即所謂「一二」可識者，下文「猶識鼎」、「僅名斗」，亦爲此聯作比例。（「模糊」數句）刻畫剝蝕之狀又妙。（「飄流百戰偶然存」數句）極贊其古，頓束有力。（「憶昔周宣歌鴻雁」）追叙題原。（「厭亂人方思聖賢」）卓鍊語。此指中興可見之一端，語固無窮。（「何人作頌比嵩高」二句）折入本題，語意精渾。爲石刻之文尋襯筆，其前惟有禹碑耳。（「勳勞至大不矜伐」二句）隱括石鼓文大意。（「欲尋年歲無甲乙」）又束住，總是極言其古。（「竟使秦人有九有」）借秦作波。「六經」二語是篇中波瀾，前文叙秦君臣不道，皆爲此二句起議也。「傳聞」以下不用轉筆，借九鼎襯出石鼓，語脈自轉。以九鼎之亡襯石之存是反襯，同于不受秦垢，又是正襯也。紀氏謂（略）其說未盡。（「細思物理坐嘆息」二句）結有別趣。

高步瀛《唐宋詩舉要》卷三引吳汝綸評：此蘇詩之極整鍊者，句句排偶，而俊逸之氣自不可掩，所以爲難。

詛楚文

自注：碑獲於開元寺土下，今在太守便廳。秦穆公葬於雍槖泉祈年觀下，今墓在開元寺之東南數十步，則寺豈祈年之故基耶？淮南王遷於蜀，至雍道病卒，則雍非長安，此乃古雍也。

峥嵘開元寺，彷彿祈年觀。舊築掃成空，古碑埋不爛。詛書雖可讀，字法嗟久換。詞云秦嗣王，敢使祝用瓚。先君穆公世，與楚約相捍。質之於巫咸，萬葉期不叛。今其後嗣王，乃敢搆多難。刳胎殺無罪，親族遭圉絆。計其所稱訴，何啻桀紂亂。吾聞古秦俗，面詐背不汗。豈惟公子卬，社鬼亦遭謾。遼哉千載後，發我一笑粲。

紀昀評《蘇文忠公詩集》卷四：秦之無道，何須謾罵？（「吾聞古秦俗」四句）借一小事作點綴，筆墨翛然。

趙克宜《角山樓蘇詩評注彙鈔》卷二：純用輕筆判斷，絕不費力。

王維吳道子畫

何處訪吳畫，普門與開元。開元有東塔，摩詰留手痕。吾觀畫品中，莫如二子尊。道子實雄放，浩如海波翻。當其下手風雨快，筆所未到氣已吞。亭亭雙林間，彩暈扶桑暾。中有至人談寂滅，悟者悲涕迷者手自捫。蠻君鬼伯千萬萬，相排競進頭如黿。摩詰本詩老，佩芷襲芳蓀。今觀此壁畫，亦若其詩清且敦。祇園弟子盡鶴骨，心如死灰不復溫。門前兩叢竹，雪節貫霜根。交柯亂葉動無數，一一皆可尋其源。吳生雖妙絕，猶以畫工論。摩詰得之於象外，有如仙翮謝籠樊。吾觀二子皆神俊，又於維也斂衽無間言。

蘇轍《王維吳道子畫》：吾觀天地間，萬事同一理。扁也工斲輪，乃知讀文字。我非畫中師，偶亦識畫旨。勇怯不必同，要以各善耳。壯馬脫銜放平陸，步驟風雨百夫靡。美人婉娩守閑獨，不出庭戶修容止。女能嫣然笑傾國，馬能一蹴致千里。優柔自好勇自強，各自勝絕無彼此。誰言王摩詰，乃過吳道子？試謂道子來，置女所挾從軟美。道子掉頭不肯應，剛傑我已足自恃。雄奔不失馳，精妙實無比。老僧寂滅生慮微，侍女閑絜非復婢。丁寧勿相違，幸使二子齒。二子遺迹今豈多，岐陽可貴能獨備。但使古壁常堅完，塵土雖積光艷長不毀。

《許彥周詩話》：老杜作《曹將軍丹青引》云：「一洗萬古凡馬空。」東坡《觀吳道子畫壁詩》云：「筆所未到氣已呑。」吾不得見其畫矣，此兩句，二公之詩，各可以當之。

《畫繼》卷一〇：（「當其下手風雨快」）非前身顧、陸，安能道此等語耶？

袁宏道評閱譚元春選《東坡詩選》卷一　譚元春評：摩詰詩字字淸，卻字字厚，我輩評詩如此。今先生稱右丞畫「亦若其詩淸且敦」，敦即厚之說也。仰證左契，我心灑然。

查愼行《初白庵詩評》卷中：（「又于維也斂衽無間言」）子由詩云：「誰言王摩詰，乃過吳道子？」與東坡結意正相反。

汪師韓《蘇詩選評箋釋》卷一：以史遷合傳論贊之體作詩，開合離奇，音節疏古。道子下筆如神，篇中摹寫亦不遺餘力。將言吳不如王，乃先於道子極意形容，正是尊題法也。後稱王維只云畫如其詩，而所以譽其畫筆者甚淡。顧其妙在筆墨之外者，自能使人於言下領悟，更不必如《畫斷》鑿鑿指爲神品妙品矣。若將「吳生雖妙絕，猶以畫工論」二句，置之於「道子實雄放」之前，則語無分寸，並後幅之精采亦不復有。詩惟下筆鄭重，乃由有此變化跌宕。至末始以數語劃明等次，雖意言已盡，而流韻正復無窮。

紀昀評《蘇文忠公詩集》卷四：（起處）奇氣縱橫，而句句渾成深穩。（「亦若其詩淸且敦」）「敦」字義非不通，而終有嵌押之痕。凡詩有義可通，而語不佳者，落筆時不得自恕。「交柯」二句妙契微茫。凡古人文字，皆如是觀。（「吳生雖妙絕」以下）雙收側注，寓整齊於變化之中。摩詰、道子畫品，未易低昂。作詩若不如此，則節節板對，不見變化之妙耳。

趙翼《甌北詩話》卷五《蘇東坡詩》：坡詩不尙雄傑一派，其絕人處在乎議論英爽，筆鋒精銳，舉重若輕，讀之似不甚用力而力已透十分，此天才也。試即其詩，略爲舉似。（略）七古如：「當其下手風雨快，筆所未到氣已呑。」（《題王維吳道子畫》）（略）此皆坡詩中最上乘，讀者可見其才分之高，不在功力之苦也。

趙翼批沈德潛《宋金元三家詩選·蘇東坡詩選》上卷：（「何處訪吳畫」六句）雙起。（「當其下手風雨快」二句）筆力與杜少陵「一洗萬古凡馬空」同一軒挺。（「祇園弟子盡鶴骨」二句）刻畫入微。（「吳生雖妙絕」六句）雙結。

又《石洲詩話》卷三：《王維吳道子畫》一篇，亦是描寫實際，且又是兩人筆墨，而浩瀚淋漓，生氣迴出。前篇尙有韓歌在前，此篇則古所未有，實蘇公獨立千古之作。即如「亭亭雙林間」直到「頭如黿」一氣六句，方是箇「筆所未到氣已呑」也。其神彩，固非一字一句之所能盡。而後人但舉其總挈一句，以爲得神，以下則以平叙視之，此固是作時文語，然亦不知其所謂得神者安在矣。看其王維一段，又是何等神理！有此鍛冶之功，所以貴乎學蘇詩也。若只取其排場開闊，以爲嗣響杜、韓，則蒙吏所訶「貽五石之瓠」者耳。

翁方綱《七言詩三昧舉隅》：必合讀其全篇，而後「筆所未到氣已吞」一句之妙乃見也。若但舉此一句，似尚非知言者。

又：此篇（指杜甫《丹青引贈曹將軍霸》）中間一段是斷不能仿者，則或如東坡《鳳翔八觀》內《王維吳道子畫》一篇，略可彷彿乎。此亦不求合而自合之一驗也。

王文誥《蘇文忠公詩編注集成》卷三：（「門前兩叢竹」四句）本集獨不傳畫法，以上四句即公之畫法也。（「猶以畫工論」）此句非薄道玄也，吳、王之學實自此分支。其後荆、關、董、巨，皆宗王不宗吳也。曉嵐眼下奇深，乃輕易放過此句，殊屬疏忽。誥謂道玄雖畫聖，與文人氣息不通，摩詰非畫聖，與文人氣息通，此中極有區别。自宋、元以來，爲士大夫畫，瓣香摩詰則有之，而傳道玄衣鉢者則絶無其人也。公畫竹實始于摩詰，今讀此詩，知其不但詠之論之，並已摹之繪之矣。非久，與文同遇于岐下，自此畫日益進，而發源則此詩也。曉嵐未嘗于畫道翻過觔斗，故其說隔膜，而失作者之意。此詩乃畫家一本清帳，使以文人之擅長繪事者，如米黼、吳鎮、黃公望、董其昌、王時敏之流讀之，即無不瞭然胸中矣。

方東樹《昭昧詹言》卷一二：古人得意語，皆是自道所得處，所以銜口即妙，千古不磨。今人但學人說話，所以不動人，此誠之不可掩也。以此觀大家無不然，而陶、杜、韓、蘇、黃尤妙。神品妙品，筆勢奇縱。神變氣變，渾脱溜亮。一氣奔赴中，又頓挫沉鬱。所謂「海波翻」、「氣已呑」、「一一可尋源」、「仙翮謝樊籠」等語，皆可狀此詩，眞無閒言。

趙克宜《角山樓蘇詩評注彙鈔》卷二：（「采暈扶桑暾」）言佛之圓光。（「相排競進頭如黿」）句粗獷。

陳衍《宋詩精華錄》卷二：大凡名大家古詩，每篇必有一二驚人名句，全篇方鎭壓得住。其麟爪之間，亦不處處用全力也。

高步瀛《唐宋詩舉要》卷三：（「莫如二子尊」）以上叙吳、王二子畫。（「相排競進頭如黿」）以上論吳畫。（「一一可尋源」）以上論王畫。（「又于維也斂衽無間言」）以上品第二家之畫。

又引吳汝綸評：詩格亦超妙不群。

維摩像唐楊惠之塑在天柱寺

昔者子輿病且死，其友子祀往問之。跰躃鑒井自嘆息，造物將安以我爲。今觀古塑維摩像，病骨磊嵬如枯龜。乃知至人外生死，此身變化浮雲隨。世人豈不碩且好，身雖未病心已疲。此叟神完中有恃，談笑可卻千熊羆。當其在時或問法，俛首無言心自知。至今遺像兀不語，與昔未死無增虧。田翁里婦那肯顧，時有野鼠銜其髭。見之使人每自失，誰能與詰無言師。

查愼行《初白庵詩評》卷中：（「病骨磊嵬如枯龜」）維摩像必示疾者，故詩云然。

紀昀評《蘇文忠公詩集》卷四：（起處）直寫自老。他人如此寫便單弱，此由筆力不同。純用一掀一落之法，故單行而不直不板。（「田翁里婦那肯顧」二句）又作一襯，總不使一直筆。

趙翼《甌北詩話》卷五《蘇東坡詩》：坡詩不尙雄傑一派，其絶人處在乎議論英爽，筆鋒精鋭，舉重若輕，讀之似不甚用力而力已透十分，此天才也。試即其詩，略爲舉似。（略）七古如（略）「世人豈不碩且好，身雖未病中已疲。此叟神完中有恃，談笑可卻千熊羆。至今遺像兀不語，與昔未死無增虧」（《題楊惠之塑維摩像》）（略）此皆坡詩中最上乘，讀者可見其才分之高，不在功力之苦也。

梁章鉅《退庵隨筆》：李文貞不喜蘇詩，謂東坡詩殊少風韻音節，逐句俱塡典故，亦不是古法。此非篤論也。蘇詩清空如話者，集中觸處皆有。如（略）《題楊惠之塑維摩像》云：「世人非不碩且好，身雖未病心已疲。此叟神完中有恃，談笑可卻千熊羆。至今遺像兀不語，與昔未死無增虧。」（略）此豈得以少風韻、塡典故概之？文貞意在講學，于詩詣力未深。其于唐詩，只取張曲江及燕、許、李、杜、韓、柳數家，宋詩只取歐陽文忠、王荆公、朱子三家。講學與論詩，自是兩事，學者不必爲所惑也。

王文誥《蘇文忠公詩編注集成》卷三：（「田翁里婦那肯顧」二句）凡似此隨手找截塡補之句，奇情異想，如有證據者然。在本集不可勝計，此其當行家風也。

趙克宜《角山樓蘇詩評注彙鈔》卷二：（起二句）借端引入。中四韻起伏控縱，筆力堅勁，蘇詩之極遒鍊者。（「神完中有恃」）此五字誰人能下？

東湖

吾家蜀江上，江水清如藍。爾來走塵土，意思殊不堪。況當岐山下，風物尤可慚。有山禿如赭，有水濁如泔。不謂郡城東，數步見湖潭。入門便清奧，怳如夢西南。泉源從高來，隨波走涵涵。東去觸重阜，盡爲湖所貪。但見蒼石螭，開口吐清甘。借汝腹中過，胡爲目眈眈。新荷弄晚涼，輕棹極幽探。飄颻忘遠近，偃息遺珮篸。深有龜與魚，淺有螺與蚶。曝晴復戲雨，戢戢多於蠶。浮沈無停餌，倏忽遽滿籃。絲緡雖強致，瑣細安足戡。聞昔周道興，翠鳳棲孤嵐。飛鳴飲此水，照影弄毿毿。至今多梧桐，合抱如彭聃。彩羽無復見，上有鸇搏䳺。嗟予生雖晚，好古意所妉。圖書已漫漶，猶復訪僑郯。卷阿詩可繼，此意久已含。扶風古三輔，政事豈汝諳。聊爲湖上飲，一縱醉後談。門前遠行客，劫劫無留驂。問胡不回首，毋乃趁朝參。予今正疏懶，官長幸見函。不辭日游再，行恐歲滿三。暮歸還倒載，鐘鼓已𩐨𩐨。

查慎行《初白庵詩評》卷中：（「聊爲湖上飲」二句）得《簡兮》詩人之意。

又《初白庵蘇詩補注》卷一三：鳳翔東湖在郡城東隅，僅三畝許，得雨益清瀏，水亭曰宛在，其北堂三楹曰喜雨亭，後爲蘇公祠。按坡在杭、在潁、在惠，皆有西湖，故當時或獻詩曰「我公所至有西湖」。唯岐稱東湖。

汪師韓《蘇詩選評箋釋》卷一：前幅寫東湖之景，而曰「湖所貪」，曰「目眈眈」，匪直摹景而已。入後自寫閑適，而實有懷抱觀古今之意。「扶風古三輔，政事豈汝諳」二句，意最深厚，得《簡兮》詩人之旨。沉屈下僚，勾檢簿書，無由得盡其才，不得已而爲湖上之游，詎與鑿山開道者比？（「予今正疏懶」二句）無聊不平，時一發露于辭氣。

紀昀評《蘇文忠公詩集》卷四：（起處）純寓牢騷。才力極爲富健，一二強押之字不足以累之。（「風物尤可慚」）「慚」字趁韻不妥。（「盡爲湖所貪」）趁韻不妥。（「借汝腹中過」二句）閒情好。板叙之中，有此閒情方生動。（「瑣細安足戡」）趁韻不妥。（「聞昔周道興」以下八句）忽起一波，寓不得志之感。得此乃不一瀉無餘。（「一縱醉後談」）此處可住。

王文誥《蘇文忠公詩編注集成總案》卷三：此詩以蜀江之淸，折入東湖，喜其不同岐水之濁，因而縱棹，並及湖中物產，故有「入門淸奥」、「恍若夢中」之語，是爲前一大段。而紀氏點論云：「純寓牢騷。」中間「聞昔周道興，翠鳳依孤嵐」一段，公自注其下云：「此古鳳池也。」據注，完他題面甚明。而紀氏點論云：「忽起一波，寓不得志之感，得此乃不一瀉無餘。」查注雖誤，然未嘗至是也。後云：「予今正疏懶，長官幸見函。不辭日游再，行恐歲滿三。」猶言我爲幕屬，所幸上官見函，不必休沐而出，如不及時爲樂，則成資且老，將不可至。蓋其意仍歸結至湖也。公言宋選顧遇之厚，與詩意合。查注謂陳公弼相遇之薄，與詩意顯背。紀氏胸存成見，故多謬誤。

又《蘇文忠公詩編注集成》卷三：自「聞昔周道興」句至此「上有鸇搏鷂」一節，乃完題之正面，且公已自注明矣。曉嵐誤以爲「忽起一波」，是並忘此詩爲鳳翔題也。（「予今正疏懶」二句）此二句指太守宋選之厚遇也，後有《和子由除日》詩之「兄今雖小官，幸忝佐方伯」句可證。鳳翔通義門，曉嵐強拉作與陳公弼不合之詩，而以此二句爲牢騷之反說，不止毫釐千里之差也。鳳翔流汧水，甚濁，獨此湖則清，此作詩之本意，並無寓憤之詞也。頭上加入「蜀清江」一層，以形城內汧水之濁，引入城外東湖，層次已多，即又叙東湖是飲鳳池一段。曉嵐之誤，已詳案中，而義門亦以爲指陳公弼，皆由不知宋選爲守厚遇一層，而「長官幸見函」句落空，遂多謬說。「泉源從高來」句起，至「目眈眈」止八句，皆叙湖之來源，下之「但見蒼口螭」四句，即指上四句內之「重阜」，其形類螭，而水源如從螭口出也。王集注不詳此山，而義門失看此層，又落去上截，遂疑「目眈眈」爲陳公弼發狠之狀。

趙克宜《角山樓蘇詩評注彙鈔》卷二：（「飄飄忘遠近」）意有所諷，何焯以爲指太守陳公弼，或然。（「深有龜與魚」數句）鋪叙似香山。（「卷阿詩可繼」）映帶飲鳳。

真興寺閣

山川與城郭，漠漠同一形。市人與鴉鵲，浩浩同一聲。此閣幾何高，何人之所營。側身送落日，引手攀飛星。當年王中令，斫木南山赬。寫眞留閣下，鐵面眼有棱。身強八九尺，與閣兩崢嶸。古人雖暴恣，作事今世驚。登者尚呀喘，作者何以勝。曷不觀此閣，其人勇且英。

《歲寒堂詩話》卷上：人才各有分限，尺寸不可強。同一物也，而詠物之工有遠近；皆此意也，而用意之工有淺深。（略）東坡《眞興寺閣》云：「山林與城廓（略）。」意雖有佳處，而語不甚工，蓋失之易也。

袁宏道評閱譚元春選《東坡詩選》卷一袁宏道評：（「山川與城郭」四句）意外意，象外象，子美不能道也。（「側身送落日」）二語反平。

又譚元春評：子美「閒見同一聲」、「齊魯青未了」、「萬古青濛濛」等語，是此詩所自出。

汪師韓《蘇詩選評箋釋》卷一：蒼蒼莽莽，意到筆隨。中間「側身送落日，引手攀飛星」十字，奇警奪目，可與老杜「七星在北戶，河漢聲西流」相匹敵。趙堯卿曰：此詩用古人意（指杜甫《登慈恩寺塔》）而不取其字。

紀昀評《蘇文忠公詩集》卷四：奇恣縱横，（起處）不可控制。他手即有此摹寫，亦必數句裝頭。（結處）勢須此奇論作收，否則不稱。

趙翼《甌北詩話》卷五：坡詩放筆快意，一瀉千里，不甚鍛鍊。如少陵《登慈恩寺塔》云：「俯視但一氣，焉能辨皇州。」以十字寫塔之高，而氣象萬千。東坡《眞興寺閣》云：「山川與城郭，漠漠同一形。市人與鴉鵲，浩浩同一聲。」以二十字寫閣之高，尚不如少陵之包舉，此鍊與不鍊之異也。

王文誥《蘇文忠公詩編注集成》卷三：通幅一派蠢氣，是此題本旨，俗諺所謂扣頭作帽子也。（「山川與城郭」四句）紀昀謂與《懷賢閣》詩「南望斜谷口」四句同一起法，則謬。此四句爲一節，彼八句爲一節也。且此四句有魄無魂，所謂王中令者，不足稱道，故詩意但言廛市中一傑閣而已。若《懷賢》起四句，則展開斜谷之路，下四句乃孔明從此路出師。此則有不敷般演之患，彼則有約繁就簡之難。二詩各有斟酌，未可輕議也。

《角山樓蘇詩評注彙鈔》卷二：一氣坌涌而出，順逆往來，筆筆英毅，眞絶作也。（「此閣幾何高」）倒點。（「當年王中令」）追叙。（「身強八九尺」二句）綰合極峭。

陳衍《宋詩精華錄》卷二：此坡公五古之以健勝者。

高步瀛《唐宋詩舉要》卷一引吳汝綸評：起四語奇創。

李氏園　自注：李茂貞園也，今爲王氏所有。

朝遊北城東，回首見修竹。下有朱門家，破牆圍古屋。舉鞭叩其戶，幽響答空谷。入門所見夥，十步九移目。異花兼四方，野鳴喧百族。其西引溪水，活活轉牆曲。東注入深林，林深窗戶綠。水光兼竹淨，時有獨立鵠。林中百尺松，歲久蒼鱗蹙。豈惟此地少，意恐關中獨。小橋過南浦，夾道多喬木。隱如城百雉，挺若舟千斛。陰陰日光淡，黯黯秋氣蓄。盡東爲方池，野雁雜家驚。紅梨驚合抱，映島孤雲馥。春光水溶漾，雪陣風翻撲。其北臨長溪，波聲卷平陸。北山卧可見，蒼翠間磽禿。我時來周覽，問此誰所築。云昔李將軍，負險乘衰叔。抽錢算閒口，但未榷羹粥。當時奪民田，失業安敢哭。誰家美園囿，籍沒不容贖。此亭破千家，鬱鬱城之麓。將軍竟何事，蟣蝨生刀韣。何嘗載美酒，來此駐車轂。空使後世人，聞名頸猶縮（自注：俗猶呼皇后園，蓋茂貞謂其妻也）。我今官正閒，屢至因休沐。人生營居止，竟爲何人卜。何當辦一身，永與清景逐。

袁宏道評閱譚元春選《東坡詩選》卷一袁宏道評：此龍眠居士山莊圖也。

查慎行《初白庵蘇詩補注》卷四：《江鄰幾雜志》謂「茂貞幽昭宗於紅泥院，自據使宅。民獻善田，薄租以佃之，稱『秦王戶』。後子孫以券收田，府西土腴各百餘頃，不十年蕩盡」。與先生詩脗合。意其奪田開園，乃唐末事。其後既爲世土，則市小惠，以結民心，亦奸雄之故智。東坡身至鳳翔，所見必眞，故詩云云，可補史傳之缺。

汪師韓《蘇詩選評箋釋》卷一：叙園中景物，委折詳盡，自西而南而東而北，一一點睛，有刻斲而無冗散，宛如柳州小記。後以感慨之情寓通曠之見，斂放正爾相當。

紀昀評《蘇文忠公詩集》卷四：（「朝遊北城東」十句）竟以記序體行之，樸老無敵，而波瀾又極壯闊，不是印板文字。（「其西引溪水」至「蒼翠間磽禿」）以東西南北作界畫，便不是一屋散錢。此法本之漢人都邑諸賦。（「我時來周覽」四句）倒點李氏，運筆奇變。（「云昔李將軍」以下）不惟掃倒茂貞，乃併「園」字一齊掃倒。一篇累贅文字，忽然結歸虛空，眞爲超妙之筆。《蘇亭詩話》卷五：吳蘭庭《五代史記纂誤補》：「謹案《舊唐書·昭宗紀》，景福二年七月，以岐王李茂貞爲山南西道節度使；十一月，李茂貞進封秦王。是景福中，茂貞已由岐而進王秦。（原注：《通鑑考異》引《實錄》，同光元年茂貞已稱秦王。）知此（指歐《五代史記》）所云莊宗入洛始自岐王封秦王者，非也。或曰：大唐秦王重修法門寺塔廟碑記是壬午年立，在莊宗滅梁之前一年，而已稱秦王，知茂貞當諸侯稱帝時已自稱秦王，及莊宗破梁，復仍稱岐王，其岐字或是秦字之誤也。」據此，則查氏於《李氏園》詩注引《五代史》以駁王注者，坐未考《舊唐書》耳。惟王注以二年爲元年，非。馮氏以王注進封秦王爲僞刊，亦未解進封語義也。

趙克宜《角山樓蘇詩評注彙鈔》卷二：（「入門所見夥」數句）虛寫總寫，必須先有此數語，以下乃可分叙。（「將軍竟何事」數句）痛惜李氏，使聞者足戒，斯固詩人之旨也。

秦穆公墓

槖泉在城東，墓在城中無百步。乃知昔未有此城，秦人以泉識公墓。昔公生不誅孟明，豈有死之日而忍用其良。乃知三子殉公意，亦如齊之二子從田横。古人感一飯，尙能殺其身。今人不復見此等，乃以所見疑古人。古人不可望，今人益可傷。

蘇轍《秦穆公墓》：泉上秦伯墳，下埋三良士。三良百夫特，豈爲無益死。當年不幸見迫脅，詩人尙記臨穴惴。豈如田横海中客，中原皆漢無報所。秦國吞西周，康公穆公子。盡力事康公，穆公不爲負。豈必殺身從之游，夫子乃以侯嬴所爲疑三子。王澤既未竭，君子不爲詭。三良殉秦穆，要自不得已。

葛立方《韻語陽秋》卷九：而過秦繆墓詩乃云：「繆公生不誅孟明，豈有死之日而忍用其良。乃知三子徇公意，亦如齊之二子從田横。」則又言三良之殉，非繆公之意也。

胡仔《苕溪漁隱叢話》後集卷三：余觀東坡《秦穆公墓》詩意，全與《三良》詩意相反，蓋是少年時議論如此。至其晚年，所見益高，超人意表，此揚雄所以悔少作也。

劉克莊《後村詩話》續集卷二：三良事見于《詩》、《左傳》，皆云秦穆殺之以殉。坡詩獨云：「乃知三子殉公意，亦如齊之二客從田横。今人不復見此等，乃以所見疑古人。」此說甚新。後讀曹子建《三良》詩云：「秦穆先下世，三良皆自殘。生時共榮樂，既沒同憂患。誰言捐軀易，殺身誠獨難。」乃知子建已有此論。

吳子良《荆溪林下偶談》卷三《東坡潁濱論三良事》：東坡《秦穆公墓》詩云（略）子由和篇云（略）二詩不同，愚謂子由之說稍近。君子進退存亡，要不失正而已，豈苟爲匹夫之諒哉？論者罕能知此。如王仲宣云：「結發事明主，受恩良不貲。臨沒要之死，安得不相隨。」曹子建亦云：「生時等榮樂，既歿同憂患。」若然，則三良者特荆軻、聶政之徒耳。

袁宏道評閱譚元春選《東坡詩選》卷一袁宏道評：似論矣，此理學之始也。

又譚元春評：袁此語甚有益。

王文誥《蘇文忠詩合注》卷四何焯評：《詩·黃鳥》箋云：「從死，自殺以從死。」此公詩所本也。疏家謂穆公命從己死，此臣自殺從之，則頗非鄭之本意，故公詩復舉不誅孟明，以證明其不然。

查愼行《初白庵蘇詩補注》卷一三：秦穆公墓在鳳翔城東南隅，已犁爲田。《三輔黃圖》云：穆公冢在槖泉宮祈年觀下。坡詩「槖泉在城東，墓在城中無百步」，乃知昔未有此城，秦人以泉識公墓。今槖泉亦不知所在，唯嘉靖一碑，僉事任唯賢撰文，尚存。

查愼行《初白庵詩評》卷中：(「乃知三子殉公意」二句)議論自開闊，但事出六經，恐難翻案。

賀裳《載酒園詩話》卷一《詠史》：子瞻作《秦穆公墓》詩曰：「昔公生不誅孟明，豈有死之日而忍用其良。乃知三子殉公意，亦如齊之二子從田橫。」語意高妙。然細思之，終是文人翻案法。《黃鳥》之詩曰：「臨其穴，惴惴其慄。」感恩而殺身者然乎？讀者勿作癡人前說夢可也。(黃白山評：「子瞻好作史論，然評斷多誤，如《范增》、《晁錯論》，皆錯斷了，此詩亦其類也。」)

方苞《讀書筆記·詩》：蘇子瞻謂三良殉君，猶齊客之從田橫，蓋據應劭之說，其實非也。果爾，《詩》不宜曰「臨其穴，惴惴其慄」矣。

紀昀評《蘇文忠公詩集》卷四：純寓與上官不合之感，所謂借他人酒杯，澆自己壘塊。查氏謂「事出《六經》，恐難翻案」，未詳立言之意耳。

王文誥《蘇文忠公詩編注集成總案》卷三：《秦穆公墓》詩，以不誅孟明作骨，全翻《詩經》，後詠《三良》詩以晏子作骨，併翻前作。其意以行文自寓其樂，故不爲雷同之詞。公詩既翻《詩經》，而子由和作必本《詩經》，此一定之理也。

方東樹《昭昧詹言》卷一二：有叙有議，筆勢奇縱。如收六句，三層，是層層奇縱也。

趙克宜《角山樓蘇詩評注彙鈔》卷二：（「昔公生不誅孟明」四句）不必果中事理，而語特透快。

和子由聞子瞻將如終南太平宮谿堂讀書

役名則已勤，殉身則已媮。我誠愚且拙，身名兩無謀。始者學書判，近亦知問囚。但知今當爲，敢問向所由。士方其未得，惟以不得憂。既得又憂失，此心浩難收。譬如倦行客，中路逢清流。塵埃雖未脫，暫憩得一漱。我欲走南澗，春禽始嚶呦。鞅掌久不決，爾來已徂秋。橋山日月迫，府縣煩差抽。王事誰敢愬，民勞吏宜羞。中間羅旱暵，欲學喚雨鳩。千夫挽一木，十步八九休。渭水涸無泥，菑堰旋插修。對之食不飽，餘事更遑求。近日秋雨足，公餘試新篘。劬勞幸未過，朽鈍不任鎪。秋風迫吹帽，西阜可縱游。聊爲一日樂，慰此百年愁。

查慎行《初白庵詩評》卷中：（「始者學書判」二句）先生官鳳翔時，往屬縣決囚，故云。（「橋山日月迫」）此詩當作于癸卯、甲辰間，仁宗初崩，故有橋山之句。

紀昀評《蘇文忠公詩集》卷四：（起處）一氣湧出而曲折深至，無一直率之筆。此一段純是陶詩氣派，但面目不同耳。世人學陶，乃專以面目求之，所謂「形骸之外」，去之愈遠。（「譬如倦行客」以下四句）一路皆以文句入詩，忽插此喻，甚妙！不然，便直樸少致。（「春禽始嚶呦」）「呦」非禽聲。

王文誥《蘇文忠公詩編注集成》卷四：（「譬如倦行客」二句）眞乃吉祥文字，看他要放下，就便放下，故不可以憤詞論也。（「暫憩得一漱」）直以憂得失爲戲事，可謂以清流身而得渡者矣。曉嵐謂「忽插此喻」，皆毫無根蒂之談。

趙克宜《角山樓蘇詩評注彙鈔》卷二：清空如話，不知有和韻之苦，此本領過人處。（「士方其未得」）四語，議論中波瀾。（「譬如倦行客」）四語，挽轉注下。「我欲走南澗」句，立言也。子由原作，本以南山下溪流爲言。（「橋山日月迫」）以下實叙鞅掌之苦。

將往終南和子由見寄

人生百年寄鬢鬚，富貴何啻葭中莩。惟將翰墨留染濡，絕勝醉倒蛾眉扶。我今廢學如寒竽，久不吹之溜欲無。歲云暮矣嗟幾餘，欲往南溪侶禽魚。秋風吹雨涼生膚，夜長耿耿添漏壺。窮年弄筆衫袖烏，古人有之我願如。終朝危坐學僧趺，閉門不出閒履凫。下視官爵如泥淤，嗟我何爲久踟躕。歲月豈肯與汝居，僕夫起餐秣吾駒。

紀昀評《蘇文忠公詩集》卷四：意不必新，而語特遒健。

趙克宜《角山樓蘇詩評注彙鈔》卷二：音節清脆，無粗獷語，即是好詩。

讀道藏

嗟余亦何幸，偶此琳宮居。宮中復何有，戢戢千函書。盛以丹錦囊，冒以青霞裾。王喬掌關籥，蚩尤守其廬。乘閒竊掀攪，涉獵豈暇徐。至人悟一言，道集由中虛。心閒反自照，皎皎如芙蕖。千歲厭世去，此言乃籧篨。人皆忽其身，治之用土苴。何暇及天下，幽憂吾未除。

查慎行《初白庵詩評》卷中：（「千歲厭世去」六句）南華純是禪理，入道藏，反如隔膜一層。

紀昀評《蘇文忠公詩集》卷四：作僧家詩，不可有偈頌氣；作道家詩，不可有章咒氣。此固未免於章咒。

香巖批《紀評蘇詩》卷四：（紀昀）此論誠然，然以評此詩則不當。

真興寺閣禱雨

太守親從千騎禱，神翁遠借一杯清。雲陰黯黯將噓遍，雨意昏昏欲醞成。已覺微風吹袂冷，不堪殘日傷山明。今年秋熟君知否，應向江南飽食粳。

《蘇文忠公詩編注集成》卷四：（「雲陰黯黯將噓遍」四句）謂湫水將至，雨未下而天色慘變也。

七月二十四日以久不雨出禱磻溪是日宿虢縣二十五日晚自虢縣渡渭宿於僧舍曾閣閣故曾氏所建也夜久不寐見壁間有前縣令趙薦留名有懷其人

龕燈明滅欲三更，攲枕無人夢自驚。深谷留風終夜響，亂山銜月半牀明。故人漸遠無消息，古寺空來看姓名。欲向磻溪問姜叟，僕夫屢報斗杓傾。

汪師韓《蘇詩選評箋釋》卷一：夜色蒼茫，撫景懷人，想見竟夕徘徊之致。

紀昀評《蘇文忠公詩集》卷四：後四句自不相貫。「問姜叟」雖切磻溪，卻與禱雨無涉。東坡詩往往有疏於律處，不得一概效之。

王文誥《蘇文忠公詩編注集成》卷四：曉嵐不讀全集，故有「疏于律法」之譏。（「深谷留風終夜響」二句）寫景入神，皆隨手觸發而毫不費力，獨此集爲擅場。故魯直每謂是不食煙火人語也。末二句道盡當官行役之況。蓋祭禱必在黎明，又必以五更前往，故夜久而不能寐也。不寐則起而閑行，始見題壁作詩。既而猶未五更，因以屢問僕夫，而山中並無更漏可聽，故惟以斗杓爲驗也。

楊鍾義《雪橋詩話》三集卷六：（「深谷留風終夜響」）後山謂寫景逼眞。

二十六日五更起行至磻溪天未明

夜久磻溪如入峽，照山炬火落驚猿。山頭孤月耿猶在，石上寒波曉更喧。至人舊隱白雲合，神物已化遺蹤蜿。安得夢隨霹靂駕，馬上傾倒天瓢翻。

香巖批《紀評蘇詩》卷四：古人有此用字（蜿）之法。

是日自磻溪將往陽平憩於麻田青峰寺之下院翠麓亭

不到峰前寺，空來渭上村。此亭聊可喜，修徑豈辭捫。谷映朱欄秀，山含古木尊。路窮驚石斷，林缺見河奔。馬困嘶青草，僧留薦晚飧。我來秋日午，旱久石牀溫。安得雲如蓋，能令雨瀉盆。共看山下稻，涼葉晚翻翻。

二十七日自陽平至斜谷宿於南山中蟠龍寺

橫槎晚渡碧澗口，騎馬夜入南山谷。谷中暗水響瀧瀧，嶺上疏星明煜煜。寺藏巖底千萬仞，路轉山腰三百曲。風生饑虎嘯空林，月黑驚麏竄修竹。入門突兀見深殿，照佛青熒有殘燭。愧無酒食待遊人，旋斫杉松煮溪蔌。板閣獨眠驚旅枕，木魚曉動隨僧粥。起觀萬瓦鬱參差，目亂千巖散紅綠。門前商賈負椒荈，山後咫尺連巴蜀。何時歸耕江上田，一夜心逐南飛鵠。

汪師韓《蘇詩選評箋釋》卷一：顏、謝以後，古詩多有對偶終篇者。入唐遂以有聲病者爲律，無聲病者爲古。至於七言古體，亦時一有之。若少陵之「霜皮溜雨四十圍，黛色參天二千尺」、

「子規夜啼山竹裂，王母晝下雲旗翻」；昌黎之「大蛇中斷喪前王，羣馬南渡開新主」、「何人有酒身無事，誰家種竹門可款」，硬語排奡，視唐初四子及元、白諸家之宛然律調者，不可同日語也。若其自首至尾無句不對，無對不瑰偉絕特，則惟軾集中有之，實爲創格。此作亦其一也。其中寫景處，語刻畫而句渾成，讀之可怖可喜，筆力奇絕。

紀昀評《蘇文忠公詩集》卷四：「門前」二句縈拂有情，過接無迹。故結雖有習徑，而不見其套。

王文誥《蘇文忠公詩編注集成》卷四：（「愧無酒食待遊人」）此句述寺僧致詞。（「旋斫杉松煮溪蔌」）此句叙寺僧供客。（「木魚曉動隨僧粥」）以上自日暮寫至黎明，與《夜投竹林寺》詩同一章法。（「目亂千巖散紅綠」）「千巖」、「綠」是南山，「紅」是蟠龍寺，「目亂」、「散」是曉色也。深黑到寺，都無所見，至是一切皆見，而時方早起，故目爲之炫也。觀前半著「入門突兀」二句，截清夜境，知其必欲寫至此矣。自首句「晚渡」起至此，爲一大段，記夜宿事已畢，此是叙傳體。其後「門前」四句作結，是論斷體。章法井然，讀者不得牽混。（「二夜心逐南飛鵠」）仍挽到夜作結，落筆有千鈞之力。但公似此者多矣，其筆鋒便捷之甚，故收縱並不難也。

香巖批《紀評蘇詩》卷四：褒斜谷毗連蜀境，蜀人到此，思鄉情所必至，不得以尋常習徑目之。

是日至下馬磧憩於北山僧舍有閣曰懷賢南直斜谷西臨五丈原諸葛孔明所從出師也

南望斜谷口，三山如犬牙。西觀五丈原，鬱屈如長蛇。有懷諸葛公，萬騎出漢巴。吏士寂如水，蕭蕭聞馬檛。公才與曹丕，豈止十倍加。顧瞻三輔間，勢若風捲沙。一朝長星墜，竟使蜀婦髽。山僧豈知此，一室老煙霞。往事逐雲散，故山依渭斜。客來空弔古，清淚落悲笳。

《御選唐宋詩醇》卷三二：不着議論，而鬱拔縱橫之氣自寓。語淡味長，最是高格。

紀昀評《蘇文忠公詩集》卷四：起勢鬱律，不說閣中，而是閣中所見，與《眞興寺》起法同。「聞馬檛」生造，無出典，妙以想像寫之，遂不覺其添造。「山僧」勒轉無痕，趁勢繳出末二句又極便。否則是讀《三國志》詩，不是懷賢閣詩矣。

趙翼《甌北詩話》卷五：少陵《出塞》詩：「落日照大旗，馬鳴風蕭蕭。」覺字句外別有幽燕沉雄之氣。坡公《五原懷諸葛》詩：「吏士寂如水，蕭蕭聞馬撾。」雖形容軍令整肅，而魄力不及遠矣。

王文誥《蘇文忠公詩編注集成》卷四：公詩法神變，不可測識，誥讀老而復知難。如懷賢閣，是作此詩本旨，而詩中不露懷賢閣，讀者須看清此題，方許讀詩。否則，未有不似次公之註、曉嵐之評，而欲窺其堂奧，難矣。「南望」與下之「西觀」，不是輳用閑字，乃預爲着落所從出之根。起四句拓開山川形勝，皆漢賦之舊，獨其事闃寂久耳，忽地成圖，風雲爲之變色。前四句畫就自斜谷出五丈原之路，後四句，孔明從此路擁騎出也。以上八句一節。後四句當加在前四句上看。前乃軀殼，後乃魂魄，猶之雙層燈影，又若套版書冊。此種作法，惟公有之。公恐後人不喻其意，故其題有「諸葛孔明所從出師也」句，如詩序然，自下注腳。無如自王百家（註）以來，並皆活圇讀過，而曉嵐且以前四句起法，方諸《眞興寺閣》，則大可笑矣。「聞馬撾」句即「銜枚疾走，不聞號令」景狀，但公自從老杜「中天懸明月」奪胎寫得，全是孔明神氣。司馬懿畢生考語，則曰拒諸葛亮經制之師。而其以賊吞賊，實由于此。須知他招架此五言四句，不是容易之事。（「公才與曹丕」二句）乃孔明到五丈原地位，如一直敘下，墮入詠史窠臼，便歇手不得。故就昭烈語作提筆，即下斷語，了當孔明身分。（「顧瞻三輔間」二句）此因出師四句，氣勢太盛，收束不住，故爲此跌蕩語也。雖字面將氣勢儘量送足，而其運筆之巧，已暗中歇下矣。孔明志在復舊都，以忠職分，而始終不能到，詩特搶到「三輔」，可見上句五丈原隱藏不露，乃有意躐過之也。（「山僧豈知此」）上句坐實「賢」字，此句翻落「懷賢」，「知」即懷也，「此」即賢也。「豈知此」者，謂山僧老于懷賢而不知，而已則知而懷之也。下句「一室」，借點「閣」字。曉嵐謂「山僧」二句勒轉無痕，乃全不了了者也。「公才與曹丕」至此（「一室老煙霞」）八句，爲第二節也。第一節乃叙事體，第二節乃論事體。第一節孔明實迹，故叙；第二節入公之意，故論。（「往事逐雲散」二句）清出古戰場及找足五丈原地位，故云「故山依渭」也。其前半有意躐過，即此可證。如不解明，即當轅手閑句讀過矣。

延君壽《老生常談》：詩貴能參活語，何也？今試略言之：東坡《是日至下馬磧憩於北山僧舍有閣曰懷賢南直斜谷西臨五丈原諸葛孔明所從出師也》，前半皆言山川形勝，當日出師云云。末幅忽著二句云：「山僧豈知此，一室老煙霞。」則題中「北山僧舍」四字，方有著落，此參活句一證也。羅昭諫《題潤州妙善寺前石羊》，注：「吳主孫權與蜀主劉備嘗置此會。」第五六句云：「英雄已往時難問，苔蘚何知日漸深。」此又一證也。書此付常棠，以當一隅。

趙克宜《角山樓蘇詩評注彙鈔》卷二：磊落大筆，舉重若輕，起落皆自然無迹。

攓雲篇

余自城中還，道中雲氣自山中來，如羣馬奔突，以手掇開籠收其中。歸家，雲盈籠，開而放之，作《攓雲篇》。

物役會有時，星言從高駕。道逢南山雲，欻吸如電過。竟誰使令之，衮衮從空下。龍移相排掕，鳳舞或頹亞。散爲東郊霧，凍作枯樹稼。或飛入吾車，偪仄礙肘胯。搏取置笥中，提攜返茅舍。開緘乃放之，掣去仍變化。雲兮汝歸山，無使達官怕。

周密《齊東野語》卷七《贈雲貢雲》：坡翁一日還自山中，見雲氣如群馬奔突自山中來，遂以手掇開籠，收於其中。及歸，白雲盈籠，開而放之，遂作《攓雲篇》云：「道逢南山雲，欻啄如電過。竟誰使令之，衮衮從空下。」又云：「或飛入吾車，偪仄人肘胯，搏取置笥中，提攜反茅舍。開緘仍放之，掣去仍變化。」然則雲眞可以持贈矣。

紀昀評《蘇文忠公詩集》卷四：結寓牢騷。

妒佳月

狂雲妒佳月，怒飛千里黑。佳月了不嗔，曾何污潔白。爰有謫仙人，舉酒爲三客。今夕偶不見，汍瀾念風伯。毋煩風伯來，彼也易滅沒。支頤少待之，寒空淨無迹。粲粲黃金盤，獨照一天碧。玉繩慘無輝，玉露洗秋色。浩瀚玻璃琖，和光入胸臆。使我能永延，約君爲莫逆。

紀昀評《蘇文忠公詩集》卷四：題目非法，若竟摘首句爲題，卻是古例。亦不合於上官之作，其詞太激亦太露。

太白詞

岐下頻年大旱，禱於太白山輒應，故作迎送神辭一篇五章。

雷闐闐，山晝晦。風振野，神將駕。載雲罕，從玉虯。旱既甚，蹙往救，道阻修兮。

旌旃翻，疑有無。日慘變，神在塗。飛赤篆，訴閶闔。走陰符，行羽檄，萬靈集兮。

風爲幄，雲爲蓋。滿堂爛，神既至。紛醉飽，錫以雨。百川溢，施溝渠，歌且舞兮。

騎裔裔，車斑斑。鼓簫悲，神欲還。轟振凱，隱林谷。執妖厲，歸獻馘，千里肅兮。

神之來，悵何晚。山重複，路幽遠。神之去，飄莫追。德未報，民之思，永萬祀兮。

紀昀評《蘇文忠公詩集》卷四：欲彷漢《郊祀》諸歌，殊無佳處。

王文誥《蘇文忠公詩編注集成》卷四：此五章從《有駜》化出。

扶風天和寺

遠望若可愛，朱欄碧瓦溝。聊爲一駐足，且慰百回頭。水落見山石，塵高昏市樓。臨風莫長嘯，遺響浩難收。

陳雄《題蘇文忠公詩刻》：癸卯九月十六日，挈家來遊。眉山蘇軾題：「遠望若可愛（略）。」天和寺在扶風縣之南山，東坡蘇公留詩於廳壁，迄今二十年矣。予承乏斯邑，因暇日與絳臺田愿子立、洛陽趙卬勝翁同觀，愛其眞墨之妙，慮久而浸滅，乃召方渠閻圭公儀就模於石。時元豐癸亥六月二十三日，終南陳雄武仲題。

查愼行《初白庵蘇詩補注》卷四：陳奕禧《益州於役記》云：「扶風南山，取公詩首句（「遠望若可愛」），有『遠愛亭』。今此詩石刻尙存。」

紀昀評《蘇文忠公詩集》卷四：一起眞景，以淡語寫出。結得壯闊。

王文誥《蘇文忠公詩編注集成》卷四：（「聊爲一駐足」二句）乃道其登陟不易，非見道之言也。

紀昀評蘇文忠公詩集卷五

和子由記園中草木十首

汪師韓《蘇詩選評箋釋》卷一：此數詩格調，柴桑淡遠，修武倔奇，殆兼擅其勝。

紀昀評《蘇文忠公詩集》卷五：首首寓慨而不露怒張，句句涉理而不入迂腐，音節意境，皆逼眞古人，亦無刻畫之迹。

趙克宜《角山樓蘇詩評注彙鈔》卷二：十詩不盡與原作相應，蓋借以寫懷，非詠物也。

施補華《峴傭說詩》：《和子由園中草木》及黄州墾荒、海外種菜等詩，皆質樸有味。

煌煌帝王都，赫赫走羣彥。嗟汝獨何爲，閉門觀物變。微物豈足觀，汝獨觀不倦。牽牛與葵蓼，采摘入詩卷。吾聞東山傅，置酒攜燕婉。富貴未能忘，聲色聊自遣。汝今又不然，時節看瓜蔓。懷寶自足珍，藝蘭那計畹。吾歸於汝處，愼勿嗟歲晚。

紀昀評《蘇文忠公詩集》卷五：此首總起。（「吾聞東山傅」以下四句）又作一層襯託，非惟文章頓挫，亦覺烘染生姿。

翁方綱《石洲詩話》卷三：《和子由記園中草木》第一首「煌煌帝王都」四句，乃左太沖、陳伯玉之遺，而卻以起句揭過一層，此又一變。

王文誥《蘇文忠公詩編注集成》卷五：此首總起，從京師入手，所用牽牛、葵、蓼、瓜、蘭，皆隨手點染，非答園中所有也。熟讀後四篇，當自知之。

荒園無數畝，草木動成林。春陽一以敷，妍醜各自矜。蒲萄雖滿架，困倒不能任。可憐病石榴，花如破紅襟。葵花雖粲粲，蒂淺不勝簪。叢蓼晚可喜，輕紅隨秋深。物生感時節，此理等廢興。飄零不自由，盛亦非汝能。

紀昀評《蘇文忠公詩集》卷五：拉雜鋪叙，而句句變動，不作板排，故能不落青山門徑。（「物生感時節」四句）上文零零碎碎，須此四句鎔化一片，方收得住。

王文誥《蘇文忠公詩編注集成》卷五：此詩答蒲萄、榴、葵三首也。從園中入手，中間蒲萄、榴、葵各二句，三實一虛，不落板實，此又一章法也。原作無蓼詩，此因首作有「牽牛與蓼葵，采摘入詩卷」句，故又以之作襯，自變其法也。

趙克宜《角山樓蘇詩評注彙鈔》卷二：（「妍醜各自矜」）句意鍊。（「物生感時節」四句）一結即盛衰由天意，而下筆曲折，語意便深。

種柏待其成，柏成人已老。不如種叢篲，春種秋可倒。陰陽不擇物，美惡隨意造。柏生何苦艱，似亦費天巧。天工巧有幾，肯盡爲汝耗。君看藜與藿，生意常草草。

查愼行《初白庵詩評》卷中：（「陰陽不擇物」六句）化工在抱，轉換不窮。

紀昀評《蘇文忠公詩集》卷五：純乎正面說理，而不入膚廓，以仍是詩人意境，非道學意境也。夫理，喻之米，詩則釀之而爲酒，道學之文則炊之而爲飯。（「不如種叢篲」二句）有所激而反言之。

王文誥《蘇文忠公詩編注集成》卷五：此首答柏、篲二首，從柏入手，篲次之。法似並起而句則單行，其後柏則明點，篲則暗結，兼雙收側注之意，此又一章法也。

趙克宜《角山樓蘇詩評注彙鈔》卷二：末四語寓大器晚成之意。

萱草雖微花，孤秀能自拔。亭亭亂葉中，一一勞心插。牽牛獨何畏，詰曲自芽蘗。走尋荆與榛，如有夙昔約。南齋讀書處，亂翠曉如潑。偏工貯秋雨，歲歲壞籬落。

紀昀評《蘇文忠公詩集》卷五：此首只以對照見意，竟不説破。（「萱草雖微花」）比君子。（「牽牛獨何畏」）比小人。

王文誥《蘇文忠公詩編注集成》卷五：此詩答萱草，牽牛二首也。萱草四句，牽牛四句，結四句，此又一章法也。（引紀評）今考之，（此詩）但就原唱致意，且此時尚無小人，即陳公弼亦非小人，公未嘗以小人待之也，其説誣。

趙克宜《角山樓蘇詩評注彙鈔》卷二：（「走尋荆與榛」二句）形容入妙。（「亂翠曉如潑」三句）句意鍊。

蘆筍初似竹，稍開葉如蒲。方春節抱甲，漸老根生鬚。不愛當夏綠，愛此及秋枯。黃葉倒風雨，白花搖江湖。江湖不可到，移植苦勤劬。安得雙野鴨，飛來成畫圖。

查慎行《初白庵詩評》卷中：（「黃葉倒風雨」二句）衰颯處偏説得軒昂。

紀昀評《蘇文忠公詩集》卷五：（「不愛當夏綠」二句）創語，展出別境。結語拓開，仍是兜轉。

王文誥《蘇文忠公詩編注集成》卷五：此詩專答蘆一首，又一章法也。

趙克宜《角山樓蘇詩評注彙鈔》卷二：結固常徑，在此十首中則爲別致。

行樂惜芳辰，秋風常苦早。誰知念離別，喜見秋瓜老。秋瓜感霜霰，莖葉颯已槁。宦遊歸無時，身若馬繫皁。悲鳴念千里，耿耿志空抱。多憂竟何爲，使汝玄髮縞。

紀昀評《蘇文忠公詩集》卷五：此首忽跳出題外，取興在即離之間。

翁方綱《石洲詩話》卷三：第六首「喜見秋瓜老」，兼《國風》之妙義，而出入杜、韓，不獨語用杜也。言及韓者，蓋有會於「照壁喜見蝎」也。

王文誥《蘇文忠公詩編注集成》卷五：前二、三、四、五共四首，皆答園中草木也。此詩忽觸瓜期之感，因入「馬繫」數句以終之。自此奮迅而下，置原作于不問，遂遺果蓏、竹二首，不復答和矣。前五首，公似檢對原作，變換章法，皆構思而出，其成之也緩。自此以下六首（按：包括《紀夢》一首）皆任意揮灑，頃刻立就者也。曉嵐知其跳出題外，讀此詩，尚不爲失眼。但究未理清逐詩綫索，故其後所論作法皆誤，冰炭之不相入矣。（「喜見秋瓜老」）詩意似欲答果蓏，其下忽從秋瓜追問，而意緒横生，詩爲一變，遂不復終果蓏之意矣。（「宦游歸無時」）從秋瓜生出，自此作法全變矣。

官舍有叢竹，結根問囚廳。下爲人所徑，土密不容釘。殷勤戒吏卒，插棘護中庭。邁砌忽墳裂，走鞭瘦竛娉。我常攜枕簟，來此蔭寒青。日暮不能去，卧聽窗風泠。

紀昀評《蘇文忠公詩集》卷五：此首直作賦體，不着一語，又別一格。（「卧聽窗風泠」「泠」字懸腳。

王文誥《蘇文忠公詩編注集成》卷五：此詩自詠官舍叢竹，以至近而來寓目者言之。

芎藭生蜀道，白芷來江南。漂流到關輔，猶不失芳甘。濯濯翠莖滿，愔愔清露涵。及其未花實，可以資筐籃。秋節忽已老，苦寒非所堪。劚根取其實，對此微物慙。

紀昀評《蘇文忠公詩集》卷五：與前者同一賦體，而前首賦物，此首賦情，用筆又自不同。（「及其未花實」二句）忽寓食貪之感。

王文誥《蘇文忠公詩編注集成》卷五：此詩自詠芎藭、白芷，以至遠而來寓目者言之。

趙克宜《角山樓蘇詩評注彙鈔》卷二：（「及其未花實」六句）此即古詩「過時而不采，將隨秋草萎」之意。

自我來關輔，南山得再游。山中亦何有，草木媚深幽。菖蒲人不識，生此亂石溝。山高霜雪苦，苗葉不得抽。下有千歲根，蹙縮如蟠虬。長爲鬼神守，德薄安敢偷。

紀昀評《蘇文忠公詩集》卷五：此首索性一字不着題，而意中句外，卻隱然是園中草木。運意至此，眞有神無迹矣。

王文誥《蘇文忠公詩編注集成》卷五：此詩因游南山而詠人不可見之菖蒲，觀其終以鬼神德薄之詞，知後幅必將化入夢境矣。

趙克宜《角山樓蘇詩評注彙鈔》卷二：此首用壓題法，命意絕高。

野菊生秋澗，芳心空自知。無人驚歲晚，惟有暗蛩悲。花開澗水上，花落澗水湄。菊衰蛩亦蟄，與汝歲相期。楚客方多感，秋風詠江蘺。落英不滿掬，何以慰朝饑。

袁宏道評閱譚元春選《東坡詩選》卷一袁宏道評：（「花開澗水上」二句）學陶。

紀昀評《蘇文忠公詩集》卷五：收得感慨。於文爲結到題外，於意則結到題中。雖就菊說，已隱隱收盡前九首。

王文誥《蘇文忠公詩編注集成總案》卷五：此詩乃蛩菊交互之作，紀氏但知有菊，是不知蛩即蟋蟀也。又欲以此詩收盡前九首，不知何以墮入雲霧中。然如《中隱堂》之第五首云：「都城更幾姓，到處有殘碑。岣嶁何須到，韓公浪自悲。」此眞乃雖就碑説，已隱隱收盡前四首者，何不亦以文結題外，意結題中論之，而謂其疏于律耶？

王文誥《蘇文忠公詩編注集成》卷五：此詩詠蟋蟀悲秋菊，從第十首（按指《紀夢》）之「但記説秋菊」句紬而繹之也。

趙克宜《角山樓蘇詩評注彙鈔》卷二：（「菊衰蛩亦蟄」二句）寓同病相憐之意。（「楚客方多感」四句）結歸人情，了酬和本意，妙在虛活。

紀夢

我歸自南山，山翠猶在目。心隨白雲去，夢繞山之麓。汝從何方來，笑齒粲如玉。探懷出新詩，秀語奪山綠。覺來已茫昧，但記説秋菊。有如採樵人，入洞聽琴筑。歸來寫遺聲，猶勝人間曲（自注：八月十一日夜宿府學，方和此詩，夢與弟游南山，出詩數十首，夢中甚愛。及覺，但記一句云：蟋蟀悲秋風）。

汪師韓《蘇詩選評箋釋》卷一：末首則別爲一調。「秀語奪山綠」一句，情味備至。每於其稱許輶處，想見其友于式好，有怡怡之樂。

紀昀評《蘇文忠公詩集》卷五：頗嫌清淺，無意故也。「蟠蟀悲秋菊」（句見作者自注），盡有妙義可衍，不應草草如此。（「有如採樵人」以下四句）無意中強生此意，不爾，益無收束矣。

次韻子由種菜久旱不生

新春階下筍芽生，廚裏霜虀倒舊罌。時繞麥田求野薺，強爲僧舍煮山羹。園無雨潤何須歎，身與時違合退耕。欲看年華自有處，鬢間秋色兩三莖。

紀昀評《蘇文忠公詩集》卷五：（「元無雨潤何須歎」）五太拙，（「身與時違合退耕」）六太露。

大老寺竹間閣子

殘花帶葉暗，新筍出林香。但見竹陰綠，不知汧水黃。樹高傾隴鳥，池浚落河魴。栽種良辛苦，孤僧瘦欲尫。

紀昀評《蘇文忠公詩集》卷五：太不成語，恐非眞本。編詩者搜輯以炫博，轉爲古人之累。

香巖批《紀評蘇詩》卷五：此語（按指紀評）極是，以評此詩則未當。

周公廟廟在岐山西北七八里廟後百許步有泉依山湧冽異常國史所謂潤德泉世亂則竭者也

吾今那復夢周公，尚喜秋來過故宮。翠鳳舊依山硉兀，清泉長與世窮通。至今游客傷離黍，故國諸生詠雨濛。牛酒不來烏鳥散，白楊無數暮號風。

紀昀評《蘇文忠公詩集》卷五：（「吾今那復夢周公」）此典卻不許人人用。周公廟如何着語？此種題正以不作爲是耳。

王文誥《蘇文忠公詩編注集成》卷五：「窮通」二字，押得精細，非此二字，則一、三聯皆貫不得。（「至今游客傷離黍」）此聯用《毛詩·詩序》閔宗周及東征事，曲折而切當。

戲作賈梁道詩

王凌謂賈充曰：「汝非賈梁道之子耶？乃欲以國與人，由是觀之，梁道之忠於魏也久矣。」司馬景王既執凌歸，過梁道廟，凌大呼曰：「我亦大魏之忠臣也。」及司馬景王病，見凌與梁道守而殺之。二人者可謂忠義之至，精貫於神明矣。然梁道之靈，獨不能已其子充之姦，至使首發成濟之事。此又理之不可曉者也，故予戲作詩云：

嵇紹似康爲有子，郗超叛鑒是無孫。如今更恨賈梁道，不殺公閭殺子元。

《吹劍三錄》：作文援經須對經，史須對史，三代須對三代，漢唐須對漢唐。（略）東坡詩「嵇紹似康爲有子，郗超叛鑒似無孫」，皆晉人。

黄徹《䂬溪詩話》卷九：蓋怪梁道忠義之靈，不能自已其子充之惡。按《晉紀》，王賈所殺者，乃宣帝，名懿字仲達，非景帝子元也。

葉大慶《考古質疑》卷五：大慶因而觀坡詩，錯誤尤多，前輩嘗論之矣，今總序于此。（略）又《戲作賈梁道詩並引》云：「王凌謂賈充曰（略）大慶按《晉紀》，執王凌及夢爲祟乃宣帝，名懿字仲達，非景帝子元也，然則序所謂景王，詩所謂子元，皆誤也。

查慎行《初白庵蘇詩補注》卷五：（「如今更恨賈梁道，不殺公閭殺子元」）《三國魏志》：「王凌謂齊王不任天下，欲迎立楚王彪。遣楊弘以廢立事告兗州刺史黃華。華、弘以白司馬宣王，宣王將兵討之。凌勢窮，自縛出迎。宣王承治，送京師。凌至項，飲藥死。」干寶《晉紀》曰：「凌到項，見賈逵祠，呼曰：『賈梁道！王凌固忠於魏之社稷者，唯汝有神，知之！』其年八月，宣王有疾，夢凌、逵爲厲，遂薨。」據此，則殺王凌者乃仲達，非子元也。（略）先生蓋訛記爲景王事，故恨梁道不殺公閭，而殺子元耳。從來注家無有辨者，今駁正。

紀昀評《蘇文忠公詩集》卷五：此必有爲而作，非詠古也。

南溪之南竹林中新構一茆堂予以其所處最爲深邃故名之曰避世堂

猶恨溪堂淺，更穿修竹林。高人不畏虎，避世已無心。隱几頽如病，忘言兀似瘖。茆茨追上古，冠蓋謝當今。曉夢猿呼覺，秋懷鳥伴吟。暫來聊解帶，屢去欲攜衾。湖上行人絕，階前暮雪深。應逢綠毛叟，扣戶夜抽簪。

紀昀評《蘇文忠公詩集》卷五：三四下句注上句。（「曉夢猨呼覺」二句）似九僧一派。（「屢去欲攜衾」）「衾」字押得倒。下句（「階前暮雪深」）烘染上句（「湖上行人絕」）。（「扣戶夜抽簪」）「抽簪」趁韻。

香巖批《紀評蘇詩》卷五：「當今」未妥。「抽簪」、「扣戶」何爲趁韻？

趙克宜《角山樓蘇詩評注彙鈔》卷二：「暮雪」句似右丞。「抽簪」用《長恨歌傳》，非解官之抽簪也，紀（昀）誤矣。

重遊終南子由以詩見寄次韻

去年新柳報春回，今日殘花覆綠苔。溪上有堂還獨宿，誰人無事肯重來。古琴彈罷風吹座，山閣醒時月照杯。嬾不作詩君錯料，舊逋應許過時陪。

吳喬《圍爐詩話》卷五引黃公曰：其清空而妙者，如（略）「古琴彈罷風吹座，山閣醒時月照杯」。

賀裳《載酒園詩話·蘇軾》：「古琴彈罷風吹座，山閣醒時月照杯」，（略）俱清新俊逸。

自清平鎮遊樓觀五郡大秦延生僊遊往返四日得十一詩寄舍弟子由同作

樓觀

鳥噪猿呼晝閉門，寂寥誰識古皇尊。青牛久已辭轅軛，白鶴時來訪子孫。山近朔風吹積雪，天寒落日淡孤村。道人應怪遊人衆，汲盡階前井水渾。

紀昀評《蘇文忠公詩集》卷五：（「鳥噪猿呼晝閉門」二句）起得有力有神，肅肅穆穆，仿佛見之。（「天寒落日淡孤村」）句好！（「道人應怪遊人衆」二句）反託出起處之意，措語沈着。

五郡

古觀正依林麓斷，居民來就水泉甘。亂溪赴渭爭趨北，飛鳥迎山不復南。羽客衣冠朝上象，野人香火禍春蠶。汝師豈解言符命，山鬼何知托老聃（自注：觀有明皇碑，言夢老子告以享國長久之意）。

紀昀評《蘇文忠公詩集》卷五：第四句拙。

王文誥《蘇文忠公詩編注集成》卷五：（「亂溪赴渭爭趨北」二句）此乃習于山川形勢之言，前《石鼻城》詩「北客初來試新險，蜀人從此送殘山」，已講明矣。曉嵐疑此句拙者，正以其識力淺薄，不能貫串諸詩故也。（「野人香火禍春蠶」）必襯托此句，意乃沉着。

香巖批《紀評蘇詩》卷五：三、四寫景闊遠，七、八有識。

授經臺 自注：乃南山一峰耳，非復有築處。

劍舞有神通草聖，海山無事化琴工。此臺一覽秦川小，不待傳經意已空。

紀昀評《蘇文忠公詩集》卷五：前二句太吃力，後二句又太率易。

香巖批《紀評蘇詩》卷五：曉嵐不學道，烏能解此？

大秦寺

晃蕩平川盡，坡陁翠麓橫。忽逢孤塔迥，獨向亂山明。信足幽尋遠，臨風卻立驚。原田浩如海，滾滾盡東傾。

紀昀評《蘇文忠公詩集》卷五：（前四句）格力遒緊。收得闊遠。

趙克宜《角山樓蘇詩評注彙鈔》卷二：通體寫景逼眞，意態雄傑。（「臨風卻立驚」）「驚」字含結二句意。

僊遊潭

自注：潭上有寺三，一在潭北，循黑水而上，爲東路，至南寺；渡黑水西里餘，從馬北上，爲西路，至北寺。東路險不可騎馬，而西路隔潭，潭水深不可測。上以一木爲橋，不敢過。故南寺有塔，望之可愛，而終不能到。

翠壁下無路，何年雷雨穿。光搖巖上寺，深到影中天。我欲然犀看，龍應抱寶眠。誰能孤石上，危坐試僧禪。

紀昀評《蘇文忠公詩集》卷五：五六接得挺拔。（「深到影中天」）五字極平而極幻。（「危坐試僧禪」）言禪定則臨深不懼。

香巖批《紀評蘇詩》卷五：（「翠壁下無路」二句）接筆誠健，而造語未雅。

南　寺

東去愁攀石，西來怯渡橋。碧潭如見試，白塔苦相招。野饋慚微薄，村沽慰寂寥。路窮斤斧絕，松桂得干霄。

紀昀評《蘇文忠公詩集》卷五：（「野饋慚微薄」）「慚」字何指？（「路窮斤斧絕」二句）有寓意，然是常意。

王文誥《蘇文忠公詩編注集成》卷五：章惇同至仙游，詳玩此詩，乃是日留章惇飯，故有此慰藉之詞。殆後匯編十一首，以題與詩不符，後刪去題字，未及注明耳。觀「慚」字、「慰」字，必非無因發也。

北　寺

唐初傳有此，亂後不留碑。畏虎關門早，無村得米遲。山泉自入甕，野桂不勝炊。信美那能久，應先學忍饑。

紀昀評《蘇文忠公詩集》卷五：「信美」二字指上二句。

馬融石室

未應將軍聘，初從季直游。絳紗生不識，蒼石尙能留。豈害依梁冀，何須困李侯。吾詩愼勿刻，猿鶴爲君羞。

紀昀評《蘇文忠公詩集》卷五：第五句乃放活一筆，以松爲緊，以逼下句（「何須困李侯」）。結太直，太盡。

王文誥《蘇文忠公詩編注集成》卷五：（「吾詩愼勿刻」二句）清出「豈害」、「何須」四字，必當如是完結。曉嵐謂結句太直太露者，非也。

玉女洞

洞裏吹簫子，終年守獨幽。石泉爲曉鏡，山月當簾鉤。歲晚杉楓盡，人歸霧雨愁。送迎應鄙陋，誰繼楚臣謳。

紀昀評《蘇文忠公詩集》卷五：「石泉」二句俗格，所宜懸之戒律者。結二句自負。

香巖批《紀評蘇詩》卷五：知「石泉」二句之爲俗格，方可與言正始之音。

趙克宜《角山樓蘇詩評注彙鈔附錄》卷中：三、四亦原本唐人，以沿襲久而成俗格，中無意義故也。

愛玉女洞中水既致兩瓶恐後復取而爲使者見給因破竹爲契使寺僧藏其一以爲往來之信戲謂之調水符

欺謾久成俗，關市有契繻。誰知南山下，取水亦置符。古人辨淄澠，皎若鶴與鳧。吾今既謝此，但視符有無。常恐汲水人，智出符之餘。多防竟無及，棄置爲長吁。

蘇轍《和子瞻調水符》：多防出多欲，欲少防自簡。君看山中人，老死竟誰謾。渴飲吾井泉，饑食甑中飯。何用費卒徒，取水負瓢罐。置符未免欺，反覆慮多變。授君無憂符，階下泉可嚥。

吳聿《觀林詩話》：此當與《擇勝亭》俱傳于好事者，非確論也。

袁宏道評閱譚元春選《東坡詩選》卷一譚元春評：（「常恐汲水人」四句）忽發此深想宏議，老氏五千言也。

查愼行《初白庵詩評》卷中：（「誰知南山下」）南山，終南也。（「常恐汲水人」四句）此舉原近逆詐，故須補正，意以救其病。非進一層語，亦非寬一層語也。

王鳴盛《蛾術編》卷七八：《愛玉女潭中水既致兩瓶》云：「誰知南山下，取水亦置符。古人辨淄澠，皎若鶴與凫。」（略）同紐字連用二韻，似全無知識之人所爲。集中如此逞筆亂寫者甚多，略舉數章以明之。古人韻本如《廣韻》、《集韻》，皆于同紐字另作一圈，以爲識別，界限甚嚴。若如東坡，則何不概去其圈，混而爲一？蓋在東坡當日，初不知其爲病，一時後生小子，從風而靡，同紐連用。東坡見之，亦不以爲病，且和其韻，存之集中。識既粗極，心又不虚，貽誤千古矣。鶴壽按：古人作詩不避重韻，況同紐乎？（略）同字尚連用之，況同紐乎？（略）然古人不以爲意，今人則嫌其重複矣。東坡之文如萬斛泉源，隨地湧出，未可以用同紐韻少之。

紀昀評《蘇文忠公詩集》卷五：運意頗深，而措語苦淺。

趙克宜《角山樓蘇詩評注彙鈔》卷二：此題已成爛熟之典，詩則淺率不佳。

自僊遊回至黑水見居民姚氏山亭高絶可愛復憩其上

山鵶曉辭谷，似報遊人起。出門猶屢顧，慘若去吾里。道途險且迂，繼此復能幾。溪邊有危構，歸駕聊復柅。愛此山中人，縹緲如仙子。平生慕獨往，官爵同一屣。胡爲此溪邊，眷眷若有俟。國恩久未報，念此慙且泚。臨風浩悲吒，萬世同一軌。何年謝簪紱，丹砂留迅晷。

紀昀評《蘇文忠公詩集》卷五：後半幅語自沉着。刪末二句更佳。

香巖批《紀評蘇詩》卷五：（「慘若去吾里」）「慘」字過火。

《蘇亭詩話》卷五：趙崡《訪古游記》：「仙游寺入黑水谷五里，萬山迴合，仄徑依黑水而行，大勝樓觀。」

趙克宜《角山樓蘇詩評注彙鈔》卷二：（「平生慕獨往」八句）眞語自在流出。

南溪有會景亭處衆亭之閒無所見甚不稱其名予欲遷之少西臨斷岸西向可以遠望而力未暇特爲製名曰招隱仍爲詩以告來者庶幾遷之

飛簷臨古道，高榜勸遊人。未即令公隱，聊須濯路塵。茆茨分聚落，煙火傍城闉。林缺湖光漏，窗明野意新。居民惟白帽，過客漫朱輪。山好留歸屐，風迴落醉巾。他年誰改築，舊製不須因。再到吾雖老，猶堪作坐賓。

紀昀評《蘇文忠公詩集》卷五：小巧。

凌虛臺

才高多感激，道直無往還。不如此臺上，舉酒邀青山。青山雖云遠，似亦識公顏。崩騰赴幽賞，披豁露天慳。落日銜翠壁，暮雲點煙鬟。浩歌清興發，放意末禮刪。是時歲云暮，微雪灑袍斑。吏退跡如掃，賓來勇躋攀。臺前飛雁過，臺上雕弓彎。聯翩向空墜，一笑驚塵寰。

紀昀評《蘇文忠公詩集》卷五：收處是故意作態，以戛然竟住爲勝。然「是時」二字一氣趕下，究竟至此氣未滿足。勒奔馬式，非此之謂也。

竹䶉

野人獻竹䶉，腰腹大如盎。自言道旁得，采不費罝網。鴟夷讓圓滑，混沌慙瘦爽。兩牙雖有餘，四足僅能髣。逢人自驚蹶，悶若兒脫襁。念此微陋質，刀几安足枉。就禽太倉卒，羞愧不能饗。南山有孤熊，擇獸行舐掌。

《許彦周詩話》：東坡作《竹鼪詩》，模寫肥腯醜濁之態，讀之亦足想見風彩。

查愼行《初白庵詩評》卷中：（「念此微陋質」四句）小中見大。

紀昀評《蘇文忠公詩集》卷五：寓意而不甚露，由於措語和平。有「安問狐狸」之慨。

趙克宜《角山樓蘇詩評注彙鈔》卷二：（「逢人自驚蹶」）狀物如睹。結語，乍觀之不解所謂，惟紀氏能得其用意，此名家之詩，所貴明眼人爲之標舉匠心也。

渼陂魚 自注：陂在鄠縣。

霜筠細破爲雙掩，中有長魚如卧劍。紫荇穿腮氣慘悽，紅鱗照座光磨閃。攜來雖遠鬣尚動，烹不待熟指先染。坐客相看爲解顏，香粳飽送如塡塹。早歲嘗爲荆渚客，黄魚屢食沙頭店。濱江易採不復珍，盈尺輒棄無乃僭。自從西征復何有，欲致南烹嗟久欠。游鯈瑣細空自腥，亂骨縱横動遭砭。故人遠饋何以報，客俎久空驚忽贍。東道無辭信使頻，西鄰幸有庖齏釅。

袁文《甕牖閒評》卷七：蘇東作《渼陂魚》詩云：「烹不待熟指先染。」乃在去聲押韻。然《左氏傳》載染指事，染字音如琰反，作上聲押可也，豈其錯誤耶？

《紀昀評《蘇文忠公詩集》卷五：窄韻巧押，神鋒駿利，東坡本色。（「紫荇穿腮氣慘悽」二句）十四字居然杜意。（「早歲嘗爲荆渚客」以下四句）勢須一拓。

十二月十四日夜微雪明日早往南溪小酌至晚

南溪得雪眞無價，走馬來看及未消。得自披榛尋履迹，最先犯曉過朱橋。誰憐屋破眠無處，坐覺村饑語不囂。惟有暮鴉知客意，驚飛千片落寒條。

袁宏道評閱譚元春選《東坡詩選》卷一袁宏道評：（「得自披榛尋履迹」二句）說得好。

紀昀評《蘇文忠公詩集》卷五：（「坐覺村饑語不囂」）句太拙！

九月中曾題二小詩於南溪竹上既而忘之昨日再遊見而録之

湖上蕭蕭疏雨過，山頭靄靄暮雲橫。陂塘水落荷將盡，城市人歸虎欲行。

誰謂江湖居，而爲虎豹宅。焚山豈不能，愛此千竿竹。

紀昀評《蘇文忠公詩集》卷五：投鼠忌器之意。

司竹監燒葦園因召都巡檢柴貽勗左藏以其徒會獵園下

官園刈葦留枯槎，深冬放火如紅霞。枯礎燒盡有根在，春雨一洗皆萌芽。黄狐老兔最狡捷，賣侮百獸常矜誇。年年此厄竟不悟，但愛蒙密爭來家。風迴欻卷毛尾熱，欲出已被蒼鷹遮。野人來言此最樂，徒手曉出歸滿車。巡邊將軍在近邑，呼來颯颯從矛叉。戍兵久閑可小試，戰鼓雖凍猶堪撾。雄心欲搏南澗虎，陣勢頗學常山蛇。霜乾火烈聲暴野，飛走無路號且呀。迎人截來砉逢箭，避犬逸去窮投罝。擊鮮走馬殊未厭，但恐落日催棲鴉。弊旗仆鼓坐數獲，鞍挂雉兔肩分麚。主人置酒聚狂客，紛紛醉語晚更譁。燎毛燔肉不暇割，飲啖直欲追羲媧。青邱雲夢古所吒，與此何啻百倍加。苦遭諫疏說夷羿，又被詞客嘲淫奢。豈如閒官走山邑，放曠不與趨朝衙。農工已畢歲云暮，車騎雖少賓殊嘉。酒酣上馬去不告，獵獵霜風吹帽斜。

查愼行《初白庵詩評》卷中：（「枯槎燒盡有根在」二句）閒處設色。（「但愛蒙密爭來家」韓昌黎《燕喜亭記》「猿狖狖狖所家」。（「戍兵久閑可小試」四句）從題中正意說入。（「迎人截來砉逢箭」二句）二語槩盡《羽獵賦》。

汪師韓《蘇詩選評箋釋》卷一：從燒園指出物性迷愚，語直而曲。「巡邊將軍」以下十四句，以議論叙事，颯颯獵獵，紙上具有聲色。此段既奇橫，故「主人置酒」以下更爲紆徐，以暢其氣。結用獨孤側帽事，恰合會獵情景，而役使無痕，但覺有餘韻逸趣。其眞能吞雲夢者八九其于胸中，曾不芥蔕也。

紀昀評《蘇文忠公詩集》卷五：通體遒緊，無一懈筆。（「野人來言此最樂」二句）引入不驟。（「青邱雲夢古所吒」以下至結）一路如駿馬之下坂。須如此排蕩盤旋，方收得住。

王文誥《蘇文忠公詩編注集成》卷五：起四句燒葦，乃官司年例也。（「黃狐老兔最狡捷」四句）入狐兔，先作悼嘆之文，爲之絶倒。（「風迴谽卷毛尾熱」四句）點獵字，前分三層，如溪流曲折，而至是爲首一段。（「迎人截來砉逢箭」二句）會獵正面，只此十四字了當，可見其通篇魄力之大。自「巡邊」句起，至此（「風迴谽卷毛尾熱」）燒葦、會獵皆畢，是爲中一大段。自「青邱」句起至終，爲結一段，以餘波作收煞也。

趙克宜《角山樓蘇詩評注彙鈔》卷二：從燒葦叙起。（「野人來言此最樂」二語）以下入會獵。（「青邱雲夢古所吒」）以下入議論，筆勢一出一入，操縱自如。

曾國藩《曾文公全集·讀書錄》卷九《東坡文集》：（「欲出已被蒼鷹遮」）以上言狐兔藏葦中，叙獵之地。「野人」以下，正賦獵事。末言獵罷置酒。

和子由木山引水二首

蜀江久不見滄浪，江上枯槎遠可將。去國尚能三犢載，汲泉何愛一夫忙。崎嶇好事人應笑，冷淡爲歡意自長。遙想納涼清夜永，窗前微月照汪汪。

紀昀評《蘇文忠公詩集》卷五：（「窗前微月照汪汪」）太俚。

千年古木卧無梢，浪捲沙翻去似瓢。幾度過秋生蘚暈，至今流潤應江潮。泫然疑有蛟龍吐，斷處人言霹靂焦。材大古來無適用，不須鬱鬱慕山苗。

袁宏道評閱譚元春選《東坡詩選》卷一譚元春評：如此詩生熟兩字，俱說不得矣，妙，妙。

和子由苦寒見寄

人生不滿百，一別費三年。三年吾有幾，棄擲理無還。長恐別離中，摧我鬢與顏。念昔喜著書，別來不成篇。細思平時樂，乃爲憂所緣。吾從天下士，莫如與子歡。羨子久不出，讀書蝨生氈。丈夫重出處，不退要當前。西羌解仇隙，猛士憂塞壖。廟謨雖不戰，虜意久欺天。山西良家子，錦緣貂裘鮮。千金買戰馬，百寶粧刀鐶。何時逐汝去，與虜試周旋。

紀昀評《蘇文忠公詩集》卷五：（起四句）眞至語。（「丈夫重出處」二句）語意嶄然。（「山西良家子」以下）此即前「乘傳問琛」意，皆不得志之憤詞，不必實有此想也。

寄題興州鼂太守新開古東池

百畝清池傍郭斜，居人行樂路人誇。自言官長如靈運，能使江山似永嘉。縱飲座中遺白帢，尋幽盡處見桃花。不堪山鳥號歸去，長遣王孫苦憶家。

沈德潛《說詩晬語》卷下：東坡詩「幽尋盡處見桃花」，又云「竹外桃花三兩枝」，自是桃花名句。

華陰寄子由

三年無日不思歸，夢裏還家旋覺非。臘酒送寒催去國，東風吹雪滿征衣。三峰已過天浮翠，四扇行看日照扉。里候消磨不禁盡，速攜家餉勞驂騑。

和董傳留别

麤繒大布裹生涯，腹有詩書氣自華。厭伴老儒烹瓠葉，強隨舉子踏槐花。囊空不辦尋春馬，眼亂行看擇壻車。得意猶堪誇世俗，詔黄新濕字如鴉。

郎曄《經進東坡文集事略》卷四七：傳，字至和，洛陽人，有詩名於世。嘗在鳳翔與東坡遊。公《和傳留别》詩，有「眼亂行看擇壻車」之句，蓋謂其方議親也。

袁宏道評閱譚元春選《東坡詩選》卷一譚元春評：腹有詩書氣自華」，使人不敢空慕清華之氣，語亦大妙。

查愼行《初白庵詩評》卷中：按先生《與韓魏公書》述董事甚悉，傳蓋未嘗得官，亦未嘗娶婦，故公詩云然。詔黃新濕，謂董已成進士，故云「得意猶堪誇世俗」也。

又《初白庵蘇詩補注》卷五：先生《與韓魏公尺牘》云：「進士董傳，至長安，見軾於官舍，道其窮苦之狀，賴公而存。又薦我於朝。吾生平無妻，有彭駕部者，聞公薦我，許嫁我以妹」云云。」按先生作此詩時，傳已病歿，則其生前未嘗取婦，故詩中有「眼亂行看擇婿車」之句。

紀昀評《蘇文忠公詩集》卷五：句句老健。結二句乃期許之詞，言外有炎涼之感，非有所不足於董傳也。

趙克宜《角山樓蘇詩評注彙鈔》卷二：塗雅之典如此用，亦未確。

高步瀛《唐宋詩舉要》卷六：（「麤繒大布裹生涯」二句）飄然而來，有昂頭天外之概。

西蜀楊耆二十年前見之甚貧今見之亦貧所異於昔者蒼顏華髮耳女無美惡富者妍士無賢不肖貧者鄙使其逢時遇合豈減當世之士哉頃宿長安驛舍聞泣者甚怨問之乃昔富而今貧者乃作一詩今以贈楊君

孤村微雨送秋涼，逆旅愁人怨夜長。不寐相看惟櫪馬，悲歌互答有寒螿。天寒滯穟猶棲畝，歲晚空機任倚牆。勸爾一杯聊復睡，人間貧富海茫茫。

查慎行《初白庵詩評》卷中：別本小引，與此殊異，而筆致較曲折。

紀昀評《蘇文忠公詩集》卷五：三四（「不寐相看惟櫪馬」二句）自佳。

趙克宜《角山樓蘇詩評注彙鈔》附錄卷中：中兩聯皆可。

夜直秘閣呈王敏甫

蓬瀛宮闕隔埃氛，帝樂天香似許聞。瓦弄寒暉鴛卧月，樓生晴靄鳳盤雲。共誰交臂論今古，只有閒心對此君。大隱本來無境界，北山猿鶴漫移文。

紀昀評《蘇文忠公詩集》卷五：第三句太湊，第四句不似夜。

翁方綱《石洲詩話》卷三：《夜直秘閣呈王敏甫》云：「只有閒心對此君。」「此君」，施注引晉王子猷語，指竹，恐未必然。白香山《效陶詩》云：「乃知陰與晴，安可無此君？」「此君」，指酒也。蘇豈用白語耶？

謝蘇自之惠酒

高士例須憐麴糵，此語常聞退之說。我今有説殆不然，麴糵未必高士憐。醉者墜車莊生言，全酒未若全於天。達人本是不虧缺，何暇更求全處全。景山沈迷阮籍傲，畢卓盜竊劉伶顛。貪狂嗜怪無足取，世俗喜異矜其賢。杜陵詩客尤可笑，羅列八子參羣仙。流涎露頂置不説，爲問底處能逃禪。我今不飲非不飲，心月皎皎常孤圓。有時客至亦爲酌，琴雖未去聊忘絃。吾宗先生有深意，百里雙罌遠將寄。且言不飲固亦高，舉世皆同吾獨異。不如同異兩俱冥，得鹿亡羊等嬉戲。決須飲此勿復辭，何用區區較醒醉。

紀昀評《蘇文忠公詩集》卷五：（起至「何暇更求全處全」）旋轉自如，止如口語，而不落淺易，格力高也。然此種殊不易學。無其格力，而以頹唐出之，風斯下矣！（結處四句）一路莊論，幾無轉身之地。化出此意作結，可謂辯才無礙。

香巖批《紀評蘇詩》卷五：「醉者」十四字作一句讀。

趙克宜《角山樓蘇詩評注彙鈔》卷二：語涉禪偈，東坡習徑。結法亦是東坡習徑。

又見卷六《石蒼舒醉墨堂》香巖評。

紀昀評蘇文忠公詩集卷六

次韻柳子玉見寄

薄雷輕雨曉晴初，陌上青泥未濺裾。行樂及時雖有酒，出門無侶漫看書。遙知寒食催歸騎，定把鴟夷載後車。他日見邀須強起，不應辭病似相如。

賀裳《載酒園詩話·蘇軾》：「行樂及時須有酒，出門無侶漫看書」，（略）俱清新俊逸。

送曾子固倅越得燕字

醉翁門下士，雜遝難爲賢。曾子獨超軼，孤芳陋羣妍。昔從南方來，與翁兩聯翩。翁今自憔悴，子去亦宜然。賈誼窮適楚，樂生老思燕。那因江鱠美，遽厭天庖羶。但苦世論隘，聒耳如蜩蟬。安得萬頃池，養此橫海鱣。

朋九萬《烏臺詩案·送曾鞏得燕字詩》：熙寧三年內，送到曾鞏詩簡。曾鞏字子固，是年準敕通判越州。臨行，館閣同舍舊例餞送。衆人分韻，軾探得燕字韻，作詩一首送曾鞏云（略）。譏諷近日朝廷進用多刻薄之人，議論褊隘，聒喧如蜩蟬之鳴，不足聽也。又云：「安得萬頃地，養此橫海鱣。」以此比曾鞏橫才也。

查愼行《初白庵詩評》卷中：（「翁今自憔悴」二句）入題飄忽，結意獨遠，《三百篇》所謂賦而比也。

紀昀評《蘇文忠公詩集》卷六：憤激太甚，宜其招尤。即以詩品論，亦殊乖溫厚之旨。

王頤赴建州錢監求詩及草書

我昔識子自武功，寒廳夜語尊酒同。酒闌燭盡語不盡，倦僕立寐僵屏風。丁寧勸學不死訣，自言親受方瞳翁。嗟予聞道不早悟，醉夢顛倒隨盲聾。邇來憂患苦摧剝，意思蕭索如霜蓬。羨君顏色愈少壯，外慕漸少由中充。河車挽水灌腦黑，丹砂伏火入頰紅。大梁相逢又東去，但道何日辭樊籠。未能便乞勾漏令，官曹似是錫與銅。留詩河上慰離別，草書未暇緣悤悤。

查愼行《初白庵詩評》卷中：（「丁寧勸學不死訣」）通首不脫此意。（「草書未暇緣匆匆」）借題作結。

紀昀評《蘇文忠公詩集》卷六：亦是應酬之作，而筆意疏爽可誦。（「倦僕立寐僵屏風」）對面烘託。（結二句）一帶便足。

王文誥《蘇文忠公詩編注集成》卷六：公判鳳翔，王頤爲武功令，相與厚善。（「自言親受方瞳翁」）以上一節，皆追叙岐下事也。

趙克宜《角山樓蘇詩評注彙鈔》卷二：（「外慕漸少由中充」）句有力量。（「未能便乞勾漏令」）縈帶學仙。（「官曹似是錫與銅」）切錢監。

秀州僧本瑩靜照堂

鳥囚不忘飛，馬繫常念馳。靜中不自勝，不若聽所之。君看厭事人，無事乃更悲。貧賤苦形勞，富貴嗟神疲。作堂名靜照，此語子爲誰。江湖隱淪士，豈無適時資。老死不自惜，扁舟自娛嬉。從之恐莫見，况肯從我爲。

查慎行《初白庵詩評》卷中：（「鳥囚不忘飛」八句）發端必透徹中邊。

汪師韓《蘇詩選評箋釋》卷一：厭事人無事更悲，説來絕倒。即就起動相以證眞諦之寂然，何必坐斷千崖，乃得慧眼無見。

紀昀評《蘇文忠公詩集》卷六：（起六句）劉須溪謂譏其未必能靜。觀子由所題七律，其說良信。本之香山「病人多夢醫」一章，而以下機調不同，故非剽襲。（「作堂名靜照」二句）太奚落，尚可渾融其詞。（「豈無適時資」）頓挫好。（「從之恐莫見」二句）亦太奚落。

香巖批《紀評蘇詩》卷六：（「鳥囚不忘飛」六句）名理。

趙克宜《角山樓蘇詩評注彙鈔》卷二：結與靜照無關會，未免離題。

石蒼舒醉墨堂

人生識字憂患始，姓名麤記可以休。何用草書誇神速，開卷惝怳令人愁。我嘗好之每自笑，君有此病何能瘳。自言其中有至樂，適意不異逍遙遊。近者作堂名醉墨，如飲美酒消百憂。乃知柳子語不妄，病嗜土炭如珍羞。君於此藝亦云至，堆牆敗筆如山邱。興來一揮百紙盡，駿馬倏忽踏九州。我書意造本無法，點畫信手煩推求。胡爲議論獨見假，隻字片紙皆藏收。不減鍾張君自足，下方羅趙我亦優。不須臨池更苦學，完取絹素充衾裯。

樓鑰《跋施武子所藏諸帖》（《攻媿集》卷七一）：公自言：「我書意造本無法，點畫信手煩推求。」然豪逸邁往如此者不多見。每每言酒氣從十指間出，而飲酒正自不多，豈所謂醉中醒者耶？

袁宏道評閱譚元春選《東坡詩選》卷一袁宏道評：（「人生識字憂患始」二句）老杜之上。

紀昀評《蘇文忠公詩集》卷六：罵題格。

翁方綱《石洲詩話》卷三：《石蒼舒醉墨堂》詩末句云：「不用臨池更苦學，完取絹素充衾裯。」此與《答文與可》「願得此絹足矣」同意，而一勸人，一自謂，一意又可翻轉。

王文誥《蘇文忠公詩編注集成》卷六：（「人生識字憂患始」二句）一起突兀，自是熙寧二年詩。公自謂錢塘詩皆縱筆，誥謂實發端于此詩也。但無此一路詩，即非公之所以爲人，而亦不成此集。故史家以「詩人託諷，庶幾有補于國」予之，未嘗稍詆之也。（「駿馬倏忽踏九州」）狀草書之神速也。

香巖批《紀評蘇詩》卷六：與《謝蘇自之惠酒》同。結有詼諧意。

趙克宜《角山樓蘇詩評注彙鈔》卷二：絶無工句可摘，而氣格老健，不餘不欠，作家本領在此。

送安惇秀才失解西歸

舊書不厭百回讀，熟讀深思子自知。他年名宦恐不免，今日棲遲那可追。我昔居家斷還往，著書不暇窺園葵。朅來東游慕人爵，棄去舊學從兒嬉。狂謀謬算百不遂，惟有霜鬢來如期。故山松柏皆手種，行且拱矣歸何時。萬事早知皆有命，十年浪走寧非癡。與君未可較得失，臨別惟有長嗟咨。

《許彥周詩話》：古人文章，不可輕易，反復熟讀，加意思索，庶幾其見之。東坡《送安惇落第》詩云：「故書不厭百回讀，熟讀深思子自知。」僕嘗以此銘座右而書諸紳也。東坡在海外，方盛稱柳柳州詩。後嘗有人得罪過海，見黎子雲秀才，說海外絕無書，適渠家有柳文，東坡日夕玩味。嗟乎，雖東坡觀書，亦須著意研窮，方見用心處耶。

汪師韓《蘇詩選評箋釋》卷一：送其失解歸而乃勉以讀書，朋友切磋之義莫過於此。董遇百遍見義，熟讀之謂也；王筠重覽興深，深思之謂也。讀書之法亦莫過於此。安惇初從軾游，末流乃與元祐諸賢爲難，當時至有童謠曰：「大惇小惇，殃及子孫。」蓋大惇謂章惇，小惇謂安惇也。然則安惇乃正世之「狂謀謬算」者，此詩知其「他年名宦恐不免」，而始終以熟讀舊書爲箴規，固早有以窺其微矣。

汪師韓《詩學纂聞》：杜詩內有《贈蘇溴》詩，蘇詩內有贈安惇詩。君子以遠小人，不惡而嚴，杜、蘇何爲贈之詩耶？（略）蘇詩云：「舊書不厭百回讀，熟讀深思子自知。」勉以熟讀深思，此固切磋之義，亦必其人有厭讀舊書之意，舊書對新經而言，微詞也。不然，公與章惇仙游潭題名，知其必能殺人，豈有明于大惇而昧于小惇者哉？

紀昀評《蘇文忠公詩集》卷六：（起處）意好，而語不精彩。

翁方綱《石遺室詩續集》卷二一：（「他年名宦恐不免」二句）爲透過一層說法，即翻用「早知窮達有命，恨不十年讀書」意也。

香巖批《紀評蘇詩》卷六：自訟乃所以對箴安惇也，措語甚婉。

趙克宜《角山樓蘇詩評注彙鈔》附錄卷中：一起理足而語庸。昔人謂「詩有別趣，非關理也」，正爲此等語下鍼砭。然而此語遂能深入人意中者，亦由其理足耳。

陳衍《宋詩精華錄》卷二：一片忠告，豈已略知安（惇）之爲人乎？

送任伋通判黃州兼寄其兄孜

吾州之豪任公子，少年盛壯日千里。無媒自進誰識之，有才不用今老矣。別來十年學不厭，讀破萬卷詩愈美。黃州小郡夾谿谷，茅屋數家依竹葦。知命無憂子何病，見賢不薦誰當恥。平泉老令更可悲，六十青衫貧欲死。桐鄉遺老至今泣，潁川大姓誰能箠。因君寄聲問消息，莫對黃鷂矜爪觜。

查慎行《初白庵詩評》卷中：（「知命無憂子何病」二句）委婉和平，言者無罪。結句于義未治，然當時引用，必有所據。

紀昀評《蘇文忠公詩集》卷六：邊幅頗狹，少波瀾頓挫之致。而其吐屬爽朗，無一冗贅字句，亦自可觀。

又見本卷《送呂希道知和州》紀昀評。

次韻子由初到陳州二首

道喪雖云久，吾猶及老成。如今各衰晚，那更治刑名。懶惰便樗散，疏狂託聖明。阿奴須碌碌，門戶要全生。

紀昀評《蘇文忠公詩集》卷六：（「阿奴須碌碌」二句）不失古格，亦不脫古格。末二句用事甚切，而着語太露，東坡時有此病。

王文誥《蘇文忠公詩編注集成》卷六：（「那更治刑名」）此詩次首有「舊隱三年別」句爲證，作于（熙寧）四年六月倅杭命下之後，故云「那更治刑名」也。查注引《潁濱遺老傳》「子由爲條例司屬，行青苗法，議事多牾」，以釋「更治刑名」之語，誤甚。即子由爲陳州學官，亦不用更治刑名也。此乃公借子由舊韻自道其意，猶言爾我各已衰晚，而我更須學俗吏奔走，日事敲扑，蓋極不然之詞也。若從子由原題尋著落處，全非二詩之旨矣。

香巖批《紀評蘇詩》卷六：（「阿奴須碌碌」二句）蜀人皆病淺露，自坡公已然。

舊隱三年別，杉松好在不。我今尙眷眷，此意恐悠悠。閉戶時尋夢，無人可說愁。還來送別處，雙淚寄南州。

紀昀評《蘇文忠公詩集》卷六：昌谷詩：「楚魂尋夢風颯然。」（「尋夢」）二字本此。

王文誥《蘇文忠公詩編注集成》卷六：公以熙寧已酉還朝，至是四年辛亥爲三年，故云「舊隱三年別」也。必看清此句，扣出年限，二詩之旨方出。

次韻子由綠筠堂

愛竹能延客，求詩賸挂牆。風梢千纛亂，月影萬夫長。谷鳥驚碁響，山蜂識酒香。只應陶靖節，會取北窗涼。

蘇軾《書綠筠亭詩》(《蘇軾詩集》卷六八)：「愛竹能延客(略)。」清獻先生嘗求東坡居士作綠筠亭詩，曰：「此吾鄉人梁處士之居也。」後二十五年，乃見處士之子琯，請書此本。紹聖二年四月十三日。

紀昀評《蘇文忠公詩集》卷六：「千畝」、「萬夫」，雖有出典，然竹豈可着此語？(「谷鳥驚棋響」二句)武功一派。

送劉攽倅海陵

君不見，阮嗣宗，臧否不挂口。莫誇舌在齒牙牢，是中惟可飲醇酒。讀書不用多，作詩不須工。海邊無事日日醉，夢魂不到蓬萊宮。秋風昨夜入庭樹，蓴絲未老君先去。君先去，幾時回，劉郎應白髮，桃花開不開。

朋九萬《烏臺詩案·與劉攽通判唱和》：熙寧三年，劉攽通判泰州。軾作詩云：「君不見阮嗣宗，臧否不掛口。莫誇舌在齒牙牢，是中惟可飲醇酒。」言當學阮籍，口不臧否人物，惟可飲酒，勿談時事。意以譏諷朝廷。新法不便，不容人直言，不若耳不聞而口不問也。

紀昀評《蘇文忠公詩集》卷六：(「君不見阮嗣宗」數語)摹寫古調，然不如自運本色。語少含蓄，便覺淺直。

趙翼《甌北詩話》卷五：東坡一生以才得名，亦以才得禍。當熙寧初，王安石初行新法，舉朝議論沸騰，劉貢父出倅海陵，坡送之詩云：「君不見，阮嗣宗，臧否不挂口。莫誇舌在齒牙牢，是中惟可飲醇酒。」是固知當時語言文字之必得禍矣。及身自判杭，則又處處譏訕新法，見之吟詠，致有烏臺詩案，幾至重辟。（略）其後身遭貶竄，萬里投荒，猶曩時之餘毒也。或疑坡既早見及此，何以作詩草制，不加檢點，稍爲諸人留餘地？蓋才人習氣，落筆求工，必盡其才而後止，所謂矢在弦上，不得不發也。

送錢藻出守婺州得英字

老手便劇郡，高懷厭承明。聊紆東陽綬，一濯滄浪纓。東陽佳山水，未到意已清。過家父老喜，出郭壺漿迎。子行得所願，悢愴居者情。吾君方急賢，日旰坐邇英（自注：邇英，閣名）。黃金招樂毅，白璧賜虞卿。子不少自貶，陳義空崢嶸。古稱爲郡樂，漸恐煩敲搒。臨分敢不盡，醉語醒還驚。

朋九萬《烏臺詩案·送錢藻知婺州詩》：熙寧三年三月，作詩送錢藻知婺州。舊例，館閣補外任，同舍餞送。席上衆人先索錢藻詩，欲各分韻作送行詩。錢藻作五言絶句一首，即無譏諷。軾分得「英」字韻，作古詩一首送錢藻云（略）。此詩除無譏諷外，言朝廷方急賢才，多士並進。子獨遠出爲郡，不少自強勉求進，但守道義，意譏當時之人急進也。又言青苗助役既行，百姓輸納不前，爲郡者不免用鞭箠催督。醉中道此語，醒後還驚，恐得罪朝廷，以譏諷新法不便之故也。

查愼行《初白庵詩評》卷中：（「子不少自貶」二句）出守之故，蓋由此觀，末句可見。

紀昀評《蘇文忠公詩集》卷六：後幅（「子不少自貶」以下）亦太露骨。

趙翼《甌北詩話》卷五：大概東坡詩有所作，即刊刻流布，故一時才名震爆，所至風靡。而忌之者因得臚列，以坐其罪，故得禍亦由此。今即以《烏臺詩案》而論，其詩之入于爰書者，非一人一時之事，若非刻有卷冊，忌者亦何由逐處採輯，彙爲一疏，以劾其狂謬？如「讀書萬卷不讀律，致君堯舜知無術」則《戲子由》詩也。「贏得兒童語音好，一年強半在城中」、「豈是聞韶解忘味，爾來三月食無鹽」，則倅杭時入山村詩也。「豈是聞韶解忘味，邇來三月食無鹽。」則倅杭時入山村詩也。「東海若知明主意，應教斥鹵變桑田」，則《看潮》詩也。「根到九泉無曲處，世間唯有蟄龍知」，則詠王秀才家雙檜詩也。此見于章奏者也。其他如「古稱爲郡樂，漸恐煩敲搒」，則《送錢藻出守婺州》詩也。「至今天下士，去莫如子猛」，則送子由乞官出京詩也。「横前坑穽衆所畏，布路金珠誰不裹」，則《送蔡冠卿知饒州》詩也。「羡子去安閑，吾邦正喧哄」，則廣陵贈劉貢父詩也。「坐使鞭箠環呻呼，追胥連保罪及孥」，則《和李杞寺丞》詩也。「顛狂不用酒，酒盡漸須醒」，則《和劉道原》詩也。「近來愈覺世論隘，每到寬處差便安」，則《游徑山》詩也。「世事漸艱吾欲去」則《游風水洞》詩也。「奈何效燕蝠，屢欲事晨暝」，則亦徑山詩也。「殺人無驗終不快，此恨終身恐難了」，則送陳睦、張若濟詩也。「草茶無賴空有名」、「張禹縱賢非骨鯁」，則《和錢安道建茶》詩也。「況復連年苦饑饉」，則《寄劉孝叔》詩也。「紛紛不足怪，悄悄徒自傷」，則《答黃魯直》詩也。「荒林蜩蚻亂，廢沼蛙蟈淫」，則《答張安道》詩也。「疲民尚作魚尾赤，數罟未除吾顙泚」，則《次潛師放魚》詩也。「扶顛未可責由求」，則《答周開祖》詩也。以上數十條，爲李定、舒亶、張璪、何正臣、王珪等所周內鍛鍊者，皆在《詩案》中。豈非其詩早已流布，故得臚列以成其罪耶？按李定、舒亶劾疏，亦只「兒童語音好」及「讀書不讀律」、「斥鹵變桑田」、「三月食無鹽」數條，王珪所奏亦只《詠檜》一條，其餘則逮赴獄時所質訊者，何以詳備若此？按施元之謂坡得罪後，有司移取杭州境內所留詩，謂之「詩帳」。又坡《上文潞國書》謂「被逮時，家口在船，被有司率吏卒窮搜」。豈《詩案》中各條，得自杭州「詩帳」耶？抑舟中所搜獲耶？

又見本卷《送呂希道知和州》紀昀評。

送呂希道知和州

去年送君守解梁，今年送君守歷陽。年年送人作太守，坐受塵土堆胸腸。君家聯翩三將相，富貴未已今方將。鳳雛驥子生有種，毛骨往往傳諸郎。觀君崛鬱負奇表，便合劍珮趨明光。胡爲小郡屢奔走，征馬未解風帆張。我生本是便江海，忍恥未去猶徬徨。無言贈君有長嘆，美哉河水空洋洋。

紀昀評《蘇文忠公詩集》卷六：大段似送任伋詩。佳處不佳處俱似，較送錢藻詩稍含蓄。（「忍恥未去猶徬徨」）只「忍恥」二字露骨耳。

次韻王誨夜坐

愛君東閣能延客，顧我閒官不計員。策杖頻過知未厭，卜居相近豈辭遷。莫將詩句驚搖落，漸喜尊罍省撲緣。待約月明池上宿，夜深同看水中天。

查慎行《初白庵詩評》卷中：王誨，王晉詵之弟也。先生與晉卿交好在熙寧初，時監官告院，故云「閑官不計員」。「漸喜樽罍省扑緣」，僕，意當即樸字。

送文與可出守陵州

壁上墨君不解語，見之尚可消百憂。而況我友似君者，素節凜凜欺霜秋。清詩健筆何足數，逍遙齊物追莊周。奪官遣去不自覺，曉梳脫髮誰能收。江邊亂山赤如赭，陵陽正在千山頭。君知遠別懷抱惡，時遣墨君解我愁。

黃徹《䂬溪詩話》卷八：樂天謫潯陽，稹寄在絳詩云：「殘燈無焰影幢幢，此夕聞君謫九江。垂死病中驚起坐，暗風吹雨入寒窗。」白謂此句，他人尚不可聞，況僕心哉。至今每吟，猶惻惻耳。復貽三韻云：「憶昔封書與君夜，金鑾殿後欲明天。今夜封書在何處，廬山庵裏曉燈前。」去來乃士之常，二公不應如此之戚戚也。子瞻《送文與可》云：「奪官遣去不自覺，曉梳脫髮誰能收。」推之前詩，厥論高矣。

紀昀評《蘇文忠公詩集》卷六：（起處）縈拂有情，宕往不盡。

香巖批《紀評蘇詩》卷六：「清詩」二句，文人不可無此襟懷。

趙克宜《角山樓蘇詩評注彙鈔》卷二：（末句）回應起句，結構自然。

送劉道原歸覲南康

晏嬰不滿六尺長，高節萬仞陵首陽。青衫白髮不自歎，富貴在天那得忙。十年閉戶樂幽獨，百金購書收散亡。朅來東觀弄丹墨，聊借舊史誅姦強。孔融不肯下曹操，汲黯本是輕張湯。雖無尺箠與寸刃，口吻排擊含風霜。自言靜中閱世俗，有似不飲觀酒狂。衣巾狼藉又屢舞，旁人大笑供千場。交朋翩翩去略盡，惟吾與子猶徬徨。世人共棄君獨厚，豈敢自愛恐子傷。朝來告別驚何速，歸意已逐征鴻翔。匡廬先生古君子，挂冠兩紀鬢未蒼。定將文度置膝上，喜動鄰里烹豬羊。君歸為我道姓氏，幅巾他日容登堂。

陳長方《步里客談》卷上：劉道原恕嘗面折王介甫，故子瞻送之詩云：「孔融不肯讓曹操，汲黯本自輕張湯。」此語蓋詆介甫也。

樓鑰《跋東坡送劉道原歸南康詩》（《攻媿集》卷七一）：劉凝之棄官歸南康，歐陽公為賦《廬山高》。山谷謂「其忍貧如鐵石者，是生道原」，坡公亟稱之。所謂古君子，即凝之也。司馬公《通鑑》一書，賴道原為多。其子壯輿亦奇士。坐客問此詩本末，因為道此。

王文誥《蘇文忠公詩編注集成》卷六引施元之評：此詩端為介甫而發。其云「孔融不肯下曹操，汲黯本是輕張湯」，蓋以孔融、汲黯比道原，曹操、張湯况介甫。又云「雖無尺箠與寸刃，口吻排擊含風霜」，蓋著其面折之實也。

王士禛《王文簡古詩平仄論》：大家亦有別律句者，然出句終以二五爲憑，落句終以三平爲式。間有雜律句者，行乎不得不行，究亦小疵也。如蘇詩《送劉道歸觀南康》。（略）方綱按：既云行乎不得不行，則不得云疵矣，何以又云究亦小疵哉。先生豈有如此自相矛盾之語？（略）此首內注出云「別律句」者凡六句，其實古人並非有意與律句相別也。且推其本言之：古詩之興也，在律詩之前，雖七言古詩大家多出於唐後，而六朝以上，已具有之，豈其預知後世有律體而先爲此體以別之耶？是古詩體無「別律句」之説審矣。即此卷開首一條云，平韻至底者，斷不可雜經以律句。此語亦似過泥耳。

查愼行《初白庵詩評》卷中：（「交朋翩翩去略盡」四句）三復公詩，始知朋友之誼。

汪師韓《蘇詩選評箋釋》卷一：謂恕借舊史以誅奸強，即是軾借舊史以刺執政。恕乃剛直者，詩故不嫌明目張膽而道之。至於恕歸而匡廬色喜，言外有直道難容之嘆，非直幸其無恙遄歸也。

紀昀評《蘇文忠公詩集》卷六：風力自健，波瀾亦闊。惟激訐處太多，非詩品耳。

王鳴盛《蛾術編》卷七八：東坡此詩爲道原出色寫出狂直愚態，沉鬱頓挫，詩固佳妙，而道原爲人亦活現紙上。

趙翼《甌北詩話》卷五《蘇東坡詩》：坡詩不尙雄傑一派，其絶人處在乎議論英爽，筆鋒精鋭，舉重若輕，讀之似不甚用力而力已透十分，此天才也。試即其詩，略爲舉似。（略）七古如（略）「雖無尺箠與寸刃，口吻排擊含風霜。」（《送劉道原》）（略）此皆坡詩中最上乘，讀者可見其才分之高，不在功力之苦也。

方東樹《昭昧詹言》卷一二：贈人寄人之詩，如此首暨（略）《送劉道原》（略）皆入妙。

王文誥《蘇文忠公詩編注集成》卷六：（「聊借舊史誅姦強」五句）明借修史事，以詆介甫。詩必如是作，方可謂之史筆，亦爲維持綱常名教之文。曉嵐所見卑陋，故凡遇此類詩輒詆之，殊不知文忠二字，皆由此一片忠憤中來，而古人之足當此二字者，爲卒鮮也。

香巖批《紀評蘇詩》卷六：「世人」二句刪去，大覺爽凈。

趙克宜《宜山樓蘇詩評注彙鈔》附錄卷中：（「匡廬先生古君子」以下）脫灑。

又見卷七《和劉道原見寄》施元之評、卷十六《送李公恕赴闕》方東樹評。

出都來陳所乘船上有題小詩八首不知何人有感於余心者聊爲和之

蛙鳴青草泊，蟬噪垂楊浦。吾行亦偶然，及此新過雨。

紀昀評《蘇文忠公詩集》卷六：（第一首）有與物俱適之意。（「吾行亦偶然」）「亦」字承上二蟲。

鳥樂忘罝罦，魚樂忘鉤餌。何必擇所安，滔滔天下是。
煙火動村落，晨光尚熹微。田園處處好，淵明胡不歸。
我行無疾徐，輕楫信溶漾。船留村市鬧，閘發寒波漲。
舟人苦炎熱，宿此喬木灣。清月未及上，黑雲如頹山。
萬竅號地籟，衝風散天池。喧豗瞬息間，還挂斗與箕。
潁水非漢水，亦作蒲萄綠。恨無襄陽兒，令唱銅鞮曲。
我詩雖云拙，心平聲韻和。年來煩惱盡，古井無由波。

《御選唐宋詩醇》卷三二：地負海涵，不名一體，而核其旨要之所在，如云「我詩雖云拙，心平聲韻和」，此軾自評其詩者也。

紀昀評《蘇文忠公詩集》卷六：以下七首，則怒張之氣太露，殊無所謂「心平」、「韻和」者。

次韻張安道讀杜詩

大雅初微缺，流風困暴豪。張爲詞客賦，變作楚臣騷。展轉更崩壞，紛綸閱俊髦。地偏蕃怪産，源失亂狂濤。粉黛迷眞色，魚蝦易豢牢。誰知杜陵傑，名與謫仙高。掃地收千軌，手標看兩艘。詩人例窮苦，天意遣奔逃。塵暗人亡鹿，溟翻帝斬鼇。艱危思李牧，述作謝王褒。失意各千里，哀鳴聞九皋。騎鯨遁滄海，捋虎得綈袍。巨筆屠龍手，微官似馬曹。迂疏無事業，醉飽死遊遨。簡牘儀型在，兒童篆刻勞。今誰主文字，公合抱旌旄。開卷逢相憶，知音兩不遭。般斤思郢質，鯤化陋偹濠。恨我無佳句，時蒙致白醪。殷勤理黃菊，未遣沒蓬蒿。

查愼行《初白庵詩評》卷中：（「地偏蕃怪産」四句）文運之厄若此，不有作手，誰爲驅除？（「開卷逢相憶」二句）古今同慨。

汪師韓《蘇詩選評箋釋》卷一：初讀之但覺鋪叙排比，詞氣不減少陵耳。詳味其詞，乃見下筆矜愼之至。蓋題是次張安道韻，則是先有張詩在意中，非泛然爲少陵作贊頌也。「地偏」四句，但將從來詩道之敝，廣譬曲喩。轉入杜陵，只用「傑」字一言之褒，而其起衰式靡，立極千古者已意無不盡。此下只是慨其遭際，更不論詩。即軾平日所云「發於情止於忠孝」者亦不一及。又俱借謫仙爲陪，以與下「開卷」、「知音」一聯情事相映合。結乃用比喻以應前文，大含元氣，細入無間。其一一次韻天然，又不過汗漫之餘技矣。

紀昀評《蘇文忠公詩集》卷六：字字深穩，句句飛動。如此作和韻詩，固不嫌於和韻。句句似杜。難韻巧押，騰挪處全在用比。（「恨我無佳句」以下）結意蘊藉，此爲詩人之筆。

王文誥《蘇文忠公詩編注集成》卷六：詩家以五排爲長城，而欲以難韻和《讀杜》，又欲全幅似杜，已屬棘手。此詩以太白《古風》提唱，即以太白對做，是難中之難也。卻又主賓判然，疏密相間，于排比之中，寓流走之法。面目是杜，氣骨是蘇，非杜不能步步爲營，非蘇不能句句直下，其驅遣難韻，若無其事焉者，不知何以輳泊至是，而杜排無此難作詩也。自首句至此（「魚蝦易豢牢」）仿太白《古風》第一首，作總起。下四句以李陪杜，仍是李、杜並論，是作此詩手眼。（「掃地收千軌」二句）謂甫已兼諸家之長，獨與太白相抗。（「詩人例窮苦」）「例」字總束太白，卻是放去太白。下句「天意」，乃入甫事之開筆。（「天意遣奔逃」）虛籠下段事，未說出。（「塵暗人亡鹿」）將甫陷賊中，順手帶過。本集凡不肯別起頭腦，又不輕易放過者，皆用此法。（「溟翻帝斬鼇」）又將甫從賊中奔赴行在，蓄入氣內。（「艱危思李牧」二句）此聯謂甫坐救房琯被逐也。甫實事只此，斷不能少，如不實排，其下亦落不到嚴武也。公平生論甫多矣，從無貶詞，而甫之求琯未免議者，詩用一「思」字表其心迹，亦公之苦心也。（「失意各千里」）仍又兼管太白。叙甫事至此（「捋虎得綈袍」）已畢，前以杜、李對起，此以李、杜對結，提起放倒，無不如意，已開文章家偏全題法門，前此所未有也。行氣至此，一頓，以下是公斷語。（「巨筆屠龍手」）讀杜斷語，找足題面。（「微官似馬曹」）總束叙甫一段。（「迂疏無事業」）亦專指杜，但其意欲于下句搭進李也。（「醉飽死遊遨」）醉指李，飽指杜，非專言白酒牛肉。（「簡牘儀型在」）謂李、杜文章，其表見者如此也。（「兒童篆刻勞」）以上六句是斷，亦李、杜雙收。（「今誰主文字」二句）上句「主文字」者，即元微之。因有「今誰」一問，此處入安道。最易脱氣，而詩從上句直下，明討便宜，其故作開筆者，花假也。不如是解，則「主」字無來歷，即非公之家法矣。（「開卷遙相憶」四句）謂安道讀杜作詩。（「恨我無佳句」）落到次韻。

香巖批《紀評蘇詩》卷六：此篇殊不類公筆，然風力極遒。

趙克宜《角山樓蘇詩評注彙鈔》卷二：點杜陵，牽李伴說。「掃地」一聯美其詩，以下轉入當日所處時勢。「亡鹿」指安史之亂，「斬鼇」謂肅宗再造。時亟須將才，詞臣無所展其長，故有李牧、王褒之聯。「失意」、「哀鳴」、「騎鯨」、「捋虎」，皆牽李伴說。「巨筆」以下四語，叙老杜生平已畢，「簡牘」句提醒杜詩，入安道讀杜有作。末四語清出和詩意。通篇語意沈着，氣息逼杜。

送張安道赴南都留臺

我公古仙伯，超然羨門姿。偶懷濟物志，遂爲世所縻。黃龍遊帝郊，簫韶鳳來儀。終然反溟極，豈復安籠池。出入四十年，憂患未嘗辭。一言有歸意，閤府諫莫移。吾君信英睿，搜士及茆茨。無人長者側，何以安子思。歸來掃一室，虛白以自怡。游於物之初，世俗安得知。我亦世味薄，因循鬢生絲。出處良細事，從公當有時。

紀昀評《蘇文忠公詩集》卷六：（「無人長者側」二句）語殊非體。

傅堯俞濟源草堂

微官共有田園興，老罷方尋隱退廬。栽種成陰十年事，倉黃求買百金無。先生卜築臨清濟，喬木如今似畫圖。鄰里亦知偏愛竹，春來相與護龍雛。

查愼行《初白庵詩評》卷中：直到第五六句方說明詩旨，章法奇絕。

汪師韓《蘇詩選評箋釋》卷一：堯俞本鄆州須城人，徙居孟州濟源。嘗有《讀書》詩云：「吾屋雖喧卑，頗不甚蕪穢。置席屋中間，坐卧群書內。」觀此則知詩稱「畫圖」，良非虛譽。

陸龍圖詵挽詞

挺然直節庇峨岷，謀道從來不計身。屬纊家無十金產，過車巷哭六州民。塵埃輦寺三年別，樽俎岐陽一夢新。他日思賢見遺像（自注：成都有思賢閣，畫諸公像），不論宿草更沾巾。

查愼行《初白庵蘇詩補注》卷六：《宋史·陸詵傳》：「（略）初通判秦州，歷知桂州、延州、秦鳳、晉州、眞定、成都。」與詩中六州（「過車巷哭六州民」）正合。施注以爲秦鳳未上而改命。而公詩有「樽俎岐陽一夢新」之句，似指其在秦鳳時事，所未詳也。

紀昀評《蘇文忠公詩集》卷六：中四句切腳。

趙翼《甌北詩話》卷五《蘇東坡詩》：坡詩有云：「淸詩要鍛鍊，方得鉛中銀。」然坡詩實不以鍛鍊爲工，其妙處在乎心地空明，自然流出，一似全不著力而自然沁入心脾。此其獨絕也。今第就七言律論之，如（略）「屬纊家無十金產，過車巷哭六州民。」（略）此數十聯乃是稱心而出，不假雕飾，自然意味悠長。即使事處，亦隨其意之所欲出，而無牽合之迹。此不可以聲調、格律求之也。

胡完夫母周夫人挽詞

柏舟高節冠鄉鄰，絳帳清風聳搢紳。豈似凡人但慈母，能令孝子作忠臣。當年織屨隨方進，晚節稱觴見伯仁。回首悲涼便陳迹，凱風吹盡棘成薪。

賀裳《載酒園詩話》：（「當年織屨隨方進」四句）使事妙無痕迹，眞鉅匠也。

紀昀評《蘇文忠公詩集》卷六：（「凱風吹盡棘成薪」）「凱風」用古說。

次韻柳子玉過陳絕糧二首

風雨蕭蕭夜晦迷，不須鳴叫強知時。多才久被天公怪，闕食惟應爨婦知。杜叟挽衣那及脛，顏公食粥敢言炊。詩人情味眞嘗徧，試問於今底處虧。

如我自觀猶可厭，非君誰復肯相尋。圖書跌宕悲年老，燈火青熒語夜深。早歲便懷齊物志，微官敢有濟時心。南行千里知何事，一聽秋濤萬鼓音。

《詩話總龜》前集卷九引《王直方詩話》：老杜云「廚人語夜闌」，東坡云「圖書跌宕悲年老，燈火青熒語夜深」，山谷云「兒女燈前語夜深」，余謂當以先後分勝負。

胡仔《苕溪漁隱叢話》前集卷四二：苕溪漁隱曰：（略）《王直方詩話》以謂三詩當以先後分勝負，非也。

吳喬《圍爐詩話》卷五引黃公曰：子瞻詩美不勝言，病不勝摘。大率多俊邁而少淵渟，得瑰奇而失詳愼，多粗豪滑稽草率，又多以文爲詩。然其才古今獨絶。（略）《倅杭》云：「南行千里成何事？一聽秋濤萬鼓音。」

賀裳《載酒園詩話·蘇軾》：坡詩吾第一服其氣概。倅杭時《過陳州和柳子玉》曰：「南行千里成何事，一聽秋濤萬鼓音。」（略）如此胸襟，眞天人也。

紀昀評《蘇文忠公詩集》卷六：（「燈火青熒語夜深」）淡語傳神。（「早歲便懷齊物志」二句）憤懣而出。以和平故，但覺沈着，而不露張怒。

潁州初別子由二首

袁宏道評閱譚元春選《東坡詩選》卷一譚元春評：二首全不傷氣，尙是眞漢人詩。

紀昀評《蘇文忠公詩集》卷六：二詩悱惻深至。

趙克宜《角山樓蘇詩評注彙鈔》卷二：不煩文飾，自足感人，所謂眞詩也。

征帆挂西風，別淚滴清潁。留連知無益，惜此須臾景。我生三度別，此別尤酸冷。念子似先君，木訥剛且靜。寡辭眞吉人，介石乃機警。至今天下士，去莫如子猛。嗟我久病狂，意行無坎井。有如醉且墜，幸未傷即醒。從今得閑暇，默坐消日永。作詩解子憂，持用日三省。

朋九萬《烏臺詩案·與子由詩》：與弟轍干涉事：熙寧四年十月，軾赴杭州時，弟轍至潁州。相別後，十一月到杭州本任，作《潁州別子由》詩云：「至今天下士，去莫如子猛。」爲弟轍在制置條例司，充檢詳文字，爭議新法不合，乞罷。謂弟轍去之果決，意亦譏諷朝廷。

汪師韓《蘇詩選評箋釋》卷一：（「留連知無益」二句）即李陵「長當從此別，且復立斯須」之意。用作發端語，覺悲愴切至，更爲過之。

紀昀《評蘇文忠公詩集》卷六：（「留連知無益」二句）用李陵「且復立斯須」意，而上句作一頓挫，意境便別。

翁方綱《石洲詩話》卷三：熙寧二年己酉服闋還朝，任開封推官，尋改杭州通判，子由自陳送至潁州而別，有《潁州初別子由》五言古二首，其詩云：「我生三度別，此別尤酸冷。」所謂「三度別」者，自鄭州一別西門之後，治平三年，先生自鳳翔還朝，子由出爲大名推官。此事詳

《欒城集》，而先生集中無詩。

又見卷六《送錢藻出守婺州得英字》趙翼評。

近別不改容，遠別涕霑胸。咫尺不相見，實與千里同。人生無離別，誰知恩愛重。始我來宛邱，牽衣舞兒童。便知有此恨，留我過秋風。秋風亦已過，別恨終無窮。問我何年歸，我言歲在東。離合既循環，憂喜迭相攻。語此長太息，我生如飛蓬。多憂髮早白，不覺六一翁。

查慎行《初白庵詩評》卷中：（「始我來宛丘」六句）骨肉情話，自應有此曲折。（「語此長嘆息」）語，意當作悟。

汪師韓《蘇詩選評箋釋》卷一：後首本是直抒胸臆，讀之乃覺中心菀結之至者，此漢、魏人絕調也。

紀昀評《蘇文忠公詩集》卷六：（「人生無離別」二句）意本蘇武「惟念當乖離，恩情日以新」語。（「便知有此恨」四句）曲折之至，而爽朗如話，蓋情眞而筆又足以達之，遂成絕調。

方東樹《昭昧詹言》卷一二：眞摯。

趙克宜《角山樓蘇詩評注彙鈔》卷二：第賦斯時惜別，語便無奇。追溯初來早知有此，又因離別，愈形恩愛，節節相生，自在流出，讀之無不心肯，此境正不易到。

歐陽少師令賦所蓄石屏

何人遺公石屏風，上有水墨希微蹤。不畫長林與巨植，獨畫峨嵋山西雪嶺上萬歲不老之孤松。崖崩澗絕可望不可到，孤煙落日相冥濛。含風偃蹇得眞態，刻畫始信天有工。我恐畢宏韋偃死葬虢山下，骨可朽爛心難窮。神機巧思無所發，化爲煙霏淪石中。古來畫師非俗士，摹寫物象略與詩人同。願公作詩慰不遇，無使二子含憤泣幽宮。

汪師韓《蘇詩選評箋釋》卷一：長句大呵筆力，具有虬松屈盤之勢。詩自一言至九言，皆原於三百篇。此詩「獨畫峨嵋山西雪嶺上萬歲不老之孤松」一句十六言，從古詩人所無也。

紀昀評《蘇文忠公詩集》卷六：（「我恐畢宏韋偃死葬虢山下」以下）借事生波，忽成奇理。妙在純以意運，不是纖巧字句鬬合，故不失大方。（「神機巧思無所發」以下四句）有上四句之將無作有，此句（「願公作詩慰不遇，無使二子含憤泣幽宮」）方結束得住。

又卷二六：《松石屏風》詩之用畢宏、韋偃，《崔白大幅》詩之用天女擲梭，原是奇語。

趙翼批沈德潛《宋金元三家詩選·蘇東坡詩選》卷上：石理自成松樹，故須如此刻畫摹寫。

陪歐陽公燕西湖

謂公方壯鬚似雪，謂公已老光浮頰。朅來湖上飲美酒，醉後劇談猶激烈。湖邊草木新著霜，芙蓉晚菊爭煌煌。插花起舞爲公壽，公言百歲如風狂。赤松共遊也不惡，誰能忍饑啖仙藥。已將壽夭付天公，彼徒辛苦吾差樂。城上烏棲暮靄生，銀釭畫燭照湖明。不辭歌詩勸公飲，坐無桓伊能撫箏。

《蘇文忠詩合注》卷六何焯評：（「不辭歌詩勸公飲」二句歐公以濮議，爲臺諫所攻，故云。

紀昀評《蘇文忠公詩集》卷六：（「城上烏棲暮靄生」二句）插此二句，便有情致。似從杜老《越王樓歌》化來。末四（句）有樂往哀來之感，（「坐無桓伊能撫箏」）桓伊事亦用得蘊藉。

王文誥《蘇文忠公詩編注集成》卷六：（「醉後劇談猶激烈」）著此一事，已該攻法諸事。「彼徒辛苦」指王安石也。其前已有「激烈」二字安根，故後以桓伊事作結也。義門指爲英宗朝事，不但時局不類，而此句亦落空。曉嵐專取末四句，故有「樂往哀來」之誤。誥立治平案，無片言及永叔事者，以公親見濮議，而終身不置一詞也。

香巖批《紀評蘇詩》卷六：「公言」貫下四句，從《西銘》得來。曉嵐不閱道，故不解此詩之妙。

趙克宜《角山樓蘇詩評注彙鈔》卷二：（「城上烏棲暮靄生」四句）妙于略逗，更不徑露。

十月二日將至渦口五里所遇風留宿

長淮久無風，放意弄清快。今朝雪浪滿，始覺平野隘。兩山控吾前，吞吐久不嘬。孤舟繫桑本，終夜舞澎湃。舟人更傳呼，弱纜恃菅蒯。平生傲憂患，久矣恬百怪。鬼神欺吾窮，戲我聊一噫。缾中尚有酒，信命誰能戒。

查慎行《初白庵詩評》卷中：（「兩山控我前」）荆塗二山對峙，在懷遠縣南。

汪師韓《蘇詩選評箋釋》卷一：刻畫山水如謝公，而去其棘澀。

紀昀評《蘇文忠公詩集》卷六：意亦猶人，取其波峭。

出潁口初見淮山是日至壽州

我行日夜向江海，楓葉蘆花秋興長。長淮忽迷天遠近，青山久與船低昂。壽州已見白石塔，短棹未轉黄茆岡。波平風軟望不到，故人久立煙蒼茫。

王世貞《藝苑卮言》卷四：八句皆拗體也，然自有唐宋之辨，讀者當自得之。

汪師韓《蘇詩選評箋釋》卷一：宛是拗體律詩，有古趣，兼有逸趣。

許學夷《詩源辨體》後集纂要卷一：七言律，宋人如（略）蘇子瞻（略）「平淮忽迷天遠近，青山久與船低昂。壽州已見白石塔，短棹未轉黄茅岡」，（略）然每家不過二三聯耳，實非諸子本相也。

紀昀評《蘇文忠公詩集》卷六：吳體之佳者。吳體無粗獷之氣即佳。

王文誥《蘇文忠公詩編注集成》卷一七：（「去得順風來者怨」）公以攻新法被出，反去爲奉行新法之官，是此官無可做也。此句通篇主腦，卻不道破。其在廣陵與劉貢父詩，有「吾邦正喧鬨」句，即「去無所逐」四字注腳也。即前之「我行日夜向江海」句，後之「我生飄蕩去何求」句，一綫穿下，皆用此意。

翁方綱《石洲詩話》卷三：譏此詩者，凡以爲事出俚語耳。不知此詩「沙平風軟」句及「山與船低昂」句，則皆公詩所已有，此非複見語耶？奈何置之不論也？試即以《潁口見淮山》一首對看，而其妙畢出矣。彼云「青山久與船低昂」，故以「故人久立」結之。「故人」即「青山」也，初無故事可以打諢也。但既是即目眞話，亦不須借語打諢，始能出場也。至此首，則「舟中賈客」，即上之「棹歌中流聲抑揚」者也，「小姑」即上「與船低昂」之山也，不就俚語尋路打諢，何以出場乎？況又極現成，極自然，繚繞縈迴，神光離合，假而疑眞，所以複而愈妙也。「波平風軟望不到」，用以題畫，眞乃神妙不可思議，較之自詠望淮山不啻十倍增味也。昔唐人江爲題畫詩，至有「樵人負重難移步」之句，比之此句，眞是下劣詩魔矣。而評者顧以引用小姑事，沾沾過計，蓋不記此爲題畫作也。

王文誥《蘇文忠公詩編注集成》卷六：（「我行日夜向江海」）此極沉痛語，淺人自不知耳。方東樹《昭昧詹言》卷一二：短篇極則。沈濤《瓠廬詩話》卷下：乃拗體律詩，阮亭選作七古，誤也。高步瀛《唐宋詩舉要》卷六引吳汝綸評：公有古風一首（按指《李思訓畫長江絕島圖》），與此略同，蓋自喜之甚，復約之以爲近體。

又見卷一七《李思訓畫長江絕島圖》查慎行、翁方綱評，卷一八《泗州僧伽塔》王文誥，卷二一《聞洮西捷報》許學夷評。

壽州李定少卿出餞城東龍潭上

山鴉噪處古靈淵，亂沫浮涎繞客舟。未暇燃犀照奇鬼，欲將燒燕出潛虯。使君惜別催歌管，村巷驚呼聚玃猴。此地他年頌遺愛，觀魚並記老莊周。

《容齋三筆》卷六：東坡賦詩，用人姓名，多以老字足成句。如《壽州龍潭》云「觀魚並記老莊周」，（略）是皆以爲助語，非眞謂其老也。大抵七言則于第五字用之，五言則于第三字用之。

濠州七絶

紀昀評《蘇文忠公詩集》卷六：七詩不脱宋人窠臼。

塗　山　自注：下有鯀廟，山前有禹會村。

川鎖支祁水尙渾，地埋汪罔骨應存。樵蘇已入黃能廟，烏鵲猶朝禹會村。

彭祖廟　自注：有雲母山，云彭祖所採服也。

跨歷商周看盛衰，欲將齒髮鬬蛇龜。空餐雲母連山盡，不見蟠桃著子時。

逍遙臺

自注：莊子祠堂在開元寺，即墓爲堂也。

常怪劉伶死便埋，豈伊忘死未忘骸。烏鳶奪得與螻蟻，誰信先生無此懷。

觀魚臺

欲將同異較錙銖，肝膽猶能楚越如。若信萬殊歸一理，子今知我我知魚。

香巖批《紀評蘇詩》卷六：創格。

虞姬墓

帳下佳人拭淚痕，門前壯士氣如雲。倉黄不負君王意，只有虞姬與鄭君。

紀昀評《蘇文忠公詩集》卷六：此首較可。

四望亭

自注：太和中刺史劉嗣之立，李紳以太子賓客分司東都，過濠爲作記，今存，而亭廢者數年矣。

頹垣破礎沒柴荊，故老猶言短李亭。敢請使君重起廢，落霞孤鶩換新銘。

浮山洞

自注：洞在淮上，夏潦不能及，而冬不加高，故人疑其浮也。

人言洞府是鼇宮，升降隨波與海通。共坐船中那得見，乾坤浮水水浮空。

發洪澤中途遇大風復還

風浪忽如此，吾行欲安歸。挂帆卻西邁，此計未爲非。洪澤三十里，安流去如飛。居民見我還，勞問亦依依。攜酒就船賣，此意厚莫違。醒來夜已半，岸木聲向微。明日淮陰市，白魚能許肥。我行無南北，適意乃所祈。何勞舞澎湃，終夜搖窗扉。妻孥莫憂色，更典篋中衣。

紀昀評《蘇文忠公詩集》卷六：（「我行無南北」六句）與渦口詩同刺小人排抑，然俱不露，所以爲佳。

王文誥《蘇文忠公詩編注集成》卷六：（「挂帆卻西邁」）謂逆風不可前，故順風而還也。

十月十六日記所見

風高月暗雲水黃，淮陰夜發朝山陽。山陽曉霧如細雨，炯炯初日寒無光。雲收霧卷已亭午，有風北來寒欲僵。忽驚飛雹穿戶牖，迅駛不復容遮防。市人顛沛百賈亂，疾雷一聲如頹牆。使君來呼晚置酒，坐定已復日照廊。怳疑所見皆夢寐，百種變怪旋消亡。共言蛟龍厭舊穴，魚鱉隨徙空陂塘。愚儒無知守章句，論說黑白推何祥。惟有主人言可用，天寒欲雪飲此觴。

紀昀評《蘇文忠公詩集》卷六：（「愚儒無知守章句」以下四句）憤語無痕。

趙克宜《角山樓蘇詩評注彙鈔》卷二：記異極其醒快，筆端有舌。（「坐定已復日照廊」三句）頓筆足。

廣陵會三同舍各以其字爲韻仍邀同賦

劉貢父

去年送劉郎，醉語已驚衆。如今各飄泊，筆硯誰能弄。我命不在天，羿彀未必中。作詩聊遣意，老大慵譏諷。夫子少年時，雄辯輕子貢。爾來再傷弓，戢翼念前痛。廣陵三日飲，相對恍如夢。況逢賢主人，白酒潑春甕。竹西已揮手，灣口猶屢送。羡子去安閒，吾邦正喧閧。

朋九萬《烏臺詩案·與劉攽通判唱和》：熙寧四年十月内赴杭州通判，到揚州。有劉攽並館職孫洙、劉摯，皆在本州，偶然相聚數日。別後軾作詩三首，各用「逐人」字爲韻，内寄劉攽詩云（略）。言杭州監司所聚，是時初行新法，事多不便也。

紀昀評《蘇文忠公詩集》卷六：結太露。

王文誥《蘇文忠公詩編注集成》卷一七：（「去得順風來者怨」）公以攻新法被出，反去爲奉行新法之官，是此官無可做也。此句通篇主腦，卻不道破。其在廣陵與劉貢父詩，有「吾邦正喧閧」句，即「去無所逐」四字注腳也。即前之「我行日夜向江海」句，後之「我生飄蕩去何求」句，一綫穿下，皆用此意。

趙克宜《角山樓蘇詩評注彙鈔》卷二：（「夫少子年時」數句）強押韻，峭而能穩。

又見卷六《送錢藻出守婺州得英字》趙翼評。

孫巨源

三年客京輦，憔悴難具論。揮汗紅塵中，但隨馬蹄翻。人情貴往返，不報生禍根。坐令平生友，終歲不及門。南來實清曠，但恨無與言。不謂廣陵城，得逢劉與孫。異趣不兩立，譬如王孫猿。吾儕久相聚，恐見疑排掀。我褊類中散，子通眞巨源。絕交固未敢，且復東南奔。

查愼行《初白庵蘇詩補注》卷六：施氏注謂「巨源與東坡異趣，故用『王孫猿』事（「異趣不兩立，譬如王孫猿」），終以『絕交』之句（「絕交固未敢，且復東南奔」），其責之深矣！」海昌陳氏訂曰：「巨漂與先生同舍。介甫柄政，同舍禁相往來，故詩云：『終歲不及門。』深嘆京輦不得聚會（「三年客京輦，憔悴難具論。」），而幸廣陵之得會也（「不謂廣陵城，得逢劉與孫」）。但君子小人異趣（「異趣不兩立」云云），恐反以逐客相聚爲排掀（「吾儕久相聚，恐見疑排掀」）。然吾輩相契，不啻竹林諸賢（「我褊類中散，子通眞巨源」），小人力能出之於外，使奔走南北而終，不能絕君子之交（「絕交」云云二句）。詩意展轉正如此。若如施注，是巨源爲小人矣。且「吾儕」二句，與「異趣」二句，上下語氣如何相屬？此大謬也！」愼又以本集考之：先生《次韻孫巨源海州》詩，有「他時當有景孫樓」之句。後登景疏樓，又有懷巨源《永遇樂》詞。元祐中，同子由訪王定國時，巨源已歿，復感念存歿，爲之悲嘆。蓋二人生死交情如此。施注似不足據，故採吾友之論，而以己意辨證之。

紀昀評《蘇文忠公詩集》卷六：此首尤露骨。

王文誥《蘇文忠公詩編注集成》卷六：（「我褊類中散」）既有此句，可見通篇皆責詞也。

趙克宜《角山樓蘇詩評注彙鈔》卷二：（「人情貴往返」）此言京師酬酢之煩，無暇更過故交也，眞寫得透。（「異趣不兩立」）異趣謂與世異趣也。施注因「終歲不及門」四句，謂與孫異趣，則上下文義難通矣。

劉莘老

江陵昔相遇，幕府稱上賓。再見明光宮，峨冠挹搢紳。如今三見子，坎坷爲逐臣。朝遊雲霄間，欲分丞相茵。暮落江湖上，遂與屈子鄰。了不見慍喜，子豈眞可人。邂逅成一歡，醉語出天眞。士方在田里，自比渭與莘。出試乃大謬，芻狗難重陳。歲晚多霜露，歸耕當及辰。

朋九萬《烏臺詩案·揚州贈劉摯孫洙》：一、熙寧四年二月，軾赴杭州通判。到揚州，有劉摯爲作臺官言事，謫降湖南，並一般館職孫洙、劉攽皆在揚州。偶然相聚數日，別後，軾作詩三首，各用「逐人」字爲韻。內云詩寄劉摯，因循不能寫寄本人，後曾與孫洙詩一首寫寄孫洙。其贈劉摯詩云：「暮落江湖上，遂與屈子鄰。」意謂屈原放逐湘潭之間，而非其罪。今劉摯亦謫官湖南，故言與屈子相鄰近也。緣是時聞說劉摯爲言新法不便責降，既以屈原非罪比摯，即是謂摯所言爲當，以譏諷朝廷新法不便也。又云：「士方在田里，自比渭與莘。出試乃大謬，芻狗難重陳。」莊子詆毀孔子，言孔子所言皆先王之陳迹也。譬如已陳之芻狗，難再陳也。軾意以譏諷當時執政大臣，在田里之時，自比太公、伊尹，及出而試用，大謬戾，當便罷退，不可再施用也。上件詩係冊子內，並元豐元年九月十八日寫書寄劉摯云：「定國見臨數日，有詩可取。」王鞏，字定國。及次韻黃魯直詩有譏諷，在黃庭堅項內聲說訖。

胡仔《苕溪漁隱叢話》後集卷二二《迂叟》：苕溪漁隱曰：東坡有詩云：「士方在田里，自比渭與莘。出試乃大謬，芻狗難重陳。」與元城所云「當時君子自比伊、周、孔、孟」，意皆誚金陵也。

紀昀評《蘇文忠公詩集》卷六：三詩意旨俱同，惟此詩收束有體，此手用筆之曲直。

紀昀評蘇文忠公詩集卷七

遊金山寺

我家江水初發源，宦游直送江入海。聞道潮頭一丈高，天寒尚有沙痕在。中泠南畔石盤陀，古來出沒隨濤波。試登絕頂望鄉國，江南江北青山多。羈愁畏晚尋歸楫，山僧苦留看落日。微風萬頃鞾文細，斷霞半空魚尾赤。是時江月初生魄，二更月落天深黑。江心似有炬火明，飛焰照山棲烏驚。悵然歸卧心莫識，非鬼非人竟何物（自注：是夜所見如此）。江山如此不歸山，江神見怪驚我頑。我謝江神豈得已，有田不歸如江水。

蘇軾《買田求玉》（《東坡志林》卷二）：浮玉老師元公欲爲吾買田京口，要與浮玉之田相近者，此意殆不可忘。吾昔有詩云：「江山如此不歸山，江神見怪驚我頑。我謝江神豈得已，有田不歸如江水。」今有田矣，不歸無乃食言于神也耶？

黃徹《䂬溪詩話》卷八：東坡《游金山》云：「江山如此不歸山，江神見怪驚我頑。我謝江神豈得已，有田不歸如江水。」蓋與江水指水爲盟耳。句中不言盟誓者，乃用子犯事，指水則誓在其中，不必詛神血口，然後爲之盟也。《送程六表弟》云：「浮江泝蜀有成言，江水在此吾不食。」亦此意也。

陳善《捫虱新話》上集卷四《東坡南遷之讖》：東坡《游金山寺》詩曰：「我家江水初發源，宦游直送江入海。」《松醪賦》亦云：「遂從此而入海，渺翻天之雲濤。」人以坡此語爲晚年南遷之讖。坡又嘗《贈潘谷》詩云：「一朝入海尋李白，空看人間畫墨仙。」潘後數年果因醉赴于井中，趺坐而死，人皆異之。坡固不獨自識，且又識殺潘谷耶！

袁宏道評閱譚元春選《東坡詩選》卷一袁宏道評：（「江山如此不歸山」）畢竟無田可歸，後來者當戒。

葉矯然《龍性堂詩話初集》：至杜云：「白摧朽骨龍虎死，黑入太陰雷雨垂」，「子規夜啼山竹裂，王母晝下雲旂翻」，語以奇勝而帶幽。蘇云：（略）「微風萬頃鞾文細，斷霞半空魚尾赤。」語以幽勝而實奇，不相襲而相當，二公之謂歟。

查愼行《初白庵詩評》卷中：起結奇橫。（「羈愁畏晚尋歸楫」）二句）二語作轉捩。

汪師韓《蘇詩選評箋釋》卷一：一往作縹緲之音，覺自來賦金山者極意著題，正無從得此遠韻。起二句將萬里程，半生事一筆道盡，恰好由岷山導江至此處海門歸宿，爲入題之語。中間「望鄉國」句，故作羈望語，以環應首尾。「微風萬頃」二句寫出空曠幽靜之致。忽接入「是時江月」一段，此不過記一時陰火潛然景象耳。思及「江神見怪」，而終之以「歸田」，矜奇之語，見道之言，想見登眺徘徊，俯視一切。

翁方綱《石洲詩話》卷二：竇庠《金山行》「欻然風生波出沒，瀖濩晶熒無定物。居人相顧非世間，如到日宮經月窟。信知靈境長有靈，住者不得無仙骨」數語，即東坡《金山》詩所脫胎也。在庠詩本非高作，而蘇公脫出實境來，神妙遂至不可測。古人之善于變化如此。

紀昀評《蘇文忠公詩集》卷七：首尾謹嚴，筆筆矯健。節短而波瀾甚闊。（「我家江水初發源」）入手即伏結意。（「試登絕頂望鄉國」二句）又一縈拂。結處將無作有，兩層搭爲一片歸結，完密之極，亦巧便之極！設非如此挽合，中一段如何消納？（「江神見怪驚我頑」）此句即指炬火事。

（日本）賴山陽《東坡詩鈔》卷一：此公不用意而成者，然諸作家無及此者。（「聞道潮頭一丈高」）暗伏末段江神。「尋」下得誠，佳，意與促字同。（「山僧苦留看落日」）「落日」字雅高，作「暮色」、「晚景」等字不健。起結皆佳。

王文誥《蘇文忠公詩編注集成》卷七：（「宦游直送江入海」）一語破的，已具傳《禹貢三江考》本領。

方東樹《昭昧詹言》卷一二：奇妙。（「試登絕頂望鄉國」二句）望鄉不見，以江南北之山隔也，非泛寫景。

趙克宜《角山樓蘇詩評注彙鈔》卷三：起勢雄健。「望鄉」一聯，篇中盤節，與起結貫注。

施補華《峴傭說詩》：（「我家江水初發源」二句）確是游金山寺發端，確是東坡游金山寺發端，他人鈔襲不得。蓋東坡家眉州近岷江，故曰「江初發源」；金山在鎭江，下此即海，故曰「送江入海」。中間「微風萬頃」二句，的是江心晚景。收處「江山如此」四句兩轉，尤見跌宕。

陳衍《宋詩精華錄》卷二：一起高屋建瓴，爲蜀人獨足誇口處。通篇遂全就望鄉歸山落想，可作《莊子·秋水篇》讀。

高步瀛《唐宋詩舉要》卷三引吳汝綸評：機軸與《後赤壁賦》同，而意境勝彼。公詩佳處，全在興象超妙，此首尤其顯著者。

王文濡《宋元明詩評注讀本》卷二：因貧而仕，有懷鄉去國之思。

又見本卷《金山放船至焦山》查愼行、汪師韓、趙克宜、施補華評，本卷《夜泛西湖五絕》查愼行評，卷三六《次韻穆父尚書侍祠郊邱瞻望天光退而相慶引滿醉吟》葉矯然評。

自金山放船至焦山

金山樓觀何耽耽，撞鐘擊鼓聞淮南。焦山何有有修竹，采薪汲水僧兩三。雲霾浪打人跡絕，時有沙戶祈春蠶（自注：吳人謂水中可田者爲沙）。我來金山更留宿，而此不到心懷慙。同遊興盡決獨往，賦命窮薄輕江潭。清晨無風浪自湧，中流歌嘯倚半酣。老僧下山驚客至，迎笑喜作巴人談

（自注：焦山長老，中江人也）。自言久客忘鄉井，只有彌勒爲同龕。困眠得就紙帳暖，飽食未厭山蔬甘。山林饑餓古亦有，無田不退寧非貪。展禽雖未三見黜，叔夜自知七不堪。行當投劾謝簪組，爲我佳處留茆菴。

查愼行《初白庵詩評》卷中：金山詩結句云：「有田不耕如江水。」故此處（「山林饑餓古亦有」二句）更深一層。合觀兩首，其妙乃見。

汪師韓《蘇詩選評箋釋》卷一：《金山》作已極登高望遠之勝，故焦山只寫山中之景。彼以雄放稱奇，此以閒寂入妙。鐘鼓修竹，未到之見聞也；風流歌嘯，將到之情事也。至於老僧迎客，一時絮談，詳叙曲盡。結出「無田不退寧非貪」，則又爲前篇「有田不歸如江水」之句進一解矣。

紀昀評《蘇文忠公詩集》卷七：前半以金山縈繞，後半借鄉僧生情，布局極有波折，語亦脫灑。觸手起波，生下半幅，仍結到本題。

方東樹《昭昧詹言》卷一二：此正鋒，可以爲作詩之法。

《歷代詩發》卷二四：前言無田，所以不歸。此言「無田不退寧非貪」，兩意相承遞進，非各自爲章者也。

趙克宜《角山樓蘇詩評注彙鈔》卷三：以金山之壯麗，形出焦山之荒僻。（「山林饑餓古亦有」）翻轉前篇之意，是進一步法。

施補華《峴傭說詩》:「金山樓閣何耽耽」四句,確是游金山後復游焦山發端,可悟連章蟬聯之法。

陳衍《宋詩精華錄》卷二:後半用意平常。

甘露寺

江山豈不好,獨遊情易闌。但有相攜人,何必素所歡。我欲訪甘露,當途無閒官。二子舊不識,欣然肯聯鞍。古郡山爲城,層梯轉朱欄。樓臺斷崖上,地窄天水寬。一覽吞數州,山長江漫漫。却望大明寺,惟見煙中竿。狠石臥庭下,穹窿如伏羱。緬懷臥龍公,挾策事琱鑽。一談收猘子,再說走老瞞。名高有餘想,事往無留觀。蕭公古鐵鑊,相對空團團。陂陁受百斛,積雨生微瀾。泗水逸周鼎,渭城辭漢盤。山川失故態,怪此獨能完。僧繇六化人,霓衣挂冰紈。隱見十二疊,觀者疑夸謾。破板陸生畫,青猊戲盤跚。上有二天人,揮手如翔鸞。筆墨雖欲盡,典型垂不刊。赫赫贊皇公,英姿凜以寒。古柏手親種,挺然誰敢干。枝撑雲峰裂,根入石窟蟠。薙草得斷碑,斬崖出金棺。瘞藏豈不牢,見伏理可歎。四雄皆龍虎,遺迹儼未刓。方其盛壯時,爭奪肯少安。廢興屬造物,遷逝誰控摶。況彼妄庸子,而欲事所難。古今共一軌,後世徒辛酸。聊興廣武歎,不待雍門彈。

蘇軾《廣武嘆》（《東坡志林》卷一）：昔先友史經臣彥輔謂余：「阮籍登廣武而嘆曰：『時無英雄，使豎子成其名！』豈謂沛公豎子乎？」余曰：「非也。傷時無劉、項也，豎子指魏、晉間人耳。」其後余聞潤州甘露寺有孔明、孫權、梁武、李德裕之遺迹，余感之賦詩，其略曰：「四雄皆龍虎，遺迹儼未刓。方其盛壯時，爭奪肯少安。廢興屬造化，遷逝誰控摶，况彼妄庸子，而欲事所難。聊興廣武嘆，不得雍門彈。」則猶此意也。今日讀李太白《登古戰場》詩云：「沈湎呼豎子，狂言非至公。」乃知太白亦誤認嗣宗語，與先友之意無異也。嗣宗雖放蕩，本有意于世，以魏、晉間多故，故一放于酒，何至以沛公爲豎子乎？

洪邁《容齋三筆》卷六《東坡詩用老字》：東坡賦詩，用人姓名，多以老字足成句。（略）如「再說走老瞞」（略）之類，皆隨語勢而然。白樂天云「每被老元偷格律」，蓋亦有自來矣。

張邦基《墨莊漫錄》卷七：京口北固山甘露寺，舊有二大鐵鑊，梁天監中鑄。東坡游寺詩云「蕭翁古鐵鑊，相對空團團。陂陀受百斛，積雨生微瀾」是也。予往來數見之，然未嘗稽考本何物，爲何用也。近復游于寺，因熟觀之，蓋有文可讀。（略）始知二鑊乃當時植蓮供養佛之器耳。

查愼行《初白庵詩評》卷中：（「樓臺斷崖上」四句）收得盡，放得開，是爲才人之筆。（「緬懷卧龍公」二句）每段用二句作束。

汪師韓《蘇詩選評箋釋》卷一：就寺中所見器物撫時懷古，每事各爲段落，而感慨深情，別有規連矩洩之妙。通篇寫景只「古郡」以下六句，刻酷該暢，餘但言情而景自寓。其源蓋出於《東征》、《西征》諸賦。

紀昀評《蘇文忠公詩集》卷七：以記序體行之，與《李氏園》詩同法。首尾完整，可爲長篇之式。（「渭城辭漢盤」）是漢盤辭渭城，貪用昌谷語，倒轉遂成語病。（「四雄皆龍虎」以下）「四雄」應指孔明、仲謀、梁武、寶皇。張、陸皆梁人，因鐵鑊連類及之，併入梁武之下，不在此數。收得滿足。凡大篇須有結束，凡細碎之文，亦須有結束。

王文誥《蘇文忠公詩編注集成》卷七：紀昀曰：「以叙記體行之，首尾完整，可爲長篇之式。」其說是。至謂「與《李氏園》詩同法者」，誤。

王文誥《蘇海識餘》卷一：潤州《甘露寺》詩：「我欲訪甘露，當途無閑官。」二子舊不識，欣然肯聯鞍。」時有司推行新法，使者方事叫囂，故云「當途無閑官」也。二子既非俗吏，又能游情不闌，亦足以傳，何不及其人耶？予以全集屢物色之，竟不得其蹤耗，爲之快悵。

香巖批《紀評蘇詩》卷七：（「渭城辭漢盤」）（紀昀）此論太苛，唐人倒裝句如此類者甚多。

趙克宜《角山樓蘇詩評注彙鈔》卷三：冒起曲折入情。（「我欲訪甘露」）入題。寫形勢獨舉其大，「樓臺」一聯鍊極。以下逐節細寫，此段（「狠石卧庭下」一段）寫狠石。凡分段詳寫，每段須有頓筆，或議論，或詠嘆。本段頓得足，下文方好另起，此定法也。此段（「蕭公古鐵鑊」一段）寫鐵鑊，「積雨」句形其大，入妙。「周鼎」、「漢盤」兩襯已警。再著「山川」一襯，加倍精公植柏及發地得舍利事。（「四雄皆龍虎」）總上，發論曲折透露。

采。此段（「筆墨雖欲盡」一段）寫畫。僧繇畫乃公自中所無。此段（「古柏手親種」一段）衛

次韻子由柳湖感物

憶昔子美在東屯，數間茆屋蒼山根。嘲吟草木調蠻獠，欲與猿鳥爭啾喧。子今憔悴衆所棄，驅馬獨出無往還。惟有柳湖萬株柳，清陰與子供朝昏。胡爲譏評不少借，生意凌挫難爲繁。柳雖無言不解慍，世俗乍見應憮然。嬌姿共愛春濯濯，豈問空腹修蛇蟠。朝看濃翠傲炎赫，夜愛疏影搖清圓。風翻雪陣春絮亂，蠹響啄木秋聲堅。四時盛衰各有態，搖落悽愴驚寒溫。南山孤松積雪底，抱凍不死誰復賢。

紀昀評《蘇文忠公詩集》卷七：與子由詩一意，特有激而反言之，其詞未免失之尖薄。與原詩相答，乃唱和正格。唐人此種處頗不苟，後人乃自說自話，不過依次用韻耳。按子由詩意，謂柳花入水爲浮萍，松性堅耐，其露墮地爲仙茅，功力十倍於鐘乳。故東坡有「胡爲譏評」句。

香巖批《紀評蘇詩》卷七：此篇必觀子由原唱，方得其旨，蓋原詩過訐，此詩意在箴規之耳。

次韻楊褒早春

窮巷淒涼苦未和，君家庭院得春多。不辭瘦馬騎衝雪，來聽佳人唱踏莎。破恨徑須煩麴蘗，增年誰復怨羲娥。良辰樂事古難竝，白髮青衫我亦歌。細雨郊園聊種菜，冷官門戶可張羅。放朝三日君恩重，睡美不知身在何。

《澠水燕談錄》卷八：華陽楊褒，好古博物，家雖貧，尤好書畫奇玩，充實中橐。家姬數人，布裙糲食，而歌舞絕妙。故歐公贈之詩云：「三腳木牀坐調曲。」蓋言褒之貧也。」

紀昀評《蘇文忠公詩集》卷七：（「睡美不知身在何」）末三字不妥。

初到杭州寄子由二絕

眼看時事力難勝，貪戀君恩退未能。遲鈍終須投劾去，使君何日換聾丞。

朋九萬《烏臺詩案·與子由詩》：當年十二月內，軾初任杭州，寄子由詩云：「獨眠林下夢魂好，回首人間憂患長。殺馬破車從此逝，子來何處問行藏？」又云：「眼看時事力難勝，貪戀君恩退未能。」意謂新法青苗助役等事，煩雜不可辨，亦言己才力不能勝任也。

紀昀評《蘇文忠公詩集》卷七：兩詩並太露，太盡。

聖明寬大許全身，衰病摧頹自畏人。莫上岡頭苦相望，吾方祭竈請比鄰。

王文誥《蘇文忠公詩編注集成》卷七：一結妙甚。

次韻柳子玉二首

地爐

細聲蚯蚓發銀瓶，擁褐橫眠天未明。衰鬢鑷殘敧雪領，壯心降盡倒風旌。自稱丹竈錙銖火，倦聽山城長短更。聞道牀頭惟竹几，夫人應不解卿卿（自注：俗謂竹几爲竹夫人）。

紀昀評《蘇文忠公詩集》卷七：「倒」字（「壯心降盡倒風旌」）不雅。

紙帳

亂文龜殼細相連，慣卧青綾恐未便。潔似僧巾白氎布，暖于蠻帳紫茸氈。錦衾速卷持還客，破屋那愁仰見天。但恐嬌兒還惡睡，夜深踏裂不成眠。

王文誥《蘇文忠公詩編注集成》卷七：（「亂文龜殼細相連」）此句言紙也，故云「亂文龜殼」，下三句全恃此句領起。

臘日遊孤山訪惠勤惠思二僧

天欲雪，雲滿湖，樓臺明滅山有無。水清石出魚可數，林深無人鳥相呼。臘日不歸對妻孥，名尋道人實自娛。道人之居在何許，寶雲山前路盤紆。孤山孤絕誰肯廬，道人有道山不孤。紙窗竹屋深自暖，擁褐坐睡依團蒲。天寒路遠愁僕夫，整駕催歸及未晡。出山迴望雲木合，但見野鶻盤浮圖。茲遊淡薄歡有餘，到家恍如望蘧廬。作詩火急追亡逋，清景一失後難摹。

田汝成《西湖游覽志餘》卷一四：惠勤、惠思者，皆居孤山。蘇子瞻倅杭郡，以臘日訪之，作詩云「天欲雪，雲滿湖」云云。此詩惟「孥」字、「蘧」字二韻艱澀，而公三疊之。一曰「追胥連保罪及孥」者，言府中屢獲鹽徒，連逮保甲也。「知非不去慚衛蘧」者，言年老宜休，不若衛伯玉也。二曰「君恩飽暖及爾孥」者，言居官厚祿，得以游遨也。「莫惜錦繡償營蘧」者，言李寺丞屬和，富于詞藻，闢險不窮也。三曰「四方宦游散其孥」者，言錢王之敗，子孫離析也。「遂超羲皇傲几蘧」者，言優游自適，得爲太古閒民也。原韻「孥」字，乃東方朔臘日早歸之事，後作雖多，終屬牽強。

汪師韓《蘇詩選評箋釋》卷一：結句「清景」二字，一篇之大旨。雲雪樓臺，遠望之景；水清林深，近接之景。未至其居，見盤紆之山路；既造其屋，有坐睡之蒲團。至于僕夫整駕，迴望雲山，寒日將逋，宛焉入畫。「野鶻」句于分明處寫出迷離，正與起五句相對照。又以「歡有餘」應前「實自娛」，語語清景，亦語語自娛。而「道人有道」之處，已于言外得之。栩栩欲仙，何必滌筆于冰甌雪椀。

紀昀評《蘇文忠公詩集》卷七：忽疊韻，忽隔句韻，音節之妙，動合天然，不容湊泊。其源出於古樂府。（「出山迴望雲木合」二句）與「但見烏帽出復沒」，同一寫法。

（日本）賴山陽《東坡詩鈔》卷一：此等天然七言，讀者須要看他下句，無一字可搖動處。（「名尋道人實自娛」）自是坡翁語。（「茲遊淡薄歡有餘」四句）作此詩根本全在下四句。（「作詩火急追亡逋」二句）一篇所成，先得此二句乎？

王文誥《蘇海識餘》卷一：《臘日游孤山》詩後半云：「出山迴望雲木合，但見野鶻盤浮圖。」此等句法，無處可學，直如如來丈六金身，忽于虛空變現，公亦不自覺其然也。

何文煥《歷代詩話考索》：齊諸曁令袁嘏，自詑「詩有生氣，須捉著，不爾便飛去。」此語雋甚。坡仙云：「作詩火急追亡逋。」似從此脫出。

方東樹《昭昧詹言》卷一二：神妙。

趙克宜《角山樓蘇詩評注彙鈔》卷三：從未入山以至入山，寫景逼真。（「臘日不歸對妻孥」四句）四語點題。（「孤山孤絕誰肯廬」二句）接法妙絕，二語自爲開合，亦以字面錯綜複出生姿。（「出山回望雲木合」）轉到出山。結醒「作詩」。

張道《蘇亭詩話》卷二：東坡《臘日游孤山》詩，有「蒲」字韻，《再和》乃用「蒱」字云：「破悶豈不賢摴蒱。」余嘗疑之。考《荀子・不苟篇》：「柔從若蒲葦。」以「蒲」作「蒱」。而馬融《摴蒱賦》正作「蒲」字。可見東坡使事，確有來處，非浪然詅癡者。

高步瀛《唐宋詩舉要》卷三：（「水清石出魚可數」二句）清景如繪。

王文濡《宋元明詩評註讀本》卷二：子瞻謫居杭州，惠愛及民。又以其暇，疏濬西湖，後世實利賴之，正不僅以模山範水，提倡風雅而已。

李杞寺丞見和前篇復用元韻答之

獸在藪，魚在湖，一入池檻歸期無。誤隨弓旌落塵土，坐使鞭箠環呻呼。追胥連保罪及孥（自注：近屢獲鹽賊，皆坐同保，徙其家），百日愁歎一日娛。白雲舊有終老約，朱綬豈合山人紆。人生何者非蘧廬，故山鶴怨秋猿孤。何時自駕鹿車去，掃除白髮煩菖蒲。麻鞵短後隨獵夫，射弋狐兔供朝晡。陶潛自作《五柳傳》，潘閬畫入《三峰圖》。吾年凜凜今幾餘，知非不去慚衛蘧。歲荒無術歸亡逋，鵠則易畫虎難摹。

朋九萬《烏臺詩案·與王詵往來詩賦》：熙寧六年內，遊孤山詩寄詵，除無譏諷外，有「誤隨弓旌落塵土，坐使鞭箠環呻呼」，以譏諷朝廷新法行後，公事鞭箠之多也。又曰：「追胥保伍罪及孥，百日愁歎一日娛。」以譏諷朝廷鹽法，收坐同保妻子移鄉，法太急也。又曰：「歲荒無術歸亡逋，鵠則易畫虎難摹。」意取馬援言「畫鵠不成猶類鶩，畫虎不成反類狗」，言歲既饑荒，我欲出奇畫賑濟，又恐朝廷不從，乃似「畫虎不成反類狗」也。

又《同李杞因獵出遊孤山作詩四首》：熙寧五年，軾任通判杭州，於十二月內，與發運司勾當公事大理寺丞李杞，因獵出遊孤山，作詩四首。內第二首有譏諷，其意已在王詵項內聲說。

紀昀評《蘇文忠公詩集》卷七：有牽掣韻腳之迹。

又見卷六《送錢藻出守婺州得英字》趙翼評。

再和

東望海，西望湖，山平水遠細欲無。野人疏狂逐漁釣，刺史寬大容歌呼。君恩飽暖及爾孥，才者不閒拙者娛。穿巖度嶺腳力健，未厭山水相縈紆。三百六十古精廬，出遊無伴籃輿孤。作詩雖未造藩閫，破悶豈不賢樗蒱？君才敏贍兼百夫，朝作千篇日未晡。揭來湖上得佳句，從此不看營邱圖。知君篋櫝富有餘，莫惜錦繡償菅蘧。窮多鬬險誰先逋，賭取名畫不用摹。

紀昀評《蘇文忠公詩集》卷七：（「從此不看營邱圖」以下）數句不免強押。

游靈隱寺得來詩復用前韻

君不見，錢塘湖，錢王壯觀今已無。屋堆黃金斗量珠，運盡不勞折簡呼。四方宦游散其孥，宮闕留與閒人娛。盛衰哀樂兩須臾，何用多憂心鬱紆。溪山處處皆可廬，最愛靈隱飛來孤。喬松百尺蒼髯鬚，擾擾下笑柳與蒲。高堂會食羅千夫，撞鐘擊鼓喧朝晡。凝香方丈眠氍毹，絕勝架被縫海圖。清風徐來驚睡餘，遂超羲皇傲几蘧。歸時棲鴉正畢逋，孤煙落日不可摹。

查慎行《初白庵詩評》卷中：（「絕勝架被縫海圖」）圖字未免湊韻。

紀昀評《蘇文忠公詩集》卷七：（「屋堆黃金斗量珠」以下三句）更押得牽強。結句卻有致，押得亦妥。

王文誥《蘇文忠公詩編注集成》卷七：此四詩（按：指《臘日遊孤山訪惠勤惠思二僧》、《李杞寺丞見和前篇復用元韻答之》、《再和》及本詩）乃公初至西湖之作，特意就湖摹寫景物，確是西湖神氣，非此湖不足以當之。若置之他處，氣體皆不類，其前後集中亦少此一派也。久讀當自知之。

趙克宜《角山樓蘇詩評注彙鈔》卷三：從錢王襯入，只是盛衰無常，宜于及時行樂意。（「溪山處處皆可廬」）此處纔入題。（「高堂會食羅千夫」）寫得興會。

戲子由

宛邱先生長如邱，宛邱學舍小如舟。常時低頭誦經史，忽然欠伸屋打頭。斜風吹帷雨注面，先生不愧傍人羞。任從飽死笑方朔，肯爲雨立求秦優。眼前勃蹊何足道，處置六鑿須天游。讀書萬卷不讀律，致君堯舜知無術。勸農冠蓋鬧如雲，送老虀鹽甘似蜜。門前萬事不挂眼，頭雖長低氣不屈。餘杭別駕無功勞，畫堂五丈容旂旄。重樓跨空雨聲遠，屋多人少風騷騷。生平所慚今不恥，坐對疲氓更鞭箠。道逢陽虎呼與言，心知其非口諾唯。名高志下眞何益，氣節消縮今無幾。文章小技安足程，先生別駕舊齊名。如今衰老俱無用，付與時人分重輕。

朋九萬《烏臺詩案·與王詵往來詩賦》：並《戲子由》云：「任從飽死笑方朔，肯爲雨立求秦優。」意取《東方朔傳》「侏儒飽欲死」及《滑稽傳》「優旃謂陛楯郎『汝雖長，何益？乃雨立。我雖短，幸休居」，言弟轍家貧官卑，而身材長大，所以比東方朔陛楯郎，而以當今進用之人比侏儒優旃也。又云：「讀書萬卷不讀律，致君堯舜知無術。」是時朝廷新興律學，軾意非之，以謂法律不足以致君於堯舜。今時又專用法律而忘詩書，故言我讀書萬卷，不讀法律，蓋聞法律之中，無致君堯舜之術也。又云：「勸農冠蓋鬧如雲，送老齏鹽甘似蜜。」以譏諷朝廷新差提舉官，所至苛細生事，發擿官吏，惟學官無吏責也。弟轍爲學官，故有是句。又云：「平生所慚今不恥，坐對疲氓更鞭箠。」是時多徒配，犯鹽之人例皆饑貧，言鞭箠此等貧民，軾平生所慚，今不恥矣，以譏諷朝廷鹽法太急也。又云：「道逢陽虎呼與言，心知其非口諾唯。」是時張靚、俞希旦作監司，意不喜其人，然不敢與爭議，故毀詆之爲陽虎也。

袁宏道評閱譚元春選《東坡詩選》卷一譚元春評：（「心知其非口諾唯」）只是無可奈何，強行厚道而已。

汪師韓《蘇詩選評箋釋》卷一：前後平列兩段，末以四句作結。宛丘低頭讀書而有昂藏磊落之氣，別駕畫堂高坐而有氣節消縮之嫌。其所齊名並驅者，獨文章耳，而文章固無用也。中間以「畫堂五丈容旂旆」對「宛丘學舍小如舟」，以「重樓跨空雨聲遠」對「斜風吹帷雨注面」，以「平生所慚今不耻」對「先生不愧傍人羞」，以「坐對疲民更鞭箠」對「頭雖長低氣不屈」，故作喧寂相反之勢，不獨氣節消縮者雖云自適，即安坐誦讀者豈云得時？文則跌宕昭彰，情則欷歔悒鬱。

賀裳《載酒園詩話》：（鮮于侁《雜詩》）亦意指新法，然猶直而婉。至子瞻《戲子由》詩：「生平所慚今不恥，坐對疲氓更鞭箠。道逢陽虎呼與言，心知其非口諾唯。」是何語言？《山村》、《詠檜》諸篇借端耳。

張文虎《螺江日記》卷六：（「讀書萬卷不讀律」二句）此東坡譏切時事之言。蓋因當時競尚律法，所以以法律爲詩書者，故反言諷之，且以自嘲。傳至後世，竟有據作正論者矣。

紀昀評《蘇文忠公詩集》卷七：（「道逢陽虎呼與言」二句）何至以孔子自居？即以詩論，亦無此理，無論賈禍也。

趙翼批沈德潛《宋金元三家詩選·蘇東坡詩選》上卷：（「讀書萬卷不讀律」數句）時新法盛行，故憤激爲此語。（「勸農冠蓋鬧如雲」四句）舉世盡行新法，而子由漠然自守也。（「餘杭別駑無功勞」）東坡自叙。（「生平所慚今不恥」四句）謂己不得已，亦奉行新法也。

方東樹《昭昧詹言》卷一二：贈人寄人之詩，如此首暨（略）《戲子由》皆入妙。

趙克宜《角山樓蘇詩評注彙鈔》附錄卷中：雖戲筆，亦不宜過俚。（「重樓跨空雨聲遠」二句）寫景最眞。

高步瀛《唐宋詩舉要》卷三：（「讀書萬卷不讀律」二句）心所痛疾，而反言出之，語雖戲謔而意甚憤懣。（「心知其非口諾唯」）形容刻苦。

吳仰賢《小瓠庵詩話》卷一：唐人詩雖極牢騷，不失常度，宋人便有過火語。如（略）蘇云：「道逢陽貨呼與言，心知其非口諾唯。」黃（庭堅）云：「平生白眼人，今日折腰諾。」名士口角，大略相同。

又見卷六《送錢藻出守婺州得英字》趙翼評、卷一六《送李公恕赴闕》方東樹評、卷二五《寄蘄簟與蒲傳正》黃徹評。

送蔡冠卿知饒州

吾觀蔡子與人遊，掀髥笑語無不可。平生儻蕩不驚俗，臨事迂闊乃過我。橫前坑穽衆所畏，布路金珠誰不裹。爾來變化驚何速，昔號剛強今亦頗。憐君獨守廷尉法，晚歲却理鄱陽柂。莫嗟天驥逐羸牛，欲試良玉須猛火。世事徐觀眞夢寐，人生不信長轗軻。知君決獄有陰功，他日老人酧魏顆。

朋九萬《烏臺詩案·送蔡冠卿知饒州詩》：熙寧五年二月內，大理少卿蔡冠卿準敕差知饒州，軾作詩送之曰（略）。除無譏諷外，云「橫前坑穽衆所畏」，以譏當時朝廷用事之人，有逆其意者，則設坑穽以陷之也。又云「布路金珠誰不裹」，以譏諷朝廷用事之人，有順其意者，則以利誘之，如以金珠布路也。又云「邇來變化驚何速，昔號剛強今亦頗」，以譏士大夫爲利所誘脅，變化以從之，雖舊號剛強，今亦然也。又云「憐君獨守廷尉法」，言冠卿屢與朝廷爭議刑法，以致不進用，卻出守小郡也。又云「莫嗟天驥逐羸牛」，軾以冠卿比天驥，以進用不才比羸牛，軾意以譏諷朝廷進用之人不當也。又云「欲試良玉須猛火」，良玉經火不變，然後爲良。言冠卿經歷艱阻折挫，節操不改，如良玉也。又云「世事徐觀眞夢寐，人生不信長坎坷」，爲冠卿屢與朝廷爭議刑法，致不進用。言人事得喪，古來譬如夢幻。當時執政必不常進，冠卿亦不常退，故云「人生不信長坎坷」也。

查愼行《初白庵詩評》卷中：（「平生儻蕩不驚俗」二句）似嘲實譽。（「憐君獨守廷尉法」）蔡時必以廷尉外調。

紀昀評《蘇文忠公詩集》卷七：語自俊爽，病亦在太俊太爽，遂無復餘地。

又見卷六《送錢藻出守婺州得英字》趙翼評。

嘲子由

堆几盡埃簡，攻之如蠹蟲。誰知聖人意，不盡書籍中。曲盡紘猶在，器成機見空。妙哉斲輪手，堂下笑桓公。

紀昀評《蘇文忠公詩集》卷七：理自明通，語則凡近。

越州張中舍壽樂堂

青山偃蹇如高人，常時不肯入官府。高人自與山有素，不待招邀滿庭戶。卧龍蟠屈半東州，萬室鱗鱗枕其股。背之不見與無同，狐裘反衣無乃魯。張君眼力覷天奥，能遣荆棘化堂宇。持頤宴坐不出門，收攬奇秀得十五。才多事少厭閒寂，卧看雲煙變風雨。筍如玉筯椹如簪，強飲且爲山作主。不憂兒輩知此樂，但恐造物怪多取。春濃睡足午窗明，想見新茶如潑乳。

胡仔《苕溪漁隱叢話》後集卷一一：東坡詩：「春濃睡足午窗明，想見新茶如潑乳。」又云：「新火發新乳。」此論皆得茶之正色也矣。

查慎行《初白庵詩評》卷中：入手奇崛，一轉合題。（「才多事少厭閒寂」二句）徑路絶而風雲通。

汪師韓《蘇詩選評箋釋》卷一：句句奇闢。軾每以人事喻景物，筆端出奇無窮，眞乃仁智之性，其山水効深矣。

紀昀評《蘇文忠公詩集》卷七：了無深意，而説來通體精彩。此眞善於蹈虛。「眼力」二字未雅。

（日本）賴山陽《東坡詩鈔》卷一：此寄題詩，自樂山構思，遂撇開題。此詩一韻到底，而變化無數，與老杜《哀王孫》、《哀江頭》殆同一手段。（「青山偃蹇如高人」）如文破題。（「高人自與山有素」）如承題。（「背之不見與無同」）此句多虛字，與上景句相稱。（「持頤宴坐不出門」二句）拍合起首。（「才多事少厭閒寂」二句）常時不入官府的人。（「不憂兒輩知此樂」二句）東坡本色。（「但恐造物怪多取」）注射篇首。（「春濃睡足午窗明」二句）青山妍明處。

趙克宜《角山樓蘇詩評注彙鈔》卷三：落筆奇崛，旋折自如。

陳衍《宋詩精華錄》卷二：公七古多似昌黎，而收處常不逮。

姚屯田挽詞

京口年來耆舊衰，高人淪喪路人悲。空聞韋叟一經在，不見恬侯萬石時。貧病只知爲善樂，逍遙卻恨棄官遲。十年一別眞如夢，猶記蕭然瘦鶴姿。

送岑著作

懶者常似靜，靜豈懶者徒。拙則近於直，而直豈拙歟？夫子靜且直，雍容時卷舒。嗟我復何爲，相得歡有餘。我本不違世，而世與我殊。拙於林間鳩，懶於冰底魚。人皆笑其狂，子獨憐其愚。眞者有時信，靜者不終居。而我懶拙病，不受砭藥除。臨行怪酒薄，已與別淚俱。後會豈無時，遂恐出處疏。惟應故山夢，隨子到吾廬。

查愼行《初白庵詩評》卷中：一意縈指，轉換不窮。

紀昀評《蘇文忠公詩集》卷七：以文爲詩，始元次山，或以爲宋調，非也。（「我本不違世」二句）即後山「老懷吾自異，不是故違人」意。（「臨行怪酒薄」以下）曲折深至，「臨行」十字似郊島。

趙克宜《角山樓蘇詩評注彙鈔》卷三：（「臨行怪酒薄」以下）刻意婉篤，後路得此，足救篇中率筆。

雨中明慶賞牡丹

霏霏雨路作清妍，爍爍明燈照欲然。明日春陰花未老，故應未忍著酥煎。

胡仔《苕溪漁隱叢話》後集卷二六引吳曾《能改齋漫錄》：東坡《雨中明慶賞牡丹》云（略）。孟蜀時兵部尚書李昊，每將牡丹花數枝分遺朋友，以牛酥同贈，且曰：「俟花凋謝，即以酥煎食之，無棄穠艷。」其風流貴重如此。

吉祥寺賞牡丹

人老簪花不自羞，花應羞上老人頭。醉歸扶路人應笑，十里珠簾半上鉤。

蔡正孫《詩林廣記》前集卷四：蘇子由云：「此詩（劉禹錫《看牡丹》）感慨，東坡《吉祥寺牡丹》一絕，正同此意。」（略）杜牧之有詩云：「東風十里揚州路，卷上珠簾恐不如。」東坡蓋用此語。

張侃《跋揀詞》（《張氏拙軒集》卷五）：（「花應羞上老人頭」）意思尤長。

趙克宜《角山樓蘇詩評注彙鈔》卷三：（「醉歸扶路人應笑」二句）雅音，亦熟調。

吉祥寺僧求閣名

過眼榮枯電與風，久長那得似花紅。上人宴坐觀空閣，觀色觀空色即空。

和劉道原見寄

敢向清時怨不容，直嗟吾道與君東。坐談足使淮南懼，歸去方知冀北空。獨鶴不須驚夜旦，羣烏未可辨雌雄。廬山自古不到處，得與幽人子細窮。

朋九萬《烏臺詩案·和劉恕三首》：軾爲劉恕有學問，性正直，故作此詩美之，因以譏諷當今進用之人也。恕於是時自館中出監酒務，非敢怨時之不容。馬融謂鄭康成：「吾道東矣！」故比之汲黯在朝，淮南寢議，又以比恕之直。又韓愈云：「冀北馬群遂空。」言館中無人也。嵇紹昂昂如獨鶴在雞群。又《淮南子》：「雞知將旦，鶴知夜半」，又以劉恕比鶴，謂衆人爲鷄也。《詩》曰：「具曰予聖，誰知烏之雌雄？」意言今日進用之人，君子小人雜處，如烏不可辨雌雄。

王文誥《蘇文忠公詩編注集成》卷七引施元之評：前詩（指《送劉道原歸覲南康》）既以汲黯比道原，而此詩益致嘆美之意。

又王文誥評：公此時眞無可與語者，故與道原三首（按：指此首及下二首）獨佳。

和劉道原詠史

仲尼憂世接輿狂，臧穀雖殊竟兩亡。吴客漫陳豪士賦，桓侯初笑越人方。名高不朽終安用，日飲無何計亦良。獨掩陳編弔興廢，窗前山雨夜浪浪。

紀昀評《蘇文忠公詩集》卷七：三四警刻而不露。（「窗前山雨夜浪浪」）收得生動，着此七字，便有遠神。

王文誥《蘇文忠公詩編注集成》卷七：（「獨掩陳編弔興廢」二句）著此二句，匡廬五老，呼之欲出。

趙克宜《角山樓蘇詩評注彙鈔》卷三：「兩忘」句穩。

高步瀛《唐宋詩舉要》卷六引吳汝綸評：（「仲尼憂世接輿狂」二句）無端而來，至爲奇妙。

又見本卷《和劉道原見寄》王文誥評。

和劉道原寄張師民

仁義大捷徑，詩書一旅亭。相夸綬若若，猶誦麥青青。腐鼠何勞嚇，高鴻本自冥。顛狂不用喚，酒盡漸須醒。

《烏臺詩案·和劉恕三首》：熙寧六年，軾任杭州通判。有秘書劉恕字道原，寄詩三首。軾依韻和，即不曾寄張師民。師民者，亦不曾識。除無譏諷外，云（略）。此詩譏諷朝廷近日進用之人，以仁義爲捷徑，以詩書爲逆旅。但爲印綬爵祿所誘，則假六經以進。如莊子所謂「儒以詩禮發冢」，故云「麥青青」。又云小人之顧祿，如鵄鳶以腐鼠嚇鴻鵠。其溺於利，如人之醉於酒，酒盡則自醒也。

紀昀評《蘇文忠公詩集》卷七：此直叫囂唾駡，不止怨以怒矣。

又見卷六《送錢藻出守婺州得英字》趙翼評、《和劉道原見寄》王文誥評。

送張職方吉甫赴閩漕六和寺中作

羨君超然鸞鶴姿，江湖欲下還飛去。空使吳兒怨不留，青山漫漫七閩路。門前江水去掀天，寺後清池碧玉環。君如大江日千里，我如此水千山底。

紀昀評《蘇文忠公詩集》卷七：了無深意，而風調勝人。小詩如此亦自佳，但偶一爲之則可，不得倚爲安身立命處。（「門前江水去掀天」四句）即陳思「清路塵」、「濁水泥」二句化出，而切合實境生情，故不落其窠臼。

和子由柳湖久涸忽有水開元寺山茶舊無花今歲盛開二首

太昊祠東鐵墓西，一樽曾與子同攜。回瞻郡閣遙飛檻，北望樯竿半隱堤。飯豆羹藜思兩鵠，飲河噀水賴長霓。如今勝事無人共，花下壺盧鳥勸提。

長明燈下石欄干，長共松杉守歲寒。葉厚有稜犀甲健，花深少態鶴頭丹。久陪方丈曼陀雨，羞對先生苜蓿盤。雪裏盛開知有意，明年開後更誰看。

趙與時《賓退錄》卷一〇：崇仁吳德遠沆《環溪詩話》載其少時，謁張右丞。右丞告之曰：「杜詩妙處，人罕能知。凡人作詩，一句只說得一件物事，多說得兩件。杜詩一句能說得三件、四件、五件，常人作詩，但說得眼前，遠不過數十里。杜詩一句能說數百里，能說兩州軍，能說半天下，能說滿天下。此其所以爲妙。（略）吳（沆）因取前輩之詩，參而考之，謂「東坡（略）『葉厚有棱犀甲健，花深少態鶴頭丹』等句，不過用二物矣。（略）此論尤異。以此論詩，淺矣！杜子美之所以高于衆作者，豈謂是哉？若以句中事物之多爲工，則必皆如陳無己「桂椒楠櫨楓柞樟」之句，而後可以獨步，雖杜子美亦不容專美。若以「乾坤日夜浮」爲滿天下句，則凡句中言「天地」、「華夷」、「宇宙」、「四海」者，皆足以當之矣，何謂無也。

蔡正孫《詩林廣記》後集卷三：愚謂東坡此詩之意，又有《十月十五日觀月黃樓席上次韻》云：「爲問登臨好風景，明年還憶使君無？」又《和子由山茶盛開》云：「雪裏盛開知有意，明年開後更誰看。」王元之《黃州竹樓記》云：「未知明年，又在何處。」近世有賦《賞春》詞，末句云：「不知來歲牡丹時，再相逢何處。」噫，好景不常，盛事難再。讀此語，則令人有歲月飄忽之感云。

紀昀評《蘇文忠公詩集》卷七：（「葉厚有稜犀甲健」二句）比擬處愈似愈拙。

雨中遊天竺靈感觀音院

蠶欲老，麥半黃，前山後山雨浪浪。農夫輟耒女廢筐，白衣仙人在高堂。

汪師韓《蘇詩選評箋釋》卷一：如古謠諺，精悍遒古，刺當時不恤民也。

紀昀評《蘇文忠公詩集》卷七：刺當事之不恤民也，妙於不盡其詞。（「蠶欲老」三句）似諺似謠，盎然古趣。

趙克宜《角山樓蘇詩評注彙鈔》卷三：此是苦雨對神陳訴之詞，紀（昀）以爲刺時，非也。

贈上天竺辯才師

南北一山門，上下兩天竺。中有老法師，瘦長如鸛鵠。不知修何行，碧眼照山谷。見之自清涼，洗盡煩惱毒。坐令一都會，男女禮白足。我有長頭兒，角頰峙犀玉。四歲不知行，抱負煩背腹。師來爲摩頂，起走趁奔鹿。乃知戒律中，妙用謝羈束。何必言《法華》，佯狂啖魚肉。

洪邁《容齋三筆》卷六《東坡詩用老字》：東坡賦詩，用人姓名，多以老字足成句。如（略）《贈辯才》云「中有老法師」，（略）是皆以爲助語，非眞謂其老也。大抵七言則于第五字用之，五言則于第三字用之。

袁宏道評閱譚元春選《東坡詩選》卷二譚元春評：添入「長頭兒」，甚有情事，尙不如東野《送淡公十首》中有「小女啗啗」數語。

紀昀評《蘇文忠公詩集》卷七：語殊凡鄙，不識東坡何以至此。

和蔡準郎中見邀遊西湖三首

夏潦漲湖深更幽，西風落木芙蓉秋。飛雪闇天雲拂地，新蒲出水柳映洲。湖上四時看不足，惟有人生飄若浮。解顏一笑豈易得，主人有酒君應留。君不見錢塘游宦客，朝推囚，暮決獄，不因人喚何時休。

紀昀評《蘇文忠公詩集》卷七：（起處）平排四句奇崛，前不裝頭，更奇崛。

翁方綱《石洲詩話》卷三：首四句叙四時之景：一夏，二秋，三冬，四春。此即變化。

王文誥《蘇文忠公詩編注集成》卷七：起四句從「春水滿泗澤」奪胎，妙在化板實爲虛靈也。

趙克宜《角山樓蘇詩評注彙鈔》卷三：結處語意調法皆不佳。

城市不識江湖幽，如與蟪蛄語春秋。試令江湖處城市，卻似麋鹿游汀洲。高人無心無不可，得坎且止乘流浮。公卿故舊留不得，遇所得意終年留。君不見拋官彭澤令，琴無絃，巾有酒，醉欲眠時遣客休。

紀昀評《蘇文忠公詩集》卷七：（「城市不識江湖幽」四句）一意圓轉，快而不薄。

田間決水鳴幽幽，插秧未徧麥已秋。相攜燒筍苦竹寺，卻下踏藕荷花洲。船頭斫鮮細縷縷，船尾炊玉香浮浮。臨風飽食得甘寢，肯使細故胸中留。君不見壯士憔悴時，饑謀食，渴謀飲，功名有時無罷休。

六月二十七日望湖樓醉書五絕

紀昀評《蘇文忠公詩集》卷七：五首皆不失風調。

王文誥《蘇文忠公詩編注集成》卷七：以上八詩（此五首及《和蔡準郎中見邀遊西湖三首》），

隨手拈出，皆得西湖之神，可謂天才。

黑雲翻墨未遮山，白雨跳珠亂入船。卷地風來忽吹散，望湖樓下水如天。

潘德輿《養一齋詩話》卷九：坡之七絕高唱，猶有數章，漫識于此，供愛者之諷誦焉。（略）

「黑雲翻墨未遮山（略）。」

紀昀評《蘇文忠公詩集》卷七：陰陽變化開闔于俄頃之間，氣雄語壯，人不能及也。

放生魚鼈逐人來，無主荷花到處開。水枕能令山俯仰，風船解與月徘徊。

施補華《峴傭說詩》：東坡七絕亦可愛，然趣多致多，而神韻卻少。「水枕能令山俯仰，風船解與月徘徊」，致也。

烏菱白芡不論錢，亂繫青菰裏綠盤。忽憶嘗新會靈觀，滯留江海得加餐。

獻花游女木蘭橈，細雨斜風溼翠翹。無限芳洲生杜若，吳兒不識楚辭招。

紀昀評《蘇文忠公詩集》卷七：此首更饒情致。

未成小隱聊中隱，可得長閒勝暫閒。我本無家更安往，故鄉無此好湖山。

七月一日出城舟中苦熱

涼飈呼不來，流汗方被體。稀星乍明滅，暗水光瀰瀰。香風過蓮芡，驚枕裂魴鯉。欠伸宿酒餘，起坐濯清泚。火雲勢方壯，未受月露洗。身微欲安適，坐待東方啓。

汪師韓《蘇詩選評箋釋》卷一：「驚枕裂魴鯉」五字警絶，筆端有風泠然。

宿餘杭法喜寺後綠野堂望吳興諸山懷孫莘老學士

徙倚秋原上，凄涼晚照中。水流天不盡，人遠思何窮。問禊知秦過，看山識禹功（自注：餘杭，始皇所舍舟也。西北舟杭山，堯時洪水，繫舟山上）。稻涼初吠蛤，柳老半書蟲。荷背風翻白，蓮腮雨退紅。追游慰遲暮，覓句效兒童。北望苕溪轉，遙憐震澤通。烹魚得尺素，好在紫髯翁。

曾季貍《艇齋詩話》：東坡詩：「問堞知秦過，看山識禹功。」皆用出處對屬，如此親切。

紀昀評《蘇文忠公詩集》卷七：（起四句）不必精深，自然華妙。此由氣韻不同。（「荷背風翻白」）寫難狀之景。

趙克宜《角山樓蘇詩評注彙鈔》卷三：（「稻粱初吠蛤」二句）寫時序親切。

宿臨安淨土寺

鷄鳴發餘杭，到寺已亭午。參禪固未暇，飽食良先務。平生睡不足，急掃清風宇。閉門羣動息，香篆起煙縷。覺來烹石泉，紫筍發輕乳。晚涼沐浴罷，衰髮稀可數。浩歌出門去，幕色入村塢。微月半隱山，圓荷爭瀉露。相攜石橋上，夜與故人語。明朝入山房，石鏡炯當路。昔照熊虎姿，今爲猿鳥顧。廢興何足弔，萬古一仰俯。

曾季貍《艇齋詩話》：東坡詩云：「明朝入山房，石鏡炯當戶。昔照熊虎姿，今爲猿鳥顧。」石鏡禪師有石鏡，照錢王微時在鏡中被王者之服。

汪師韓《蘇詩選評箋釋》卷一：別有一種清腴之趣，無心刻琢，自造元微。

紀昀評《蘇文忠公詩集》卷七：直起直收，逐節挨叙，章法甚別。（「明朝入山房」以下）得力在收處，縈帶一波。有此一虛，前路五實（指「雞鳴」、「亭午」、「晚涼」、「暮色」、「夜與」）皆活。

（日本）賴山陽《東坡詩鈔》卷一：（「鷄鳴發餘杭」）（鷄鳴）二字尤佳。（「平生睡不足」）坡翁慣家語。（「紫筍發輕乳」）細膩。（「圓荷爭瀉露」）只寫一物，其餘景況，不言而可想，妙。（「夜與故人語」）是即微月隱山之時也，倒置如此，便佳。（「石鏡炯當路」）就此一物即收筆，不必憂不管到前面。覺悟入此法，令人刮目。

自淨土步至功臣寺

落日岸葛巾，晚風吹羽扇。松間野步穩，竹外飛橋轉。神功鑿横嶺，巖石得巨片。直渡千人溝，下有微流泫。岡巒蔚回合，金碧爛明絢。緬懷異姓王，負擔此鄉縣。長逢胯下辱，屢乞桑間飯。誰謂山石頑，識此希世彥。凜然英氣逼，屹起猶聳戰。他年萬騎歸，父老恣歡宴。錦繡被原野，金珠散貧賤。寶融既入朝，吳芮空記面。榮華坐銷歇，閱世如郵傳。惟有長明燈，依然照深殿。

汪師韓《蘇詩選評箋釋》卷一：寫步至之景，琢句具六朝人風骨。後幅即事寄慨，正以不橫使議論爲古。

紀昀評《蘇文忠公詩集》卷七：（「誰謂山石頑」四句）入一事便有波瀾，亦不廓落。（「竇融既入朝」二句）用事的當，叙得簡凈，他人須五六句方了。

趙克宜《角山樓蘇詩評注彙鈔》卷三：起結叙游歷所見，中數韻綜括錢氏興廢，亦凈亦遒。（「竇融既入朝」二句）以運典代叙事，故簡而能透，詩之所以貴有學也。

遊徑山

衆峰來自天目山，勢若駿馬奔平川。中塗勒破千里足，金鞭玉蹬相迴旋。人言山佳水亦佳，下有萬古蛟龍淵。道人天眼識王氣，結茆宴坐荒山巔。精神貫山石爲裂，天女下試顏如蓮。寒窗暖足來朴朔，夜鉢咒水降蜿蜒。雪眉老人朝叩門，願爲弟子長參禪。爾來廢興三百載，奔走吳會輸金錢。飛樓湧殿壓山破，朝鐘暮鼓驚龍眠。晴空仰見浮海蜃，落日下數投林鳶。有生共處覆載內，擾擾膏火同烹煎。近來愈覺世議隘，每到寬處差安便。嗟余老矣百事廢，卻尋舊學心茫然。問龍乞水歸洗眼，欲看細字銷殘年（自注：龍井水洗病眼有效）。

朋九萬《烏臺詩案・與子由詩》：熙寧六年句，《遊徑山》留題云：「近來愈覺世議隘，每到勝處差安便。」以譏諷朝廷之用人，多是刻薄褊隘之人，不少容人過失，見山中寬閑之處爲樂也。

曾季貍《艇齋詩話》：東坡詩云「雪眉老人夜扣關」，老人即天目山龍也，今有老人亭。又「寒窗暖足來朴朔」者，道欽禪師嘗有兔爲師煖鞾；「問龍乞水歸洗眼」者，龍井水可洗眼故也，又云「兩眼尙能看細字」。

吳師道《宋高宗書東坡遊徑山詩濯字韻》（《禮部集》卷一七）：宋崇寧、宣和時，蘇學有禁，今德壽皇帝乃取其詩親書之，一時好惡如此，而廢興大故，尤有足慨者矣。

查愼行《初白庵詩評》卷中：（「勢若駿馬奔平川」三句）工于比擬。

汪師韓《蘇詩選評箋釋》卷一：只是叙述徑山事，奇文崛起紙上，有如金碧照耀，躡杜陵之高踪，導渭南之先路。

紀昀評《蘇文忠公詩集》卷七：（起四句）入手便以喻起，耳目一新，東坡慣用此法。與「船上看山如走馬」設譬略同，而工拙相去遠矣。（結處四句）綰合不泛。

趙翼批沈德潛《宋金元三家詩選・蘇東坡詩選》上卷：筆力奔放迴旋，亦與山勢相似。

方東樹《昭昧詹言》卷一二：起六句寫道人。八句叙。

又見卷六《送錢藻出守婺州得英字》趙翼評。

自徑山回得呂察推詩用其韻招之宿湖上

多君貴公子，愛山如愛色。心隨葉舟去，夢繞千山碧。新詩到中路，令我喜折屐。古來軒冕徒，操舍兩悲慄。數朝辭簪笏，兩腳得暫赤。歸來不入府，卻走湖上宅。寵辱吾久忘，寧畏官長詰。飄然便歸去，誰在子思側。君能從我遊，出郭及未黑。

紀昀評《蘇文忠公詩集》卷七：（「誰在子思側」）用事不的。

宿望湖樓再和

新月如佳人，出海初弄色。娟娟到湖上，瀲瀲搖空碧。夜涼人未寢，山靜聞響屐。騷人故多感，悲秋更憀慄。君胡不相就，朱墨紛黝赤。我行得所嗜，十日忘家宅。但恨無友生，詩病莫訶詰。君來試吟詠，定作鶴頭側。改罷心愈疑，滿紙蛟蛇黑。

紀昀評《蘇文忠公詩集》卷七：（起四句）寫景自好。「朱墨」句指案牘也，然語不分明。後半不甚自然。

夜泛西湖五絶

查愼行《初白庵詩評》卷中：五首章法，聯絡不斷，前人所未有，亦先生集中變格也。

汪師韓《蘇詩選評箋釋》卷一：五絶蟬聯而下，體製從《三百篇》出，清蒼突兀。三四兩作寫景之妙，尤爲脱盡恆蹊。昔陳思《贈白馬王彪》詩，《藝苑卮言》謂其體全仿《大雅·文王》之什。至謝康樂《登臨海嶠》四章，《文選》直合爲一首，注亦更不分其一其二。若此詩亦必作一首讀，乃見其妙耳。

紀昀評《蘇文忠公詩集》卷七：蟬聯格本陳思《贈白馬王彪》詩，初白先生以爲創格，非也。然終是小樣，雅不喜之。

翁方綱《石洲詩話》卷三：以眞境大而能化。在絶句中，固已空絶古人矣。

新月生魄迹未安，纔破五六漸盤桓。今夜吐艷如半璧，遊人得向三更看。

紀昀評《蘇文忠公詩集》卷七：以拗取姿，然無甚佳處。

三更向闌月漸垂，欲落未落景特奇。明朝人事誰料得，看到蒼龍西沒時。

紀昀評《蘇文忠公詩集》卷七：中二首（按：指二、三首）差有致耳。

蒼龍已沒牛斗橫，東方芒角昇長庚。漁人收筒及未曉，船過惟有菰蒲聲（自注：湖上禁漁，皆盜釣者也）。

查愼行《初白庵詩評》卷中：瀟灑渾脫，筆墨俱化。此種境界，淺人不易解也。

趙克宜《角山樓蘇詩評注彙鈔》卷三：五首用蟬聯格，此其第三首也，雅有唐人氣息。

菰蒲無邊水茫茫，荷花夜開風露香。漸見燈明出遠寺，更待月黑看湖光。

袁宏道評閱譚元春選《東坡詩選》卷二譚元春評：月黑看湖光，纔是看西湖法眼。頃來深扃船窗，歌吹相喧，客生了一故事，未暮趨歸，求一看月中西湖者少矣，況知黑中光乎？夫黑中光事，眞湖光也。

紀昀評《蘇文忠公詩集》卷七：五首蟬聯而下。前首已是將曉（「東方芒角昇長庚」），何以此首又待「月黑」（「更待月黑看湖光」）？未喻其故。

陳衍《宋詩精華錄》卷二：末句未有人說過。

香巖批《紀評蘇詩》卷七：在七絕卻是創格，陳思《贈白馬王彪》詩，誰不知之，何況初白。

湖光非鬼亦非仙，風恬浪靜光滿川。須臾兩兩入寺去，就視不見空茫然。

查慎行《初白庵詩評》卷中：末章紀一時所見如此，《（游）金山（寺）》詩亦然。

紀昀評蘇文忠公詩集卷八

焦千之求惠山泉詩

兹山定空中，乳水滿其腹。遇隙則發見，臭味實一族。淺深各有値，方圓隨所蓄。或爲雲洶湧，或作線斷續。或鳴空洞中，雜佩間琴筑。或流蒼石縫，宛轉龍鸞蹙。缾罌走千里，眞僞半相瀆。貴人高宴罷，醉眼亂紅綠。赤泥開方印，紫餅截圓玉。傾甌共歎賞，竊語笑僮僕。豈如泉上僧，盥灑自挹掬。故人憐我病，蒻籠寄新馥。欠伸北窗下，晝睡美方熟。精品厭凡泉，願子致一斛。

吳聿《觀林詩話》：東坡云「醉眼炫紅綠」，此乃「看朱成碧顏始紅」換骨句耳。

查愼行《初白庵詩評》卷中：伯強，六安人，六一門下客。（「兹山定空中」二句）奇想天開。（「瓶罌走千里」二句）能悉用調水符乎？請更下一轉語。

紀昀評《蘇文忠公詩集》卷八：意新語創，得此一起，併下四「或」字，習調，亦覺生趣盎然，不爲耳目之厭。

趙克宜《角山樓蘇詩評注彙鈔》卷三：「淺深」一聯渾寫，所以領起下三聯。（「眞僞半相瀆」）以眞僞相雜作波。（「傾甌共歎賞」二句）情態曲盡。（「豈如泉上僧」）一層本屬牽入，非此則無以挽轉作頓束。

答任師中次韻　自注：來詩勸以詩酒自娛

閒裏有深趣，常憂兒輩知。已成歸蜀計，誰借買山貲。世事久已謝，故人猶見思。平生不飲酒，對子敢論詩。

紀昀評《蘇文忠公詩集》卷八：語亦淸健，或以爲盛唐極則，作家老境，則非也。此種極易效，庸淺者多假以售欺，宜細辨之，方不墜入五里霧中。

沈諫議召遊湖不赴明日得雙蓮於北山下作一絶持獻沈既見和又別作一首因用其韻

湖上棠陰手自栽，問公更得幾時來。水仙亦恐公歸去，故遣雙蓮一夜開。

詔書行捧縷金箋，樂府應歌相府蓮。莫忘今年花發處，西湖西畔北山前。

紀昀評《蘇文忠公詩集》卷八：既涉世故，那能不作應酬詩。但存之集中，則轉爲盛名之累。此非作詩者之過，而編詩者之過也。

和歐陽少師會老堂次韻

一時冠蓋盡嚴終，舊德年來豈易逢。聞道堂中延蓋叟，定應牀下拜梁松。蠹魚自曬閒箱篋，科斗長收古鼎鐘。我欲棄官重問道，寸筳何以得春容。

王文誥《蘇文忠公詩編注集成》卷八：（「一時冠蓋盡嚴終」）此言使者分布天下，皆新進少年也，本意以此翻起趙槩。（「蠹魚自曬閒箱篋」二句）此聯著落「堂」字；主人不到而自到矣，故下以「重問道」句緊接之也。

題永叔會老堂

三朝出處共雍容，歲晚交情見二公。乘輿不辭千里遠，放懷還喜一樽同。嘉謀定國垂青史，盛事傳家有素風。自顧塵纓猶未濯，九霄終日羨冥鴻。

和歐陽少師寄趙少師次韻

朱門有遺啄，千里來燕雀。公家冷如冰，百呼無一諾。平生親友半遷逝，公雖不怪傍人愕。世事如今臘酒醲，交情自古春雲薄。二公凜凜和非同，疇昔心親豈貌從。白鬚相映松間鶴，清句更酬雪裏鴻。何日揚雄一廛足，卻追范蠡五湖中。

紀昀評《蘇文忠公詩集》卷八：謹嚴而不局促，清利而不淺薄，自是用意之作。（「世事如今臘酒醲」二句）二句足得有聲情，所謂「言之不足而長言之，長言之不足而詠歎之」。

王文誥《蘇文忠公詩編注集成》卷八：（「世事如今臘酒醲」二句）通幅出色，全恃此二句撐得結實。

監試呈諸試官

我本山中人，寒苦盜寸廩。文辭雖久作，勉強非天稟。既得旋廢忘，懶惰今十稔。麻衣如再著，墨水眞可飲。每聞科詔下，白汗如流瀋。此邦東南會，多士敢題品。芻蕘盡蘭蓀，香不數葵茬。貧家見珠貝，眩晃自難審。緬懷嘉祐初，文格變已甚。千金碎全璧，百衲收寸錦。調和椒桂釅，咀嚼沙礫磣。廣眉成半額，學步歸踔踸。維時老宗伯，氣壓群兒凜。蛟龍不世出，魚鮪初驚淰。至音久乃信，知味猶食椹。至今天下士，微管幾左袵。謂當千載後，石室祠高朕。爾來又一變，此學初誰諗。權衡破舊法，芻豢笑凡飪。高言追衛樂，篆刻鄙曹沈。先生周孔出，弟子淵騫寢。卻顧老鈍軀，頑樸謝鐫鋟。諸君況才傑，容我懶且噤。聊欲廢書眠，秋濤春午枕。

《演繁露》續集卷五《硯》：晉人最重書學，然未嘗擇硯。故石林曰：晉之善書者，不自研墨，使人研之成漿，乃以斗供。其說不知何出。北齊試士，其惡濫者飲墨水一升。在試而有墨水可及一升，則石林之言信矣。故東坡詩曰：「廝衣如再著，墨水眞可飲。」用此事也。唐以前多用瓦研，今天下通用石研，而猶槪言瓦研也。至李肇《國史補》曰：端溪之紫石硯天下通用。則其時已用端石矣。歙之龍尾硯，乃江南李主創爲，唐世未之見也。見王中舍《研譜》。

汪師韓《蘇詩選評箋釋》卷一：熙寧五年軾在杭州通判任。是年科場監試，故有呈試官及試院諸詩。此其第一作也，以自述起，以自述終，中間極論文章之變。嘉祐茁軋之習，文變而弊，得歐陽爲之力返於古，此老宗伯之功不可忘也。逮王安石一變科舉之法，是又變而之衰之候矣。括以二言曰：「先生周孔出，弟子淵騫寢。」而自傷老鈍，無與迴瀾，豈惟論文，實以慨世。

紀昀評《蘇文忠公詩集》卷八：「廝衣」二句眞語，非通人不肯道。然是用晉李悍意。（「千金碎金璧」至「此學初誰諗？」）中一段大開大合，波瀾起伏，極爲壯闊。（「謂當千載後」二句）頓挫有力。（「權衡破舊法」以下）雖痛詆新學，而以嬉笑出之，尚未至以怒駡。只得如此收場，再一著語，便難措手。

趙克宜《角山樓蘇詩評注彙鈔》卷三：通體遒鍊。叙平生起。（「麻衣如再著」）頓句沈着。（「多士敢題品」）入題。（「芻蕘盡蘭蓀」）入議論。（「千金碎全璧」數句）比例精切。（「氣壓群兒凜」）警切。（「謂當千載後」）極力頓足，則新學之非不煩言可見。（「高言追衛樂」數句）此《辨奸論》所云私立名字也。（「卻顧老鈍軀」以下）收到呈諸試官，仍挽轉自己生平，與起處相應。不更說斯時取士得失，最爲圓凈。

又見本卷《試院煎茶》翁方綱評、本卷《八月十七日復登望海樓》紀昀評。

望海樓晚景五絶

海上濤頭一線來，樓前指顧雪成堆。從今潮上君須上，更看銀山二十回。

橫風吹雨入樓斜，壯觀應須好句誇。雨過潮平江海碧，電光時掣紫金蛇。

曾季貍《艇齋詩話》：東坡「電光時掣紫金蛇」，出白樂天詩。

紀昀評《蘇文忠公詩集》卷八：「紫金蛇」（「電光時掣紫金蛇」）究非佳語。

王文誥《蘇文忠公詩編注集成》卷八：（「雨過潮平江海碧」）七字極有斟酌，確是逐日閒坐樓上看潮人語。

潘德輿《養一齋詩話》卷八：自來詠雷電詩，皆壯偉有餘，輕婉不足，未免猙獰可畏。（略）電詩則可玩者絕少，如太白之「三時大笑開電光」，劉夢得之「輕電閃紅綃」，東坡之「電光時掣紫金蛇」，均非雋句。

又見卷一五《和孔密州五絕》潘德輿評。

青山斷處塔層層，隔岸人家喚欲譍。江上秋風晚來急，爲傳鐘鼓到西興。

潘德輿《養一齋詩話》卷九：容齋取張文潛愛誦杜公「溪回松風長」五古，坡公「梨花淡白柳深青」七絕，以爲美談。二詩何嘗有一字求奇，何嘗有一字不奇。僕少年不學，鹵莽于詩，不謂容齋鉅手，久已爲此。必知容齋述文潛之意，方于詩學有少分相應耳。予又考坡公七絕甚多，而合作頗少。其才高博學，縱横馳驟，自難爲弦外之音。「梨花淡白」一章，允爲傑出。文潛所賞，足稱隻眼。然坡之七絕高唱，猶有數章，漫識于此，供愛者之諷誦焉。（略）「青山斷處塔層層（略）。」

樓下誰家燒夜香，玉笙哀怨弄初涼。臨風有客吟秋扇，拜月無人見晚粧。

紀昀評《蘇文忠公詩集》卷八：此首格力較卑弱。

沙河燈火照山紅，歌鼓喧呼笑語中。爲問少年心在否，角巾攲側鬢如蓬。

試院煎茶

蟹眼已過魚眼生，颼颼欲作松風鳴。蒙茸出磨細珠落，眩轉遶甌飛雪輕。銀瓶瀉湯誇第二，未識古人煎水意（自注：古語云：煎水不煎茶）。君不見昔時李生好客手自煎，貴從活火發新泉。又不見今時潞公煎茶學西蜀，定州花瓷琢紅玉。我今貧病常苦饑，分無玉盌捧蛾眉。且學公家作茗飲，塼爐石銚行相隨。不用撑腸拄腹文字五千卷，但願一甌常及睡足日高時。

汪師韓《蘇詩選評箋釋》卷一：獨寫煎茶妙處，於集中諸詠茶詩別出一奇。語不必深而精采自露。此與《汲江》一篇，在古近體中各推絕唱。

紀昀評《蘇文忠公詩集》卷八：發端超妙，惜以下多入潑調耳。「君不見」三字引句，原是古調，然後人用濫，實有一種可厭處。（「一盌捧娥眉」）倒裝不妥，結亦太滑。

（日本）賴山陽《東坡詩鈔》卷三：題署試院字，是爲着眼。（「蟹眼已過魚眼生」二句）單刀直入，語法秀麗，全是近體格調。用數虚字便活動。（「未識古人煎水意」）起二句便是古人煎水意。（「君不見昔時李生好客手自煎」）李生、潞公兩層。（「不用撑腸拄腹文字五千卷」）沉着痛快。（「但願一甌常及睡足日高時」）「一」字與「五千」相反映。

翁方綱《石洲詩話》卷三：神宗熙寧二年，議更貢舉法，王安石以爲古之取士，俱本於學，請興建學校以復古。其明經諸科，欲行廢罷，使兩制三館議之。直史館蘇軾上議，以爲不當廢。卒如安石議，罷詩賦帖經墨義，士各占治《易》、《詩》、《書》、《周禮》、《禮記》一經，兼《論語》、《孟子》。謂《春秋》有三傳難通，罷之。試分四場：初大經，次兼經大義凡十道，次論一道，次策三道。時齊、魯、河朔之士，往往守先儒訓詁，質厚不能爲文辭。東坡《試院煎茶》詩，作於熙寧壬子八月，時先生在錢唐試院，其曰「未識古人煎水意」，又曰「且學公家作茗飲」，蓋皆有爲而發。又有《呈諸試官》之作，末云「聊欲廢書眠，秋濤舂午枕」，與此詩末二句正相同。但此篇化用盧仝詩句，乃更爲精切耳。

趙克宜《角山樓蘇詩評注彙鈔》卷三：古煮茶法，以茶磨細，入水同煮，故次聯云然。（「君不見」）既是古調，何遽可厭？當論詩之佳否耳。（「分無玉碗捧蛾眉」）言玉盤捧于娥眉耳，此種句法極多。（結處）切茶運用，寄慨深微。翁方綱謂是時用安石議，改取士之法，故先生此篇末句與《呈諸試官》詩「聊欲廢書眠」同意。又謂「未識古人煎水意，且學公家作茗飲」，亦皆此旨。

持論較紀爲細。

孫莘老求墨妙亭詩

蘭亭繭紙入昭陵，世間遺跡猶龍騰。顏公變法出新意，細筋入骨如秋鷹。徐家父子亦秀絕，字外出力中藏稜。嶧山傳刻典刑在，千載筆法留陽冰。杜陵評書貴瘦硬，此論未公吾不憑。短長肥瘦各有態，玉環飛燕誰敢憎。吳興太守眞好古，購買斷缺揮縑繒。龜趺入座螭隱壁，空齋晝靜聞登登。奇蹤散出走吳越，勝事傳說誇友朋。書來乞詩要自寫，爲把栗尾書溪藤。後來視今由視昔，過眼百世如風燈。他年劉郎憶賀監，還道同時須服膺。

胡仔《苕溪漁隱叢話》後集卷六：（「杜陵評書貴瘦硬」二句）蓋東坡學徐浩書，浩書多肉，用筆圓熟，故不取此語。

袁文《甕牖閒評》卷五：蘇東坡不甚喜婦人，而詩中每及之者，非有他也，以爲戲謔耳。其曰：「短長肥瘠各有態，玉環飛燕誰敢憎」，乃評書之作也。」（略）如此數詩，雖與婦人不相涉，而比擬恰好，且其言妙麗新奇，使人賞玩不已，非善戲謔者能若是乎？

查愼行《初白庵詩評》卷中：（「顏公變法出新意」四句）書評的確，兩不可移。

汪師韓《蘇詩選評箋釋》卷一：論書大旨不外前和子由作所云「端莊雜流麗，剛健含婀娜」一語，故每不取少陵瘦硬通神之說。此詩就亭中所列李、顏、二徐諸刻加之評論，軾之書其源出於顏、徐。詩中「細筋入骨如秋鷹」及「字外出力中藏稜」二句，非惟道古，乃其自道，蓋「直以金針度與人」矣。

紀昀評《蘇文忠公詩集》卷八：句句警健，東坡極加意之作。（「短長肥瘦各有態」二句）此眞通人之論，詩文皆然，不獨書也。江淹《雜擬》詩序已明此旨，東坡移以論書耳。

（日本）賴山陽《東坡詩鈔》附《書韓蘇古詩後》：世服蘇之廣長舌，不知其收舌不盡展者更好。（略）《墨妙亭》，（略）皆豐約合度，姿態可觀。

趙翼《甌北詩話》卷五《蘇東坡詩》：坡詩不尙雄傑一派，其絕人處在乎議論英爽，筆鋒精銳，舉重若輕，讀之似不甚用力而力已透十分，此天才也。試即其詩，略爲舉似。（略）七古如（略）「顏公變法出新意，細筋入骨如秋蠅。徐家父子亦秀絕，字外出力中藏稜。」（《墨妙亭詩》）（略）此皆坡詩中最上乘，讀者可見其才分之高，不在功力之苦也。

趙翼批沈德潛《宋金元三家詩選．蘇東坡詩選》上卷：（「杜陵評書貴瘦硬」數句）論古須自出新意。（「他年劉郎憶賀監」二句）結弱。

翁方綱《石洲詩話》卷三：蘇文忠作《墨妙亭》詩，則因亭中石刻，自秦篆《嶧山》、褚摹《蘭亭》以迨顏、徐諸人。家數既多，體格不一，所云「短長肥瘦」、「玉環飛燕」，特總統檃括之詞，故借杜詩語側入，以見筆鋒耳。此所謂言各有當，不得因此二詩（按：指此詩及杜甫《八分小篆歌》）而區別論書之旨，以爲杜、蘇殊嗜也。

王文誥《蘇文忠公詩編注集成》卷八：（「字外出力中藏稜」二句）鍾、王之法，七字道盡。（「書來乞詩要自寫」）收到墨妙句，似率易，而手法細密之甚。（「字外出力中藏稜」二句）《孟子·盡心下》曰：「由孔子來，至于今百有餘年矣。」即是此種念頭，而詩不甚顯，故佳。

《歷代詩發》卷二四：坡公書法稱宋朝第一人，今觀墨妙亭詩，知其得心應手者固有在也。

趙克宜《角山樓蘇詩評注彙鈔》卷三：公深于書，故評書有獨到語。（「顏公變法出新意」）亭中兼有唐人石刻，故亦叙及之。（「長短肥瘦各有態」二句）一喻醒快，遂爲千古平情之論。（「吳興太守眞好古」）至此方入題。「後來視今」一聯，所以起結句。

陳衍《宋詩精華錄》卷二：此首僅有一二名句。

李公擇求黄鶴樓詩因記舊所聞於馮當世者

黄鶴樓前月滿川，抱關老卒饑不眠。夜聞三人笑語言，羽衣著屐響空山。非鬼非人意其僊，石扉三叩聲淸圓。洞中鏗鈜落門關，縹緲入石如飛煙。鷄鳴月落風馭還，迎拜稽首願執鞭。汝非其人骨腥羶，黄金乞得重莫肩。持歸包裹斂席氈，夜穿茆屋光謝天。里閭來觀已變遷，似石非石鉛非鉛。或取而有衆忿喧，訟歸有司今幾年。無功暴得喜欲顛，神人戲汝眞可憐。願君爲考然不然，此語可信馮公傳。

吳曾《能改齋漫錄》卷六：東坡集有《李公擇求黃鶴樓詩》，其詩云：「黃鶴樓前月滿川（略）。」按，鄂州黃鶴樓下，有石光徹，名曰石照。其右巨石，世傳以爲仙人洞也。一守關老卒，每晨起即拜洞下。一夕，月明如晝，見三道士自洞中出，吟嘯久之。將復入，洞卒即從之。道士曰：「汝何人邪？」卒具言其所以，且乞富貴。道士曰：「此洞間石，速抱一塊去。」卒持而出，石合，無從而入。明日視石，黃金也。鑿而貸之，衣食頓富。爲隊長所察，執之，以爲盜也。卒以實告，官就取其石至郡，則金化矣。非金非玉，非石非鉛，因藏於軍資庫中。蓋馮當世所言如此，故東坡詩用其事。

宋長白《柳亭詩話》卷一七：陳後山謂少陵以詩爲文，昌黎以文爲詩，此言似近而實遠，以未悉二公肯綮也。如東坡《黃鶴樓》詩，以馮當世語作紀事，中云：「非鬼非神意其仙，石扉三叩聲淸圓。」末云：「願君爲考然不然，此語可信馮公傳。」（略）實者虛之，虛者實之，即前後二《赤壁賦》意，安在文法不可以入詩乎？

紀昀評《蘇文忠公詩集》卷八：音節瑯然。遁入別徑，避崔顥也。此狡獪處，亦寸心自知處。（「汝非其人骨腥羶」以下三句）此三句他人數行不能了。（「願君爲考然不然」二句）得此二語，方非小說傳奇；不然，則游騎無歸，收束不住。

王文誥《蘇文忠公詩編注集成》卷八：若實詠黃鶴樓，必要首出「去」字，而《鳳凰臺》、《鸚鵡洲》亦同。崔顥首將黃鶴放去，故李白不道，若以後半論，則顥詩亦不佳也。白去而爲《鳳凰臺》，首云「鳳游臺上」，次云「鳳去臺空」，亦以避顥故也。及爲《鸚鵡洲》詩，則並爲《鳳凰臺》所壓，故其詩云：「鸚鵡來過吳江水，江上洲傳鸚鵡名，鸚鵡西飛隴山去」，既不能去，只可說來，而其「去」字在第三句，又落《鳳凰》之後矣。此二詩極力經營，強于顥者遠甚，白作詩亦未有如是辛苦者。無如顥之前半，取巧勦說，已占盡地步，不容有兩，與之爭執不得。凡此種傳題詩，只爭首句，並不重後幅也。杜陵于此類題，立意不作，正以崔、李在前耳。但此是論傳題法，若其題已有名篇，後人不妨別出手眼，故如王昭君一題，自李白而下，名作未易悉數，不得謂古已有之，後人必不可作也。若公此詩，雖在寄題，故幾于無語可道，使登此樓，必有傑作，以彼時不必更論去與不去一層也。曉嵐所謂「遁入別徑」者，論寄題則是，論遜顥則非，故詳論之。（「似石非石鉛非鉛」）隨手塡寫，亦如斷磚碎瓦，皆成黃金。

八月十日夜看月有懷子由並崔度賢良

宛邱先生自不飽，更笑老崔窮百巧。一更相過三更歸，古柏陰中看參昴。去年舉君苜蓿盤，夜傾閩酒赤如丹。今年還看去年月，露冷遙知范叔寒。典衣自種一頃豆，那知積雨生科斗。歸來四壁草蟲鳴，不如王江常飲酒（自注：王江，陳州道人）。

紀昀評《蘇文忠公詩集》卷八：清而不淺。

催試官考較戲作

八月十五夜，月色隨處好。不擇茆簷與市樓，況我官居似蓬島。鳳咮堂前野橘香，劍潭橋畔秋荷老。八月十八潮，壯觀天下無。鯤鵬水擊三千里，組練長驅十萬夫。紅旗青蓋互明滅，黑沙白浪相吞屠。人生會合古難必，此景此行那兩得。願君聞此添蠟燭，門外白袍如立鵠。

葉矯然《龍性堂詩話初集》：少陵「詞源倒流三峽水，筆陣獨掃千人軍」，「三軍笛裏關山月，萬國兵前草木風」，此壯語也。東坡「鵾鵬水擊三千里，組練長驅十萬夫」，（略）足稱勁敵，然此人所易知者。

查慎行《初白庵詩評》卷中：（「門外白袍如鵠立」）白袍謂候榜諸生。洪邁《鎖宿貢院》詩云：「一閒十日眞天錫，慚愧紛紛白袍子。」則爾時舉子應試候榜，皆衣白袍耶？

汪師韓《蘇詩選評箋釋》卷一：寫月高朗，寫潮雄奇，鵾鵬組練二語，可括枚乘《七發》觀濤一篇。

紀昀評《蘇文忠公詩集》卷八：此何等大典，乃以竣事遊眺促之，立言殊不得體。雖題有「戲」字，其實「戲」字已先錯。

王文誥《蘇文忠公詩編注集成》卷八：（「劍潭橋畔秋荷老」）杭州無此名，指蜀中也。「月色隨處好」句，不專指杭州，「况我官居」本意，直貫下「劍潭」也。其下別起頭腦，而前半是總論，故不礙。

八月十七日復登望海樓自和前篇是日榜出與試官兩人復留五首

樓上煙雲怪不來，樓前飛紙落成堆。非關文字須重看，卻被江山未放回。

紀昀評《蘇文忠公詩集》卷八：本色得好。

眼昏燭暗細行斜，考閱精強外已誇。明日失杯君莫怪，早知安足不成蛇。

紀昀評《蘇文忠公詩集》卷八：（「考閱精強外已誇」）句太鄙。

王文誥《蘇文忠公詩編注集成》卷八：（「眼昏燭暗細行斜」）與後句「秋花不見」同意。

亂山遮曉擁千層，睡美初涼撼不譍。昨夜酒行君屢歎，定知歸夢到吳興。

查慎行《初白庵詩評》卷中：（「定知歸夢到吳興」）時試官中必有吳興職官與吳興人。

紀昀評《蘇文忠公詩集》卷八：此戲筆，卻不嫌佻。所謂言各有當。

天台桂子爲誰香，倦聽空階點夜涼。賴有明朝看潮在，萬人空巷鬬新粧。

秋花不見眼花紅，身在孤舟兀兀中。細雨作寒知有意，未教金菊出蒿蓬。

紀昀評《蘇文忠公詩集》卷八：（「細雨作寒知有意」二句）寓意。（「未教金菊出蒿蓬」）爾時新學盛，去取必不如意，故有「金菊蓬蒿」之感，觀《呈諸試官》詩可見。

秋懷二首

汪師韓《蘇詩選評箋釋》卷一：前作感愴，後作乃導以沖和，起乎悲，止乎樂，蓋猶是優游卒歲之旨。

苦熱念西風，常恐來無時。及茲遂淒凜，又作徂年悲。蟋蟀鳴我牀，黃葉投我帷。窗前有棲鵩，夜嘯如狐狸。露冷梧葉脫，孤眠無安枝。熠燿亦有偶，高屋飛相追。定知無幾見，迫此清霜期。物化逝不留，我興爲嗟咨。使當勤秉燭，爲樂戒暮遲。

葉寘《愛日齋叢鈔》卷三：東坡《秋懷》詩：「苦熱念秋風，常恐來無時，及茲遂淒凜，又作徂年悲。」即補《洞仙歌》結語。荆公有云：「少年不知秋，喜聞西風生。老大多感傷，畏此蟋蟀鳴。」又少陵老去悲秋之意。而又一詩云：「少年見青春，萬物皆嫵媚。一從鬢上白，百不見可喜。」述壯老異情處，猶前詩也。

紀昀評《蘇文忠公詩集》卷八：斂才以效古人，音節意旨，遂皆去之不遠。流年遲暮之感，妙不正寫，只以物化烘託而出。

趙克宜《角山樓蘇詩評注彙鈔》卷三：語極平近，足以令人心肯氣息，直逼陶、韋。

海風東南來，吹盡三日雨。空堦有餘滴，似與幽人語。念我平生歡，寂寞守環堵。壺漿慰我勞，裹飯救寒苦。今年秋應熟，過從飽鷄黍。嗟我獨何求，萬里涉江浦。居貧豈無食，自不安畎畝。念此坐達晨，殘燈翳復吐。

紀昀評《蘇文忠公詩集》卷八：三、四平語，卻極奇幻。「居貧」二句，亦人不肯道語。

（日本）賴山陽《東坡詩鈔》卷一：公詩，起處每佳，以景起，以景結。（「吹盡三日雨」）「盡」字有味。（「似與幽人語」）奇奇，前人所未言。（「念我平生歡」）「念我」云云恐非即夜之事。交歡之歡，蓋指朋友也。（「殘燈翳復吐」）復歸景物。佳結，亦是有餘韻。

趙克宜《角山樓蘇詩評注彙鈔》卷三：三四東坡本色。（「貧居豈無食」）二語亦似陶。

哭歐陽公孤山僧惠思示小詩次韻

故人已爲土，衰鬢亦驚秋。猶喜孤山下，相逢說舊遊。

梵天寺見僧守詮小詩清婉可愛次韻

但聞煙外鐘，不見煙中寺。幽人行未已，草露溼芒屨。惟應山頭月，夜夜照來去。

釋惠洪《冷齋夜話》卷六《東坡和惠詮詩》：東吳僧惠詮，佯狂垢污，而詩句清婉。嘗書湖上一山寺壁曰：「落日寒蟬鳴，獨歸林下寺。柴扉夜未掩，片月隨行屨。唯聞犬吠聲，又入青蘿去。」東坡一見，爲和于後曰：「唯聞煙外鐘，不見煙中寺。幽人夜未寢，草露濕芒屨。」

周紫芝《竹坡詩話》：余讀東坡《和梵天寺僧守詮》小詩，（略）未嘗不喜其清絶過人遠甚。晚游錢塘，始得詮詩云：「落日寒蟬鳴，獨歸林下寺。松扉竟未掩，片月隨行屨。時聞犬吠聲，更入青蘿去。」乃知其幽深之瀾與溪壑爭流，終不近也。

陸次雲《湖壖詩話》：禪家取東坡「溪聲便是廣長舌，山色不離清淨身」二語，以爲見道。不若其題梵天五古，色相俱空，已臻上乘，其成佛當不在靈運下也，矧伽藍乎？

汪師韓《蘇詩選評箋釋》卷一：峭蒨高潔，韋、柳遺音。

紀昀評《蘇文忠公詩集》卷八：莊老告退，山水方滋，晉宋以還，清音遂暢。揆以風雅之本旨，正如六經而外，別出玄談，亦自一種不可磨滅文字。後人轉相神聖，遂欲截斷衆流，專標此種爲正法眼藏。然則《三百》以下，漢魏以前，作者豈盡俗格哉？東坡之喜此詩，蓋亦「偶思螺蛤」之意，談彼法者，勿以借口。

趙翼批沈德潛《宋金元三家詩選·蘇東坡詩選》上卷：王、韋一派。在公集中卻是別調。

王文誥《蘇文忠公詩編注集成》卷八：（「但聞煙外鐘」四句）此種句調，猶之盤筵中，間以小食，雖亦適口，然終非一飽物也。

趙克宜《角山樓蘇詩評注彙鈔》卷三：自漁洋教人以王、孟爲宗，海內翕然從之。紀氏生于其後，欲力翻成說以自異，故遇此等處，苦費斡旋，亦門戶之見勝也。原作及和詩，境象雖清，意味卻薄，無唐賢之醞釀故耳。次公謂此三韻詩，杜子美已有此格。

香巖批《紀評蘇詩》卷八：（紀昀）此論極有關係，今之效王、孟者，宜各書一通于座右以作鍼砭。

和沈立之留別二首

而今父老千行淚，一似當時去越時。不用鐫碑頌遺愛，丈人清德畏人知。

紀昀評《蘇文忠公詩集》卷八：此首清老。

臥聞鐃鼓送歸艎，夢裏匆匆共一觴。試問別來愁幾許，春江萬斛若爲量（自注：去時予在試院）。

《吹劍三錄》：東坡問秦少游，別後有何作，少游舉「小樓連苑橫空，下窺綉轂雕鞍驟」，坡曰：「十三個字只說得一人騎馬樓前過。」文豹亦謂公次沈立之韻「試問別來愁幾許，春江萬斛若爲量」十四字，只是少游「愁如海」三字耳。

紀昀評《蘇文忠公詩集》卷八：此首不免濫套。

張道《蘇亭詩話》卷五《補注類》：《澠水燕談錄》：「子瞻通判錢塘，權領州事，新太守將至，營妓陳狀詞，以年老乞出籍從良，公即判曰：『五日京兆，判狀不難。九尾野狐，從良任便。』」按東坡權杭州，諸書不載。今王氏云新太守將至，則正沈立之與陳述古交承時也。《年表》云：「是年沈立罷杭州，陳襄字述古來代。」又《咸淳臨安志》：「熙寧五年五月，陳襄知杭州。」此指陳奉詔命時，其實以八月到郡。又東坡《和沈立之留別》詩自注云：「去時予在試院。」又《答范夢得書》云：「某被差本州監試，得閒二十餘日。」考監試時，八月十七日榜出，則被差當在七月下旬之初，其權郡要亦被差之前耳。

趙克宜《角山樓蘇詩評注彙鈔》附錄卷中：此（按：指本卷《戲題》）及前首（即此詩）皆唐人氣息，紀（昀）以爲「濫套」與「窠臼」（見紀評《戲贈》），亦是言其流弊耳。凡學皆有流弊，所宜預防。

和陳述古拒霜花

千株掃作一翻黃，只有芙蓉獨自芳。喚作拒霜知未稱，細思卻是最宜霜。

查愼行《初白庵詩評》卷中：（「細思卻是最宜霜」）淺。

紀昀評《蘇文忠公詩集》卷八：用意頗爲深曲，初白以淺譏之，似未喻其旨。原唱末二句「容易便開三百朵，此心應不畏秋霜」，此則更進一層，以比述古之見斥，而名愈重耳。

次韻孔文仲推官見贈

我本麋鹿性，諒非伏轅姿。君如汗血馬，作駒已權奇。齊驅大道中，竝帶鸞鑣馳。聞聲自決驟，那復受縶維。謂君朝發燕，秣楚日未攲。云何中道止，連蹇驢騾隨。金鞍冒翠錦，玉勒垂青絲。傍觀信美矣，自揣良厭之。均爲人所勞，何必陋鹽輜。君看立仗馬，不敢鳴且窺。調習困鞭箠，僅存骨與皮。人生各有志，此論我久持。他人聞定笑，聊與吾子期。空齋臥積雨，病骨煩撐支。秋草上垣牆，霜葉鳴堦墀。門前自無客，敢作揚雄麾。候吏報君來，弭節江之湄。一對高人談，稍忘俗吏卑。今朝枉詩句，粲如鳳來儀。上山絕梯磴，墮海迷津涯。憐我枯槁質，借潤生華滋。肯效世俗人，洗刮求瘢痍。賢明日登用，清廟歌緝熙。胡不學長卿，預作封禪祠。

汪師韓《蘇詩選評箋釋》卷一：起處八句以我與君並說，爲雙提之勢。「謂君朝發燕」以下言孔也，「空階卧積雨」以下自言也。而中以「人生各有志」四句作關鍵，遂覺説人處有我，自説處有人，無非齊驅並馳情景。至於「候吏報君來」以下，不過叙述贈答之因，然必有此一段，體勢乃寬，舒而不迫。

紀昀評《蘇文忠公詩集》卷八：大段疏暢，而牽於韻脚，不免疵累。（「旁觀信美矣」二句）二句太落宋調。（「均爲人所勞」二句）十字警警。（「君看立仗馬」以下四句）仗馬不應如此説，雖是託喻，亦不可不比附。（「不敢鳴且窺」）「窺」字添出。（「上山絶梯磴」）以下牽於韻脚，夾雜無緒。

王文誥《蘇文忠公詩編注集成》卷八：公與文仲同爲范景仁所薦，是作此詩本意也。

朱壽昌郎中少不知母所在刺血寫經求之五十年去歲得之蜀中以詩賀之

嗟君七歲知念母，憐君壯大心愈苦。羡君臨老得相逢，喜極無言淚如雨。不羡白衣作三公，不愛白日昇青天。愛君五十著綵服，兒啼卻得償當年。烹龍爲炙玉爲酒，鶴髮初生千萬壽。金花詔書錦作囊，白藤肩輿簾蹙繡。感君離合我酸辛，此事今無古或聞。長陵朅來見大姊，仲孺豈意逢將軍。開皇苦桃空記面，建中天子終不見。西河郡守誰復譏，潁谷封人羞自薦。

邵伯溫《邵氏聞見錄》卷一三：朱壽昌者，少不知母所在，棄官走天下求之，刺血書佛經，志甚苦。熙寧初見於同州，迎以歸，朝士多以詩美之。蘇內翰詩云：「感君離合我酸辛，此事今無古或聞。」王荆公薦李定爲臺官，定嘗不持母服，臺諫、給舍俱論其不孝，不可用。內翰因壽昌作詩貶定，故曰「此事今無古或聞」也。後定爲御史中丞，言內翰多作詩訕上。內翰自知湖州赴詔獄，小人必欲殺之。張文定、范忠宣二公上疏救，不報，天下知其不免矣。內翰獄中作詩寄黄門公子由云：「與君世世爲兄弟，更結來生未斷因。」或以上聞，上覽之悽然，卒赦之，止以團練副使安置黄州。

郎曄《經進東坡文集事略》卷四六：鄂州名壽昌，字康叔，嘗爲郎曹。少不知母所在，棄官走天下求之五十年，刺血書佛經，志甚苦。熙寧初入蜀，得之於同州，迎以歸。公嘗賦詩以美其事。

查慎行《初白庵詩評》卷中：（「嗟君七歲知念母」三句）他人數百言不能了者，先生只以三語了之，能使人人墮淚。以古人事作反結，章法極變。

查慎行《初白庵蘇詩補注》卷一：結二句，諷刺之意凜然可見。

汪師韓《蘇詩選評箋釋》卷二：前十二句稱述本事，於離合情狀曲折無不盡矣。然讀之但覺情餘於詞者，以有「嗟君」、「憐君」、「羨君」、「愛君」等字爲之點睛，則俱是作詩之旨，固與傳記體裁迥別也。「感君離合」二句，忽念及今無古有，作一轉軸，以下遂歷陳古事，既不拘於時代，亦不復再加論斷。悉數既終，文亦截然而止，此格尤爲創格，然正是漢魏人遺意，低手不能爲，亦不敢爲也。又七言轉韻，古詩凡轉韻之首句未有不用韻者。七言音節自不可與五言一例。嘗考《杜陵全集》，其中亦有三四首出韻者。若《醉時歌》之「先生有道出羲皇」，《哀江頭》之「憶昔霓旌下南苑」等句是也。此詩「不羨白衣作三公」句無韻，蓋亦如少陵之偶一有之。而自來詩人從無論及於此者，何耶？

紀昀評《蘇文忠公詩集》卷八：（起七句）格意俱鄙。初白先生極賞之，非末學所知。（「仲孺豈意逢將軍」二句）此事不佳。

王文誥《蘇文忠公詩編注集成》卷八：（「白藤肩輿簾蹙繡」）壽昌事至此畢，以下入公本意。

湯村開運鹽河雨中督役

居官不任事，蕭散羨長卿。胡不歸去來，滯留愧淵明。鹽事星火急，誰能卹農耕。薨薨曉鼓動，萬指羅溝坑。天雨助官政，泫然淋衣纓。人如鴨與豬，投泥相濺驚。下馬荒堤上，四顧但湖泓。線路不容足，又與牛羊爭。歸田雖賤辱，豈失泥中行。寄語故山友，愼毋厭藜羹。

朋九萬《烏臺詩案·與王詵往來詩賦》：又差開運鹽河詩云（略）。軾爲是時盧秉提舉鹽事，擘畫開運鹽河，差夫千餘人，軾於大雨中部役。其河只爲般鹽，既非農事，而役農民，秋田未了，有妨農事。又其河中間，有湧沙數里，軾宣言開得不便。軾自嗟泥雨勞苦，羨司馬長卿，居官而不任事。又愧陶淵明，不早棄官歸去也。農事未休，而役夫千餘人，故云：「鹽事星火急，誰能卹農耕？」又言百姓不易，天語又助官政，轉致百姓疲役，人在泥水中，辛苦無異鴨與豬。又言軾亦在泥中，與牛羊爭路而行。若歸田，豈至於此哉。故云「寄言故山友，愼勿厭藜羹」而思仕宦，以譏諷朝廷開運鹽河，不當以妨農事也。

汪師韓《蘇詩選評箋釋》卷二：職役之勞與夫妨農病民之實，歷歷如繪。所以指陳得失，有《國風》、《小雅》之遺。其云「羨長卿」而「愧淵明」，特託言耳。或指「與牛羊爭」句爲駡世，豈有當乎！

紀昀評《蘇文忠公詩集》卷八：「天雨」句拙滯。「人如」句太俚。（「歸田雖賤辱」二句）十字卻眞。

王文誥《蘇文忠公詩編注集成》卷八：（「天雨助官政」四句）與下四句分兩層，上四句役，下四句督役。皆雨中實事，其文如經，其筆如史。（「又與牛羊爭」）一路敘雨中督役固妙矣，其下一轉入結，可稱絕倒。

是日宿水陸寺寄北山清順僧二首

草沒河堤雨暗村，寺藏修竹不知門。拾薪煮藥憐僧病，掃地焚香淨客魂。農事未休侵小雪，佛燈初上報黄昏。年來漸識幽居味，思與高人對榻論。

汪師韓《蘇詩選評箋釋》卷二：杳窱迴合，如坐虚白而閉重元。

王文誥《蘇文忠公詩編注集成》卷八：前六句公自道，後二句結，入清順。下首同此作法。

方東樹《昭昧詹言》卷二〇：起叙題，而其景如畫。三、四水陸事，五、六宿時情景，收「宿」字及清順。

長嫌鐘鼓聒湖山，此境蕭條卻自然。乞食遶村眞爲飽，無言對客本非禪。披榛覓路衝泥入，洗足關門聽雨眠。遥想後身窮賈島，夜寒應聳作詩肩。

紀昀評《蘇文忠公詩集》卷八：三四放平，愈有身分。

王文誥《蘇文忠公詩編注集成》卷八：（「披榛覓路衝泥入」二句）題云「是日」，必當有此二句，方是眞境。即「乞食」、「無言」一聯，語中有骨，並不平也。

鹽官部役戲呈同事兼寄述古

新月照水水欲冰，夜霜穿屋衣生稜。野廬半與牛羊共，曉鼓卻隨鴉鵲興。夜來履破裘穿縫，紅頰曲眉應入夢。千夫在野口如林，豈不懷歸畏嘲弄。我州賢將知人勞，已釀白酒買豚羔。耐寒努力歸不遠，兩腳凍硬須公軟。

紀昀評《蘇文忠公詩集》卷八：（「兩腳凍硬須公軟」）題有「戲」字，不嫌滑稽，然不應如此之鄙！

王文誥《蘇文忠公詩編注集成》卷八：（「野廬半與牛羊共」二句）極鍊，的是開河官語。（「紅頰曲眉應入夢」）接得挺拔。一結妙甚。

趙克宜《角山樓蘇詩評注彙鈔》卷三：此指開運鹽河督役時事。起四語，情事景況，一一在目。中四語，戲呈同事。後四語，兼寄述古。（「兩腳凍硬須公軟」）有典則，不甚鄙。

鹽官絶句四首

紀昀評《蘇文忠公詩集》卷八：四首皆不脱宋調。

南寺千佛閣

古邑居民半海濤，師來搆築便能高。千金用盡身無事，坐看香煙繞白毫。

北寺悟空禪師塔 自注：名齊安，宣宗微時，師知其非凡人。

已將世界等微塵，空裏浮花夢裏身。豈爲龍顔更分別，只應天眼識天人。

塔前古檜

當年雙檜是雙童，相對無言老更恭。庭雪到腰埋不死，如今化作兩蒼龍。

袁宏道評閲譚元春選《東坡詩選》卷譚元春評：（《南寺千佛閣》）不如後二首（按：指《塔前古檜》、《僧爽白鷄》）。

查愼行《初白庵詩評》卷中：第二句有病，與末句稍礙。

紀昀評《蘇文忠公詩集》卷八：此意入之歌行，未爲不可；松石屏詩，不妨以無作有也。此竟無起無收，作一絕句，非莊非戲，非幻非眞，卻不爲佳。第二句（「相對無言老更恭」）尤腐！

香巖批《紀評蘇詩》卷八：（紀昀）此評未可與論詩。

僧爽白雞　自注：養二十餘年，嘗在坐側聽經。

斷尾雄雞本畏烹，年來聽法伴修行。還須卻置蓮花漏，老怯風霜恐不鳴。

紀昀評《蘇文忠公詩集》卷八：結寓意。

六和寺沖師閘山溪爲水軒

欲放淸溪自在流，忍敎冰雪落沙洲。出山定被江潮涴，能爲山僧更少留。

紀昀評《蘇文忠公詩集》卷八：（「出山定被江潮涴」）即「在山泉水清」之意。

王文誥《蘇文忠公詩編注集成》卷八：（「出山定被江潮涴」二句）二句從「我如此水千山

底」自爲翻案，可見其游行自在也。

趙克宜《角山樓蘇詩評注彙鈔》卷三：（「出山定被江潮涴」二句）淺語不盡。

冬至日獨遊吉祥寺

井底微陽回未回，蕭蕭寒雨溼枯荄。何人更似蘇夫子，不是花時肯獨來。

紀昀評《蘇文忠公詩集》卷八：（「何人更似蘇夫子」二句）率筆，而極有風致。

後十餘日復至

東君意淺著寒梅，千朵深紅未暇栽。安得道人殷七七，不論時節把花開。

袁宏道評閱譚元春選《東坡詩選》卷二譚元春評：好題。

紀昀評《蘇文忠公詩集》卷八：此卻無味。

戲贈

惆悵沙河十里春，一番花老一番新。小橋依舊斜陽裏，不見樓中垂手人。

查慎行《初白庵詩評》卷中：（「惆悵沙河十里春」）沙河塘在杭州城外，先生詩有「燈火沙河夜夜春」之句。按舊志，沙河，唐刺史崔彥曾所開，有外沙、中沙、裏沙三河。

紀昀評《蘇文忠公詩集》卷八：晚唐窠臼。

趙克宜《角山樓蘇詩評注彙鈔附錄》卷中：此首及前首（按：指《和沈立之留別二首》其二）皆唐人氣息，紀（昀）以爲「濫套」與「窠臼」，亦是言其流弊耳。凡學皆有流弊，所宜豫防。

和人求筆迹

麥光鋪几淨無瑕，入夜青燈照眼花。從此剡藤眞可弔，半紆春蚓綰秋蛇。

查慎行《初白庵詩評》卷中：末二句，俱從眼花生來。

趙克宜《角山樓蘇詩評注彙鈔》附錄卷中：此及後首（按：指《贈孫莘老七絕》之六）絕無「濫套」與「窠臼」，乃更不足言詩。

將之湖州戲贈莘老

餘杭自是山水窟，仄聞吳興更清絕。湖中橘林新著霜，溪上苕花正浮雪。顧渚茶芽白於齒，梅溪木瓜紅勝頰。吳兒膾縷薄欲飛，未去先說饞涎垂。亦知謝公到郡久，應怪杜牧尋春遲。鬢絲只可對禪榻，湖亭不用張水嬉。

黃徹《䂬溪詩話》卷七：樂天云：「報到前驅少呵喝，恐驚黃鳥不成群。」坡云：「鬢絲只可對禪榻，湖亭不用張旌旗。」蔡君謨云：「因傍低松卻飛蓋，爲聞山鳥輟鳴騶。」若俗士，正務以此誇張俗眼，又豈識數公意。

又卷一〇：子建稱孔北海文章多雜以嘲戲，子美亦戲傚俳諧體，退之亦有寄詩雜詼俳，不獨文舉爲然。（略）大體材力豪邁有餘，而用之不盡，自然如此。（略）坡集類此不可勝數。（略）《將之湖州戲贈莘老》云「吳兒膾縷薄欲飛，未去先說饞涎垂。」（略）皆斡旋其章而弄之，信恢刃有餘，與血指汗顏者異矣。

袁宏道評閱譚元春選《東坡詩選》卷二譚元春評：予愛其「湖中橘林」二句，故選之。公更有「雲水夜唯明」，皆是湖州苕霅寫照。

紀昀評《蘇文忠公詩集》卷八：（「未去先說饞誕垂」）太鄙拙。

鴉種麥行

霜林老鴉閒無用，畦東拾麥畦西種。畦西種得靑猗猗，畦東已作牛尾稀。明年麥熟芒攢槊，農夫未食鴉先啄。徐行俯仰若自矜，鼓翅跳踉上牛角。憶昔舜耕歷山鳥爲耘，如今老鴉種麥更辛勤。農夫羅拜鴉飛起，勸農使者來行水。

葉大慶《考古質疑》卷五：又云：「憶昔舜耕歷山鳥耘田。」趙次公注云：「《史記·舜紀》注引傳以爲『下有群鳥耘田』，故《文選》注左思賦云：『舜葬蒼悟，象爲之耕，禹耕會稽，鳥爲之耘。』如此則鳥耘非舜事，象耕亦非歷山時，而先生云爾。撼樹之徒，遂輕議先生爲錯，殊不知先生胸次多書，下筆痛快，不復檢本訂之，豈比世間切切若獺祭魚者哉！」大慶謂杜征南、顏秘書爲丘明、孟堅忠臣，次公之言正此類爾。後生晚學，影響見聞，乃欲以是藉口，豈知以東坡則可，他人則不可，當如魯男子之學柳下惠可也。

袁宏道評閱譚元春選《東坡詩選》卷二譚元春評：題奇甚，詩似張文昌諸作。

王文誥《蘇文忠公詩編注集成》卷八：起四句純乎古意，有此一起，則後幅觸手都成奇語。

趙克宜《角山樓蘇詩評注彙鈔》卷三：（「徐行俯仰若自矜」）如睹。與柳州《捕蛇者説》同旨，卻不説破，所以爲佳。結二語妙用倒裝，若順説則無味。

送張軒民寺丞赴省試

龍飛甲子盡豪英，嘗喜吾猶及老成，人競春蘭笑秋菊，天教明月伴長庚。傳家各自聞詩禮，與子相逢亦弟兄。洗眼上林看躍馬，賀詩先到古宣城（自注：伯父與太平州張侍讀同年，此其子）。

和致仕張郎中春晝

投紱歸來萬事輕，消磨未盡秖風情。舊因蓴菜求長假，新爲楊枝作短行。不禱自安緣壽骨，深藏難沒是詩名。淺斟杯酒紅生頰，細琢歌詞穩稱聲。蝸殼卜居心自放，蠅頭寫字眼能明。盛衰閲過君應笑，寵辱年來我亦平。跪履數從圯下老，逸書閒問濟南生。東風屈指無多日，只恐先春鶗鴂鳴。

汪師韓《蘇詩選評箋釋》卷二：集中七言長律甚少，此體在唐如杜、白諸公亦不多見，以其傷氣也。是作格度渾成，音調諧美，錄此一首以見才大無所不可耳。

紀昀評《蘇文忠公詩集》卷八：七言長律最難，此固不失圓穩。

趙克宜《角山樓蘇詩評注彙鈔》卷三：春畫意太脫。壽骨句硬。穩稱聲三字下得有本領。（「跪履數從圯下老」二句）俱緊切張姓運典。

再用前韻寄莘老

君不見夷甫開三窟，不如長康號癡絕。癡人自得終天年，智士死智罪莫雪。困窮誰要卿料理，舉頭看山笏拄頰。野鳧翅重自不飛，黃鵠何事兩翼垂。泥中相從豈得久，今我不往行恐遲。江夏無雙應未去，恨無文字相娛嬉。

紀昀評《蘇文忠公詩集》卷八：語太憤激。（「江夏無雙應未去」）歇後，未佳。

畫魚歌 自注：湖州道中作。

天寒水落魚在泥，短鈎畫水如耕犂。渚蒲披折藻荇亂，此意豈復遺鰍鯢。偶然信手皆虛擊，本不辭勞幾萬一。一魚中刃百魚驚，蝦蟹奔忙誤跳擲。漁人養魚如養雛，插竿冠笠驚鵜鶘。豈知白梃鬧如雨，攪水覓魚嗟已疏。

袁宏道評閱譚元春選《東坡詩選》卷二譚元春評：力入巧出，有血滴而無骨見，子美前、後《打魚》可三也。

查愼行《初白庵詩評》卷中：短篇故作波瀾，一味蒼茫，初學何自窮其涯岸？

汪師韓《蘇詩選評箋釋》卷二：時新法盛行，故即「短鈎畫水」以爲喻。所言「此意豈復遺鰍鯢」與「一魚中刃百魚驚」者，似皆指新法之病民，王、呂輩壞法亂制，豈異拔渚蒲而亂藻荇哉！其《請罷條例司疏》有云：「造端宏大，民實驚疑，創法新奇，吏皆惶恐」，正與詩意相同。而其繪事如畫，筆端有神，雖寥峭短章，讀其詞如有千百言在腕下。

紀昀評《蘇文忠公詩集》卷八：語自清歷。初白先生以爲「波瀾蒼茫，無自窮其畔岸」，推之太過。（「此意豈復遺鰍鯢」）本旨在此。（「偶然信手皆虛擊」二句）「偶然」與「皆」字不合，句亦未鍊，病在「本」字。（末四句）喻誅求之殫民力也。

趙克宜《角山樓蘇詩評注彙鈔》卷三：（「渚蒲披折藻荇亂」）二語辭氣似杜。

吳中田婦歎

今年粳稻熟苦遲，庶見霜風來幾時。霜風來時雨如瀉，杷頭出菌鐮生衣。眼枯淚盡雨不盡，忍見黃穗臥青泥。茅苫一月隴上宿，天晴穫稻隨車歸。汗流肩赬載入市，價賤乞與如糠粞。賣牛納稅拆屋炊，慮淺不及明年饑。官今要錢不要米，西北萬里招羌兒。龔黃滿朝人更苦，不如卻作河伯婦。

王士禎《王文簡古詩平仄論》方綱按：此篇前一韻凡七韻十四句，後一韻凡二韻二句。（「苦」與「婦」不同部，蘇、黃諸家古詩往往如此，非正也，此又當別論。）而其前韻於第十一句插入一韻，以振其勢，此則一韻中隨手之變，其法與杜《石犀行》之中間換韻處相似而不同，要其以音節爲頓挫則一也，亦是正格，不得以參差異之。

紀昀評《蘇文忠公詩集》卷八：（「庶見霜風來幾時」）拙滯。（「把頭出菌鐮生衣」）常景寫成奇句。（「慮淺不及明年饑」）七字沉痛。（「不如卻作河伯婦」）惜一結淺露。

方東樹《昭昧詹言》卷一二：小詩沉著。「枇杷」句言無用也。收言不如沉水死也。

趙克宜《角山樓蘇詩評注彙鈔》卷三：（「賣牛納稅折屋炊」）透過一層，語極深至。（結二句）痛陳民隱，不嫌于盡。

和邵同年戲贈賈收秀才三首

傾蓋相歡一笑中，從來未省馬牛風。卜鄰尚可容三徑，投社終當作兩翁。古意已將蘭緒佩，招詞閑詠桂生叢。此身自斷天休問，白髮年來漸不公。

朝見新荑出舊槎，騷人孤憤苦思家。五噫處士大窮約，三賦先生多誕誇。帳外鶴鳴奩有鏡，筒中錢盡案無鮭。玉川何日朝金闕，白晝關門守夜叉。

生涯到處似檣烏，科第無心摘頷鬚。黃帽刺船忘歲月，白衣擔酒慰鰥孤。狙公欺病來分栗，水伯知饞爲出鱸。莫向洞庭歌此曲，煙波渺渺正愁予。

吳喬《圍爐詩話》卷五引黃公曰：其清空而妙者，如（略）『狙公欺病來分栗，水伯知饞爲出魚』，（略）俱嘉。

賀裳《載酒園詩話．蘇軾》：「狙公欺病來分栗，水伯知饞爲出魚」，（略）俱清新俊逸。

遊道場山何山

道場山頂何山麓，上徹雲峰下幽谷。我從山水窟中來，尚愛此山看不足。陂湖行盡白漫漫，青山忽作龍蛇盤。山高無風松自響，誤認石齒號驚湍。山僧不放山泉出，屋底清池照瑤席。階前合抱香入雲，月裏僊人親手植。出山回望翠雲鬟，碧瓦朱欄縹緲間。白水田頭問行路，小溪深處是何山。高人讀書夜達旦，至今山鶴鳴夜半。我今廢學不歸山，山中對酒空三歎。

查慎行《初白庵詩評》卷中：（「屋底清池照瑤席」）今山中有瑤席池，後人取公詩名之。（「階前合抱香入雲」二句）今山中無桂樹矣。

汪師韓《蘇詩選評箋釋》卷二：「道場山頂何山麓」，總寫四句。此下詳於道場而略於何山。乃偏於詳處更作「出山回望」二語，搖蕩入情。何山只緬懷高人之讀書，不復模山範水。意盡而止，無往不以自然爲工。

紀昀評《蘇文忠公詩集》卷八：純用唐人轉韻格，亦殊宛轉多姿。查云：（「我從山水窟中來」二句）「尊題格」。（「出山回望翠雲鬟」以下四句）若斷若連，有自在流行之妙。（「小溪深處是何山」）何山只作帶筆，點染輕便之至。

趙翼評沈德潛《宋金三家詩選·東坡詩選》卷上：（「我從山水窟中來」二句）銛利。

趙翼《甌北詩話》卷五《蘇東坡詩》：坡詩不尚雄傑一派，其絕人處在乎議論英爽，筆鋒精銳，舉重若輕，讀之似不甚用力而力已透十分，此天才也。試即其詩，略爲舉似。（略）七古如（略）「我從山水窟中來，尙愛此山看不足。」（《游道場山何山》）（略）此皆坡詩中最上乘，讀者可見其才分之高，不在功力之苦也。

王文誥《蘇文忠公詩編注集成》卷八：此詩用唐人轉韻體，而讀去絕無轉韻之迹，此其筆力不同故也。

贈孫莘老七絶

嗟予與子久離羣，耳冷心灰百不聞。若對靑山談世事，當須舉白便浮君。

朋九萬《烏臺詩案·與湖州知州孫覺詩》：熙寧五年十二月作詩。因任杭州通判日，蒙運司差往湖州，相度堤堰利害，因與湖州知州孫覺相見。軾作詩與孫覺云：「若對靑山談世事，直須舉白便浮君。」軾是時約孫覺並坐客：「如有言及時事者，罰一大盞。」雖不指時事是非，軾意言時事多不便，更不可說，說亦不盡。

紀昀評《蘇文忠公詩集》卷八：語太淺露。

天目山前綠浸裾，碧瀾堂上看銜艫。作隄捍水非吾事，閒送苕溪入太湖。

朋九萬《烏臺詩案·與湖州知州孫覺詩》：上件詩除無譏諷外，不合云：「作堤捍水非吾事，閒送苕溪入太湖。」軾爲先曾言水利不便，卻被轉運司差相度堤堰。軾本非興水利之人，以譏諷時世，與昔不同，而水利不便而然也。軾在臺，於九月三日供狀時，不合云上件詩無譏諷外，再蒙會勘，方招。其詩係印行冊子內。

袁宏道評閱譚元春選《東坡詩選》卷二譚元春評：（「閒送苕溪入太湖」）意妙。

查慎行《初白庵詩評》卷中：時莘老守湖州，故以下五首皆用湖州事。

汪師韓《蘇詩選評箋釋》卷二：前兩作憤懣之詞，以快利出之。

夜來雨洗碧巑岏，浪湧雲屯遶郭寒。聞有弁山何處是，爲君四面意求看。

程大昌《演繁露》卷一《卞山》：湖州卞山，其形嵯峨，略如弁狀。故東坡初至湖詩曰：「聞有卞山何處是，爲君四面意求看。」及其至郡已久，凡詩所賦而及此山，則字皆爲「卞」，不復爲

「弁」，蓋《圖經》云卞姓居之，故其山名卞也。至《風土記》則曰：「烏程縣峅山，望之有黄氣紫雲，大吳故以葬焉。」其字又加山爲「峅」，不知孰是？案左氏昭九年爲「弁髦」，杜預釋之曰：「弁，冠也。」陸曰：「弁亦作卞。」然則「卞」「弁」古蓋通用矣。謂山形爲「弁」亦與「卞」通。

夜橋燈火照溪明，欲放扁舟取次行。暫借官奴遣吹笛，明朝新月到三更。

三年京國厭藜蒿，長羨淮魚壓楚糟。今日駱駝橋下泊，恣看修網出銀刀。

烏程霜稻襲人香，釀作春風霅水光。時復中之徐邈聖，無多酌我次公狂。

紀昀評《蘇文忠公詩集》卷八：後二句是到地江西派，古人無此格也。

趙翼《甌北詩話》卷五：詩人遇成語佳對，必不肯放過。坡公尤妙于翦裁，雖工巧而不落纖佻，由其才分之大也。如「時復中之徐邈聖，無多酌我次公狂。」（《贈孫莘老》）（略）此等詩雖非坡公著意之作，然自然湊泊，觸手生春，亦見其學之富而筆之靈也。

去年臘日訪孤山，曾借僧窗半日閑。不爲思歸對妻子，道人有約徑須還。

汪師韓《蘇詩選評箋釋》卷二：後一首役使成語，如天造地設，前無古人。

莘老葺天慶觀小園有亭北向道士山宗說乞名與詩

春風欲動北風微，歸雁亭邊送雁歸。蜀客南遊家最遠，吳山寒盡雪先晞。扁舟去後花絮亂，五馬來時賓從非。惟有道人應不忘，抱琴無語立斜暉。

紀昀評《蘇文忠公詩集》卷八：風調（指前四句）自佳。

王文誥《蘇文忠公詩編注集成》卷八：（「五馬來時賓從非」）謂他年當乞湖也，結意從此生出。

至秀州贈錢端公安道並寄其弟惠山老

鴛鴦湖邊月如水，孤舟夜榜鴛鴦起。平明繫纜石橋亭，慙愧冒寒髯御史。結交最晚情獨厚，論心無數今有幾。寂寞抱關歎蕭生，耆老執戟哀揚子。怪君顏采卻秀發，無乃遷謫反便美。天公欲困無奈何，世人共抑眞疏矣。毗陵高山錫爲骨，陸子遺味泉冰齒。賢哉仲氏早拂衣，占斷此山長洗耳。山頭望湖光潑眼，山下濯足波生指。倘容逸少問金堂，記與嵇康留石髓。

趙克宜《角山樓蘇詩評注彙鈔》卷三：（「賢哉仲氏早拂衣」）此下寄惠山老。

紀昀評《蘇文忠公詩集》卷八：（起處）語特爽朗。

查慎行《初白庵詩評》卷中：（「怪君顔采卻秀發」四句）透快，無堅不破。

秀州報本禪院鄉僧文長老方丈

萬里家山一夢中，吳音漸已變兒童。每逢蜀叟談終日，便覺峨眉翠掃空。師已忘言眞得道，我餘搜句百無功。明年採藥天台去，更欲題詩滿浙東。

袁宏道評閱譚元春選《東坡詩選》卷二譚元春評：（「每逢蜀叟談終日」）妙極。

紀昀評《蘇文忠公詩集》卷八：三四常意，寫來警動。

方東樹《昭昧詹言》卷二〇：只著意鄉情，詞意眞切，而造語倜儻奇警，令人吟詠不盡。

延君壽《老生常談》：七律之對仗靈便不測，雖不必首首如是，然此法則不可不會用。東坡贈僧云：「每逢蜀叟談終日，便覺峨嵋翠掃空。」黃仲則之《游西山道中》「漸來車馬無聲地，忽與雲山有會心」，似從此化出。此等緣故，不是有心去學，讀得古人多了，自有不知不覺之妙。得此可以類推。

王復秀才所居雙檜二首

吳王池館徧重城，閒草幽花不記名。青蓋一歸無覓處，只留雙檜待昇平。

凜然相對敢相欺，直幹淩空未要奇。根到九泉無曲處，世間惟有蟄龍知。

王鞏《聞見近錄》：王和甫嘗言，蘇子瞻在黃州，上數欲用之。王禹玉輒曰：「軾嘗有「此心惟有蟄龍知」之句，陛下飛龍在天而不敬，乃反欲求蟄龍乎？」章子厚曰：「龍者非獨人君，人臣皆可以言龍也。」上曰：「自古稱龍者多矣，如荀氏八龍，孔明卧龍，豈人君也？」及退，子厚詰之曰：「相公乃欲覆人之家族耶？」禹玉曰：「此舒亶言爾。」子厚曰：「亶之唾，亦可食乎？」

葉夢得《石林詩話》卷上：元豐初，蘇子瞻繫大理獄，神宗本無意深罪子瞻，時相進呈，忽言蘇軾于陛下有不臣意。神宗改容曰：「軾固有罪，然于朕不應至是，卿何以知之？」時相因舉軾《檜》詩「根到九泉無曲處，世間惟有蟄龍知」之句，對曰：「陛下飛龍在天，軾以爲不知己，而求之地下之蟄龍，非不臣而何？」神宗曰：「詩人之詞，安可如此論？彼自詠檜，何預朕事？」時相語默。章子厚亦從旁解之，遂薄其罪。子厚嘗以語余，且以醜言詆時相，曰：「人之害物，無所忌憚，有如是也！」（小字：時相，王珪也。）

胡仔《苕溪漁隱叢話》後集卷三〇：東坡在御史獄，獄吏問云：「《雙檜》詩『根到九泉無曲處，世間惟有蟄龍知』有無譏諷？」答曰：「王安石詩『天下蒼生待霖雨，不知龍向此中蟠』，此龍是也。」吏亦爲之大笑。

葛立方《韻語陽秋》卷五：《石林詩話》載，元豐間，東坡繫獄，神宗本無意罪之。時相因舉軾《檜詩》「根到九泉無曲處，歲寒惟有蟄龍知。」且云：「陛下龍飛在天，軾以爲不知己，而求知地下之蟄龍，非不臣而何？」得章子厚從而解之，遂薄其罪。而王定國《見聞錄》云：「東坡在黃州時，上欲復用，王禹玉以『歲寒惟有蟄龍知』激怒上意，章子厚力解，遂釋。」余觀東坡自獄中出《與章子厚書》云：「某所以得罪，其過惡未易一二數，平時惟子厚與子由極口見戒，反復甚苦，某強很自不以爲然。」又云：「異時相識，但過相稱譽，以成吾過，一旦有患難，無復相哀者。惟子厚平居遺我以藥石，及困急又有以救卹之，眞與世俗異矣。」則知坡繫獄時，子厚救解之力爲多，《石林詩話》不妄也。

方回《劉元輝詩序》（《桐江集》卷四）：東坡以詩爲舒亶、李定所劾，下獄，當路欲殺之。神廟察《檜》詩「蟄龍」非他意，乃舍而謫焉。黃州七年後詩，未嘗再爲譏訶，但詩律寬而用事博，學者自不可學。

汪師韓《蘇詩選評箋釋》卷二：摛詞無懦，涉筆見其礌落光明。

又見卷六《送錢藻出守婺州得英字》趙翼評、卷七《戲子由》賀裳、趙翼評。

宋叔達家聽琵琶

數絃已品龍香撥，半面猶遮鳳尾槽。新曲從翻玉連鎖，舊聲終愛鬱輪袍。夢回只記歸舟字，賦罷雙垂紫錦條。何異烏孫送公主，碧天無際雁高行。

胡仔《苕溪漁隱叢話前集・韓吏部上》苕溪漁隱曰：「東坡《聽琵琶》詩云：『何異烏孫送公主，碧天無際雁行高。』乃用《文選・王明君辭序》云：『昔公主嫁烏孫，令琵琶馬上作樂，以慰其道路之思。其送明君亦爾。』則琵琶非起於明君，蓋前已有也。」

紀昀評《蘇文忠公詩集》卷八：三四寓意。結得無味亦無力。

又本卷卷尾評：以東坡管領湖山，宜有高唱，而此卷警策之作卻不甚多，豈吏事縈心之故耶？

紀昀評蘇文忠公詩集卷九

元日次韻張先子野見和七夕寄莘老之作

得句牛女夕，轉頭參尾中。青春先入睡，白髮不遺窮。酒社我爲敵，詩壇子有功。縮頭先夏鱉（自注：見玉川子），實腹鄙秋蟲。莫唱裙垂綠，無人臉斷紅。舊交懷賀老，新進謝終童。袍鵲雙雙瑞，腰犀一一通。小蠻知在否，試問囁嚅翁。

紀昀評《蘇文忠公詩集》卷九：（起處）四句意欲弄姿，轉似荆公「一鳥不鳴」之句。五句「爲敵」字不妥。若作「無敵」又與東坡不飲不合，未喻其故。

正月九日有美堂飲醉歸徑睡五鼓方醒不復能眠起閱文書得鮮于子駿所寄雜興作古意一首答之

衆人事紛擾，志士獨悄悄。何意琵琶絃，常遭腰鼓鬧。三杯忘萬慮，醒後還皎皎。有如轆轤索，已脫重縈繞。家人自約飭，始慕陳婦孝。可憐原巨先，放蕩今誰弔。平生嗜羊炙，識味肯輕飽。烹蛇啖蛙蛤，頗訝能稍稍。憂來自不寐，起視天漢渺。闌干玉繩低，耿耿太白曉。

紀昀評《蘇文忠公詩集》卷九：入手直插兩喻，筆力奇矯。「烹蛇」二句，比勉強從時。結處少落窠臼。

馮應榴《蘇文忠詩合註》卷九：此詩大意，言士人本懷憂憤，以處繁鬧纏繞之時，亦放蕩而爲習俗所移，然其心終耿耿獨明也。

王文誥《蘇文忠公詩編注集成》卷九：起四句指有美堂飲，言雖處流俗，不爲所污。

香巖批《紀評蘇詩》卷九：（「闌干玉繩低」二句）此類詩若有意作態，自是「窠臼」，此則收到五鼓不寐，何得以「窠臼」目之？

次韻答章傳道見贈

並生天地宇，同閱古今宙。視下則有高，無前孰爲後。達人千鈞弩，一弛難再彀。下士沐猴冠，已繫猶跳驟。欲將駒過隙，坐待石穿溜。君看漢唐主，宮殿悲麥秀。而況彼區區，何異壹醉富。鶢鶋非所養，俯仰眩金奏。髑髏有餘樂，不博南面后。嗟我昔少年，守道貧非疚。自從出求仕，役物恐見囿。馬融既依梁，班固亦事竇。效矉豈不欲，頑質謝鐫鏤。仄聞長者言，婞直非養壽。吐面慎勿拭，出胯當俯就。居然成懶廢，敢復齒豪右。子如照海珠，網目疏見漏。宏材乏近用，巧舞困短袖。坐令傾國容，臨老見邂逅。吾衰信久矣，書絕十年舊。門前可羅雀，感子煩屢叩。願言歌緇衣，子粲還予授。

朋九萬《烏臺詩案·次韻章傳》：與章傳干涉事。章傳字傳道。熙寧六年正月作詩次章傳韻，和答云：「馬融既依梁，班固亦事竇。效顰豈不欲？頑質謝鐫鏤。」所引梁冀、竇憲，並是後漢時人。因時君不明，遂躋顯位，驕暴竊威福用事。而馬融、班固二人皆儒者，並依託之。軾詆毀當時執政大臣，我不能效班固、馬融，苟容依附也。

紀昀評《蘇文忠公詩集》卷九：（起處）鋒鋩太露。而縱橫之氣，自爲可愛。（「並生天地宇」二句）既曰「天地」，又曰「宇」，既曰「古今」，又曰「宙」，未爲妥協。

趙翼《甌北詩話》卷五：東坡大氣旋轉，雖不屑屑于句法字法中別求新奇，而筆力所到，自成創格。（略）又如《答傳道》云：「欲將駒過隙，坐待石穿溜。」（略）此雖隨筆所至，自成創格，所謂「風行水上，自然成文」，然未免句法重疊。

法惠寺橫翠閣

朝見吳山橫，暮見吳山縱。吳山故多態，轉側爲君容。幽人起朱閣，空洞更無物。惟有千步岡，東西作簾額。春來故國歸無期，人言秋悲春更悲。已泛平湖思濯錦，更看橫翠憶蛾眉。雕欄能得幾時好，不獨憑欄人易老。百年興廢更堪哀，懸知草莽化池臺。遊人尋我舊遊處，但覓吳山橫處來。

葛立方《韻語陽秋》卷一三：白樂天《九江春望詩》云：「鑪煙豈異終南色，溢草寧殊渭北春。」蓋不忘秦中舊居也。東坡蓋不忘蔡渡舊居也。老杜《偶題》云：「故山迷白閣，秋水憶皇陂。」蓋不忘秦中舊居也。東坡《橫翠閣詩》云：「已見西湖懷濯錦，更看橫翠憶峨眉。」殆亦此意。

汪師韓《蘇詩選評箋釋》卷二：作初唐體，清麗芊眠，神韻欲絕。

紀昀評《蘇文忠公詩集》卷九：短峭而雜以曼聲，使人愴然易感。起得峭拔。（「雕欄能得幾時好」以下）眼前眞境，而自來未經人道。

（日本）賴山陽《東坡詩鈔》附《書韓蘇古詩後》：世服蘇之廣長舌，不知其收舌不盡展者更好。（略）《橫翠閣》，（略）皆豐約合度，姿態可觀。

翁方綱《石洲詩話》卷一：太白五律之妙，總是一氣不斷，自然入化，所以爲難能。蘇長公「橫翠峨眉」一聯，前人比于杜陵《峽中覽物》之句。然太白作《上皇西巡南京歌》云：「地轉錦江成渭水，天迴玉壘作長安。」則更大不可及矣。

趙克宜《角山樓蘇詩評注彙鈔》卷四：一起，不泥定「橫」字著筆，四語生動有力。（「唯有千步岡」二句）坐實橫翠。（「春來故國無歸期」）入人情。（「雕欄能得幾時好」）綰閤。（「百年興廢更堪哀」四句）淺語甚眞，調亦流便，在集中別是一色筆墨。（「但覓吳山橫翠來」）收橫翠。

高步瀛《唐宋詩舉要》卷三：（「東西作簾額」）以上寫景，以下寫情。

又引吳汝能評：奇氣橫溢。

祥符寺九曲觀燈

紗籠擎燭迎門入，銀葉燒香見客邀（自注：事見諸香名譜）。金鼎轉丹光吐夜，寶珠穿蟻鬧連朝。波翻焰裏元相激，魚舞湯中不畏焦。明日酒醒空想像，淸吟半逐夢魂銷。

紀昀評《蘇文忠公詩集》卷九：三四刻畫「九」字，小樣。（「波翻焰里元相激」二句）何其鄙陋乃爾。

上元過祥符僧可久房蕭然無燈火

門前歌舞鬭分朋，一室清風冷欲冰。不把琉璃閑照佛，始知無盡本無燈。

張道《蘇亭詩話》卷一《考摘類》：東坡《上元過祥符僧可久房蕭然無燈火》詩，乃熙寧癸丑倅杭時作，《武林梵志》誤以爲守杭日詩。（《梵志》云：「可久喜爲詩，東坡監郡日，與爲詩友，居西湖孤山，坡來守錢塘，當元夕九曲觀燈，去從者，獨行入師室，室無燈火，但聞薝蔔餘香，嘆仰留詩，有『不把琉璃閑照佛，始知無盡本無燈』之句。」）蓋明時施注編年未出，僅見分類之王註而已。至云居孤山則並詩題不顧者，明人著書，疏于考據，而勇于自信如此。

正月二十一日病後述古邀往城外尋春

屋上山禽苦喚人，檻前冰沼忽生鱗。老來厭伴紅裙醉，病起空驚白髮新。卧聽使君鳴鼓角，試呼稺子整冠巾。曲欄幽榭終寒窘，一看郊原浩蕩春。

查愼行《初白庵詩評》卷中：（「卧聽使君鳴鼓角」）述古時爲杭州太守，故詩中呼爲使君。

紀昀評《蘇文忠公詩集》卷九：（起處）語意遒上。（一看郊原浩蕩春）結句寫出胸次。

賀裳《載酒園詩話·蘇軾》：坡詩吾第一服其氣概。《陳述古邀往城北尋春》曰：「曲欄幽榭終寒窘，一看郊原浩蕩春。」（略）如此胸襟，眞天人也。

趙克宜《角山樓蘇詩評注彙鈔》卷四：後四句一氣相生，氣象闊大。

有以官法酒見餉者因用前韻求述古爲移廚飲湖上

喜逢門外白衣人，欲膾湖中赤玉鱗。遊舫已粧吳榜穩，舞衫初試越羅新。欲將漁釣追黃帽，未要靴刀抹絳巾。芳意十分強半在，爲君先踏水邊春。

飲湖上初晴後雨二首

紀昀評《蘇文忠公詩集》卷九：二詩本色，卻佳。

朝曦迎客艷重岡，風雨留人入醉鄉。此意自佳君不會，一杯當屬水仙王（自注：湖上有水仙王廟）。

水光瀲灔晴偏好，山色空濛雨亦奇。欲把西湖比西子，淡粧濃抹總相宜。

《詩話總龜》前集卷一六《留題門》引《冷齋夜話》：東坡愛西湖，詩曰：「若把西湖比西子，淡妝濃抹總相宜。」余宿孤山下，讀林和靖詩，句句皆西湖寫生。特天姿自然，不施鉛華耳。作詩書壁曰：「長愛東坡眼不枯，解將西子比西湖。先生詩妙眞如畫，爲作春寒出浴圖。」

陳善《捫蝨新話》卷八：東坡酷愛西湖，嘗作詩云：「若把西湖比西子，淡粧濃抹總相宜。」識者謂此兩句已道盡西湖好處。公又有詩云：「雲山已作歌眉淺，山下碧桃淸似眼。」予謂此詩又是爲西子寫生也。要識西子，但看西湖；要識西湖，但看此詩。

袁文《甕牖閒評》卷五：蘇東坡不甚喜婦人，而詩中每及之者，非有他也，以爲戲謔耳。（略）其曰「欲把西湖比西子，淡妝濃抹總相宜」，乃詠西湖之作也。（略）如此數詩，雖與婦人不相涉，而比擬恰好，且其言妙麗新奇，使人賞玩不已，非善戲謔者能若是乎？

查愼行《初白庵詩評》卷中：（「水光瀲灔晴方好」二句）多少西湖詩被二語掃盡，何處着一毫脂粉顏色。

王文誥《蘇文忠公詩編注集成》卷九：此是名篇，可謂前無古人，後無來者。公凡西湖詩，皆加意出色，變盡方法。然皆在《錢塘集》中。其後帥杭，勞心災賑，已無復此種傑構，但云「不見跳珠十五年」而已。

陳衍《宋詩精華錄》：後二句遂成為西湖定評。

王文濡《宋元明詩評注讀本》卷四：因西湖而憶西子，比例殊妙。

往富陽新城李節推先行三日留風水洞見待

春山磔磔鳴春禽，此間不可無我吟。路長漫漫傍江浦，此間不可無君語。金鯽池邊不見君，追君直過定山邨。路人皆言君未遠，騎馬少年清且婉。風巖水穴舊聞名，只隔山溪夜不行。溪橋曉溜浮梅萼，知君繫馬巖花落。出城三日尚逶迤，妻孥怪罵歸何時。世上小兒誇疾走，如君相待今安有。

朋九萬《烏臺詩案·遊杭州風水洞留題》：熙寧七年為通判杭州，於正月二十七日遊風水洞。有本州節推李佖，知軾到來，在彼等候。軾到，乃留題於壁。其卒章不合云：「世上小兒誇疾走，如君相待今安有？」以譏世之小人，多務急進也。其詩即不曾寫與李佖。

袁宏道評閱譚元春選《東坡詩選》卷二袁宏道評：結句入理便不佳。

又譚元春評：（「春山磔磔鳴春禽」四句）初入口如鮑明遠《行路難》，不覺驚動。（袁宏道）指此爲理路，別是一見，然自不妨耳。

紀昀評《蘇文忠公詩集》卷九：磊磊落落，起法絕佳。一結索然。

趙翼《甌北詩話》卷五《蘇東坡詩》：坡詩不尚雄傑一派，其絕人處在乎議論英爽，筆鋒精鋭，舉重若輕，讀之似不甚用力而力已透十分，此天才也。試即其詩，略爲舉似。（略）七古如（略）「世上小兒誇疾走，如君相待今安有。」（《往富陽李節推先行留風水洞見待》）（略）此皆坡詩中最上乘，讀者可見其才分之高，不在功力之苦也。

王文誥《蘇文忠公詩編注集成》卷九：（「如君相待今安有」）戛然便住，奇絕。

方東樹《昭昧詹言》卷一二：小詩有韻。

陳衍《宋詩精華錄》卷二：此種作法，最患平衍，節節轉韻，稍不直致。

梁章鉅《退庵隨筆》：七古有仄韻到底者，則不妨以律句參錯其間，以用仄韻，已別于近體，故間用律句，不至落調。（略）其篇中換韻者，亦可用律句，如少陵之《丹青引》，東坡之《往富陽新城》皆是。而王右丞之《桃源行》，凡三十二句，律句至二十三見。此皆唐宋大家可據爲典要者。

風水洞二首和李節推

風轉鳴空穴，泉幽瀉石門。虛心聞地籟，妄意覓桃源。過客詩難好，居僧語不繁。歸瓶得冰雪，清冷慰文園。

林昌彝《射鷹詩話》卷八：（「過客詩難好」二句）凡名人至奇處，輒以題詠難工爲慮，而居僧以浮誇相炫。皆刺刺不休，豈公以是爲苦耶？上句人所能道，下句人所不能道，其詩信無所不有矣。

山前乳水隔塵凡，山上仙風舞檜杉。細細龍鱗生亂石，團團羊角轉空巖。馮夷窟宅非梁棟，御寇車輿謝轡銜。世事漸艱吾欲去，永隨二子脫讒讒。

朋九萬《烏臺詩案·遊杭州風水洞留題》：當年再遊風水洞，又云：「世事漸艱吾欲去，永隨二子脫讒讒。」意謂朝廷行新法後來世事，日益艱難，小人多務讒謗。軾度斯時之不可以合，又不可以容，故欲棄官隱居也。

蔡正孫《詩林廣記》後集卷四引《蘇東坡詩注》云：蓋言世態可厭，欲從馮夷之水居、禦寇之風馭，爲可以脫譏讒也。

汪師韓《蘇詩選評箋釋》卷二：好景宜得好詩，乃偏以詩之難好，見景之絕奇，工於翻案。

紀昀評《蘇文忠公詩集》卷九：（「山前乳水隔塵凡」二句）「風」、「水」二字、分疏匀稱，但語皆不工。（「團團羊角轉空巖」）清風、仙風，總不至此。

又見卷六《送錢藻出守婺州得英字》趙翼評。

獨遊富陽普照寺

富春眞古邑，此寺亦唐餘。鶴老依喬木，龍歸護賜書。連筒春水遠，出谷晚鐘疏。欲繼江潮韻，何人爲起予。

查愼行《初白庵蘇詩補注》卷九：李白詩：「天台國淸寺，天下爲四絕。今爲普照遊，到來復何別？」據此，唐時已有此寺，與本詩第二句（「富春眞古邑，此寺亦唐餘」）正合。

紀昀評《蘇文忠公詩集》卷九：此種詩，寺寺可題，何必普照？人人可題，何必東坡？秋谷「詩中有人」之說，眞篤論也。

趙克宜《角山樓蘇詩評注彙鈔》附錄卷中：唐人題山寺詩，多言見前景色，此外更無切題之法，亦無王不可移之孟，岑不可移之高之作。紀（昀）評純是門戶習氣，然防微杜漸，亦不可少。詩中有人，乃吳修齡說，非秋谷也。（「欲繼江潮韻」）句晦。

自普照遊二庵

長松吟風晚雨細，東庵半掩西庵閉。山行盡日不逢人，裛裛野梅香入袂。居僧笑我戀清景，自厭山深出無計。我雖愛山亦自笑，幽獨神傷後難繼。不如西湖飲美酒，紅杏碧桃香覆髻。作詩寄謝採薇翁，本不避人那避世。

查愼行《初白庵詩評》卷中：劈頭二句，全題已無餘景。此後都入議論。

汪師韓《蘇詩選評箋釋》卷二：清幽之趣，微妙之音，司空圖《詩品》中未曾道及。

紀昀評《蘇文忠公詩集》卷九：「幽獨神傷」全用杜句，作「獨往」非是。

王文誥《蘇文忠公詩編注集成》卷九：此句「獨往神傷」，《咸淳臨安志》作「幽獨神傷」。（下引紀評）今屢復此詩，必如「獨往」字，始與下句緊接，若用「幽獨」，則前後脫氣矣。（按：王文誥本作「獨往神傷」）觀結句，「往」字是通篇詩眼，去此一字，其病尚不止「出無計」句承不清也。

梁章鉅《浪迹叢談》卷一〇引蘇齋師評：蘇公《自普照游二庵》七古一首，是坡一小結構，今偶爲拈出，自來學坡詩讀坡集者，皆不知也。（「長松吟風晚雨細」四句）傳出清幽孤峭之景，至此極矣。（「居僧笑我戀清景」二句）妙在借此一託，則上四句之清幽孤峭，更十分完足。（「我雖愛山亦自笑」二句）此並自己亦抽，則此游之清幽，竟到二十分。（「不如西湖飲美酒」二句）乃作俗艷以反形之，此針鋒也。（「作詩寄謝採薇翁」二句）言實覺此游之太清幽孤峭也。本應以清幽孤峭收場，卻反以俗艷作收裹，如此乃謂之圓筆。

富陽妙庭觀董雙成故宅發地得丹鼎覆以銅盤承以琉璃盆盆既破碎丹亦爲人爭奪持去今獨盤鼎在耳二首

人去山空鶴不歸，丹亡鼎在世徒悲。可憐九轉功成後，卻把飛昇乞內芝。
琉璃擊碎走金丹，無復神光發舊壇。時有世人來舐鼎，欲隨鷄犬事劉安。

姚寬《西溪叢語》卷上：富陽北十里，有妙庭觀，薦經焚毁，無碑志可考，獨見于東坡詩

《董雙成故宅絕句》云：「人去山空鶴不歸，丹亡鼎在世徒悲。可憐九轉功成後，卻把飛仙乞肉芝。」刻石作「肉芝」，道流云元本作「内」，東坡見之，無他語。今印本作「肉芝」。「内」之與「肉」，皆未曉。其鼎宣和間取去，三足中空，病者取以煮藥，甚有效。

查愼行《初白庵詩評》卷中：（「卻把飛昇乞内芝」）「乞」字讀如「氣」，予也。

新城道中二首

東風知我欲山行，吹斷簷間積雨聲。嶺上晴雲披絮帽，樹頭初日挂銅鉦。野桃含笑竹籬短，溪柳自搖沙水清。西崦人家應最樂，煮芹燒笋餉春耕。

袁宏道評閱譚元春選《東坡詩選》卷二譚元春評：「絮帽」、「銅鉦」，偏有此一幅酸料。

汪師韓《蘇詩選評箋釋》卷二：「絮帽」、「銅鉦」，未免著相矣。有「野桃」、「溪柳」一聯，鑄語神來。常人得之，便足以名世。

紀昀評《蘇文忠公詩集》卷九：起有神致。三四自惡，不必曲爲之諱。又「絮帽」、「銅鉦」，究非雅字。

紀昀《瀛奎律髓刊誤》卷一四：此（按：指方回評）平心之論，無依附門牆之俗態。

《唐宋詩本》卷六陸次雲評：起得最好，「絮帽」、「銅鉦」語，在長公不妨，不可爲法。

洪亮吉《北江詩話》卷五：徐凝《廬山瀑布》詩：「終古長如匹練飛，一條界破青山色。」東坡以爲惡詩，是矣。然東坡如「嶺上晴雲披絮帽，樹頭初日挂銅鉦」諸聯，獨非惡詩乎？且非獨此也，「銅鉦」又屬湊韻。嘗有友人子以詩見示，筆甚清脆，卷中忽以「銅鉦」二字代「曉日」，予曾諭之曰：「東坡此種，最不可學。今用庚字韻，故曰銅鉦；若用元字韻，則必曰銅盆；寒字韻，則必曰銅盤；歌字韻，則必曰銅鍋。」坐客皆失笑。

王文誥《蘇文忠公詩編注集成》卷九：此詩上節，叙早發新城也。此詩下節，行及半道，時已餉耕也。

王文濡《宋元詩評註讀本》卷六：（「嶺上晴雲披絮帽」二句）描寫雨後嶺、樹之景，（「野桃含笑竹籬短」二句）寫道中所見。

身世悠悠我此行，溪邊委轡聽溪聲。散材畏見搜林斧，疲馬思聞卷旆鉦。細雨足時茶戶喜，亂山深處長官清。人間岐路知多少，試向桑田問耦耕。

《瀛奎律髓彙評》卷一四《晨朝類》方回評：東坡爲杭倅時詩。熙寧六年癸丑二月，循行屬縣，由富陽至新城有此作。三、四乃是早行詩也。起句十四字妙，五、六亦佳，但三、四頗拙耳。所謂武庫森然，不無利鈍，學者當自細參而默會。雖山谷少年詩，亦有不甚佳者，不可爲前輩隱諱也。坡是年三十八歲。晁無咎之父端友令新城，故和篇有云：「小雨足時茶戶喜，亂山深處長官清。」此乃佳句。

又馮舒評：山谷晚年詩愈不佳，方君既知三、四之拙，則何苦強諛山谷？

又馮班評：三、四非拙也，方君不解此等筆法。

又查慎行評：世俗刻本皆以後一首混入蘇集，據此可證其非。

又紀昀評：此乃平心之論，無依附門牆之俗態。又「絮帽」、「銅鉦」究非雅字。

又何義門評：起二句新。

查慎行《初白庵蘇詩補注》卷九：《新城道中》二首，諸刻皆入先生集，宋雕本亦然。方回《瀛奎律髓》止載前一首，而評其下云：「東坡爲杭倅時，熙寧六年癸丑二月，循行屬縣，由富陽至新城，有此作。是年三十八歲。晁無咎之父端友，令新城，其和篇有『細雨足時茶戶喜，亂山深處長官清』云云，乃其佳句。」方回南宋人，其言必有所本，則第二首乃晁作也，嚮來無有辨證者。

吳騫《拜經樓詩話》卷三：東坡《新城道中》詩二首，初白翁《補注》，依《瀛奎律髓》以第二首爲新城令晁端友和作。予觀詩有云：「細雨足時茶戶喜，亂山深處長官清。」端友豈自譽乎？下又云：「人間岐路知多少，試向桑田問耦耕。」亦自行役而非作令者口吻，疑東坡用前韻以贈晁令耳。故當從舊本爲當。

王文誥《蘇文忠公詩編注集成》卷九：此詩上節，時已亭午，山行漸疲，寄慨于行役也。此詩下節，行近新城，山城在望，以題屬道中，故就道中結煞也。第三聯以官清民樂作骨，係美晁之詞，詩以「戶喜」脫去民樂，人遂弗覺耳。二詩自爲開闔，次序井然。

香巖批《紀評蘇詩》卷九：詩極佳，然與坡仙路徑迥別。

趙克宜《角山樓蘇詩評注彙鈔》卷四：（「細雨足時茶戶喜」二句）此聯清雋。

王文濡《宋元詩評註讀本》卷六：前首寫道中所見，後首則感傷身世，殊有言外意。

陳衍《宋詩精華錄》卷二：第六句有微詞。

山邨五絕

紀昀評《蘇文忠公詩集》卷九：五首語多露骨，不爲佳作。

竹籬茅屋趁谿斜，春入山村處處花。無象太平還有象，孤煙起處是人家。

王文誥《蘇文忠公詩編注集成》卷九：五絕並佳，而此篇第一。「還有象」亦帶諷意，卻以下句瞞過上句。如着意寫炊煙，上句必不如是設想。曉嵐評此一路詩，皆非是。

煙雨濛濛鷄犬聲，有生何處不安生。但令黃犢無人佩，布穀何勞也勸耕。

朋九萬《烏臺詩案·與王詵往來詩賦》：又《山村》詩第二首云：「煙雨濛濛雞犬聲（略）。」軾意言是時販私鹽者多帶刀杖，故取前漢龔遂令人賣劍買牛、賣刀買犢曰：「何爲帶牛佩犢？」意言但將鹽法寬平，令人不帶刀劍而買牛犢，則自力耕，不勞勸督也，以譏諷朝廷鹽法太峻，不便也。

老翁七十自腰鐮，慚愧春山筍蕨甜。豈是聞韶解忘味，邇來三月食無鹽。

朋九萬《烏臺詩案·與王詵往來詩賦》：第三首云：「老翁七十自腰鐮（略）」言山中之人饑貧無食，雖老猶自採筍蕨充饑。時鹽法峻急，僻遠之人無鹽食，動經數月。若古之聖人，則能聞韶忘味，山中小民豈能食淡而樂乎？以譏諷鹽法太急也。

查愼行《初白庵詩評》卷中：此詩亦似譏刺鹽法太嚴而作

王文誥《蘇文忠公詩編注集成》卷九：據此文（按：指蘇軾《上文侍中論榷鹽書》），則詩爲實錄矣。

杖藜裹飯去悤悤，過眼青錢轉手空。贏得兒童語音好，一年強半在城中。

朋九萬《烏臺詩案·與王詵往來詩賦》：第四首云：「杖藜裹飯去悤悤（略）。」意言百姓雖得青苗錢，立便於城中浮費使卻。又言鄉村之人一年兩度夏秋稅，又數度請納和預買錢。今此更添青苗、助役錢，因此莊家子弟多在城中，不著次第，但學得城中語音而已。以譏諷朝廷新法，青苗、助役不便。

查慎行《初白庵詩評》卷中：詩案云：此詩以諷青苗助役不便也。

又見卷六《送錢藻出守婺州得英字》趙翼評。

竊祿忘歸我自羞，豐年底事汝憂愁。不須更待飛鳶墮，方念平生馬少游。

黃徹《䂬溪詩話》卷四：東坡云：「不須更待飛鳶墮，方念平生馬少游。」（略）以其可喜，不直押韻也。

王文誥《蘇文忠公詩編注集成》卷九引江藩評：此首因時政之弊，約子由解組歸田也。我，公自謂也。汝，謂子由也。故用馬少卿事作結，與「阿奴雖碌碌」二句同意，特未註明子由耳。

潘德輿《養一齋詩話》卷一〇：坡詩「何須更待飛鳶墮，方念平生馬少游。」（略）此固詩家翻弄之小術，然詞旨清迥，可箴俗慮，吾每愛誦之。

癸丑春分後雪

雪入春分省見稀，半開桃李不勝威。應慚落地梅花識，卻作漫天柳絮飛。不分東君專節物，故將新巧發陰機。從今造物尤難料，更暖須留御臘衣。

胡仔《苕溪漁隱叢話》前集卷二九《六一居士上》：苕溪漁隱曰：東坡《雪》詩，有（略）「應慚落地梅花識，故作漫天柳絮飛」，世傳王淡交雪句「似梅花落地，如柳絮因風」，與坡詩全相類，豈偶然耶？

紀昀評《蘇文忠公詩集》卷九：（「半開桃李不勝威」）純寓牢騷，亦嫌其露。「不勝威」，字太腐。

湖上夜歸

我飲不盡器，半酣味尤長。籃輿湖上歸，春風吹面涼。行到孤山西，夜色已蒼蒼。清吟雜夢寐，得句旋已忘。尚記梨花邨，依依聞暗香。入城定何時，賓客半在亡。睡眼忽驚矍，繁燈鬧河塘。市人拍手笑，狀如失林麞。始悟山野姿，異趣難自強。人生安爲樂，吾策殊未良。

查愼行《初白庵詩評》卷中：（「人生安爲樂」）安，疑當作要。

朱承爵《存餘堂詩話》：東坡少年有詩云：「清吟雜夢寐，得句旋已忘。」固已奇矣。晚謫惠州，復有一聯云：「春江有佳句，我醉墮渺茫。」則又加少作一等。評書家謂筆隨年老，豈詩亦然耶？

賀裳《載酒園詩話》：每見鍾、譚動欲截去人詩，意嘗厭之，今乃知實有不可不刪者。如東坡《湖上夜歸》（按：引「我飲不盡器」十句），此似眞佳。後云：（「入城定何時」十句），不惟太盡無餘，「失林群」尤不成語，不若「聞香」處即止爲愈也。

紀昀評《蘇文忠公詩集》卷九：句句摹神，眞而不俚。「清吟」二句神來。

王文誥《蘇文忠公詩編注集成》卷九：自謂山野之狀，本不合作官人，入城市，以其不類而笑也。全用此意作結，亦自慨之詞。

《歷代詩發》卷二四：結句應「半酣」，眞有津津餘味。

趙克宜《角山樓蘇詩評注彙鈔》卷三：逐步細寫，情節絶不直致。「失林麞」形容看燈人之奔忙也。「安爲樂」言何以爲樂也。

曾元恕游龍山呂穆仲不至

青春不覺老朱顔，強半銷磨簿領間。愁客倦吟花似酒，佳人休唱日銜山。共知寒食明朝過，且赴僧窗半日閒。命駕呂安邀不至，浴沂曾點暮方還。

紀昀評《蘇文忠公詩集》卷九：（「命駕呂安邀不至」二句）切二姓轉成小様。

寒食未明至湖上太守未來兩縣令先在

城頭月落尙啼烏，烏榜紅舷早滿湖。鼓吹未容迎五馬，水雲先已颺雙鳧。映山黄帽螭頭舫，夾道青煙鵲尾爐。老病逢春只思睡，獨求僧榻寄須臾。

吳曾《能改齋漫録》卷七《鵲尾香爐》：東坡詩有「夾道青煙鵲尾爐」。按，《松陵唱和集》皮日休《寄華陽潤卿》詩云：「鵲尾金爐一世焚。」注云：「陶貞白有金鵲尾香爐。」又《珠林》云：「宋吳興人費崇先，少信佛法。每聽經，常以鵲尾香爐置膝前。」費崇先事，又見王琰《冥祥記》。

王文誥《蘇文忠公詩編注集成》卷九：（「城頭月落尙啼烏」二句）此二句定是詞體，必非詩體，宋人有謂公詞似詩者，當由此詞牽誤。一結平澹，公往往不脫此意，故能晚年肆力于陶。

趙克宜《角山樓蘇詩評注彙鈔》卷四：詩近香山體格，或以爲《瑞鷓鴣》詞，非也。

次韻孫莘老見贈時莘老移廬州因以別之

鑪錘一手賦形殊，造化無心敢望渠。我本疏頑固當爾，子猶淪落況其餘。龔、黃側畔難言政，羅、趙前頭且眩書（自注：莘老見稱政事與書，而莘老書至不工）。惟有陽關一杯酒，慇懃重唱贈離居。

葛立方《韻語陽秋》卷一四：漢張芝嘗自品其書云：「上比崔、杜不足，下方羅、趙有餘。」故世之言惡札者，必曰羅趙。東坡贈孫莘老詩云：「龔、黃側畔難言政，羅、趙前頭且衒書。」言羅、趙者，譏莘老書不工也。羅謂羅暉，趙謂趙襲。按張彥遠《法書要錄》云：「襲與暉並以能草見重關西，矜巧自衒，衆頗惑之。」則謂之惡札亦冤矣。

《演繁露》續集卷四《羅趙》：《三輔決錄》：趙襲、羅暉能草。張伯英與襲同郡，太僕朱賜書曰：「上比崔杜不足，下方羅趙有餘。」東坡詩：「羅趙前頭敢眩書。」

查慎行《初白庵詩評》卷中：五六皆公自謂。

紀昀評《蘇文忠公詩集》卷九：次句，宋人野調，三四江西句法。

贈別

青鳥銜巾久欲飛，黃鶯別主更悲啼。殷勤莫忘分攜處，湖水東邊鳳嶺西。

次韻代留別

絳蠟燒殘玉斝飛，離歌唱徹萬行啼。他年一舸鴟夷去，應記儂家舊姓西。

袁文《甕牖閒評》卷三：蘇東坡以詩云：「他年一舸鴟夷去，應記儂家舊姓西。」西謂西子也。西子本姓施，蓋東、西施之謂耳。東坡乃以爲姓「西」，誤矣。

王楙《野客叢書》卷二三《東坡用西施事》趙次公注：按《寰宇記》，東施家，西施家，施者其姓，所居在西，故曰西施。今云「舊姓西」，坡不契勘耳。僕謂坡公不應如是之疏鹵，恐言「舊住西」，傳寫之誤，遂以「住」字爲「姓」字耳。既是姓西，何問新舊？此說甚不通。「應記儂家舊住西」，正此一字，語意益精明矣。

馬位《秋窗隨筆》：《石林詩話》：「姑蘇城外寒山寺，夜半鐘聲到客船。」歐陽公嘗病其夜半非打鐘時，蓋公未嘗至吳中。今吳中山寺，實以夜半打鐘。」然亦何必深辯，即不打鐘，不害詩之佳也。如子瞻「應記儂家舊姓西」，夷光姓施，豈非誤用乎？終不失爲好詩。

葉大慶《考古質疑》卷五：大慶因而觀坡詩，錯誤尤多，前輩嘗論之矣，今總序于此。（略）又云：「他年一舸鴟夷去，應記儂家舊姓西。」按《寰宇記》：「越州諸暨縣有西施家、東施家。」謂施氏所居分爲東西，今謂「舊姓西」，則誤矣。坡之誤，此類甚多。

紀昀評《蘇文忠公詩集》卷九：（「他年一舸鴟夷去」二句）語有情韻。

《歷代詩話考索》：東坡詩：「他年一舸鴟夷去，應記儂家舊姓西。」常之以爲爲韻所牽。余疑「姓」或是「住」字，殆傳寫之訛。昔人亦曾辨之。

張道《蘇亭詩話》卷一：東坡博極群籍，左抽右取，縱橫恣肆，隸事精切，如不著力。尤熟于《史》、《漢》、六朝、唐史，《莊》《列》《楞嚴》《黄庭》諸經及李、杜、韓、白詩，故如萬斛泉源，隨地噴湧，未有羌無故實者。然亦有數語記誤處。（略）他若「應記儂家舊姓西」（《次韻代留別》），以西子爲西姓。（略）東坡豈不讀書，繆舛如此，特一時應酬迅疾，不暇點檢耳。此率之病也，然亦纔見此數句。

月兔茶

環非環，玦非玦，中有迷離玉兔兒。一似佳人裙上月，月圓還缺缺還圓，此月一缺圓何年。君不見鬭茶公子不忍鬭小團，上有雙銜綬帶雙飛鸞。

查愼行《初白庵詩評》卷中：涪州有廢都濡縣，即黃山谷所稱「都濡月兔茶」者。

紀昀評《蘇文忠公詩集》卷九：東坡乃有此惡札。

香巖批《紀評蘇詩》卷九：頗似小說中潑調，或編時誤收，必非東坡之作。

又見本卷《於潛僧綠筠軒》紀昀評。

薄命佳人

雙頰凝酥髮抹漆，眼光入簾珠的皪。故將白練作仙衣，不許紅膏汙天質。吳音嬌軟帶兒癡，無限閒愁總未知。自古佳人多命薄，閉門春盡楊花落。

紀昀評《蘇文忠公詩集》卷九：題鄙甚，詩卻不失古格。

王文誥《蘇文忠公詩編注集成》卷九：詠尼童確極。

吉祥寺花將落而述古不至

今歲東風巧翦裁，含情只待使君來。對花無信花應恨，直恐明年便不開。

述古聞之明日即至坐上復用前韻同賦

仙衣不用翦刀裁，國色初含卯酒來。太守問花花有語，爲君零落爲君開。

吳幵《優古堂詩話·問花花不語》：東坡《吉祥賞花寄陳述古》詩云：「仙花不用剪刀裁（略）。」《南部新書》記嚴惲詩：「春光冉冉歸何處，更向花前把一杯。盡日問花花不語，爲誰零落爲誰開。」東坡全用此兩句也。惲字子重，能詩，與杜牧善。

胡仔《苕溪漁隱叢話》前集卷四二《東坡五》：苕溪漁隱曰：《才調集》有無名氏絕句云：「春光冉冉歸何處，更向樽前把一杯。盡日問花花不語，爲誰零落爲誰開？」東坡《吉祥寺花》詩云：

「太守問花花有語，爲君零落爲君開。」遂與前詩略同，豈偶然耶？

王楙《野客叢書》卷二九：（按：前引《優古堂詩話》）僕謂用前人一聯，足以己意，古人蓋有此體。

查愼行《初白庵蘇詩補注》卷九：「盡日問花花不語，爲誰零落爲誰開？」全首載《松陵唱和集》，唐嚴惲《惜花》絕句也。（蘇詩句：「太守問花花有語，爲君零落爲君開。」）

李鈐轄坐上分題戴花

二八佳人細馬馱，十千美酒渭城歌。簾前柳絮驚春晚，頭上花枝奈老何。露溼醉巾香掩冉，月明歸路影婆娑。綠珠吹笛何時見，欲把斜紅插皀羅。

紀昀評《蘇文忠公詩集》卷九：氣味似玉谿生。

趙克宜《角山樓蘇詩評注彙鈔》卷四：偶效楊、劉體格，眞乃絕似。

於潛令刁同年野翁亭

山翁不出山，溪翁長在溪（自注：前二令作二翁亭）。不如野翁來往溪山間，上友麋鹿下鳧鷖。問翁何所樂，三年不去煩推擠。翁言此間亦有樂，非絲非竹非蛾眉。山人醉後鐵冠落，溪女笑時銀櫛低。我來觀政問風謠，皆云吠犬足生氂。但恐此翁一旦捨此去，長使山人索寞溪女啼（自注：天目山唐道士常冠鐵冠，於潛婦女皆插大銀櫛，長尺許，謂之蓬沓）。

紀昀評《蘇文忠公詩集》卷九：野氣太重。似晚唐人七古下調。

於潛女

青裙縞袂於潛女，兩足如霜不穿屨。䰋沙鬢髮絲穿杼，蓬沓障前走風雨。老濞宮粧傳父祖，至今遺民悲故主。苕溪楊柳初飛絮，照溪畫眉渡谿去。逢郎樵歸相媚嫵，不信姬姜有齊魯。

洪邁《容齋三筆》卷六《東坡詩用老字》：東坡賦詩，用人姓名，多以老字足成句。「老濞宮粧傳父祖」（略）之類，皆隨語勢而然。白樂天云「每被老元偷格律」，蓋亦有自來矣。

汪師韓《蘇詩選評箋釋》卷二：村粧野景，寫出翛然自得，練響選和，可入樂府。

紀昀評《蘇文忠公詩集》卷九：「老濞」二句橫亘中間，殊無頭緒。

張道《蘇亭詩話》卷五《補注類》：九卷《於潛女》詩：「鱺沙鬢髮絲穿杼」，按《六書故》：鱺，角本大也，俗謂披張爲鱺沙。注家未引及此。

趙克宜《角山樓蘇詩評注彙鈔》卷四：「宮妝」二字從上聯生出，不爲無緒。後四句綽有古調意。

自昌化雙谿館下步尋谿源至治平寺二首

亂山滴翠衣裘重，雙澗響空窗戶搖。飽食不嫌溪筍瘦，穿林閒覓野芎苗。卻愁縣令知游寺，尙喜漁人爭渡橋。正似醴泉山下路，桑枝刺眼麥齊腰。

查愼行《初白庵詩評》卷中：雙溪在縣南，范石湖詩「翠染南山擁縣門，一淵橫絕兩溪分」即此。

查愼行《初白庵蘇詩補注》卷九：按先生《送程六表弟歸蜀》詩有「醴泉寺古垂橘柚」之句，

今詩中所云「醴泉山」(「正似醴泉山下路，桑枝刺眼麥齊腰。」)，即此地也。因昌化而觸蜀中之景，與後篇「夢歸時到錦江橋」意略同。蓋先生宦遊所至，田園退歸之念，無時或忘，往往見於篇什。施氏補注本妄引西安醴泉縣，與此何涉？今駁正。

紀昀評《蘇文忠公詩集》卷九：(「飽食不嫌溪筍瘦」二句)「苗」字如何對「瘦」字？

(「尙喜漁人爭渡橋」)六句用莊子爭席意。

每見田園輒自招，倦飛不擬控扶搖。共疑楊惲非鋤豆，誰信劉章解立苗。老去尙貪彭澤米，夢歸時到錦江橋。宦游莫作無家客，舉族長懸似細腰。

於潛僧綠筠軒

可使食無肉，不可使居無竹。無肉令人瘦，無竹令人俗。人瘦尙可肥，俗士不可醫。旁人笑此言，似高還似癡。若對此君仍大嚼，世間那有揚州鶴。

楊萬里《題唐德明秀才玉立齋》：坡云無竹令人俗，我云俗人正累竹。

陳郁《藏一話腴》外編卷下：竹爲植物，出地不膚寸，與凡草木同。及解籜，柯葉橫出，干三四丈，畸焉。蓋凡卉秋受霜，冬被霜，破折毀裂如無生，獨此君方嬋娟整秀，坐視霜雪而自若，豈凡草木比哉。故君子亦若是，平居應接交游，詡詡怡怡，若庸人也。倏事有不可于心，人皆戚戚，我獨愕愕，物悉流矣，身獨止焉，是亦此君之不以霜雪而改柯易葉也。子猷曰「不可一日無此君」，蘇長公曰「無竹令人俗」，豈爲觀美耶？借竹以養性，不爲俗子之歸耳。古今詩人，風流意度，清節高趣，政自不凡，如竹可愛，使人一見灑然意消。余得《俗子》之詩曰：「俗子俗到骨，一揖已溷人。不知此曹面，何得有許塵？」正子猷、長公之所畏避者也。

紀昀評《蘇文忠公詩集》卷九：與《月菟茶》詩相埒。

趙克宜《角山樓蘇詩評注彙鈔》附錄卷中：此不成詩，而流傳衆人之口，須知其以語句淺俗、便于援引而傳，非以詩之工而傳也。

與臨安令宗人同年劇飲

我雖不解飲，把盞觀意足。試呼白髮感秋人，令唱黄鷄催曉曲。與君登科如隔晨，敝袍霜葉空殘綠。如今莫問老與少，兒子森森如立竹。黄鷄催曉不須愁，老盡世人非我獨。

查慎行《初白庵詩評》卷中：按《欒城集》，宗人乃蘇世美。

紀昀評《蘇文忠公詩集》卷九：清而淺。

趙翼《甌北詩話》卷五《蘇東坡詩》：坡詩不尙雄傑一派，其絕人處在乎議論英爽，筆鋒精銳，舉重若輕，讀之似不甚用力而力已透十分，此天才也。試即其詩，略爲舉似。（略）七古如（略）「黃鷄催曉不須愁，老盡世人非我獨。」（《與宗人同年飮》）（略）此皆坡詩中最上乘，讀者可見其才分之高，不在功力之苦也。

梁章鉅《退庵隨筆》：李文貞不喜蘇詩，謂東坡詩殊少風韻音節，逐句俱塡典故，亦不是古法。此非篤論也。蘇詩清空如話者，集中觸處皆有。如（略）《與宗同年飮》云：「黃鷄催曉不須愁，老盡世人非我獨。」（略）此豈得以少風韻、塡典故概之？文貞意在講學，于詩詣力未深。其于唐詩，只取張曲江及燕、許、李、杜、韓、柳數家，宋詩只取歐陽文忠、王荊公、朱子三家。講學與論詩，自是兩事，學者不必爲所惑也。

張道《蘇亭詩話》卷一《論述類》：《與臨安令劇飮》云：「敝袍霜葉空殘綠。」（略）實爲吾輩老臞儒畫照，後人無此新穎之思。

寶山晝睡

七尺頑軀走世塵，十圍便腹貯天眞。此中空洞渾無物，何止容君數百人。

蘇軾《記寶山題詩》（《蘇文忠公全集》卷六九）：予昔在錢唐，一日，晝寢於寶山僧舍，起，題其壁云：「七尺頑軀走世塵（略）。」其後有數小子亦題名壁上，見者乃謂予誚之也。周伯仁所謂君者，乃王茂弘之流，豈此等輩哉！世子多諱，蓋僭者也。

紀昀評《蘇文忠公詩集》卷九：粗獷。

僧清順新作垂雲亭

江山雖有餘，亭榭苦難穩。登臨不得要，萬象各偃蹇。惜哉垂雲軒，此地得何晚。天功爭向背，詩眼巧增損。路窮朱欄出，山破石壁很。海門浸坤軸，湖尾抱雲巘。葱葱城郭麗，淡淡煙村遠。紛紛鳥鵲去，一一漁樵返。雄觀快新獲，微景收昔遁。道人眞古人，嘯詠慕嵇阮。空齋卧蒲褐，芒屨每自捆。天憐詩人窮，乞與供詩本。我詩久不作，荒澀旋鋤墾。從君覓佳句，咀嚼廢朝飯。

查愼行《初白庵詩評》卷中：（「登臨不得要」二句）有此二句，生出中間一段景色。分明一反一正，能令觀者目眩。

汪師韓《蘇詩選評箋釋》卷二：煅煉之工，字字創獲。至「天功爭向背」以下十二句，忽作排對，而風骨益覺峻聳。詩有排對，自晉有之。二陸、顏、謝，已層見疊出。至於王褒、庾信之篇，但略研聲病，即成唐律，而詩體日趨靡曼矣。此作刻削傲岸，具體昌黎。若僅謂體格如少陵《渼陂行》、《西南臺》等篇，則猶未盡其風力也。

紀昀評《蘇文忠公詩集》卷九：次句言從前亭榭不得地也。然究是趁韻。力摹昌黎，而氣機流走處，仍是本色耳。摹古須見幾分本色，方不是雙鈎塡廓。「雄觀」聯，置之韓集中，不可復辨。

趙克宜《角山樓蘇詩評注彙鈔》卷四：翻起警策。「著難穩」言難于得地，本極圓醒，紀本「著」誤爲「苦」，而譏其趁韻，疏矣。（「天公爭向背」）扼要語，領起下文。（「路窮朱闌出」）四聯鋪叙。（「雄觀快新獲」）頓束遒錬。（「道人眞古人」）入僧順清。

五月十日與呂仲甫周邠僧惠勤惠思清順可久惟肅義詮同泛湖游北山

三吳雨連月，湖水日夜添。尋僧去無路，潋潋水拍簷。駕言徂北山，得與幽人兼。清風洗昏翳，晚景分穠纖。縹緲朱樓人，斜陽半疏簾。臨風一揮手，悵焉起遐瞻。世人驚朝市，獨向谿山廉。此樂得有命，輕傳神所殲。

紀昀評《蘇文忠公詩集》卷九：（「瀲瀲水泊簷」四句）四句用義山「水齊簷」語。（「縹緲朱樓人」二句）如畫。（「輕傳神所殲」）「殲」字太甚。

趙克宜《角山樓蘇詩評注彙鈔》卷三四：「獨向溪山」句即指「朱樓人」也。

會客有美堂周邠長官與數僧同泛湖往北山湖中聞堂上歌笑聲以詩見寄因和二首時周有服

靄靄君詩似嶺雲，從來不許醉紅裙。不知野屐穿山翠，惟見輕橈破浪紋。頗憶呼盧袁彥道，難邀罵座灌將軍（自注：皆取其有服也）。晚風落日元無主，不惜清涼與子分。

胡仔《苕溪漁隱叢話》前集卷三八引《漫叟詩話》：東坡最善用事，既顯而易讀，又切當。若《招持服人游湖不赴》云：「卻憶呼盧袁彥道，難邀罵座灌將軍。」（略）天然奇作。

汪師韓《蘇詩選評箋釋》卷二：山水清音，氣韻自別。按周邠原作，見《咸淳臨安志》，結云：

「莫辭上馬玉山倒，已是遲留至夜分。」前詩結語，蓋答其意。

紀昀評《蘇文忠公詩集》卷九：（「難邀罵座灌將軍」）六句究非佳事。

趙翼《甌北詩話》卷五：坡公熟於莊、列、諸子及漢、魏、晉、唐諸史，故隨所遇，輒有典故，以供其援引，此非臨時檢書者所能辦也。如（略）《和周邠長官》詩：「頗憶呼盧袁彥道，難邀罵坐灌將軍。」時邠有服，故所用「呼盧」、「罵坐」，皆服中故事也。（略）以上數條，安得有如許切合典故，供其引證？自非博極羣書，足供驅使，豈能左右逢源若是！想見坡公讀書，眞有過目不忘之資，安得不嘆爲天人也。

張道《蘇亭詩話》卷一：東坡博通群籍，故下語精切，每有故實，供其驅使。如（略）《和周長官》，以邠有服，則用袁彥道、灌夫事。（略）周益公所云「初若豪邁天成，其實關鍵甚密」者也。

趙克宜《角山樓蘇詩評注彙鈔》附錄卷中：使事精切，是東坡本領。「罵座」雖非佳事，運用何嘗不佳。但題可寫處甚多，專從有服著想，則纖仄矣。題要四字亦似爲此聯添註也。

載酒無人過子雲，掩關晝卧客書裙。歌喉不共聽珠貫，醉面何因作頳紋。僧侶且陪香火社，詩壇欲斂鸛鵝軍。憑君遍遶湖邊寺，漲綠晴來已十分。

趙克宜《角山樓蘇詩評注彙鈔》卷四：此詩全爲押韻起見，無他好處。

席上代人贈別三首

凄音怨亂不成歌，縱使重來奈老何。淚眼無窮似梅雨，一番勻了一番多。

天上麒麟豈混塵，籠中翡翠不由身。那知昨夜香閨裏，更有偷啼暗別人。

蓮子擘開須見憶，楸枰著盡更無期。破衫卻有重逢日，一飯何曾忘卻時。

葛立方《韻語陽秋》卷四：古辭云：「藁砧今何在，山上復有山。何當大刀頭，破鏡飛上天。」藁砧，砆也，謂夫也。山上有山，出也。大刀頭，刀上鐶也。破鏡，言半月當還也。此詩格非當時有釋之者，後人豈能曉哉。古辭又云：「團棋燒敗襖，著子故依然。」陸龜蒙、皮日休間嘗擬之。陸云：「且日思雙履，明時願早諧。」皮日休云：「莫言春繭薄，猶有萬重絲。」是皆以下句釋上句，與藁砧異矣。《樂府解題》以此格爲風人詩，取陳詩以觀民風，示不顯言之意。至東坡無題詩云：「蓮子擘開須見憶（略）。」是文與釋並見于一句中，與風人詩又小異矣。

蔡正孫《詩林廣記後集·蘇東坡》引《詩注》云：此吳歌格，借字喻意也。（略）蓮子曰「菂」，菂中么荷曰「意」，「須見憶」以菂中之意言之。楸枰，棋盤也，杜牧詩云「玉子紋楸一路饒」，則此楸謂之矣。「更無期」以棋言之。「重縫處」，以縫綻之縫隱「逢」字也。「忘卻時」以匙匕之「匙」隱之也。

洪邁《容齋三筆》卷一六《樂府詩引喻》：自齊、梁以來，詩人作樂府《子夜四時歌》之類，每以前句比興引喻，而後句實言以證之。（略）近世鄙詞，如《一落索》數闋，蓋效此格。語意亦新工，恨太俗耳，然非才士不能爲。世傳東坡一絕句云：「蓮子擘開須見薏（略）。」蓋是文與意並見一句中，又非前比也。集中不載。

謝榛《四溟詩話》卷二：蘇子瞻曰：「破衫尙有重逢日，一飯何曾忘卻時。」造語殊乏風致。

紀昀評《蘇文忠公詩集》卷九：卑俗！

趙翼《甌北詩話》卷五：孔毅父集古人句成詩贈坡，坡答曰（略）似譏集句非大方家所爲。然《席上代人贈別》云：「蓮子擘開須見憶（略）。」此本是古體，如「石闕生口中，銜碑不得語」之類，非另創體也。

趙克宜《角山樓蘇詩評注彙鈔》附錄卷中：此讀曲歌遺音，存以備公之一體，論工處尙未及前人耳。

又見卷二二《次韻孔毅父集古人句見贈五首》趙翼評。

留題徐氏花園二首

莫尋羣玉山頭路，莫看劉郎觀裏花。但解閉門留我住，主人休問是誰家。

紀昀評《蘇文忠公詩集》卷九：（「莫尋群玉山頭路」二句）滑調。

退之身外無窮事，子美樽前欲看花。更有多情君未識，不隨柳絮落人家。

袁宏道評閱譚元春選《東坡詩選》卷二譚元春評：「樽前欲看花」，豈獨子美哉，其妙可想。

唐道人言天目山上俯視雷雨每大雷電但聞雲中如嬰兒聲殊不聞雷震也

已外浮名更外身，區區雷電若爲神。山頭只作嬰兒看，無限人間失箸人。

紀昀評《蘇文忠公詩集》卷九：語頗近粗。

趙翼批沈德潛《宋金元三家詩選・蘇東坡詩選》上卷：（「山頭只作嬰兒看」二句）意含蓄不盡。

追和子由去歲試舉人洛下所寄

暴雨初晴樓上晚景五首

秋後風光雨後山，滿城流水碧潺潺。煙雲好處無多子，及取昏鴉未到間。

紀昀評《蘇文忠公詩集》卷九：此首較有風致。次首亦可，餘皆平平。

洛邑從來天地中，嵩高蒼翠北邙紅。風流耆舊消磨盡，只有青山對病翁（自注：謂富公也）。

蔡正孫《詩林廣記》後集卷三：愚謂此詩，讀之令人生感慨之懷，唐人有詠劍池詩，亦是此意。

紀昀評《蘇文忠公詩集》卷九：末二句有世道之感。（「嵩高蒼翠北邙紅」）「蒼翠」、「紅」、嵐加入青字，自爲轇轕。又云「太複」，與詩毫無干涉。

「青」，未免太複。

王文誥《蘇文忠公詩編注集成》卷九：據詩，蒼翠指嵩高樹色，紅指北邙塵壒，分析甚明。曉

陳衍《宋詩精華錄》卷二：是能字向紙上皆軒昂者。

白汗翻漿午景前，雨餘風物便蕭然。應傾半熟鵝黃酒，照見新晴水碧天。

袁宏道評閱譚元春選《東坡詩選》卷二譚元春評：此順快詩耳，袁（宏道）賞之過甚。

疾雷破屋雨翻河，一掃清風未覺多。應似畫師吳道子，高堂巨壁寫降魔。

紀昀評《蘇文忠公詩集》卷九：此首趁韻。

客路三年不見山，上樓相對夢魂間。明朝卻踏紅塵去，羞向淸伊照病顏。

過廣愛寺見三學演師觀楊惠之塑寶山朱瑤畫文殊普賢三首

寓世身如夢，安閒日似年。敗蒲翻覆卧，破衲再三連。勸客眠風竹，長齋飲石泉。回頭萬事錯，自笑覺師賢。

妙迹苦難尋，茲山見幾層。亂峰螺髻出，絕澗陣雲崩。措意元同畫，觀空欲問僧。莫教林下意，終老歎何曾。

朱瑤唐晚輩，得法尙雄深。滿寺空遺跡，何人識苦心。長廊敧兩腳，破壁撼鐘音。成壞無窮事，他年復弔今。

紀昀評《蘇文忠公詩集》卷九：題脫「和子由」三字。

韓子華石淙莊

絳侯百萬兵，尙畏書牘背。功名意不已，數與危機會。我公抱絕識，凜凜鎮橫潰。欲收伊呂迹，遠與巢由對。誓言雖未從，久已斷諸內。區區爲懷祖，頗覺羲之隘。此身隨造物，一葉舞澎湃。田園不早定，歸宿終安在。彼美石淙莊，每到百事廢。泉流知人意，屈折作濤瀨。寒光洗肝腷，清響跨竽籟。我舊門前客，放言不自外。園中亦何有，薈蔚可勝計。請公試回首，歲晚餘蒼檜。

舊題王十朋《集註分類東坡先生詩》卷八引次公曰：末四句乃一篇之妙旨也。蓋云草木雖薈蔚盛茂，而歲晚黃落，其不彫者，惟蒼檜耳，所以重比韓公子華也。

查慎行《初白庵詩評》卷中：（「田園不早定」二句）說得切實。

又《初白庵蘇詩補注》卷九：此詩施氏原注稱：「子華遵忠憲公之命，服闋誓墓。年五十，請謝事，上疏，引王羲之『去郡不仕』云云。章屢上，不允。先生此詩『誓言雖未從』四句，乃用子華表語，其推重子華如此。」愚謂不然。按子華前後兩入相，皆在熙寧中。初創役法之議，安石倚以爲助。後與呂惠卿不合，請帝再用安石。計其歷仕三朝，出入中外，垂四十年，至元祐初，年七十六，始請老致仕。生平汲汲仕宦，不甘閑退，概可知矣。以史傳考之：熙寧三年自副樞密出爲陝西宣撫。以素不習兵，致慶卒作亂，罷知鄧州。此詩前四句用絳侯事（「絳侯百萬兵，尙畏書牘背。功名意不已，數與危機會。」），正指此。既而移許州，進觀文殿大學士，再相之機，駸駸已兆。而謂跡同伊呂、心慕巢由，天下其誰信之！故一則曰「誓言雖未從」，再則曰「田園不早定」，此身碌碌，方以官爲家。彼石淙莊者洵美，而非吾土，其可謂歸宿之地乎？故終之以勸勉之詞曰：「請公試回首，歲晚餘蒼檜。」雖自託於放言，實緣賓舊之故，而不敢自外。一篇之中，三致意焉，所謂「君子愛人以德」也。覽者不考生平，猥舉誓墓一節，謂子華爲恬退一流，失作者本旨矣。

汪師韓《蘇詩選評箋釋》卷二：此蓋嫉世之貪位固祿者。軾通《道藏》，又嘗撰《廣成子解》，故有取乎老莊知足不辱之旨，非爲韓絳有手疏之詞，遂順其意而稱道之也。

紀昀評《蘇文忠公詩集》卷九：此卷多率筆應酬之作。此詩特爲深警，故知有物之言，不同浮響。又見無所取義而作詩，雖東坡亦不能佳。此首與《廣愛寺》詩，同和子由洛下作。（「我舊門前客」六句）莊語，妙無腐氣。

趙克宜《角山樓蘇詩評注彙鈔》卷四：通篇以勇退作骨，起用反跌，沈著有力。（「欲收伊呂迹」二句）奇警。（「田園不早定」二句）跌起石淙莊。「流泉」兩聯，洗發石淙。（「我舊門前客」）入自己作詩本旨。末四句惟次公得其用意，云草木雖薈蔚茂盛，而歲晚黃落，其不凋者惟蒼檜耳，所以重比韓公也。

紀昀評蘇文忠公詩集卷十

立秋日禱雨宿靈隱寺同周徐二令

百重堆案掣身閒，一葉秋聲對榻眠。牀下雪霜侵戶月，枕中琴筑落階泉。崎嶇世味嘗應徧，寂寞山棲老漸便。惟有憫農心尚在，起占雲漢更茫然。

汪師韓《蘇詩選評箋釋》卷二：禱雨而曰「百重堆案掣身閑」，幾與嵇康書中言性不耐煩，以游山澤觀魚鳥爲樂者無異矣。有末二句一證出心事，遂覺滿紙閑情，俱成警句。言「雲漢」二字爲著題，正見與大雅詩人同其躑躅。

紀昀評《蘇文忠公詩集》卷一〇：（「百重堆案掣身閑」）爲民禱雨，不得謂之「掣身閑」，立言少體。（「惟有憫農心尚在」二句）倒挽禱雨。

吳喬《圍爐詩話》卷五引黃公曰：其清空而妙者，如（略）『牀下雪霜侵戶月，枕中琴筑落階泉』，俱嘉。

賀裳《載酒園詩話·蘇軾》：「牀下雪霜侵戶月，枕中琴筑落階泉」，俱清新俊逸。

趙克宜《角山樓蘇詩評注彙鈔》附錄卷中：（「牀下雪霜侵戶月」）取譬甚拙。

遊靈隱寺戲贈開軒李居士

推倒垣牆也不難，一軒復作兩軒看。若教從此成千里，巧歷如今也被謾。

紀昀評《蘇文忠公詩集》卷一〇：禪偈氣。

病中獨遊淨慈謁本長老周長官以詩見寄仍邀遊靈隱因次韻答之

卧聞禪老入南山，淨掃清風五百間。我與世疏宜獨往，君緣詩好不容攀。自知樂事年年減，難得高人日日閒。欲問雲公覓心地，要知何處是無還（自注：《楞嚴經》云：我今示汝無所還地）。

紀昀評《蘇文忠公詩集》卷一〇：（後四句）突入少緒。

病中遊祖塔院

紫李黃瓜村路香，烏紗白葛道衣涼。閉門野寺松陰轉，攲枕風軒客夢長。因病得閒殊不惡，安心是藥更無方。道人不惜階前水，借與匏樽自在嘗。

卞永譽《式古堂書畫匯考》卷一〇「蘇軾」條《蘇東坡虎跑泉詩卷》多爾濟巴勒跋：右蘇文忠公眞蹟，此詩不載集中。虎跑泉，一在丹陽，一在錢塘。公嘗通判杭州，則此泉蓋在錢塘也。至正元年二月壬寅，多爾濟巴勒跋。

又黃溍跋：余嘗見林和靖手書所爲詩一巨軸，多集中所不載。坡翁所作，視和靖尤富，一時不見于集中，固無怪其然。蓋古人之文，亦有自刪去者，此則坡翁得意之作，必非自刪，或編録者未之見耳。至正二年七月廿八日，黃溍書。

又張紳跋：右東坡手書七言律詩一首，題云《遊虎跑泉》，文集是詩則題云《病中遊祖塔院》。按《傳燈錄》，唐元和十二年，大慈中禪師創寺於杭州南山，長慶元年賜額大慈。咸通二年，師入滅。開成二年，其徒欽山請於朝，易名法雲。宋太平興國六年，以南泉臨濟、趙州雪峰諸人皆常至此，故又名祖塔院。東坡來遊，止據寺名。而書此詩時，又偶作《虎跑泉》，蓋一詩而有二名。

觀者以爲集中不載，一時未暇詳考耳。此寺山川環秀，郡中爲勝。郡誌又言：南渡後，史彌遠卜葬其地，民謠不吉而止，乃即寺駐兵，寺廢不治者百年。歲甲子，戒師定巖始重作佛殿僧居，宏麗殆可與靈隱三竺甲乙。又訪得東坡是詩墨蹟，購求前輩名文章家，敘論已成巨軸，間以示予。噫！佛氏之說，有所謂因緣者，是書洊更兵燹，失而復得，豈亦有緣耶？戒師常汲泉水送予，以之煮茶，香冽比蜀井，宜有異傳也。乙丑十二月十有五日，雲門山道人齊郡張紳識。

又清濬跋：按，蘇公子瞻通判杭州在宋熙寧四年，而守杭在元祐四年。詩蓋作於此二時，距今洪武十有九年已三百餘年矣。此卷流落人間，不知幾易其傳。今虎跑住山定巖戒師，而以重購還之山中。予見夫世之大家巨室有好蓄法書名畫者，曾不一二世，其子孫有貨之而以爲食者。今定巖乃能不忘前賢品詠，重購而還之於三百年後。噫！其亦賢于世之人也遠矣。天台沙門清濬。

又釋宏跋：嘗聞蘇子瞻爲五祖戒禪師後身，其然乎哉！所以平生喜與僧交，好游名山，蓋宿習也。守杭時，至西湖壽星寺，有詩云：「前身想已到杭州，才到名山即舊游。」及游南山虎跑泉，凡作二詩，其一已鐫於石，其一集中題云《病中游祖塔院》，不知即爲虎跑泉也。定巖戒公訪求墨蹟，亦欲鐫之。噫！物之於人，或離而復合；人之於物，或去而還來。亦時緣之所系也。然則定巖，焉知其非前後身耶？時洪武十有九年丙寅夏四月，中吳釋宏道。

汪師韓《蘇詩選評箋釋》卷二：不須矜才使氣，興會所到，後人自百摹不到。筆底定有神力護持。

紀昀評《蘇文忠公詩集》卷一〇：此種已居然劍南派，然劍南別有安身立命之地，細看全集自知。楊芝田專選此種。世人以易於摹倣，而盛傳之，而劍南之眞遂隱。

方東樹《昭昧詹言》卷二〇：先寫游時景與情事，風味別勝，不比凡境。三四寫院中景。五六還題「病中」，兼切二祖。收將院僧自己綰合，亦自然本地風光，不是從外插入。又：《游塔祖院》「安心」（「安心是藥更無方」），（略）用事切而點化入妙，李義山所不能。

陳衍《宋詩精華錄》卷二：寫景中要有興味，所謂有人存也。「亂山環合」（見《六年正月二十日復出東門仍用前韻》）、「十日春寒」（見《正月二十日往岐亭郡人潘古郭三人送余於女王城東禪莊院》）各首皆是。

又見本卷《孤山二詠》方東樹評。

虎跑泉

亭亭石塔東峰上，此老初來百神仰。虎移泉眼趁行腳，龍作浪花供撫掌。至今遊人盥濯罷，臥聽空階環玦響。故知此老如此泉，莫作人間去來想。

佛日山榮長老方丈五絶

查愼行《初白庵詩評》卷中：《北史》客問三教優劣，李士謙曰：「佛，日也；道，月也。儒，五星也。」佛日之義取此。

紀昀評《蘇文忠公詩集》卷一〇：五詩皆清灑，但無深味耳。

陶令思歸久未成，遠公不出但聞名。山中只有蒼髯叟，數里蕭蕭管送迎。

千株玉槊攙雲立，一穗珠旒落鏡寒。何處霜眉碧眼客，結爲三友冷相看。

曾季貍《艇齋詩話》：東坡《佛日寺》詩云：「千株玉槊撓雲立，一穗珠旒落鏡寒。」玉槊謂竹也，珠旒謂以竹引水倒流也。

東麓雲根露角牙，細泉幽咽走金沙。不堪土肉埋山骨，未放蒼龍浴渥洼。

曾季貍《艇齋詩話》：東坡詩「未放蒼龍浴渥洼」者，松下有澗，故云。

食罷茶甌未要深，清風一榻抵千金。腹搖鼻息庭花落，還盡平生未足心。

朱翌《猗覺寮雜記》卷上：坡云：「腹搖鼻息庭花落，償盡當年未足心。」孫樵云：「腹搖鼻息，夢到鄉國。槐花撲庭，鳴蜩噪晴。」

袁文《甕牖閑評》卷六：東坡詩又云：「食罷茶甌未要深。」後人謂食罷未可啜茶，引東坡此詩以爲證，而不知東坡且欲睡耳，故其詩下句云「春風一榻値千金」也。

紀昀評《蘇文忠公詩集》卷一〇：（「腹搖鼻息庭花落」）不雅。

何孟春《餘冬詩話》卷下：飽食高卧之頃，而「平生未足心」便可還盡耶？謂之「消盡」則可。或曰坡謂世外人言，世外人又安有「未足心」？

郭麐《靈芬館詩話》卷一：（「腹搖鼻息庭花落」二句）孫樵云：「腹搖鼻息，夢到想關。槐花撲庭，鳴蜩噪晴。」坡蓋全用其語。東坡喜記人好語，如蟋蟀鳴、懶婦驚、芫花未落、松風晚晴之類，皆貯以備用。

日謝回廊午枕明，水沈銷盡碧煙橫。山人睡覺無人見，只有飛蚊繞鬢鳴。

弔天竺海月辨師三首

紀昀評《蘇文忠公詩集》卷一〇：三首皆不脫宋格。

欲尋遺迹強沾裳，本自無生可得亡。今夜生公講堂月，滿庭依舊冷如霜。

紀昀評《蘇文忠公詩集》卷一〇：此首尤落習徑。

生死猶如臂屈伸，情鍾我輩一酸辛。樂天不是蓬萊客，憑仗西方作主人。

葉寘《愛日齋叢鈔》卷三：《益公雜志》亦稱：「公不輕許可，獨敬愛樂天，屢形詩篇。蓋其文章皆主辭達，而忠厚好施，剛直盡言，與人有情，于物無著，大略相似。謫居黃州，始號東坡，其原必起于樂天忠州之作。」予因諸詩之作而考之，東坡之慕樂天似不盡始黃州。《弔海月辨師》云：「樂天不是蓬萊客，憑仗西方作主人。」倅杭時作，已有慕白之意矣。坡詩注：「盧子《逸史》：會昌元年，有南客飄至大山，有人引至一處，見道士坐大殿，曰：此蓬萊山也。宮內院宇數十，而一院扃鎖，曰：『此白樂天宮。樂天在中國未來耳。』樂天聞之，遂作《答客說》詩：『海山不是吾歸處，歸則應歸兜率天。』又《與果上人》詩：『不須惆悵從師去，先請西方作主人。』觀引此事，知其已慕白也。

欲訪浮雲起滅因，無緣卻見夢中身。安心好住王文度，此理何須更問人。

孤山二詠

孤山有陳時柏二株，其一爲人所薪，山下老人自爲兒時已見其枯矣，然堅悍如金石，愈於未枯者。僧志詮作堂於其側，名之曰柏堂，堂與白公居易竹閣相連，屬余作二詩以紀之。

柏　堂

道人手種幾生前，鶴骨龍筋尚宛然。雙幹一先神物化，九朝三見太平年。忽驚華構依巖出，乞與佳名到處傳。此柏未枯君記取，灰心聊伴小乘禪。

汪師韓《蘇詩選評箋釋》卷二：「雙幹」句，人所能道也。「九朝」句，對法不測之至。「九朝」，施註謂自陳、隋、唐、五代、宋也。

紀昀評《蘇文忠公詩集》卷一〇：三四小巧。

方東樹《昭昧詹言》卷二〇：只如題叙去，而興象老氣自然，如秦漢法物，非近觀時玩，公之本色在此。嘗謂坡詩不可學，學則入于率直，無聲色留人處，所謂「學我者死」。

又見卷三九《四月十一日初食荔支》方東樹評。

竹　閣

海山兜率兩茫然，古寺無人竹滿軒。白鶴不留歸後語，蒼龍猶是種時孫。兩叢恰似蕭郎筆，十畝空懷渭上村。欲把新詩問遺像，病維摩詰更無言。

紀昀評《蘇文忠公詩集》卷一〇：此首清妥。

方東樹《昭昧詹言》卷二〇：《竹閣》用本色叙題，三句一例，而用事尤入妙，如此豈他人所及？五六還竹，仍切白。結句超妙入仙。《游祖塔院》「安心」，《竹閣》「海山」、「白鶴」，用事切而點化入妙，李義山所不能。古人用事用字，未有無端強入以誇博及隨手塡湊以足吾句字，爲食料者也。「白鶴」言不重來，即「茫然」意。至「蕭郎」及「渭上」，尤人所不能及。必如此方可謂之深博。今人非不用事，只是取題之合類者編之，不能如此切也。世人皆學東坡，拉雜用事，頃刻可以信手塡湊成篇，而不解其運用點化妙切之至于斯也。

馬位《秋窗隨筆》：東坡《祭柳子玉文》：「郊寒島瘦，元輕白俗。」彥周謂其論道之語。然東坡詩鎔化樂天語及用樂天事甚多，如（略）「海天兜率兩茫然」（略）之類。雖作此論，終不免踐樂天之迹。

與述古自有美堂乘月夜歸

娟娟雲月稍侵軒，瀲瀲星河半隱山。魚鑰未收淸夜永，鳳簫猶在翠微間。凄風瑟縮經絃柱，香霧淒迷著髩鬟。共喜使君能鼓樂，萬人爭看火城還。

查愼行《初白庵詩評》卷中：（「魚鑰未收淸夜永」二句）想見承平作吏之樂。

汪師韓《蘇詩選評箋釋》卷二：起二句乃月夜恆有之景，寫來卻自引人入勝。「魚鑰」二句，夜歸也。「凄風」二句，乘月也。讀之氣和音雅，令人神遊於時世之昇平，覺詩中「魚鑰」、「鳳簫」、「弦柱」、「髩鬟」等，都無一字泛設。而以萬人爭看使君之歸作結，又見爲政風流，極一時之勝賞矣。

方東樹《昭昧詹言》卷二〇：前四句往復有味。

有美堂暴雨

遊人腳底一聲雷，滿座頑雲撥不開。天外黑風吹海立，浙東飛雨過江來。十分瀲灩金樽凸，千杖敲鏗羯鼓催。喚起謫仙泉灑面，倒傾鮫室瀉瓊瑰。

蔡絛《西清詩話》：杜少陵文自古奧。如云「九天之云下垂，四海之水皆立」，「忽翳日而翻萬象，卻浮雲而留六龍。萬舞陵亂，又似乎春風壯而江海波」。其語皆磊落驚人。或言無韻者不可讀，是大不然。東坡《有美堂》詩：「天外黑風吹海立，浙東飛雨過江來。」蓋出此。

馬永卿《嬾眞子》卷五：紹興六年夏，僕與年兄何元章會于錢塘江上。余因舉東坡詩「天外黑風吹海立，浙東飛雨過江來。」元章云：「『立』字最爲有力，乃水涌起之貌。老杜《三大禮賦》云：『九天之雲下垂，四海之水欲立。』東坡之意蓋出于此。或者妄易『立』爲『至』，只可一笑。」

吳曾《能改齋漫錄》卷七《海水立》：（前引《西清詩話》）以上皆蔡說。予按，長水校尉關子陽謂「天去人尙遠，而黑風吹海。」蓋東坡博極群書，兼用乎此。

洪邁《容齋四筆》卷二《有美堂詩》：東坡在杭州作《有美堂會客》詩，頷聯云：「天外黑風吹海立，浙東飛雨過江來。」讀者疑海不能立，黃魯直曰：蓋是爲老杜所誤，因舉《三大禮賦朝獻太清宮》云「九天之雲下垂，四海之水皆立」以告之。二者皆句語雄峻，前無古人。坡和陶《停雲》詩有「雲屯九河，雪立三江」之句，亦用此也。

吳沆《環溪詩話》卷上：（張）右丞云：「曾知杜詩妙處否？」環溪云：「杜詩千有四百餘篇，某極力精選，得五百有十八首，是杜詩妙處。」右丞云：「不是如此，杜詩妙處，人罕能知。凡人作詩，一句只說得一件物事，多說得兩件。杜詩一句能說得三件、四件、五件物事。常人作詩，但說得眼前，遠不過數十里內。杜詩一句能說數百里，能說兩州軍，能說半天下，能說滿天下，此其所以爲妙。（略）」環溪因取前輩之詩，參而考之，謂「東坡惟《有美堂》一篇最工，然『天處黑風吹海立，浙東飛雨過江來』，正是一句能言三件事。（略）然竟無一句能用五物者。至半天下、滿天下之說求之，尤未見其有也。然後知詩道之難如此，而古今之美，備在杜詩，無復疑矣。」

趙與時《賓退錄》卷一〇：（前引《環溪詩話》）此論尤異。以此論詩，淺矣！杜子美之所以高于衆作者，豈謂是哉？若以句中事物之多爲工，則必皆如陳無己「桂椒楠櫨楓柞樟」之句，而後可以獨步，雖杜子美亦不容專美。若以「乾坤日夜浮」爲滿天下句，則凡句中言「天地」、「華夷」、「宇宙」、「四海」者，皆足以當之矣，何謂無也。

方回《瀛奎律髓彙評》卷一七《晴雨類》方回評：老杜《朝獻太清宮賦》：「九天之雲下垂，四海之水皆立。」本是奇語。摘「海立」二字用之，自東坡始。此聯壯哉！

又馮班評：大手。如此才力，何必唐詩？

又何義門評：寫雨勢之暴，不嫌其險。

又紀昀評：純以氣勝。

謝肇淛《五雜俎》卷四：（「天外黑風吹海立」）余從祖司農公傑，以大行奉使過海，中流有龍焉，倒垂雲際，離水尚百許丈，而水涌起如炊煙，直與相接，人見之歷歷可辨也。始信「水立」之語非妄。

《御選唐宋詩醇》卷三四：（「天外黑風吹海立」二句）寫暴雨，非此傑句不稱。但以用杜賦中字爲采藻鮮新，淺之乎論詩矣。且亦必有「浙東」句作對，情景乃合。有美堂在郡城吳山，其地正與海門相望，故非率爾操觚者。唐賢名句中惟駱賓王《靈隱寺》詩「樓觀滄海日，門對浙江潮」一聯足相配敵。

查慎行《初白庵詩評》卷下：通首都是摹寫暴雨，章法亦奇。

紀昀評《蘇文忠公詩集》卷一〇：此首爲詩話所盛推，然獷氣太重。

趙翼《甌北詩話》卷五《蘇東坡詩》：坡詩有云「淸詩要鍛鍊，方得鈆中銀」。然坡詩實不以鍛鍊爲工，其妙處在乎心地空明，自然流出，一似全不著力而自然沁入心脾，此其獨絕也。今第就七言律論之，如「天外黑風吹海立，浙東飛雨過江來。」（略）此數十聯乃是稱心而出，不假雕飾，自然意味悠長。即使事處，亦隨其意之所欲出，而無牽合之迹。此不可以聲調、格律求之也。

趙翼批沈德潛《宋金元三家詩選·蘇東坡詩選》上卷：奇警爽特，七律中不可多得之境。

李調元《雨村詩話》卷下：余雅不好宋詩而獨愛東坡，以其詩聲如鍾呂，氣若江河，不失于腐，亦不流于郛。由其天分高，學力厚，故縱筆所之，無不精警動人。不特在宋無此一家手筆，即置之唐人中，亦無此一家手筆也。公嘗自舉生平得意之句，以「令嚴鐘鼓三更月，野宿貔貅萬竈煙」一聯爲其最，實不止此也。公集中無論長篇短幅，任舉一句，皆具大魄力。如《有美堂暴雨》起筆云（按下引「游人」四句），其聲直震百里，誰能有此？

方東樹《昭昧詹言》卷二〇：奇氣。

林昌彝《海天琴思錄》卷三：「浙東」句全用殷堯藩詩（原注：《喜雨》詩：「山上亂雲隨手變，浙東飛雨過江來。」），注蘇詩者皆未及之。

趙克宜《角山樓蘇詩評注彙鈔》附錄卷中：有客氣而無精意，流俗談詩，所見淺甚。過此，則非所知，故盛推此種耳。試取柳子厚《登柳州城樓》詩對看，其所寫之景略同，而意味氣息迥異。

何日愈《退庵詩話》卷七：登高詩須得宏闊沉着，方與題稱。（略）蘇子瞻《有美堂》云：「天外黑風吹海立，浙東飛雨過江來。」是何等氣象，何等筆力。

陳衍《宋詩精華錄》卷二：三句尚是用杜陵語，四句的是自家語。

高步瀛《唐宋詩舉要》卷六引吳汝綸評：（「遊人腳底一聲雷」）奇景。

潘德輿《養一齋詩話》卷九：坡公《有美堂》詩「天外黑風吹海立」，用杜公《三大禮賦》

「四海之水皆立」可也。

又見卷四五《崔文學甲攜文見過蕭然有出塵之姿》趙翼評。

八月十五日看潮五絶

袁宏道評閱譚元春選《東坡詩選》卷二譚元春評：如此五詩，未免入口熟易，非佳作也。

查慎行《初白庵詩評》卷中：杭城八月十八傾城看潮，田藝衡謂係南渡後風俗，以看演水軍而設，非十八之潮大于十五也。其說可取證公詩。

紀昀評《蘇文忠公詩集》卷一〇：題目既大，非大篇不足以寫之。只作五絶，未免草草。

趙克宜《角山樓蘇詩評注彙鈔》卷四：若欲刻畫潮之聲勢，自須大篇，只寫看潮情思，淡淡著筆，亦復清灑。

定知玉兔十分圓，已作霜風九月寒。寄語重門休上鑰，夜潮留向月中看。

萬人鼓譟懾吳儂，猶是浮江老阿童。欲識潮頭高幾許，越山渾在浪花中。

洪邁《容齋三筆》卷六《東坡詩用老字》：東坡賦詩，用人姓名，多以老字足成句。如（略）

《看潮》云「猶似浮江老阿童」，（略）是皆以爲助語，非眞謂其老也。大抵七言則于第五字用之，五言則于第三字用之。

江邊身世兩悠悠，久與滄波共白頭。造物亦知人易老，故教江水向西流。

查愼行《初白庵詩評》卷中：（「故教江水向西流」）江水本東流，海潮入龕赭兩山，逆入江，勢不敵，隨潮西流也。

吳兒生長狎濤淵，冒利輕生不自憐。東海若知明主意，應教斥鹵變桑田（自注：是時新有旨，禁弄潮）。

朋九萬《烏臺詩案·杭州觀潮五首》：熙寧六年，任杭州通判，因八月十五日觀潮，作詩五首，寫在本州安濟亭上，前三首並無譏諷，至第四首云：「吳兒生長狎濤淵，冒利忘生不自憐。東海若知明主意，應教斥鹵變桑田。」蓋言弄潮之人貪官中利物，致其間有溺而死者，故朝旨禁斷。軾謂主上好興水利，不知利少而害多。言「東海若知明主意，應教斥鹵變桑田」，言此事之必不可成，譏諷朝廷水利之難成也。軾八月二十二日在臺，虛稱言鹽法之爲害等情由，逐次隱諱，不說情實。

二十四日再勘，方招。其詩係冊子內。

袁宏道評閱譚元春選《東坡詩選》卷二譚元春評：意俗。

查慎行《初白庵詩評》卷中：（「吳兒生長狎濤淵」）杭有以八月十八傾城觀潮爲樂，有善囚者泝潮出沒，謂之弄潮。

又見卷六《送錢藻出守婺州得英字》趙翼評。

江神河伯兩醯雞，海若東來氣吐霓。安得夫差水犀手，三千強弩射潮低（自注：吳越王嘗以弓弩射潮頭，與海神戰，自爾水不近城）。

王楙《野客叢書》卷二三《集注坡詩》：《集注坡詩》有未廣者，如《看潮》詩曰：「安得夫差水犀手，三千強弩射潮低。」自注：「吳越王嘗以弓弩射潮，與海神戰，自爾水不近州。」趙次公注：「三千強弩字，杜牧《寧陵縣記》中語。」不知此語已先見《前漢·張騫傳》，曰：「漢兵不過三千人，強弩射之即破矣。」又《五代世家》亦有三千強弩事，何但牧言。

香巖批《紀評蘇詩》卷九：此則壯而不獷。

東陽水樂亭 自注：爲東陽令王都官槩作。

君不學白公引涇東注渭，五斗黃泥一鍾水。又不學哥舒橫行西海頭，歸來羯鼓打涼州。但向空山石壁下，愛此有聲無用之清流。流泉無絃石無竅，強名水樂人人笑。慣見山僧已厭聽，多情海月空留照。洞庭不復來軒轅，至今魚龍舞鈞天。聞道磬襄東入海，遺聲恐在海山間。鏘然澗谷含宮徵，節奏未成君獨喜。不須寫入薰風絃，縱有此聲無此耳。

紀昀評《蘇文忠公詩集》卷一〇：（起處）看似縱橫有氣，實則湊泊而成，非眞正神力。結亦太露。

香巖批《紀評蘇詩》卷一〇：（紀評）此爲具眼。

趙克宜《角山樓蘇詩評注彙鈔》卷四：雖無警策語，格意自是老成。與《聽賢師琴》結意略同，少遜其精采。

與周長官李秀才遊徑山二君先以詩見寄次其韻二首

少年飮紅裙，酒盡推不去。呼來徑山下，試與洗塵霧。癡馬惜障泥，臨流不肯渡。獨有汝南君，從我無朝暮。肯將紅塵腳，暫著白雲屨。嗟我與世人，何異笑百步。功名一破甑，棄置何用顧。更憑陶靖節，往問征夫路。

查愼行《初白庵詩評》卷中：此首答周。

紀昀評《蘇文忠公詩集》卷一〇：（「癡馬惜障泥」二句）大冒傷雅。

趙翼《甌北詩話》卷五：東坡大氣旋轉，雖不屑屑于句法字法中別求新奇，而筆力所到，自成創格。如（略）《游徑山》云：「肯將紅塵腳，暫著白雲屨。」（略）此雖隨筆所至，自成創格，所謂「風行水上，自然成文」，然未免句法重疊。

龍亦戀故居，百年尚來去。至今雨雹夜，殿閣風纏霧。而我棄鄉國，大江忘北渡。便欲此山前，築室安遲暮。又恐太幽獨，歲晚霜入屨。同遊得李生，仄足隨蹇步。孔明不自愛，臨老起三顧。吾歸便卻掃，誰踏門前路。

查愼行《初白庵詩評》卷中：此首答李。（「臨老起三顧」）武侯從先主時，年未三十，何云臨老？

紀昀評《蘇文忠公詩集》卷一〇：（「歲晚霜入屨」）「歲晚」句微嫌牽強。（「孔明不自愛」二句）孔明出時未老。

王文誥《蘇文忠詩合注》卷一〇引何焯評：（「孔明不自愛」二句）孔明始從昭烈，年二十七耳，何謂「臨老」？

又王文誥評：（「龍亦戀故居」）此句憑空插入「故居」二字，蓋其意後欲入孔明也，且屬五丈原之孔明，非草廬之孔明也。通篇寓當歸之意，讀者試看淸此意，更論之未晚也。（「臨老起三顧」）誥謂孔明討賊，正以受昭烈三顧之重，故臨老不能自已也。此「起」字從「不自愛」貫下，謂臨老猶起此念，與起臥龍之「起」字不同，且此詩非着意用孔明事，乃以孔明作龍使耳。意謂龍知戀故居，而臥龍不知戀故居，公蓋以龍自比，故其下緊接「吾歸」也。本集弄巧處，皆李、杜、韓諸集所無，讀者多爲所欺。曉嵐點論往往不透此關，義門何亦爾耶？

張道《蘇亭詩話》卷一：東坡博極群籍，左抽右取，縱橫恣律，隸事精切，如不著力。尤熟于《史》、《漢》、六朝、唐史，《莊》《列》《楞嚴》《黃庭》諸經及李、杜、韓、白詩，故如萬斛泉源，隨地噴湧，未有羌無故實者。然亦有數語記誤處，如「孔明不自愛，臨老起三顧。」（《游徑山》）孔明釋耒從先主，年僅二十七，未及頹老也。（略）東坡豈不讀書，繆舛如此，特一時應酬迅疾，不暇點檢耳。此率之病也，然亦纔見此數句。

香巖批《紀評蘇詩》卷一〇：前半無次韻之迹。

臨安三絕

王文誥《蘇文忠公詩編注集成》卷一〇：三詩筆墨一色，氣體皆佳，而與《陌上花》三章用意則同。

將軍樹

阿堅澤畔菰蒲節，元德牆頭羽葆桑。不會世間閒草木，與人何事管興亡。

香巖批《紀評蘇詩》卷一〇：（「阿堅澤畔菰蒲節」）添入「菰」字，節外生枝，改作「菖蒲節」較穩。

錦　谿

楚人休笑沐猴冠，越俗徒誇翁子賢。五百年間異人出，盡將錦繡裹山川。

曾季狸《艇齋詩話》：東坡詩云：「五百年間異人出，盡將錦繡裹山川。」「錦繡裹山川」，錢氏事也。「五百年間異人出」，亦郭璞讖語也，東坡用之。又《徑山》詩云「人言山住水亦住」，郭璞語也。

石　鏡

山雞舞破半巖雲，菱葉開殘野水春。應笑武都山下土，枉教明月殉佳人。

登玲瓏山

何年僵立兩蒼龍，瘦脊盤盤尙倚空。翠浪舞翻紅罷亞，白雲穿破碧玲瓏。三休亭上工延月，九折巖前巧貯風。腳力盡時山更好，莫將有限趁無窮。

趙與時《賓退錄》卷一〇：崇仁吳德遠沆《環溪詩話》載其少時，謁張右丞。右丞告之曰：「杜詩妙處，人罕能知。凡人作詩，一句只說得一件物事，多說得兩件。杜詩一句能說得三件、四件、五件，常人作詩，但說得眼前，遠不過數十里。杜詩一句能說數百里，能說兩州軍，能說半天下，能說滿天下。此其所以爲妙。（略）吳（沆）因取前輩之詩，參而考之，謂「東坡（略）『翠浪舞翻紅穲稏，白雲穿破碧玲瓏』（略）等句，不過用二物矣。（略）此論尤異。以此論詩，淺矣！杜子美之所以高于衆作者，豈謂是哉？若以句中事物之多爲工，則必皆如陳無己「桂椒楠櫨楓柞樟」之句，而後可以獨步，雖杜子美亦不容專美。若以「乾坤日夜浮」爲滿天下句，則凡句中言「天地」、「華夷」、「宇宙」、「四海」者，皆足以當之矣，何謂無也。

查慎行《初白庵詩評》卷中：（「翠浪舞翻紅罷亞」二句）以虛對實法。《御選唐宋詩醇》卷三四：用「紅罷亞」對「碧玲瓏」，集內律詩每用此體，遂爲後人開一門逕。「三休」、「九折」即是山中巖亭之名，故緊接「玲瓏」句，爲題正面。結處別作喚醒語，流韻悠然。

紀昀評《蘇文忠公詩集》卷一〇：古詩意格，入律奇矯。三四不解。查云：「以虛對實法」，益不能解，更詳之。

趙翼《甌北詩話》卷五《蘇東坡詩》：坡詩不尙雄傑一派，其絶人處在乎議論英爽，筆鋒精銳，舉重若輕，讀之似不甚用力而力已透十分，此天才也。試即其詩，略爲舉似。（略）七古如（略）「腳力盡時山更好，莫將有限趁無窮。」（《登玲瓏詩》）此皆坡詩中最上乘，讀者可見其才分之高，不在功力之苦也。

梁章鉅《退庵隨筆》：李文貞不喜蘇詩，謂東坡詩殊少風韻音節，逐句俱塡典故，亦不是古法。此非篤論也。蘇詩清空如話者，集中觸處皆有。如（略）《登玲瓏山》云：「腳力盡時山更好，莫將有限趁無窮。」此豈得以少風韻、塡典故概之？文貞意在講學，于詩詣力未深。其于唐詩，只取張曲江及燕、許、李、杜、韓、柳數家，宋詩只取歐陽文忠、王荆公、朱子三家。講學與論詩，自是兩事，學者不必爲所惑也。

王文誥《蘇文忠公詩編注集成》卷一〇：通篇寓玲瓏意，而曉嵐不辨，初白又誤，謂「以虛對實法」，故曉嵐益不解矣。

趙克宜《角山樓蘇詩評注彙鈔》附錄卷中：（「翠浪舞翻紅罷亞」二句）言碧山之玲瓏處爲白雲穿破。玲瓏雖係山名，此卻是活用，故查氏云「以虛對實」耳，何故不解？但第三句是山上所見，起聯及第四句都是平處望山，未免欠融。

又見本卷《有美堂暴雨》吳沆評、卷一五《哭刁景純》趙翼、梁章鉅評。

宿九仙山 自注：九仙謂左元放、許邁、王、謝之流。

風流王謝古仙眞，一去空山五百春。玉室金堂餘漢士，桃花流水失秦人。困眠一榻香凝帳，夢遶千巖冷逼身。夜半老僧呼客起，雲峰缺處湧冰輪。

《御選唐宋詩醇》卷三四：後四句磊砢妥帖，使入錢、劉集中，亦稱警策。

《歷代詩發》卷二四：九仙謂左元放、許邁、王、謝之流，恍似游仙詩。

方東樹《昭昧詹言》卷二〇：起二句叙題本事。三四就本事點化，自在高妙。後半所謂大家作詩，自吐胸臆，兀傲奇横，不屑屑切貼裁製工巧，如西崑纖麗之體也。

陌上花三首

遊九仙山，聞里中兒歌《陌上花》，父老云：吴越王妃每歲春必歸臨安，王以書遺妃曰：「陌上花開，可緩緩歸矣。」吴人用其語爲歌，含思宛轉，聽之凄然，而其詞鄙野，爲易之云。

陌上花開蝴蝶飛，江山猶是昔人非。遺民幾度垂垂老，遊女長歌緩緩歸。

王士禎《帶經堂詩話》卷九《標舉類》七：錢武肅王目不知書，然其寄夫人書云：「陌上花開，可緩緩歸矣。」不過數言，而姿制無限，雖復文人操筆，無以過之。東坡演之爲《陌上花》三絕句云：「陌上花開蝴蝶飛(略)。」五代時列國，以文雅稱者無如南唐、西蜀，非吴越所及，賴此一條，足以解嘲。

紀昀評《蘇文忠公詩集》卷一〇：眞有含思宛轉之意。

施補華《峴傭說詩》：「黄四娘家花滿蹊，千朵萬朵壓枝低。流連戲蝶時時舞，自在嬌鶯恰恰啼。」詩並不佳，而音節夷宕可愛。東坡「陌上花開蝴蝶飛」即此派也。

又見本卷《臨安三絶》王文誥評。

陌上山花無數開，路人爭看翠軿來。若爲留得堂堂去，且更從教緩緩回。

生前富貴草頭露，身後風流陌上花。已作遲遲君去魯，猶教緩緩妾還家。

王士禛《帶經堂詩話》卷九《標舉類》七：五代時，吳越文物不及南唐、西蜀之盛，而武肅王寄妃書云：「陌上花開，可緩緩歸矣。」二語艷稱千古，東坡又演爲《陌上花》云：（略）「生前富貴草頭露（略）。」（略）晁無咎亦和八首，有云（略）。二公詩皆絶唱，入樂府即《小秦王調》也。

紀昀評《蘇文忠公詩集》卷一〇：指錢俶歸朝之事，用事殊不倫。

遊東西巖　自注：即謝安東山也。

謝公含雅量，世運屬艱難。況復情所鍾，感槩萃中年。正賴絲與竹，陶寫有餘歡。嘗恐兒輩覺，坐令高趣闌。獨攜縹緲人，來上東西山。放懷事物外，徙倚弄雲泉。一旦功業成，管蔡復流言。慷慨桓野王，哀歌和清彈。挽鬚起流涕，始知使君賢。意長日月促，卧病已辛酸。慟哭西州門，往駕那復還。空餘行樂處，古木昏蒼煙。

羅大經《鶴林玉露》卷一：古詩云：「人生不滿百，常懷千歲憂。」而淵明以五字盡之曰：「世短意常多。」東坡云：「意長日月促。」則倒轉陶句爾。

紀昀評《蘇文忠公詩集》卷一〇：似有寓意，然語殊汗漫，乏精采。

翁方綱《七言詩三昧舉隅》：陳思王云：「素服開金縢，感悟求其端。公旦事既顯，成王乃哀嘆。」東坡亦云：「慷慨桓野王，哀歌和清彈。攬衣起流涕，始知使君賢。」然東坡卻是無意中偶得之也。

宿海會寺

籃輿三日山中行，山中信美少曠平。下投黃泉上青冥，線路每與猱猿爭。重樓束縛遭澗坑，兩股酸哀饑腸鳴。北渡飛橋踏彭鏗，繚垣百步如古城。大鐘橫撞千指迎，高堂延客夜不扃。杉槽漆斛江河傾，本來無垢洗更輕。倒牀鼻息四鄰驚，紞如五鼓天未明。木魚呼粥亮且清，不聞人聲聞履聲。

吳曾《能改齋漫錄》卷六《無垢洗更輕》：東坡《宿海會寺》詩：「本來無垢洗更輕。」《樂府》云：「居士本來無垢。」按《維摩詰經》偈云：「八解之浴池，定水湛然滿。布以七淨華，浴此無垢人。」

《御選唐宋詩醇》卷三四：自行路而宿，自宿而天明，直記敍一時事耳。「不聞人聲聞履聲」，幽寂之致，颯颯紙上。

紀昀評《蘇文忠公詩集》卷一〇：（「重樓束縛遭澗坑」）「重樓」句拙。（「兩股酸哀饑腸鳴」）下句俚。（「本來無垢洗更輕」）「輕」字未穩。（「倒牀鼻息四鄰驚」）「倒牀」字亦太粗。（「不聞人聲聞履聲」）從「蕭蕭馬鳴」意化出。

趙克宜《角山樓蘇詩評注彙鈔》附錄卷中：（「線路每與猱猿爭」）七字刻露。

海會寺清心堂

南郭子綦初喪我，西來達摩尚求心。此堂不說有清濁，遊客自觀隨淺深。兩歲頻爲山水役，一溪長照雪霜侵。紛紛無補竟何事，慚愧高人閉戶吟。

查慎行《初白庵詩評》卷中：（「此堂不說有清濁」二句）領會在人，讀書亦然。

紀昀評《蘇文忠公詩集》卷一〇：（「一溪長照雪霜侵」）「霜雪」指鬢髮也。然不説鬢髮，「侵」字何指？（「遊客自觀隨淺深」）句有意。

徑山道中次韻答周長官兼贈蘇寺丞

年來戰紛華，漸覺夫子勝。欲求五畝宅，灑掃樂清淨。學道恨日淺，問禪漸聽瑩。聊爲山水行，遂此麋鹿性。獨遊吾未果，覓伴誰復聽。吾宗古遺直，窮達付前定。餔糟醉方熟，灑面呼不醒。奈何効燕蝠，屢欲爭晨暝。不如從我遊，高論發犀柄。溪南渡橫木，山寺稱小徑（自注：太平寺俗號小徑山）。幽尋自兹始，歸路微月映。南望功臣山，雲外盤飛磴。三更渡錦水，再宿留石鏡。緬懷周與李，能作洛生詠。明朝三子至，詩律嚴號令。籃輿置紙筆，得句輕千乘。玲瓏苦奇秀，名實巧相稱。九仙更幽絶，笑語千山應。空巖側破甕，飛溜灑浮磬。山前見虎迹，候吏鐃鼓競。我生本艱奇，塵土滿釜甑。山禽與野獸，知我久蹭蹬。笑謂候吏還，遇虎我有命。徑山雖云遠，行李稍可併。頗訝王子猷，忽起山陰興。但報菊花開，吾當理歸榜。

朋九萬《烏臺詩案·寄周邠諸詩》：與周邠干涉事：軾熙寧五年六月，任杭州通判日，逐旋寄所作《山村》詩，其譏諷意，已在王詵項内聲説。並《留題徑山》詩，其譏諷已在蘇轍項内聲説。

及《和述古舍人冬日牡丹絕句》有譏諷意，已在陳襄項內聲說。即節次寄與周邠。熙寧六年，因往諸縣提點，到臨安縣。有知縣大理寺丞蘇舜舉，來本縣界外太平寺相接。軾與本人爲同年，自來相知。本人見軾，復言：「舜舉數日前入州，卻被訓狐押出。」軾問其故，舜舉言：「我擘畫得《戶供通家業役鈔規例》一本，甚簡。前日將去，呈本州諸官，皆不以爲然。呈轉運副使王庭老等，不喜，差急足押出城來。」軾取其規例看詳，委是簡便。因問訓狐事。舜舉言：「自來聞人說一小說，云燕以日出爲旦，日入爲夕。蝙蝠以日入爲旦，日出爲夕。爭之不決，訴之鳳凰，鳳凰是百鳥之王。至路次，逢一禽，謂燕曰：不須往訴，鳳凰在假。或云鳳凰渴睡，今不記其詳，都是訓狐權攝。」舜舉意以此戲笑王庭老等不知是非。隔得一兩日，周邠、李行中二人亦來臨安，與軾同遊徑山，蘇舜舉亦來山中相見。周邠作詩一首與軾，即無譏諷。次韻和答兼贈舜舉云：「餔糟醉方熟，灑面喚不醒。奈何效燕蝠，屢欲爭晨暝。」其意以譏諷王庭老等如訓狐，不分別是非也。

黃震《黃氏日鈔》外集卷六二：《徑山道中》詩「聽瑩」本上聲，惑也。作去聲押，則義訓爲淨。楞與謗同音，本作搒，進船也。此詩跨涉四五韻不相通者，前輩只取聲韻相近則協而易讀，不可以近世之程文用韻律之也。

查慎行《初白庵詩評》卷中：（「吾宗古遺直」）吾宗指蘇寺丞。（「笑謂候吏還」）可謂達人知命。

《御選唐宋詩醇》卷三四：一往平叙，不復作沉鬱頓挫之勢，後忽從「山前見虎迹」發出議論，奇文蔚起，匪夷所思。

紀昀評《蘇文忠公詩集》卷一〇：長而不衍，押韻亦無勉強之病。（「山前見虎迹」以下八句）波瀾生動。

又見卷六《送錢藻出守婺州得英字》趙翼評。

趙克宜《角山樓蘇詩評注彙鈔》卷四：（「山前見虎迹」八句）此亦于無情處生出議論，長篇所必不可少。

汪覃秀才久留山中以詩見寄次其韻

季子應嗔不下機，棄家來伴碧雲師。中秋冷坐無因醉，半月長齋未肯辭。擲簡搖毫無忤色（自注：汪善書，託寫諸人詩），投名入社有新詩。飛騰桂籍他年事，莫忘山中採藥時。

再遊徑山

老人登山汗如濯，倒牀困卧呼不覺。覺來五鼓日三竿，始信孤雲天一握（自注：古語云：孤雲兩角，去天一握）。平生未省出艱險，兩足慣曾行犖确。含暉亭上望東溟，凌霄峰頭挹南嶽。共愛絲杉翠絲亂，誰見玉芝紅玉琢。白雲何事自來往，明月長圓無晦朔（自注：山有白雲峰、明月菴）。塚上雞鳴猶憶欽，山前鳳舞遠徵璞。雪窗馴兔元不死，煙嶺孤猿苦難捉。從來白足傲生死，不怕黃巾把刀槊。榻上雙痕凜然在，劍頭一吷何須角（自注：以上皆山中故事）。嗟我昏頑晚聞道，與世齟齬空多學。靈水先除眼界花（自注：龍井水洗眼有效），清詩爲洗心源濁。騷人未要逃競病，禪老但喜聞剝啄。此生更得幾回來，從今有暇無辭數。

紀昀評《蘇文忠公詩集》卷一〇：語自輕峭，但少沉鬱頓挫之致，覺神鋒太剽耳。（「山前鳳舞遠徵璞」）此種押法究不佳。（「煙嶺孤猿苦難捉」）「捉」字趁韻。

張道《蘇亭詩話》卷一：東坡詩，有推勘到盡頭語：「此生更得幾回來？」（《再游徑山》）（略）余每遇山水之游，別時不忍去，東坡官繫之身，不得自主，故知更愴然也。

洞霄宮

上帝高居愍世頑，故留瓊館在凡間。青山九鎖不易到，作者七人相對閒（自注：論語云：作者七人矣，今監官凡七人）。庭下流泉翠蛟舞，洞中飛鼠白鴉翻。長松怪石宜霜鬢，不用金丹苦駐顏。

張道《蘇亭詩話》卷五《補注類》：《洞霄宮》詩：「作者七人相對閒。」以七人皆有詩，故曰作者。《洞霄詩集》，道士王思明注蔡準詩後云：「東坡詩稱『作者七人相對閒』，蓋同游者都官郎中蔡準、管勾少卿吳天常、大監樂富國、管勾郎中聞人安道、管勾郎中俞康直、管勾張日華暨坡，凡七人也。坡既首唱，餘亦和之。兵火之後，獨蔡詩得附坡不泯。」又《洞霄圖志》云：「來賢巖在宮東南青檀山前，嵌空數丈，盤石藂竹，可以游息。宋熙寧間，東坡居士爲杭通守，與蔡準、吳天常、樂富國、聞人安道，俞康直、張日華，皆幅巾藜杖，盤桓于此，東坡賦詩云云，餘不悉紀。後人名巖來賢，作亭其上曰宜霜，亦摘坡語。」按此二則，宜補入注中。

初自徑山歸述古召飲介亭以病先起

西風初作十分涼，喜見新橙透甲香。遲暮掌心驚節物，登臨病眼怯秋光。慣眠處士雲菴裏，倦醉佳人錦瑟傍。猶有夢回清興在，卧聞歸路樂聲長。

查愼行《初白庵詩評》卷中：（「遲暮賞心驚節物」二句）公七律不講煉字之法，似此，反是變調。

紀昀評《蘇文忠公詩集》卷一〇：（「慣眠處士雲庵裏」）五句覺率，（「倦醉佳人錦瑟傍」）六句便不覺率，此故可思。

王文誥《蘇文忠公詩編注集成》卷一〇：（「猶有夢回清興在」二句）指前《與述古自有美堂乘月夜歸》詩也。

明日重九亦以病不赴述古會再用前韻

月入秋幃病枕涼，霜飛夜簟故衾香。可憐吹帽狂司馬，空對親春老孟光。不作雍容傾坐上，翻成骯髒倚門傍。人間此會論今古，細看茱萸感歎長。

洪邁《容齋三筆》卷六《東坡詩用老字》：東坡賦詩，用人姓名，多以老字足成句。如（略）《病不赴會》云「空對親春老孟光」，（略）是皆以爲助語，非眞謂其老也。大抵七言則于第五字用之，五言則于第三字用之。

紀昀評《蘇文忠公詩集》卷一〇：結句用於登高則常語，用於不登高，則兩層俱到。

九日尋臻閣黎遂泛小舟至勤師院二首

紀昀評《蘇文忠公詩集》卷一〇：二詩俱清圓。

白髮長嫌歲月侵，病眸兼怕酒盃深。南屏老宿閑相過，東閣郎君懶重尋。試碾露牙烹白雪，休拈霜蘂嚼黄金。扁舟又截平湖去，欲訪孤山支道林。

紀昀評《蘇文忠公詩集》卷一〇：（「扁舟又截平湖去」二句）過接清楚，不失古法。

湖上青山翠作堆，葱葱鬱鬱氣佳哉。笙歌叢裏抽身出，雲水光中洗眼來。白足赤髭迎我笑，拒霜黄菊爲誰開。明年桑苧煎茶處，憶著衰翁首重回（自注：皎然有《九日與陸羽煎茶》詩，羽自號桑苧翁，余來年九日，去此久矣）。

《御選唐宋詩醇》卷三四：此篇乃已至勤師院而作，承前一首結句「扁舟又截平湖去，欲訪孤山支道林」説來。但前首「東閣郎君」之句，殊嫌無着，不似此篇之開拓頓宕也。「笙歌」、「雲水」一聯，尤爲卓立傑出。

趙翼批沈德潛《宋金元三家詩選·蘇東坡詩選》上卷：律詩隨筆寫去，惟東坡能之。要是一病。

陳衍《宋詩精華錄》卷二：首句「青」、「翠」二字複，「青」字可改。

九日舟中望見有美堂上魯少卿飲以詩戲之二首

指點雲間數點紅，笙歌正擁紫髯翁。誰知愛酒龍山客，卻在漁舟一葉中。

紀昀評《蘇文忠公詩集》卷一〇：遊戲之筆，頗饒風韻。

西閣珠簾卷落暉，水沈煙斷佩聲微。遙知通德淒涼甚，擁髻無言怨未歸。

田汝成《西湖游覽志餘》卷一八：有美堂在鳳凰山之頂，左江右湖，舉陳目下。子瞻九日泛湖，而魯少卿會客堂上，妓樂殷作，子瞻從湖中望之，戲以詩云：「指點雲間數點紅（略）。」又云：「西閣珠簾卷落暉（略）。」通德乃趙飛燕女史，後爲伶玄妻。魯公使事已完不回朝，家有美姜，故子瞻識之。

元翰少卿寵惠谷簾水一器龍團二枚仍以新詩爲貺嘆味不已次韻奉和

巖垂匹練千絲落，雷起雙龍萬物春。此水此茶俱第一，共成三絕景中人。

紀昀評《蘇文忠公詩集》卷一〇：淺率。

遊諸佛舍一日飲釅茶七盞戲書勤師壁

示病維摩元不病，在家靈運已忘家。何須魏帝一丸藥，且盡盧仝七椀茶。

紀昀評《蘇文忠公詩集》卷一〇：亦淺率。

九日湖上尋周李二君不見君亦見尋於湖上以詩見寄明日乃次其韻

湖上野芙蓉，含思愁脈脈。娟然如靜女，不肯傍阡陌。詩人杳未來，霜艷冷難宅。君行逐鷗鷺，出處浩莫測。葦間聞拏音，雲表已飛屐。使我終日尋，逢花不忍摘。人生如朝露，要作百年客。喟彼終歲勞，幸茲一日澤。願言意不遂，人事多乖隔。悟此知有命，沈憂傷魂魄。

紀昀評《蘇文忠公詩集》卷一〇：（起四句）比興深微，殊有古意。

送杭州杜戚陳三掾罷官歸鄉

秋風摵摵鳴枯蓼，船閣荒村夜悄悄。正當逐客斷腸時，君獨歌呼醉連曉。老夫平生齊得喪，尚戀微官失輕矯。君今憔悴歸無食，五斗未可秋毫小。君言失意能幾時，月啖蝦蟆行復皎。殺人無驗中不快，此恨終身恐難了。徇時所得無幾何，隨手已遭憂患繞。期君正似種宿麥，忍饑待食明年麩。

朋九萬《烏臺詩案·送杜子方陳珪戚秉道詩》：熙寧五年，杭州錄事杜子方、司戶陳珪、司理戚秉道，各爲承勘本州姓裴人家女使夏沈香投井，姓裴人家女亦在內，身死不明事。當時夏沈香只決臀杖二十，放。後來本路提刑陳睦舉駮上件公事，差秀州通判張若濟重勘，決殺夏沈香。前項三官、因此衝替。意提刑陳睦及勘官張若濟駮勘不當，致此三人無辜失官。軾作詩送之云（略）。此詩除無譏諷外，云「君今失意能幾時，月啖蝦蟆行復皎」，蓋取盧仝《月蝕》詩云：「傳聞古來說，月蝕蝦蟆精」。盧仝意以比朝廷爲小人所蒙蔽也，軾亦言杜子方等本無罪，爲陳睦、張若濟蒙蔽朝廷，以致衝替逐人，後當感悟牽復。云：「徇時所得無幾何，隨手已遭憂患繞。」意謂張若濟不久自爲公事也。

張邦基《墨莊漫錄》卷八：熙寧五年，杭州民裴氏妾夏沉香浣衣井旁，裴之嫡子戲，誤墜井而死。其妻訴于州，必謂沈香擠之而墜也。州委錄參杜子方、司戶陳圭、司理戚秉道三易獄皆同，沈香從杖一百斷放。時陳睦任本路提刑，舉駁不當，劾三掾，皆罷。故東坡《送三掾》詩云：「殺人無驗終不決，此恨終身恐難了。」其後睦還京師，久之未有所授。聞廟師邢生頗從仙人游，能知休咎，乃往見之，叩以來事，邢拒之弗答，而語所親曰：「其如沉香何？」睦聞之，悚懼汗下，廢食者累日。釋氏所云冤懟終不可免，可不戒哉！

查愼行《初白庵詩評》卷中：（「殺人無驗中不快」）快字自應從決。

紀昀評《蘇文忠公詩集》卷一〇：殊嫌太快。（「尙戀微官失輕矯」）「輕矯」趁韻。

王文誥《蘇文忠公詩編注集成》卷一〇：（「殺人無驗終不快」二句）十四字到地法家語。又見卷六《送錢藻出守婺州得英字》趙翼評。

次韻周長官壽星院同餞魯少卿

琉璃百頃水仙家，風靜湖平響釣車。寂歷疏松欹晚照，伶俜寒蝶抱秋花。困眠不覺依蒲褐，歸路相將踏桂華。更著綸巾披鶴氅，他年應作畫圖誇。

查愼行《初白庵詩評》卷中：（「伶俜寒蝶抱秋花」）自成冷艷。

紀昀評《蘇文忠公詩集》卷一〇：（「伶俜寒蝶抱秋花」）對句更勝。不見餞意，何也？

次韻述古過周長官夜飲

二更鐃鼓動諸鄰，百首新詩間八珍。已遣亂蛙成兩部，更邀明月作三人。雲煙湖寺家家鏡，燈火沙河夜夜春。曷不勸公勤秉燭，老來光景似奔輪。

趙與時《賓退錄》卷一〇：崇仁吳德遠沆《環溪詩話》載其少時，謁張右丞。右丞告之曰：「杜詩妙處，人罕能知。凡人作詩，一句只說得一件物事，多說得兩件。杜詩一句能說得三件、四件、五件，常人作詩，但說得眼前，遠不過數十里。杜詩一句能說數百里，能說兩州軍，能說半天下，能說滿天下。此其所以爲妙。（略）吳（沆）因取前輩之詩，參而考之，謂「東坡（略）『雲煙湖寺家家境，燈火沙河夜夜生』，則似三物而不足。（略）此論尤異。以此論詩，淺矣！杜子美之所以高于衆作者，豈謂是哉？若以句中事物之多爲工，則必皆如陳無己「桂椒楠櫨楓柞樟」之句，而後可以獨步，雖杜子美亦不容專美。若以「乾坤日夜浮」爲滿天下句，則凡句中言「天地」、「華夷」、「宇宙」、「四海」者，皆足以當之矣，何謂無也。

紀昀評《蘇文忠公詩集》卷一〇：（「雲煙湖寺家家鏡」）「雲煙」句不自然。

趙翼批沈德潛《宋金元三家詩選·蘇東坡詩選》上卷：使事如自己出，跌宕有餘味。

方東樹《昭昧詹言》卷二〇：太快，無頓挫。

趙克宜《角山樓蘇詩評注彙鈔》卷四：純乎宋調。

述古以詩見責屢不赴會復次前韻

我生孤僻本無鄰，老病年來益自珍。肯對紅裙辭白酒，但愁新進笑陳人。北山怨鶴休驚夜，南畝巾車欲及春。多謝淸時屢推轂，狶膏那解轉方輪（自注：來詩有「雲霄蒲輪」之句）。

紀昀評《蘇文忠公詩集》卷一〇：就句對。

金門寺中見李西臺與二錢唱和四絶句戲用其韻跋之

紀昀評《蘇文忠公詩集》卷一〇：四詩俱風致。

帝城春日帽簷斜，二陸初來尙憶家。未肯將鹽下蓴菜，已應知雪似楊花。

平生賀老慣乘舟，騎馬風前怕打頭。欲問君王乞符竹，但憂無蟹有監州（自注：皆世所傳錢氏故事）。

俞弁《逸老堂詩話》卷上：宋初置通判，分知州之權，謂之監州。宋人有錢昆者，性嗜蟹，嘗求外補，語人曰：「但得有蟹之處，無監州則可。」此語有晉人風味。東坡詩：「有欲問君丐符竹，但憂無蟹有監州。」昆去東坡未遠，即用其事爲詩，良愛其語也。

黃朝英《靖康緗素雜記》卷一〇《無蟹》：東坡于金門寺中，見李留臺與二錢唱和，戲用其韻跋之，有云：「欲問君王乞符竹，但憂無蟹有監州。」注云：「皆世所傳錢氏故事。」事見《歸田錄》，云：「國朝自下湖南，始置通判，既非副貳，又非屬官，故常與知州爭權，每云我是監郡，朝廷使我來監汝，舉動爲其所制。太祖聞而患之，下詔書戒勵，自此稍絀。然至今州郡往往與通判不和。往時有錢昆少卿者，家世餘杭人也。杭人嗜蟹。昆嘗求補外，人問其欲何州，昆曰：『但得有螃蟹無通判處可矣。』至今士人以爲口實。」

張謙宜《䌹齋詩談》卷五《蘇東坡》：「平生賀老慣乘舟（略）。」此是反用舊事，蓋錢昆本語是「但得有螃蟹無通判處足矣」，事見《歸田錄》，距東坡判杭不遠。煉得如此妙，其才可想。

西臺妙跡繼楊風（自注：凝式），無限龍蛇洛寺中。一紙清詩弔興廢，塵埃零落梵王宮。

五季文章墮劫灰，升平格力未全回。故知前輩宗徐庾，數首風流似玉臺。

查慎行《補註東坡先生編年詩》卷三六：詩至唐末，格調已極卑弱，降而五代，干戈擾攘，士生其際，救死扶傷之不暇，豈復知有文章？所以有「五季文章墮劫灰」之嘆也。宋興，轉禍亂爲昇平，人才輩出，宜其有挽回風氣，力追正始者。而一時如楊大年、宋子京輩，務爲艱澀隱僻，以誇其能，其間風流自命者，不過俎豆徐、庾，學爲纖艷之體而已。竊意李、錢倡和之什，猶染唐末之雲霧，故先生此詩云然。觀其命題，曰「戲用其韻跋之」，雖嘲謔爲文，隱寓譏諷之義也。

翁方綱《石洲詩話》卷三：蓋宋初諸公，習尚如此，至歐、蘇始挽正之。

趙克宜《角山樓蘇詩評注彙鈔》卷四：李、錢唱和之詩，意必風格卑靡，故末二句云云，蓋隱寓譏諷之義。

胡穆秀才遺古銅器似鼎而小上有兩柱可以覆而不蹶以爲鼎則不足疑其飲器也胡有詩答之

隻耳獸齧環，長脣鵝擘喙。三趾下銳春蒲短，兩柱高張秋菌細。君看翻覆俯仰間，覆成三角翻兩髻。古書雖滿腹，苟有用我亦隨世。嗟君一見呼作鼎，纔注升合已漂逝。不如學鴟夷，盡日盛酒眞良計（自注：有古篆五字不可識）。

紀昀評《蘇文忠公詩集》卷一〇：以形象考之，乃爵也。寫貌新雋，惜後半弩末耳。

趙克宜《角山樓蘇詩評注彙鈔》卷四：狀物既精，總領二語尤有力。

紀昀評蘇文忠公詩集卷十一

賀陳述古弟章生子

鬱葱佳氣夜充閭，始見徐卿第二雛。甚欲去爲湯餅客，惟愁錯寫弄麞書。參軍新婦賢相敵，阿大中郎喜有餘。我亦從來識英物，試教啼看定何如。

趙令畤《侯鯖錄》卷八：東坡作詩，妙于使事，如「甚欲去爲湯餅客，卻愁錯寫弄獐書。」弄獐，乃李林甫事。湯餅客，出劉禹錫《贈張盥》詩，云：「憶爾懸弧日，余爲坐上賓。舉箸食湯餅，祝辭天麒麟。」若以爲明皇王后事，則不見坐食湯餅之意。

黃徹《䂬溪詩話》卷一〇：凡作者須飽材料，傳稱任昉用事過多，屬辭不得流便。余謂昉詩所以不能傾沈約者，乃才有限，非事多之過。坡集有全篇用事者，如《賀人生子》自「鬱葱佳氣夜充閭，喜見徐卿第二雛」，至「我亦從來識英物，試教啼看定何如」，（略）句句用事，曷嘗不流便哉。

馬永卿《嬾眞子》卷三：東坡詩云：「剩欲去爲湯餅客，卻愁錯寫弄獐書。」弄獐，乃李林甫事。湯餅，人皆以爲明皇后故事，非也。劉禹錫《贈進士張盥》詩云：「憶爾懸弧日，余爲座上賓。舉箸食湯餅，祝辭添麒麟。」東坡正用此詩，故謂之湯餅客也。必食湯餅者，則世所謂長命面者也。

安磐《頤山詩話》：西涯云：「子瞻詩傷于快直，少委曲沉著之意，以此有不逮人之詩，雖後山亦謂失之粗，以其得之易也。」愚謂傷快直率易，固然。但坡翁好用事，甚者句句以事襯貼，如《賀陳章生子》、《張子野買妾》、《戲徐、孟不飲》之詩是也。劉辰翁謂黃太史盛欲用萬卷書，與古人爭能于一字，然不知意少而情遠，句累而格近也。鍾嶸云：「任昉博物，動輒用事，所以詩能奇。」然則用事不可耶？少陵「讀書破萬卷，下筆如有神」，未嘗不用事，而渾然不覺，乃爲高品也。

袁宏道評閱譚元春選《東坡詩選》卷三譚元春評：應酬詩。

紀昀評《蘇文忠公詩集》卷一一：此種何以入集？

趙翼《甌北詩話》卷五：坡公熟於莊、列、諸子及漢、魏、晉、唐諸史，故隨所遇，輒有典故，以供其援引，此非臨時檢書者所能辦也。如（略）《賀陳述古弟章生子》，則云：「參軍新婦賢相敵。」用《晉書》王渾妻言：「新婦得配參軍，生子當不啻如此。」參軍王淪乃渾之弟也。（略）以上數條，安得有如許切合典故，供其引證？自非博極羣書，足供驅使，豈能左右逢源若是！想見坡公讀書，眞有過目不忘之資，安得不嘆爲天人也。

趙克宜《角山樓蘇詩評注彙鈔》附錄卷中：作應酬俗體，亦自軒爽，不入雅音。

贈治易僧智周

寒窗孤坐凍生瓶，尚把遺編照露螢。閣束九師新得妙，夢呑三畫舊通靈。斷弦掛壁知音喪（自注：師與契嵩深相知，時已逝矣），揮塵空山亂石聽。齋罷何須更臨水，胸中自有洗心經。

紀昀評《蘇文忠公詩集》卷一一：（「閣束九師新得妙」二句）查批本抹「新得妙」「舊通靈」六字。（「揮塵空山亂石聽」）用生公事無迹。（「胸中自有洗心經」）結句綰合得妙，層層俱到。

張子野年八十五尚聞買妾述古令作詩

錦里先生自笑狂，莫欺九尺鬢眉蒼。詩人老去鶯鶯在，公子歸來燕燕忙。柱下相君猶有齒，江南刺史已無腸。平生謬作安昌客，略遣彭宣到後堂。

趙令時《侯鯖錄》卷七：「詩人」謂張籍，「公子」謂張祜，「柱下」張蒼，「安昌」張禹，皆使張姓事。

葉夢得《石林詩話》卷下：張先郎中字子野，能爲詩及樂府，至老不衰。居錢塘，蘇子瞻作倅時，先年已八十餘，視聽尚精強，家猶畜聲妓，子瞻嘗贈以詩云：「詩人老去鶯鶯在，公子歸來燕燕忙。」蓋全用張氏故事戲之。

黃徹《䂬溪詩話》卷一〇：凡作者須飽材料，傳稱任昉用事過多，屬辭不得流便。余謂昉詩所以不能傾沈約者，乃才有限，非事多之過。坡集有全篇用事者，如（略）《戲張子野買妾》自「錦里先生自笑狂，身長九尺鬢眉蒼」，至「平生謬作安昌客，略遣彭宣到後堂」，句句用事，曷嘗不流便哉。

費袞《梁谿漫志》卷四《東坡用事對偶精切》：東坡詞源如長江大河，洶涌奔放，瞬息千里，可駭可愕，而于用事對偶，精妙切當，人不可及。如《張子野買妾》詩，全用張氏事；《祭徐君猷文》，全用徐氏事；《送李方叔下第》詩，用「古戰場」、「日五色」，皆當家事，殆如天成。《徐君猷孟亨之皆不飲作詩戲之》，用徐邈、孟嘉飲酒事，仍各舉當時全語以爲對。其通守餘杭日，《答高麗使私覿狀》云：「歸時事于宰旅，方勞遠勤；發私幣于公卿，亦蒙見及。」發幣一事，非外夷使者致饋之故實乎？

王楙《野客叢書》卷二九《用張家故事》：張子野晚年多愛姬，東坡有詩曰：「詩人老去鶯鶯在，公子歸來燕燕忙。」正均用當家故事也。案唐有張君瑞，遇崔氏女于蒲，崔小名鶯鶯，元稹與李紳語其事，作《鶯鶯歌》。漢童謠曰：「燕燕尾涎涎，張公子，時相見。」又曰：「張祜妾名燕燕。」其事迹與夫對偶精切如此。「鶯鶯」對「燕燕」，已用于杜牧之詩，曰：「綠樹鶯鶯語，平沙燕燕飛。」前輩用者，皆有所祖。

紀昀評《蘇文忠公詩集》卷一一：遊戲之筆，不以詩論。詩話以其能切張姓，盛推之，然則案有《萬姓統譜》一部，即人人爲作者矣。

方東樹《昭昧詹言》卷二〇：無味。

張道《蘇亭詩話》卷一：東坡博通群籍，故下語精切，每有故實，供其驅使。如（略）《嘲張子野買妾》，則通首用張姓故事。《和周長官》，以邠有服，則用袁彥道、灌夫事。（略）周益公所云「初若豪邁天成，其實關鍵甚密」者也。

趙翼《甌北詩話》卷五：坡公熟於莊、列、諸子及漢、魏、晉、唐諸史，故隨所遇，輒有典故，以供其援引，此非臨時檢書者所能辦也。如（略）《嘲張子野買妾》，「髮長九尺」、「鶯鶯」、「燕燕」、「柱下相君」、「後堂安昌」等，皆用張姓故事。（略）以上數條，安得有如許切合典故，供其引證？自非博極羣書，足供驅使，豈能左右逢源若是！想見坡公讀書，眞有過目不忘之資，安得不嘆爲天人也。

趙克宜《角山樓蘇詩評注彙鈔》附錄卷中：運用甚巧，故詩話推之，然紀（昀）評自是正論。

書雙竹湛師房二首

我本西湖一釣舟，意嫌高屋冷颼颼。羨師此室纔方丈，一炷清香盡日留。

紀昀評《蘇文忠公詩集》卷一一：意自尋常，語頗清脫。

暮鼓朝鐘自擊撞，閉門孤枕對殘釭。白灰旋撥通紅火，卧聽蕭蕭雨打窗。

惠洪《冷齋夜話》卷三：山谷云：天下清景，初不擇賢愚而與之遇，然吾特疑端爲我輩設。（略）東坡宿餘杭山寺，贈僧曰：「暮鼓朝鐘自擊撞（略）。」人以山谷之言爲確論。

王士禛《帶經堂詩話》卷一二：謝應雲諸人暨其弟法臣對雪唱和，嘗歷舉古人雪詩佳句，與予夙昔所見了不異。（略）東坡「地爐旋撥通紅火，卧聽蕭蕭雪打窗」及宋賢「隱隱修廊人語寂，四山滴瀝雪鳴風」數則耳。

紀昀評《蘇文忠公詩集》卷一一：（「暮鼓朝鐘自擊撞」二句）查本改「釭」爲「缸」，嫌與「朝鐘」字礙耳。然暮鼓朝鐘，自是一日之課；閉門孤枕，自是工課完後之事，原不相礙。

寶山新開徑

藤梢橘刺元無路，竹杖棱鞋不用扶。風自遠來聞笑語，水分流處見江湖。回觀佛國青螺髻，踏遍仙人碧玉壺。野客歸時山月上，棠梨葉戰暝禽呼。

《御選唐宋詩醇》卷三四：明雋清圓，兼得象外之趣。

和述古冬日牡丹四首

一朵妖紅翠欲流，春光回照雪霜羞。化工只欲呈新巧，不放閒花得少休。

朋九萬《烏臺詩案·和陳述古十月開牡丹四絕》：熙寧六年，任杭州通判時，知州係知制誥陳襄，字述古。是年冬十月內，一僧寺開牡丹數朵，陳襄作詩四絕。軾嘗和云（略）。此詩皆譏諷當時執政大臣，以比化工，但欲出新意擘畫，令小民不得暫閑也。

陸游《老學庵筆記》卷八：東坡《牡丹詩》云：「一朵妖紅翠欲流。」初不曉「翠欲流」爲何語。及游成都，過木行街，有大署市肆曰：「郭家鮮翠紅紫鋪。」問土人，乃知蜀語鮮翠猶言鮮明也。東坡蓋用鄉語云。蜀人又謂糊窗曰「泥窗」，花蕊夫人《宮詞》云：「紅錦泥窗繞四廊。」非曾游蜀，亦所不解。

王應麟《困學紀聞》卷一八：陸務觀記東坡詩「翠欲流」，謂「蜀語鮮翠，猶言鮮明也」。愚按：嵇叔夜《琴賦》云：「新衣翠粲。」李周翰注：「翠粲，鮮色。」李善注引《子虛賦》：「翕呷翠粲。」張揖曰：「翠粲，衣聲。」《漢書》作「萃蔡」。班倢伃賦：「紛綷縩兮紈素聲。」其義一也。以鮮明爲翠，乃古語。

花開時節雨連風，卻向霜餘染爛紅。漏泄春光私一物，此心未信出天工。

紀昀評《蘇文忠公詩集》卷一一：二首（按指一、二首）寓刺，卻不甚露，好在比而不賦。

馮應榴《蘇文忠公詩合註》卷一一：（「漏泄春光私一物」二句）言新法之害由于時相，不盡出神宗之本意也。

當時只道鶴林仙，解遣秋光發杜鵑。誰信詩能回造化，直教霜枿放春妍。

不分清霜入小園，故將詩律變寒暄。使君欲見藍關詠，更倩韓郎爲染根。

紀昀評《蘇文忠公詩集》卷一一：二首（按指三、四首）蛇足。（第四首「使君欲見藍關詠」）突稱「欲見藍關」，殊無取義。以後事論之，意似南遷之讖矣。

王文誥《蘇文忠公詩編注集成》卷一一：（「不分清霜入小園」二句）點染「和」字，情致灑然。

劉貢父見余歌詞數首以詩見戲聊次其韻

十載飄然未可期，那堪重作看花詩。門前惡語誰傳去，醉後狂歌自不知。刺舌君今猶未戒，炙眉吾亦更何辭。相從痛飲無餘事，正是春容最好時。

朋九萬《烏臺詩案·與劉攽通判唱和》：當年十一月內，劉攽聞人唱軾詩，作詩一首相戲寄軾，即無譏諷。軾和本人詩一首云（略）。除無譏諷外，不合引賀拔惎以錐刺其子舌以戒言語事戲劉攽，又引郭舒狂言爲王敦炙其眉以自比，皆譏時人不能容狂直之言也。

朱翌《猗覺寮雜記》卷上：坡云：「刺舌君今宜自戒，炙眉我亦更何辭。」炙眉，見《晉·郭舒傳》：王澄以舒爲狂，使人搯鼻炙眉頭。刺舌，見《隋·賀若弼傳》：父敦臨刑呼弼曰：「吾以舌死，汝不可不思。」引錐刺弼舌出血，戒以口過。坡平生以語言得禍，故畏如此。

查愼行《初白庵詩評》卷中：（「醉後狂歌自不知」）善于解嘲。（「炙眉吾亦更何辭」）炙眉當是引昭君郝以自喻耳，註非。

和柳子玉喜雪次韻仍呈述古

詩翁愛酒常如渴，瓶盡欲沽囊已竭。燈青火冷不成眠，一夜撚鬚吟喜雪。詩成就我覓歡處，我窮正與君彷彿。曷不走投陳孟公，有酒醉君仍飽德。瓊瑤欲盡天應惜，更遣淸光續殘月。安得佳人擢素手，笑捧玉盌兩奇絕。艷歌一曲回陽春，坐使高堂生暖熱。

查愼行《初白庵詩評》卷中：（「詩翁愛酒長如渴」八句）波瀾動宕，機趣橫生。

紀昀評《蘇文忠公詩集》卷一一：（「有酒醉君仍飽德」）「飽德」趁韻。

觀子玉郎中草聖

柳侯運筆如電閃，子雲寒悴羊欣儉。百斛明珠便可扛，此書非我誰能雙。

紀昀評《蘇文忠公詩集》卷一一：偶書戲語，豈可摭以入集？

張道《蘇亭詩話》卷二《故事類》上：柳子玉善草書，見《破琴詩》敘。（敘言子玉名瑾，善草書）坡又有《觀子玉郎中草聖》詩，故《柳氏二外甥求筆跡》詩，有「君家自有元和腳，莫厭家鷄更問人」，「何當火急傳家法，欲見誠懸筆諫時」等語，實指子玉，非泛使誠懸故實也。註家宜及之。

雪後至臨平與柳子玉同至僧舍見陳尉烈

落帆古戍下，積雪高如邱。強邀詩老出，疏髯散颼飀。僧房有宿火，手足漸和柔。靜士素寡言，相對自忘憂。銅爐擢煙穗，石鼎浮霜漚。征夫念前路，急鼓催行舟。我行雖有程，坐穩且復留。大哉天地間，此生得浮遊。

王文誥《蘇文忠公詩編注集成》卷一一：（「征夫念前路」二句）此二句必不可少。

李頎秀才善畫山以兩軸見寄仍有詩次韻答之

平生自是箇中人，欲向漁舟便寫眞。詩句對君難出手，雲泉勸我蚤抽身。年來白髮驚秋速，長恐青山與世新。從此北歸休悵望，囊中收得武陵春。

何薳《春渚紀聞》卷五《李朱畫得坡仙賞識》：李欣字粹老，不知何許人。少舉進士，當得官，棄去。烏巾布裘爲道人。遍歷湖湘間，晚樂吳中山水之勝，遂隱于臨安大滌洞天，往來苕溪之上，遇名人勝士，必與周旋。素善丹青，而間作小詩。東坡倅錢塘日，粹老以幅絹作《春山》橫軸，且書一詩其後，不通姓名，付樵者，令俟坡之出投之。坡展視詩畫，蓋已奇之矣。及問樵者：「誰遣汝也？」曰：「我負薪出市，始經公門，有一道人，與我百錢，令我呈此，實不知何人也。」坡益驚異之，即散問西湖名僧輩，云是粹老。久之，偶會于湖山僧居，相得甚喜。坡因和其詩，云「詩句對君難出手，雲泉勸我早抽身」是也。

查愼行《初白庵詩評》卷中：先生不滿意于樂天、東野，然時一學其格。如此篇者，移置《長慶集》中，正復難辨。

夜至永樂文長老院文時卧病退院

夜聞巴叟卧荒邨，來打三更月下門。往事過年如昨日，此身未死得重論。老非懷土情相得，病不開堂道益尊。惟有孤棲舊時鶴，舉頭見客似長言。

紀昀評《蘇文忠公詩集》卷一一：通體深穩

趙克宜《角山樓蘇詩評註彙鈔》卷四：（「老非懷土情相得」二句）樸至語。

王文誥《蘇文忠公詩編注集成》卷一一：（「往事過年如昨日」）此句明言上年過此，而今則已病，正言其速也。

柳氏二外甥求筆跡二首

退筆如山未足珍，讀書萬卷始通神。君家自有元和腳，莫厭家雞更問人。

胡仔《苕溪漁隱叢話》前集卷三八引《漫叟詩話》：東坡最善用事，既顯而易讀，又切當。若

（略）柳氏求字，答云：「君家自有元和脚，莫厭家鷄更問人。」天然奇作。

蔡正孫《詩林廣記》前集卷四《劉禹錫》：東坡此詩蓋用柳（宗元）、劉（禹錫）二詩事。但東坡以「元和脚」爲「元和手」，其理雖同，「手」字爲異耳。

查慎行《初白庵詩評》卷中：二甥長名閎，字展如；次名闢。（「君家自有元和脚」二句）用事恰好，不似歷下弇州硬塡姓名以爲故實也。

王文誥《蘇文忠公詩編注集成》卷二二：（「君家自有元和脚」二句）柳子玉善草書，故前有《觀子玉草聖》詩，所謂「柳侯運筆如閃電」者是也。二甥玉之孫，故有此聯。

一紙行書兩絶詩，遂良鬚鬢已成絲。何當火急傳家法，欲見誠懸筆諫時。

王文誥《蘇文忠公詩編注集成》卷二二：次章之「何當火急傳家法」句，意與「電閃」意合，亦指子玉也。公本意用柳家事。

和錢安道寄惠建茶

我官于南今幾時，嘗盡谿茶與山茗。胸中似記故人面，口不能言心自省。爲君細説我未暇，試評其略差可聽。建谿所產雖不同，一一天與君子性。森然可愛不可慢，骨清肉膩和且正。雪花雨腳何足道，啜過始知眞味永。縱復苦硬終可錄，汲黯少戇寬饒猛。草茶無賴空有名，高者妖邪次頑懭。體輕雖復強浮沉，性滯偏工嘔酸冷。其間絕品豈不佳，張禹縱賢非骨硬。葵花玉銙不易致，道路幽險隔雲嶺。誰知使者來自西，開緘磊落收百餅。嗅香嚼味本非別，透紙自覺光炯炯。粃糠團鳳友小龍，奴隸日注臣雙井。收藏愛惜待佳客，不敢包裹鑽權倖。此詩有味君勿傳，空使時人怒生癭。

朋九萬《烏臺詩案・謝錢顗送茶一首》：熙寧六年，軾任杭州通判日，因本路運司差往潤州勾當公事，經過秀州。錢顗字安道，在秀州監酒稅，曾作臺官，始於秀州與之相見。顗作詩一首，送茶與軾，軾復與詩一首謝之。除無譏諷外，云：「草茶無賴空有名，高者妖邪次頑懭。」以譏世之小人，乍得權用，不知上下之分。若不諂媚妖邪，即須頑獷狠劣。又云：「體輕雖欲強浮沉，性滯偏工嘔酸冷。」亦以譏世之小人體輕浮而性滯泥也。又云：「其間絕品非不佳，張禹縱賢非骨鯁。」亦以譏世之小人如張禹，雖有學問，細行謹飭，終非骨鯁之人。又云：「收藏愛惜待嘉客，不敢包裹鑽權倖。此詩有味君勿傳，空使時人怒生癭。」以譏世之小人有以好茶鑽權貴者，聞此詩當大怒也。

袁宏道評閱譚元春選《東坡詩選》卷三譚元春評：（「汲黯少戇寬饒猛」、「張禹縱賢非骨硬」

二句）每從詠物帶古人姓名事迹，攪得不清頭，眞是一大病也。（「不敢包裹鑽權倖」）欠蘊藉。

紀昀評《蘇文忠公詩集》卷一一：（「縱復苦硬終可錄」二句、「汲黯少戇寬饒猛」二句）將人比物，脱盡用事之痕，開後人多少法門。其源出於蔚宗《和香方》。但彼是以物比人，此翻轉用之耳。然語雖翻轉，而意則猶是比人也。（葵花玉銙不易致）接建茶一段，通體警策，惟一結太露。雖東坡詩不甚忌露，然西子捧心，不得謂之非病。（「此詩有味君勿傳」）暗結「草茶」（「草茶無賴空有名」）一段。

（日本）賴山陽《東坡詩鈔》卷三：一韻到底，無他奇崛處，故章段歷然。此詩自落字下筆，遂用其韻，故韻脚多不切者，獨如性永猛餅等字甚切。（「我官于南今幾時」）此詩非有他奇，所謂肉膩骨清者，故撰之也。落筆所謂骨清之處。（「胸中似記故人面」二句）篇中說君子小人，故先點出「故人」字。形容妙，妙，非東坡不能言。（「森然可愛不可慢」）形容茶，妙，妙。（「骨清肉膩和且正」）此句可以評此詩。（「雪花雨脚何足道」二句）肉膩之處。（「汲黯少戇寬饒猛」）一篇傲策，在汲黯、寬饒、張禹之處。無此警策之處，一篇便蕭然。（「張禹縱賢非骨硬」）傲策之處。韻有「鯁」字，故如此倒用，亦法，拍合篇首。（「開緘磊落收百餅」）形容妙。（「粃糠團鳳友小龍」）用襯帖之筆。（「奴隸日注臣雙井」）草茶名，草茶之所生。（「不敢包裹鑽權倖」）當時多鑽權倖者，故云。（「此詩有味君勿傳，空使時人怒生瘿」）結自瘿字來，是東坡長技。因《三國志》。

王文誥《蘇文忠公詩編注集成》卷一一：（「我官于南今幾時」六句）錢顗、劉琦力攻王石石、曾公亮，並行罷斥被逐。顗將出臺，于衆座駡御史孫昌齡曰：「君以奴事安石，得爲御史，自謂得策。即我視君，犬彘之不若也。」遂拂衣上馬。以上史傳所載。公此詩雖和寄茶，特有意搭入錢顗並作，故于首節提清脈絡如此。

趙克宜《角山樓蘇詩評注彙鈔》卷四：（「胸中似記故人語」）一譬極醒快，便爲下文以古人爲比安根。（「草茶無賴空有名」）此層反襯。

又見卷六《送錢藻出守婺州得英字》趙翼評。

錢安道席上令歌者道服

烏府先生鐵作肝，霜風卷地不知寒。猶嫌白髮年前少，故點紅燈雪裏看。他日卜鄰先有約，待君投劾我休官。如今且作華陽服，醉唱儂家七返丹。

查愼行《初白庵詩評》卷中：（「他日卜鄰先有約」）四句流利。

紀昀評《蘇文忠公詩集》卷一一：意中先有末二句，以前六句曲曲逼出，天然入拍。

趙克宜《角山樓蘇詩評注彙鈔》卷四：曲折清快，近體中難得如此筆力，不必以唐律繩之。

惠山謁錢道人烹小龍團登絶頂望太湖

踏遍江南南岸山，逢山未免更流連。獨攜天上小團月，來試人間第二泉。石路縈回九龍脊，水光翻動五湖天。孫登無語空歸去，半嶺松聲萬壑傳。

《御選唐宋詩醇》卷三四：有橫絶太空之概，灑豁襟抱，亦如聽蘇門長嘯，響動林谷。

查慎行《初白庵詩評》卷中：（「石路縈回九龍脊」）惠山一名九龍，陸羽謂山陽有九隴，若龍偃卧然。

紀昀評《蘇文忠公詩集》卷一一：逐層清出，亦頗細緻，但乏警策耳。

錢道人有詩云直須認取主人翁作兩絶戲之

首斷故應無斷者，冰銷那復有冰知。主人若苦令儂認，認主人人竟是誰。

有主還須更有賓，不如無鏡自無塵。只從半夜安心後，失卻當年覺痛人。

阮閱《詩話總龜》後集卷四五引《西淸詩話》：《贈錢道人》云（下引二詩）。（略）如此等句，雖宿禪衲，不能屈也。

紀昀評《蘇文忠公詩集》卷一一：此是禪偈，不以詩論。

趙翼《甌北詩話》卷五：至於摹彷佛經，掉弄禪語，以之入詩，殊覺可厭，不得以其出自東坡，遂曲爲之説也。（略）如錢道人有「認取主人翁」之句，坡演之云：「主人若苦令儂認，認主人人竟是誰。」（略）此等本非詩體，而以之説禪理，亦如撮空，不過彷禪家語錄機鋒，以見其旁涉耳。

又見卷二三《初別子由至奉新作》蔡絛評。

除夜野宿常州城外二首

查愼行《初白庵詩評》卷中：每當孤舟旅泊，時披讀一過，覺隴水巴猿，未是斷腸聲也。

趙克宜《角山樓蘇詩評注彙鈔》卷四：二詩亦皆宋調。

行歌野哭兩堪悲，遠火低星漸向微。病眼不眠非守歲，鄉音無伴苦思歸。重衾腳冷知霜重，新沐頭輕感髮稀。多謝殘燈不嫌客，孤舟一夜許相依。

蘇軾《書潤州道上詩》（《蘇文忠公全集》卷六八）：「行歌野哭兩堪悲，遠火低星漸向微。病眼不眠非守歲，鄉音無伴苦思歸。重衾腳冷知霜重，新沐頭輕感髮稀。只有殘燈不嫌客，孤舟一夜許相依。」僕時三十九歲，潤州道中，值除夜而作。後二十年，在惠州守歲，錄付過。

查慎行《補註東坡先生編年詩》卷一一：「病眼」句，白樂天《除夜》詩也，先生一時偶用之耶？

《御選唐宋詩醇》卷三四：令節羈情，孤燈遙夜，所感愴者深，而以溫柔敦厚出之，依依脈脈，味似淡而彌長。

紀昀評《蘇文忠公詩集》卷一一：（「多謝殘燈不嫌客」二句）言人，則見嫌矣。

香巖批《紀評蘇詩》卷一一：結意沉痛。

南來三見歲云徂，直恐終身走道塗。老去怕看新曆日，退歸擬學舊桃符。煙花已作青春意，霜雪偏尋病客鬚。但把窮愁博長健，不辭最後飲屠蘇。

洪邁《容齋續筆》卷二《歲旦飲酒》：今人元日飲屠酥酒，自小者起，相傳已久，然固有來處。後漢李膺、杜密以黨人同繫獄，值元日，于獄中飲酒，曰：「正旦從小起。」《時鏡新書》：「晉董勛云：『正旦飲酒先從小者，何也？』勛曰：『俗以小者得歲，故先酒賀之，老者失時，故後飲酒。』《初學記》載《四民月令》云：「正旦進酒次第，當從小起，以年小者起先。」唐劉夢得、白樂天元日舉酒賦詩，劉云：「與君同甲子，壽酒讓先杯。」白云：「與君同甲子，歲酒合誰先。」白又有《歲假內命酒》一篇云：「歲酒先拈辭不得，被君推作少年人。」顧況云：「不覺老將春共至，更悲攜手幾人全。還丹寂寞羞明鏡，手把屠蘇讓少年。」裴夷直云：「自知年幾遍應少，先把屠蘇不讓春。儻更數年逢此日，還應惆悵羨他人。」成文幹云：「戴星先捧祝堯觴，鏡裏堪驚兩鬢霜。好是燈前偷失笑，屠蘇應不得先嘗。」方干云：「纔酌屠蘇定年齒，坐中皆笑鬢毛斑。」然則尚矣。東坡亦云：「但把窮愁博長健，不辭最後飲屠酥。」其義亦然。

紀昀評《蘇文忠公詩集》卷一一：三、四是到地宋格，在東坡不妨，一學之便入惡趣。五、六沉著。

元日過丹陽明日立春寄魯元翰

堆盤紅縷細茵陳，巧與椒花兩鬬新。竹馬異時寧信老，土牛明日莫辭春。西湖弄水猶應早，北寺觀燈欲及辰。白髮蒼顏誰肯記，曉來頻嚏為何人。

《瀛奎律髓彙評》卷一六《節序類》方回評：「西湖」、「北寺」，皆指杭州事。元翰在杭，故于元日作此詩寄之也。

又紀昀評：東坡七律非勝場，然自有一種老健之氣。

又：結入魯有致，含蓄其人，又是一格。

紀昀評《蘇文忠公詩集》卷一一：三四沉著。寄魯意轉從對面寫出，用筆靈活。

趙克宜《角山樓蘇詩評注彙鈔》卷四：一結意趣自勝。

延君壽《老生常談》：東坡嘻笑怒罵固多，然亦有極蘊藉之作。如「竹馬異時寧信老，土牛明日莫辭春。」學者當細心檢點，不可鹵莽草率，道聽途說。

古纏頭曲

鵾絃鐵撥世無有，樂府舊工惟尙叟。一生喙硬眼無人，坐此困窮今白首。翠鬟女子年十七，指法已似呼韓婦。輕帆渡海風掣回，滿面塵沙和淚垢。青衫不逢湓浦客，紅袖漫插曹綱手。爾來一見哀駘佗，便著臂鞲躬井臼。我慚貧病百不足，強對黃花飲白酒。轉關濩索動有神，雷輥空堂戰窗牖。四絃一抹擁袂立，再拜十分爲我壽。世人只解錦纏頭，與汝作詩傳不朽。

葛立方《韻語陽秋》卷一五：《文選》載石季倫《昭君詞》云：「昔公主嫁烏孫，令琵琶馬上作樂，以慰其道路之思。昭君亦然。」則馬上彈琵琶，非昭君自彈也，故孟浩然《涼州詞》云：「故地迢迢三萬里，那堪馬上送明君。」而東坡《古纏頭曲》乃云：「翠鬟女子年十七，指法已似呼韓婦。」梅聖俞《明妃曲》亦云：「月下琵琶旋製聲，手彈心苦誰知得！」則皆以爲昭君自彈琵琶，豈別有所據邪？

紀昀評《蘇文忠公詩集》卷一一：亦自有致。

王文誥《蘇海識餘》卷一：公作《古纏頭曲》，猶白傅《琵琶行》也。白詩宛轉多姿，極千呼萬喚之態。公詩以簡古出之，一洗元和體段。白云「四弦一聲如裂帛」，公云「四弦一抹擁袂立」，蓋明與之爭長矣。

香巖批《紀評蘇詩》卷一一：（「世人只解錦纏頭」二句）簡老。

趙克宜《角山樓蘇詩評注彙鈔》卷四：襯入。「輕帆渡海」以下，皆係實叙。此聯（「青衫不逢」一聯）有惜其所配非偶意。結帶酸氣。

刁同年草堂

不用長竿矯繡衣，南園北第兩參差。青山有約長當戶，流水無情自入池。歲久酴醾渾欲合，春來楊柳不勝垂。主人不用悤悤去，正是紅梅著子時。

查愼行《初白庵詩評》卷中：（「青山有約長當戶」二句）出筆太易。

紀昀評《蘇文忠公詩集》卷一一：（「不用長竿矯繡衣」、「主人不用匆匆去」）兩「不用」複。

趙克宜《角山樓蘇詩評注彙鈔》卷四：唐人句意，集中僅見。

刁景純賞瑞香花憶先朝侍宴次韻

上苑夭桃自作行，劉郎去後幾回芳。厭從年少追新賞，閒對宮花識舊香。欲贈佳人非泛洧，好紉幽佩弔沈湘。鶴林神女無消息，爲問何年返帝鄉。

紀昀評《蘇文忠公詩集》卷一一：後四句寓興深微，置之玉溪生集中，不可復辨。

同柳子玉游鶴林招隱醉歸呈景純

花時臘酒照人光，歸路春風灑面涼。劉氏宅邊霜竹老，戴公山下野桃香。巖頭匹練兼天淨，泉底眞珠濺客忙。安得道人攜笛去，一聲吹裂翠崖岡。

何薳《春渚紀聞》卷七《穿雲裂石聲》：東坡先生和尚字詩云「一聲吹裂翠崖崗」。薳家藏公墨本，詩後注云：「昔有善笛者，能爲穿雲裂石之聲。」別不用事也。

紀昀評《蘇文忠公詩集》卷一一：中四句複調。

趙克宜《角山樓蘇詩評注彙鈔》附錄卷中：（「一聲吹裂翠崖岡」）「翠崖岡」亦湊。

景純見和復次韻贈之二首

解組歸來道益光，坐看百物自炎涼。捲簾堂上檀槽鬧，送客林間樺燭香。淺量已愁當酒怯，非才猶覺和詩忙。何人貪佩黃金印，千柱耽耽瑣北岡。

人間膏火正爭光，每到藏春得暫涼。多事始知田舍好，凶年偏覺野蔬香。谿山勝畫徒能說，來往如梭爲底忙。老去此身無處著，爲翁栽插萬松岡。

袁宏道評閱譚元春選《東坡詩選》卷三譚元春評：後太率易，「多事」二句卻好，與「賣劍買牛」「殺鷄爲黍」（見《常潤道中有懷錢塘寄述古五首》之五）有沉浮之別。

柳子玉亦見和因以送之兼寄其兄子璋道人

不羨腰金照地光，暫時假面弄西涼。晴窗嚥日肝腸煖，古殿朝眞屨袖香。說靜故知猶有動，無閒底處更求忙。先生官罷乘風去，何用區區賦陟岡。

袁宏道評閱譚元春選《東坡詩選》卷三譚元春評：亦難尋好處。

紀昀評《蘇文忠公詩集》卷一一：（「說靜故知猶有動」二句）此種直是禪偈。

趙翼《甌北詩話》卷五：至於摹彷佛經，掉弄禪語，以之入詩，殊覺可厭，不得以其出自東坡，遂曲爲之說也。（略）《和柳子玉》詩：「說靜故知猶有動，無閒底處更求忙。」（略）此等本非詩體而以之說禪理，亦如撮空，不過彷禪家語錄機鋒，以見其旁涉耳。

子玉家宴用前韻見寄復答之

自酌金樽勸孟光，更教長笛奏伊涼（自注：子玉家有笛妓）。牽衣男女遶太白，扇枕郎君煩阿香。詩病逢春轉深痼，愁魔得酒暫奔忙。醒時情味吾能說，日在西南白草岡。

馮應榴《蘇文忠公詩合註》卷一一：（「日在西南白草岡」）似即白日西馳之意。

張道《蘇亭詩話》卷二《故事類》上：柳子玉是東坡妹婿之父，則與老蘇爲輩行，今俗所謂太姻翁也，然東坡只以故人目之。（《破琴詩》序稱故人柳子玉。）其倡和詩中，絕不見有姻長分誼。《子玉家宴》詩：「自酌金尊勸孟光。」則並其太姻母入詩矣。然《祭子玉文》乃云：「嗟我後來，匪友惟媾。」則仍不敢以友視之也。東坡往來常、潤時，年三十九，而子玉年未六十，《子玉以詩見邀同刁丈游金山》詩：「君年甲子未相逢，難向君前説老翁。」然相去亦十餘歲，或者先爲忘年交而後結婚耶？乃東坡二十餘便言老，而游金山時，以有八十一之刁景純，不許子玉稱老，卻爲東坡一笑。

景純復以二篇一言其亡兄與伯父同年之契一言今者唱酬之意仍次其韻

靈壽扶來似孔光，感時懷舊一悲涼。蟾枝不獨同攀桂，雞舌還應共賜香（自注：亦同爲郎）。等是浮休無得喪，粗分憂樂有閒忙。年來世事如波浪，鬱鬱誰知柏在岡。

紀昀評《蘇文忠公詩集》卷一一：（「蟾枝不獨同攀桂」）字鄙。

屢把鉛刀齒步光，更遭華衮照厖涼。蘇門山上莫長嘯，薝蔔林中無別香。燭燼已殘終夜刻，槐花還似昔年忙。背城借一吾何敢，慎莫樽前替戾岡。

黃徹《䂬溪詩話》卷四：唐諺云：「槐花黃，舉子忙。」東坡有「強隨舉子踏槐花，槐花還似昔年忙」，山谷云「槐催舉子踏花黃」是也。

又卷九：坡和刁景純暨柳子玉「岡」字韻詩，至第七篇云：「屢把鉛刀齒步光，更遭華衮照尨涼。」乃用子建《七啓》云：「步光之劍，華藻繁縟。」《左傳》：「尨涼多殺。」雖第一韻衆人所更易，而七篇未嘗改，又貫穿精絕如此。

洪邁《容齋四筆》卷七《替戾岡》：坡公遊鶴林、招隱，有岡字韻詩，凡作七首，最後云：「背城借一吾何敢，切勿樽前替戾岡。」小兒問三字所出，按《晉書·佛圖澄傳》，澄能聽鈴音以知吉凶，往投石勒。及劉曜攻洛陽，勒將救之，其羣下咸諫，以爲不可。勒以訪澄，澄曰：「相輪鈴音云：『秀支替戾岡，僕谷劬秃當。』」此羯語也。秀支，軍也。替戾岡，出也。僕谷，劉曜胡位也。劬秃當，捉也。此言軍出捉得曜也。」勒遂擒曜。坡公正用此云。

馮應榴《蘇文忠公詩合註》卷一一：（「屢把鉛刀齒步光」二句）先生自謂。（「蘇門山上莫長嘯」二句）以比藏春塢也。（「背城借一吾何敢」二句）借言不敢再出和篇之意。

趙克宜《角山樓蘇詩評注彙鈔》附錄卷中：結句使事更湊。

子玉以詩見邀同刁丈遊金山

君年甲子未相逢，難向人前說老翁。更有方瞳八十一，奮衣矍鑠走山中。

金山寺與柳子玉飲大醉卧寶覺禪榻夜分方醒書其壁

惡酒如惡人，相攻劇刀箭。頹然一榻上，勝之以不戰。詩翁氣雄拔，禪老語清輭。我醉都不知，但覺紅綠眩。醒時江月墮，摵摵風響變。惟有一龕燈，二豪俱不見。

查愼行《初白庵詩評》卷中：（「醒時江月墮」四句）即此可入禪悟。

《御選唐宋詩醇》卷三四：豪放精悍，全是規仿《頌酒》之作。

紀昀評《蘇文忠公詩集》卷一一：（起處）語覺微快，然自奇崛。（「二豪俱不見」）結用「二豪」，太難爲子玉、寶覺。然一首兀傲詩，非如此兀傲作結，便不配所謂箭在弦上也。

送柳子玉赴靈仙

世事方艱便猛迴，此心未老已先灰。何時夢入眞君殿，也學傳呼觀主來。

紀昀評《蘇文忠公詩集》卷一一：（「世事方艱便猛回」）出口便。

張道《蘇亭詩話》卷五《補注類》：《送柳子玉監靈仙觀》詩：「世事方艱使猛回（略）。」《樵書》引蘇長公集：「柳子玉嘗夢爲司命眞君召己，未幾，果有監靈仙觀之命，以詩送之」云云。讀此方知詩旨。馮景注竟缺之，查注頗詳，今題爲《送柳子玉至靈山》。（《樵書》引「艱」作「難」，「便猛」作「猛更」，「心」作「身」，「先」作「心」。）

監洞霄宮俞康直郎中所居四詠

退圃

百丈休牽上瀨船，一鉤歸釣縮頭鯿。園中草木春無數，只有黃楊厄閏年（自注：俗說黃楊一歲長一寸，遇閏退三寸）。

朱承爵《存餘堂詩話》：題目詩最難工妙。如東坡爲俞康直郎中作所居四詠，中有《退圃詩》一首云（略）。其於「退」字略不發明，而「休牽上瀨」，「歸釣縮頭」，「黃楊厄閏」，則已曲盡「退」字之妙。此詠題三昧也。

紀昀評《蘇文忠公詩集》卷一一：句句皆含退意，竟不說破，又是一格。

逸 堂

新第誰來作並鄰，舊官寧復憶星辰。請君置酒吾當賀，知向江湖拜散人。

遯 軒

冠蓋相望起隱淪，先生那得老江郇。古來眞遯何曾遯，笑殺逾垣與閉門。

紀昀評《蘇文忠公詩集》卷一一：此首太獷氣。

王文誥《蘇文忠公詩編注集成》卷一一：四詩不脫下一字，此首以閉門扣住「軒」字，其用泄柳，非手滑也。然一氣讀下，卻將此意瞞過，特指出之。

遠樓

西山煙雨捲疏簾，北戶星河落短簷。不獨江天解空闊，地偏心遠似陶潛。

游鶴林招隱二首

郊原雨初霽，春物有餘妍。古寺滿修竹，深林聞杜鵑。睡餘柳花墮，目眩山櫻然。西窗有病客，危坐看香煙。

紀昀評《蘇文忠公詩集》卷一一：（「古寺滿修竹」二句）不減「曲徑通幽」之句。

趙克宜《角山樓蘇詩評注彙鈔》卷四：「古寺」二句，語意天然，與「兩邊山木合，終日子規啼」同一境象。

行歌白雲嶺，坐詠修竹林。風輕花自落，日薄山半陰。澗草誰復識，聞香杳難尋。時見城市人，幽居惜未深。

袁宏道評閱譚元春選《東坡詩選》卷三譚元春評：蘇詩當選此類爲主，方以沉、快二種別，窮其才之所至與性之所近耳。

紀昀評《蘇文忠公詩集》卷一一：此首亦直逼唐人。

書普慈長老壁 自注：志誠。

普慈寺後千竿竹，醉裏曾看碧玉椽。倦客再遊行老矣，高僧一笑故依然。久參白足知禪味，苦厭黃公（自注：鳥名）聒晝眠。惟有兩株紅百葉，晚來猶得向人妍。

紀昀評《蘇文忠公詩集》卷一一：三、四用文句極其自然，無宋人文句之野氣。

趙翼《甌北詩話》卷五《蘇東坡詩》：坡詩有云「清詩要鍛鍊，方得鉛中銀」。然坡詩實不以鍛鍊爲工，其妙處在乎心地空明，自然流出，一似全不著力而自然沁入心脾。此其獨絕也。今第就七言律論之，如（略）「倦客再遊行老矣，高僧一笑故依然。」（略）此數十聯乃是稱心而出，不假雕飾，自然意味悠長。即使事處，亦隨其意之所欲出，而無牽合之迹。此不可以聲調、格律求之也。

趙克宜《角山樓蘇詩評注彙鈔》卷四：（「倦客再遊行老矣」二句）必如此自然，纔可闌入別調。

書焦山綸長老壁

法師住焦山，而實未嘗住。我來輒問法，法師了無語。法師非無語，不知所答故。君看頭與足，本自安冠屨。譬如長鬣人，不以長爲苦。一旦或人問，每睡安所措。歸來被上下，一夜無著處。展轉遂達晨，意欲盡鑷去。此言雖鄙淺，故自有深趣。持此問法師，法師一笑許。

蔡正孫《詩林廣記》後集卷三《蘇東坡》引趙彥材《詩注》云：此篇譬喻，乃先生用小說一段事裁以爲詩，而意最高妙。

紀昀評《蘇文忠公詩集》卷一一：直作禪偈，而不以禪偈爲病，語妙故也。不討人厭處在揮灑如意，微不滿人意處在剩而不留。（「法師非無語」二句）節拍天然。（「展轉遂達晨」二句）可刪。

趙翼《甌北詩話》卷五：又《聞辨才復歸上天竺》詩云：「寄詩問道人，借禪以爲詼。何所聞而去，何所見而回。道人笑不答，此意安在哉！昔年本不住，今者亦無來。」此二首《書焦山綸長老壁》絕似《法華經》、《楞嚴經》偈語，簡淨老橫，可備一則也。

趙克宜《角山樓蘇詩評注彙鈔》卷四：禪語爛熟，涉筆自成奇趣，是對長老語，是題壁詩，非可一概用此格也。

刁景純席上和謝生二首

悞入仙人碧玉壺，一歡那復問親疏。盃盤狼籍吾何敢，車騎雍容子甚都。此夜新聲聞北里，他年故事記南徐。欲窮風月三千界，願化天人百億軀。

縱飲誰能問挈壺，不知門外曉星疏。綺羅勝事齊三閣，賓主談鋒敵兩都。楊畔煙花嘗嘆杜，海中童丱尚追徐。無多酌我君須聽，醉後麤狂膽滿軀。

留別金山寶覺圓通二長老

沐罷巾冠快晚涼，睡餘齒頰帶茶香。艤舟北岸何時渡，晞髮東軒未肯忙。康濟此身殊有道，醫治外物本無方。風流二老長還往，顧我歸期尚渺茫。

紀昀評《蘇文忠公詩集》卷一一：（「康濟此身殊有道」二句）此則宋調之取厭者矣！

和蘇州太守王規父侍太夫人觀燈之什余時以劉道原見訪滯留京口不及赴此會二首

不覺朱轓輾後塵，爭看繡幰錦纏輪。洛濱侍從三人貴，京兆平反一笑春。但逐東山攜妓女，那知後閣走窮賓。滯留不見榮華事，空作賡詩第七人。

翩翩緹騎走香塵，激激飛濤射火輪。美酒留連三夜月，豐年傾倒五州春（自注：時浙西皆以不熟罷燈，惟蘇獨盛）。安排詩律追強對，蹭蹬歸期爲惡賓。墮珥遺簪想無限，華胥猶見夢回人。

常潤道中有懷錢塘寄述古五首

從來直道不辜身，得向西湖兩過春。沂上已成曾點服，泮宮初采魯侯芹。休驚歲歲年年貌，且對朝朝暮暮人。細雨晴時一百六，畫船鼉鼓莫違民。

黃徹《䂬溪詩話》卷八：樂天《九日思杭州》云：「笙歌委曲聲延耳，金翠動搖光照身。」子瞻《有懷錢塘》云：「剩看新翻眉倒暈，未應泣別臉銷紅。」梨園者舊，何遽忘之耶？徐考其集，白《送姚杭州赴任因思舊游》云：「閭里固宜勤撫恤，樓臺亦要數躋攀。」蘇亦云：「細雨晴時一百六，畫船鼉鼓莫違民。」是未嘗無意于民庶也。然白又有「故妓數人憑問訊，新詩兩首倩留傳。」坡又有「休驚歲歲年年貌，且對朝朝暮暮人。」大抵淫樂之語，多于撫養之語耳。夫子稱「未見好德如好色」，而傷之曰：「已矣乎！」二公未能免俗，餘人不必言。

田汝成《西湖游覽志餘》卷一〇：杭州巨美，得白、蘇而益章，考其治績怡情，往往酷似。（略）樂天詩云：「閭里固宜勤撫恤，樓臺亦要數躋攀。」子瞻亦云：「細雨晴時一百六，畫橈鼉鼓莫違民。」樂天詩云：「故妓數人憑問訊，新詩兩首倩流傳。」子瞻亦云：「休驚歲歲年年貌，且對朝朝暮暮人。」

袁宏道評閱譚元春選《東坡詩選》卷三譚元春評：「沂上」一聯，不成話說。

趙翼《甌北詩話》卷五：詩人遇成語佳對，必不肯放過。坡公尤妙于翦裁，雖工巧而不落纖佻，由其才分之大也。如（略）「休驚歲歲年年貌，且對朝朝暮暮人。」（《寄陳述古》）（略）此等詩雖非坡公著意之作，然自然湊泊，觸手生春，亦見其學之富而筆之靈也。

草長江南鶯亂飛，年來事事與心違。花開後院還空落，燕入華堂怪未歸。世上功名何日是，樽前點檢幾人非。去年柳絮飛時節，記得金籠放雪衣（自注：杭人以放鴿爲太守壽）。

紀昀評《蘇文忠公詩集》卷一一：（「世上功名何日是」二句）二句太滑，遂令通篇削色。

《御選唐宋詩醇》卷三四：「慨當以慷，憂思難忘。」此詩結句，集內有「放鶴爲壽」之自註。趙堯卿遂引唐《譚賓錄》，言天寶宮中呼白鸚鵡爲「雪衣」，此詩借呼鴿爲「雪衣」。然考田汝成《西湖志》，稱東坡有眞蹟云：「杭州營妓周韶能詩，子容過杭，述古飲之，韶泣求落籍。子容曰：「可作一絕。」韶援筆立成曰：「隴上巢空歲月驚，忍看回首自梳翎。開籠若放雪衣女，長念觀音般若經。」韶時有服，衣白。一坐嗟嘆，遂落籍。」此詩寄述古，蓋指此事，故曰「記得金籠放雪衣」，「雪衣」正用白鸚鵡事，不必借呼放鴿也。詩作如是解，與前後數詩亦正相類，然軾自註，故作隱語，豈其避謗歟。

王文誥《蘇文忠公詩編注集成》卷一一：（「花開後院還空落」二句）此聯從李太白《題東溪公幽居》「好鳥迎春歌後院，飛花送酒舞前簷」化出。

趙克宜《角山樓蘇詩評注彙鈔》卷四：（「世上功名何日是」二句）七律全仗五六轉關有力，紀嫌太滑，洵然。（末二句）詩指放雪衣女事，而自註反托之放鴿，狡獪一至于此，若非翁氏究其原委，幾被先生瞞過。

浮玉山頭日日風，湧金門外已春融。二年魚鳥渾相識，三月鶯花付與公。剩看新翻眉倒暈，未應泣別臉銷紅。何人織得相思字，寄與江邊北向鴻。

田汝成《西湖游覽志餘》卷一〇：杭州巨美，得白、蘇而益章，考其治績怡情，往往酷似。（略）樂天詩云：「笙歌委曲聲延耳，金翠動搖光照身。」子瞻亦云：「牘看新翻眉倒暈，未應泣別臉消紅。」

紀昀評《蘇文忠公詩集》卷一一：（「二年魚鳥渾相識」二句）此應爲官妓而發，說事大雅。

國豔夭嬈酒半酣，去年同賞寄僧簷。但知撲撲晴香軟，誰見森森曉態嚴。穀雨共驚無幾日，蜜蜂未許輒先甜。應須火急回征棹，一片辭枝可得黏。

查愼行《初白庵詩評》卷中：（「國艷天香酒半酣」二句）先生《牡丹記》叙熙寧五年三月觀于吉祥寺。

紀昀評《蘇文忠公詩集》卷一一：多不成語。

惠泉山下土如濡，陽羡溪頭米勝珠。賣劍買牛吾欲老，殺雞爲黍子來無。地偏不信容高蓋，俗儉眞堪著腐儒。莫怪江南苦留滯，經營身計一生迂。

費袞《梁谿漫志》卷四《毗陵東坡祠堂記》：東坡自黄移汝，上書乞居常，其後謝表有「買田陽羡，誓畢此生」之語。在禁林，與胡完夫、蔣穎叔唱和，有云：「惠泉山下土如濡，陽羡溪頭米勝珠。賣劍買牛吾欲老，殺鷄爲黍子來無？」又云：「雪芽我爲求陽羡，乳水君應餉惠山。」晚自儋耳北還，崎嶇萬里，徑歸南蘭陵以殁。蓋出處窮達三十年間，未嘗一日忘吾州；而郡無祠宇奠謁之所，邦人以爲闕文。乾道壬辰，太守晁強伯子健來，或朝服、或野服，列于壁間，而晁侍郎公武爲之記。記成，強伯刻石爲二碑，一置之郡齋，一置之陽羡洞靈觀，用杜元凱之法，蓋欲俱傳不朽，其措意甚美；然東坡公之名節，固自萬世不磨矣。

袁宏道評閱譚元春選《東坡詩選》卷三譚元春評：「賣劍」二語，世所賞愛，不當留之。

紀昀評《蘇文忠公詩集》卷一一：此首深穩。

王文誥《蘇文忠公詩編注集成》卷一一：公是時初至荆溪，此詩之意，因舊與蔣之奇有卜居陽羡之約而發，非買田時也。

趙克宜《角山樓蘇詩評注彙鈔》卷四：（「地偏不信容高蓋」二句）對句沈著，逼杜。

又見本卷《景純見和復次韻贈之二首》譚元春評、卷八《贈孫莘老七絶》趙翼評、卷三三《予去杭十六年而復來留二年而去》田汝成評。

杭州牡丹開時僕猶在常潤周令作詩見寄次其韻復次一首送赴闕

羞歸應爲負花期，已見成陰結子時。與物寡情憐我老，遣春無恨賴君詩。玉臺不見朝酣酒，金縷猶歌空折枝。從此年年定相見，欲師老圃問樊遲。

紀昀評《蘇文忠公詩集》卷一一：此首賦牡丹。

莫負黃花九日期，人生窮達可無時。十年且就三都賦，萬戶終輕千首詩。天靜傷鴻猶戢翼，月明驚鵲未安枝。君看六月河無水，萬斛龍驤到自遲。

舊題王十朋《集註分類東坡先生詩》卷二〇：（「君看六月河無水」二句）蓋言無援以濟，則大才難進，如同無水而龍驤之舟不行也。

紀昀評《蘇文忠公詩集》卷一一：此首送赴闕。（「天靜傷鴻猶戢翼」二句）用比更覺深警。

馮應榴《蘇文忠公詩合註》卷一一：（「莫負黃花九日期」二句）即「黃花晚節香」之意。

趙克宜《角山樓蘇詩評注彙鈔》卷四：（「天靜傷鴻猶戢翼」二句）悽惋之音，不失溫厚。

常州太平寺觀牡丹

武林千葉照觀空，別後湖山幾信風。自笑眼花紅綠眩，還將白首對鞓紅。

遊太平寺淨土院觀牡丹中有淡黃一朵特奇爲作小詩

醉中眼纈自爛斑，天雨曼陀照玉盤。一朵淡黃微拂掠，鞓紅魏紫不須看。

無錫道中賦水車

翻翻聯聯銜尾鴉，犖犖确确蛻骨蛇。分疇翠浪走雲陣，刺水綠鍼抽稻芽。洞庭五月欲飛沙，鼉鳴窟中如打衙。天工不見老翁泣，喚取阿香推雷車。

葛立方《韻語陽秋》卷二〇：言水車之利不及雷車所霑者廣也。

查慎行《初白庵詩評》卷中：（「翻翻聯聯銜尾鴉」二句）二語略盡形製。《御選唐宋詩醇》卷三四：只是體物着題，觸處靈通，別成奇光異彩。「想當施手時，巨刃摩天揚」，此之謂也。賦物得此，神力罕匹。

紀昀評《蘇文忠公詩集》卷一一：節短勢險，句句奇矯。結句四平，未諧調。然義山韓碑已有此句法。

施補華《峴傭說詩》：東坡《秧馬歌》、《水車詩》，皆形容盡致之作，雖少陵不能也。

王文誥《蘇文忠公詩編注集成》卷一一：此詩與《瓶笙》同一手法。

趙克宜《角山樓蘇詩評注彙鈔》卷四：言天公豈不見老農泣乎，宜雷雨以救其旱也。雷車字點染本題。

又見卷二六《登州海市》施補華註。

成都進士杜暹伯升出家名法通往來吳中

欲識當年杜伯升，飄然雲水一孤僧。若教俛首隨韁鎖，料得如今似我能（自注：柳子玉云：通若及第，不過似我）。

蘇軾《書贈法通師詩》（《蘇文忠公全集》卷六八）：「欲識當年杜伯升（略）。」僕偶云：「通師子不脫屣場屋，今何爲乎？」柳子玉云：「不過似我能。」因戲作此詩。熙寧七年二月日。

虎邱寺

入門無平田，石路細穿嶺。陰風生澗壑，古木翳潭井。湛盧誰復見，秋水光耿耿。鐵花秀巖壁，殺氣噤蛙黽。幽幽生公堂，左右立頑礦。當年或未信，異類服精猛。胡爲百歲後，仙鬼互馳騁。窈然留清詩，讀者爲悲哽。東軒有佳致，雲水麗千頃。熙熙覽生物，春意破凄冷。我來屬無事，暖日相與永。喜鵲翻初旦，愁鳶蹲落景。坐見漁樵還，新月溪上影。悟彼良自咍，歸田行可請。

查慎行《初白庵詩評》卷中：（「坐教漁樵還」二句）細靜。

《御選唐宋詩醇》卷三四：作虎邱詩者，多是緣情綺靡。若此詩，則但見其幽折閒靜耳。是非時會不同，乃其命筆取材別開生徑。觀前此白居易于東虎邱有「怪石千僧坐，靈池一劍沉」之句，于西虎邱有「搖曳雙紅斾，娉婷十翠娥」之句，烏鵲黃鸝，紅欄綠浪，唐時已極繁華艷冶矣。故知此詩是有意避喧，力求岑寂也。

紀昀評《蘇文忠公詩集》卷一一：通體精悍。（「鐵花秀巖壁」二句）十字精警。「秀」當作「繡」。

王文誥《蘇海識餘》卷一：《虎邱》詩「陰風生澗壑，古木翳潭井」、「鐵花秀巖壁，殺氣噤蛙黽」，似此出落虎邱，別開生面。凡前人詩以艷冶擅場，若不勝情之作，皆一例放倒矣。

趙克宜《角山樓蘇詩評註》卷四：此詩逐節實叙，間作一二論斷，是爲游覽詩中一格。（「我來屬無事」）至此方入己情。

蘇州閭邱江君二家雨中飲酒二首

小圃陰陰徧灑塵，方塘瀲瀲欲生紋。已煩仙袂來行雨，莫遣歌聲便駐雲。肯對綺羅辭白酒，試將文字惱紅裙。今宵記取醒時節，點滴空堦獨自聞。

紀昀評《蘇文忠公詩集》卷一一：中四句平頭。（「今宵記取醒時節」二句）推過一步作結，便脱窠臼。

王文誥《蘇文忠公詩編注集成》卷一一：時方閔雨，故結句重申之。曉嵐以爲結「脱窠臼」者，非也。

趙克宜《角山樓蘇詩評注彙鈔》卷四：一結跟第六句生下，即「惱紅裙」之辭也。

五紀歸來鬢未霜，十眉環列坐生光。喚船渡口迎秋女，駐馬橋邊問泰娘。曾把四絃娱白傅，敢將百草鬭吳王。從今卻笑風流守，畫戟空凝宴寢香。

紀昀評《蘇文忠公詩集》卷一一：中四句切腳礙格，四古人名尤礙格。

蘇州姚氏三瑞堂 自注：姚氏世以孝稱。

君不見董召南，隱居行義孝且慈。天公亦恐無人知，故令雞狗相哺兒，又令韓老爲作詩。爾來三百年，名與淮水東南馳。此人世不乏，此事亦時有。楓橋三瑞皆目見，天意宛在虞鰥後。惟有此詩非昔人，君更往求無價手。

蘇軾《與通長老》（《蘇文忠公全集》卷六一）：《三瑞堂詩》已作了，納去。然惡詩竟何用，是家求之如此其切，不敢不作也。

紀昀評《蘇文忠公詩集》卷一一：凡鄙太甚，凡鄙太甚。

張道《蘇亭詩話》卷五《補注類》：《中吳紀聞》：「閶門之西，有姚氏園亭，頗雅致。姚名淳，家世儒業，東坡先生往來必憩焉。姚氏素以孝稱，所居有三瑞堂，東坡嘗爲賦詩云云。未作此詩，姚以千文遺之，東坡答簡云：『惠及千文，荷雅意之厚。法書固人所共好，而某方欲省緣除長物，舊有者猶欲去之，又況復收邪？』固卻之不受。此書既作之後，姚復致香爲惠，東坡於虎邱通長老簡尾云：『姚君篤善好事，其意極可嘉，然不須以物見遺，惠香八十罐，卻託還之，已領其厚意，與收留無異，實爲他相識所惠皆不留故也。切爲多致此懇！』予家藏三瑞堂石刻，每讀至此，則嘆美東坡之清德，誠不可及也！」按查氏注于《蘇州姚氏三瑞堂》題下略引數語，惜不全，特補足之。

次韻沈長官三首

家山何在兩忘歸，盃酒相逢慎勿違。不獨飯山嘲我瘦，也應糠覈怪君肥。

男婚已畢女將歸，累盡身輕志莫違。聞道山中食無肉，玉池清水自生肥。

胡仔《苕漁隱叢話》後集卷二〇：《次韻沈長官》詩云：「聞道山中食無肉，玉池淸水自生肥。」《天慶觀乳泉賦》云：「鏘瓊佩之落谷，灩玉池之生肥。」《澄邁驛通潮閣》詩云：「杳杳天低鶻沒處，青山一髮是中原。」《伏波將軍廟碑》有云：「南望連山，若有若無，杳杳一髮耳。」皆兩用之，其語倔奇，蓋得意也。

造物知吾久念歸，似憐衰病不相違。風來震澤帆初飽，雨入松江水漸肥。

黃朝英《靖康緗素雜記》卷一〇《俗語入詩》：《西清詩話》言王君玉謂人曰：「詩家不妨間用俗語，尤見工夫。雪止未消者，俗謂之待伴，嘗有雪詩：『待伴不禁鴛瓦冷，羞明常怯玉鈎斜。』待伴、羞明，皆俗語，而采拾入句，了無痕纇，此點瓦礫爲黃金手也。」余謂非特此爲然，東坡亦有之：（略）「風來震澤帆初飽，雨入松江水漸肥。」尋醫、入務、風飽、水肥，皆俗語也。

賀裳《載酒園詩話·蘇軾》：若「風來震澤帆初飽，雨入松江水漸肥」，（略）未免太纖。

戲書吳江三賢畫像三首

誰將射御教吳兒，長笑申公爲夏姬。卻遣姑蘇有麋鹿，更憐夫子得西施（自注：范蠡）。

葛立方《韻語陽秋》卷一九：人君不能制欲於婦人，以至溺惑廢政，未有不亂亡者。桀奔南巢，禍階末喜，魯威滅身，惑始齊姜。妲己、褒姒以至張、孔、楊妃之徒皆是也。吳之於西施，王之耽惑不減於諸后，一夕越兵至而王不知也。鄭寂夫詩云：「十重越甲夜成圍，宴罷君王醉不知。若論破吳功第一，黃金只合鑄西施。」謂非西施則吳不亡，吳不亡則安得以黃金鑄范蠡之容哉？而東坡《范蠡詩》云：「誰將射御教吳兒，長笑申公為夏姬。却遺姑蘇有麋鹿，更憐夫子得西施。」言楚申公欲弱楚而強吳者，以夏姬之故，曾不如范蠡滅吳霸越而坐得西施也。

舊題王十朋《集註分類東坡先生詩》卷二三：詩意以巫臣比范蠡，以夏姬比西施。（略）巫臣以夏姬之故，而致楚之奔命于吳，此所以為可笑。范蠡借越滅吳之後，而自得西施，此所以可憐也。

袁宏道評閱譚元春選《東坡詩選》卷三袁宏道評：轉折費講，意愈妙，詩法愈已矣。

紀昀評《蘇文忠公詩集》卷一一：詠古絕句之正格。

浮世功勞食與眠，季鷹眞得水中仙。不須更說知幾早，直為鱸魚也自賢（自注：張翰）。

黃徹《䂬溪詩話》卷六：臨川「慷慨秋風起，悲歌不為鱸」，眉山「不須更說知幾早，直為鱸魚也自賢」，反復曲折，同歸一意。

龔明之《中吳紀聞》卷三：東晉張翰，吳人，仕齊王冏，不樂居其官。一日，在京師見秋風忽起，因作歌曰：「秋風起兮佳景時，吳江水兮鱸正肥。三千里兮家未歸，恨難得兮仰天悲。」遂棄官而還。國初，王贄運使過吳江，有詩：「吳江秋水灌平湖，水闊煙深恨有餘。因想季鷹當日事，歸來未必爲蓴鱸。」贄之意謂翰度時不可有爲，故飄然引去，實非爲鱸也。至東坡賦《三賢》詩，則曰：「浮世功勞食與眠（略）。」其說又高一著矣。

潘德輿《養一齋詩話》卷一〇：坡詩（略）「不須更說知幾早，直爲鱸魚也自賢。」此固詩家翻弄之小術，然詞旨清迥，可箴俗慮，吾每愛誦之。

趙克宜《角山樓蘇詩評注彙鈔》卷四：淺說更妙，此殆即王贄詩意而反言之，身分愈高。

千首文章二頃田，囊中未有一錢看。卻因養得能言鴨，驚破王孫金彈丸（自注：陸龜蒙）。

紀昀評《蘇文忠公詩集》卷一一：惜其未能逃名也，用本事點綴有致。

劉孝叔會虎邱時王規父齋素祈雨不至二首

白簡威猶凜，青山興已穠。鶴閒雲作氅，駝卧草埋峰。跪履若可教，卜鄰應見容。因公問回老，何處定相逢。

紀昀評《蘇文忠公詩集》卷一一：此「穠」字（「青山興已穠」）不可作「濃淡」之「濃」。

馮應榴《蘇文忠公詩合註》：（「青山興已穠」）以下首「纖穠」字例之，自應作「穠」。但此句意，似當作「濃淡」之「濃」解。

王文誥《蘇文忠公詩編注集成》卷一一：當日用原韻例甚寬，此首作「濃」，下首作「穠」，無不可者。《合註》、曉嵐所論，皆近人所見，未可以繩此集也。

太常齋未解，不肯對纖穠。只遣三千履，來遊十二峰。林空答清唱，潭淨寫衰容。歸去瑤臺路，還應月下逢。

過永樂文長老已卒

初驚鶴瘦不可識，旋覺雲歸無處尋。三過門間老病死，一彈指頃去來今。存亡慣見渾無淚，鄉井難忘尚有心。欲向錢塘訪圓澤，葛洪川畔待秋深。

魏慶之《詩人玉屑》卷三引《藜藿野人詩話》：（「三過門間老病死」二句）句法清健，天生對也。陸務觀詩云：「老病已多惟欠死，貪嗔雖盡尚餘癡。」不敢望東坡，而近世亦無人能到此。

查慎行《初白庵詩評》卷中：（「三過門間老病死」二句）天然絕對。

《御選唐宋詩醇》卷三四：寄感嘆于解脫，輓長老合作如是詩。

紀昀評《蘇文忠公詩集》卷一一：查謂三四巧對。然作對太巧是一病，特此尚未礙格。後半曲折頓挫。

趙翼《甌北詩話》卷五：詩人遇成語佳對，必不肯放過。坡公尤妙于翦裁，雖工巧而不落纖佻，由其才分之大也。如（略）「三過門間老病死，一彈指頃去來今。」（《過永樂長老已卒》）（略）此等詩雖非坡公著意之作，然自然湊泊，觸手生春，亦見其學之富而筆之靈也。

王文誥《蘇文忠公詩編注集成》卷一一：（「三過門間老病死」）句謂初過而老，再過而病，三過而死。合下句讀之，正言其速。

《歷代詩發》卷二四：弔出世人，自應在有意無意之間。

趙克宜《角山樓蘇詩評注彙鈔》卷四：意沈著而語流美，七律佳境。

贈張刁二老

兩邦山水未凄涼，二老風流總健強。共成一百七十歲，各飲三萬六千觴。藏春塢裏鶯花鬧，仁壽橋邊日月長。惟有詩人被磨折，金釵零落不成行。

查愼行《初白庵蘇詩補注》卷一一：（「惟有詩人被磨折」）「詩人」，先生自謂，施氏補注引王氏舊文，云「詩人」指言張子野者，訛。

紀昀評《蘇文忠公詩集》卷一一：疵累太重。三、四乃香山野調。

王文誥《蘇文忠公詩編注集成》卷一一：（「惟有詩人被磨折」二句）詩人，公自謂也。

紀昀評蘇文忠公詩集卷十二

去年秋偶遊寶山上方入一小院闃然無人有一僧隱几低頭讀書與之語漠然不甚對問其鄰之僧曰此雲闍黎也不出十五年矣今年六月自常潤還復至其室則死葬數月矣作詩題其壁

雲師來寶山，一住十五秋。讀書嘗閉戶，客至不舉頭。去年造其室，清坐忘百憂。我初無言說，師亦無對酬。今來復扣門，空房但颼飀。云已滅無餘，薪盡火不留。卻疑此室中，常有斯人不。所遇孰非夢，事過吾何求。

袁宏道評閱譚元春選《東坡詩選》卷三譚元春評：詩平平無大尋味，而其事其人可念，亦得久存者，此類是也。

紀昀評《蘇文忠公詩集》卷一二：出手頗率。

聽僧昭素琴

至和無攫醳，至平無按抑。不知微妙聲，究竟從何出。散我不平氣，洗我不和心。此心知有在，尙復此微吟。

《御選唐宋詩醇》卷三四：是眞識琴中意者。朱弦疏越，可以釋躁平矜。

紀昀評《蘇文忠公詩集》卷一二：絕似香山。

僧惠勤初罷僧職

軒軒青田鶴，鬱鬱在樊籠。既爲物所縻，遂與吾輩同。今來始謝去，萬事一笑空。新詩如洗出，不受外垢蒙。清風入齒牙，出語如風松。霜髭茁病骨，饑坐聽午鐘。非詩能窮人，窮者詩乃工。此語信不妄，吾聞諸醉翁。

何孟春《餘冬詩話》卷上：韓退之序裴均詩云：「文章之作，常發于羈旅草野。」歐陽永叔序梅聖俞詩，大意本之，謂非詩能窮人，殆窮者而後工也。東坡《贈惠勤》詩：「非詩能窮人，窮者詩乃工。此語信不妄，吾聞諸醉翁。」他日《答陳師中書》又云：「詩能窮人，所從來尚矣。足下獨言詩不能窮人，爲之益力，詩日以工，安知不以此達乎？」宣和中，陳與義以賦墨梅詩受知徽宗，遂登冊府，而序其集者，遂有詩能達人之說。前此，陳無己序王平甫集，亦曰：「詩能達人，未見其窮人也。」（何孟）春曰：窮達有命，詩何間哉。第天畀文士，例多命窮，而措大不能忘其愁思之聲與怨刺之言耳。

查慎行《初白庵詩評》卷中：如今僧綱司也。

紀昀評《蘇文忠公詩集》卷一二：（「軒軒青田鶴」二句）取喻精警，語亦高渾。

游靈隱高峰塔

言遊高峰塔，蓐食治野裝。火雲秋未衰，及此初旦涼。霧霏巖谷暗，日出草木香。嘉我同來人，久便雲水鄉。相勸小舉足，前路高且長。古松攀龍蛇，怪石坐牛羊。漸聞鐘磬音，飛鳥皆下翔。入門空有無，雲海浩茫茫。惟見聾道人，老病時絕糧。問年笑不答，但指穴藜牀。心知不復來，欲歸更徬徨。贈別留匹布，今歲天早霜。

《歲寒堂詩話》：人才各有分限，尺寸不可強。同一物也，而詠物之工有遠近，皆此意也，而用意之工有淺深。（略）東坡《登靈隱寺塔》云：「相勸小舉足（略）。」意雖有佳處，而語不甚工，蓋失之易也。

袁宏道評閱譚元春選《東坡詩選》卷三譚元春評：結語皆一層在上，所以有氣運。

《御選唐宋詩醇》卷三四：「霧霏」、「日出」，未舉足而景象既殊；「古松」、「怪石」，及經行而應接不暇。「漸聞鐘磬音，飛鳥皆下翔」十字，畫出古寺淸晨登高覽勝之妙。「入門」以後，但記一時與道人留連贈答，語盡便住。象外傳神，正復無際。

紀昀評《蘇文忠公詩集》卷一二：直起直收，不著一語，而義蘊甚深。（「入門空有無」二句）寫出大善知識境界。

張道《蘇亭詩話》卷一：東坡詩，有推勘到盡頭語：（略）「心知不復來，欲歸更徬徨。」（《游高峰塔》）（略）余每遇山水之游，別時不忍去。東坡官繫之身，不得自主，故知更愴然也。

趙克宜《角山樓蘇詩評注彙鈔》卷五：（「漸聞鐘磬音」四句）四語拈出眞境，自然超妙。

八月十七日天竺山送桂花分贈元素

月缺霜濃細蘂乾，此花元屬玉堂仙。鷲峰子落驚前夜，蟾窟枝空記昔年。破裓山僧憐耿介，練裙溪女鬬清妍。願公採擷紉幽佩，莫遣孤芳老澗邊。

捕蝗至浮雲嶺山行疲苦有懷子由弟二首

西來煙障塞空虛，灑徧秋田雨不如。新法清平那有此，老身窮苦自招渠。無人可訴烏銜肉，憶弟難憑犬附書。自笑迂疏皆此類，區區猶欲理蝗餘。

袁宏道評閱譚元春選《東坡詩選》卷三譚元春評：初讀似累，再讀喜其意厚。

蔣鴻翮《寒塘詩話》：余讀其《捕蝗至浮雲嶺山行疲苦有懷子由弟》，（略）其情味亦殊不滅。要皆性情之言，從肺腑流出，故讀之使人生感。

紀昀評《蘇文忠公詩集》卷一二：（「新法清平那有此」二句）亦嫌太露。

王文誥《蘇文忠公詩編注集成》卷一一：結出本意。

霜風漸欲作重陽，熠熠溪邊野菊黃。久廢山行疲犖确，尙能村醉舞淋浪。獨眠林下夢魂好，回首人間憂患長。殺馬毀車從此逝，子來何處問行藏。

袁宏道評閲譚元春選《東坡詩選》卷三譚元春評：氣完矣，雖平常亦好。

紀昀評《蘇文忠公詩集》卷一二：（村醉）二字生造。

青牛嶺高絶處有小寺人迹罕到

暮歸走馬沙河塘，爐煙裊裊十里香。朝行曳杖青牛嶺，寒泉咽咽千山靜。君勿笑老僧，耳聾喚不聞，百年俱是可憐人。明朝且復城中去，白雲卻在題詩處。

紀昀評《蘇文忠公詩集》卷一二：（起處）語語脱灑，咫尺而有萬里之勢。（「明朝且復城中去」二句）結得縹緲。然中有寓託，不同泛作杳杳冥冥語。

趙克宜《角山樓蘇詩評注彙鈔》卷五：唐人結處多作指點不盡語，饒有餘味。紀（昀）因與漁洋立異，故遇此等，每多費辭。

新城陳氏園次晁補之韻

荒涼廢圃秋，寂歷幽花晚。山城已窮僻，況與城相遠。我來亦何事，徒倚望雲巘。不見苦吟人，清樽爲誰滿。

查愼行《初白庵詩評》卷中：忽作韋、柳格調，才人何所不能。

《御選唐宋詩醇》卷三四：淡而能腴，王、韋後絕無僅有。

紀昀評《蘇文忠公詩集》卷一二：忽作王、孟清音，亦復相似。偶一爲之，亦是一種文字。（「山城已窮僻」二句）二句自好，有意故也。

王文誥《蘇文忠公詩編注集成》卷一二：時無咎年甚少，此詩就無咎口吻爲之，有循循善誘之意。故其不矜才不使氣如此，可想見陳氏園中無限悅樂之狀。

趙克宜《角山樓蘇詩評注彙鈔》卷五：脫胎于「高城已不見，況復城中人」之句，意境自佳，不甚似王、孟，後四語尤不相類。

梅聖俞詩中有毛長官者今於潛令國華也聖俞歿十五年而君猶爲令捕蝗至其邑作詩戲之

詩翁憔悴老一官，厭見苜蓿堆青盤。歸來羞澀對妻子，自比鮎魚緣竹竿。今君滯留生二毛，飽聽衙鼓眠黃紬。更將嘲笑調朋友，人道獼猴騎土牛。願君恰似高常侍，暫爲小邑仍刺史。不願君爲孟浩然，卻遭明主放還山。宦遊逢此歲年惡，飛蝗來時半天黑。羨君封境稻如雲，蝗自識人人不識。

吳曾《能改齋漫錄》卷一〇《支遁臂鷹走道林》：《世說》載支遁道林常養馬數匹，或言道人畜馬不韻。支云：「貧道重其神駿。」《高僧傳》載支遁常養一鷹，人問之何以？答曰：「賞其神駿。」然世但稱其賞馬，不稱其賞鷹。惟東坡有《謝元師無著遺支鷹馬圖》詩，所謂：「莫學王郎與支遁，臂鷹走馬憐神駿。還君畫圖君自收，不如木人騎土牛。」

朱翌《猗覺寮雜記》卷上：坡云：「一似獼猴騎土牛。」《魏晉新語》：尙書鍾毓謂州泰：「君釋褐登宰府，乞兒乘小車，一何駛？」泰曰：「君名公之子，少有文彩，故守吏職。獼猴騎土牛，一何遲耶？」

查愼行《初白庵詩評》卷中：（令君滯留生二毛）叶「矛」。

紀昀評《蘇文忠公詩集》卷一二：（「願君恰似高常侍」以下四句）晚唐五代之下調，東坡何以爲之？

王文誥《蘇文忠公詩編注集成》卷一二：（「願君恰似高常侍」四句）清出「猶爲」之意，題所謂「戲」者在是。一結極予國華，是首提聖俞本旨，其轉關處，觸着便到。眼光稍鈍，即落後矣，故曉嵐不喜此詩。

與毛令方尉遊西菩寺二首

推擠不去已三年，魚鳥依然笑我頑。人未放歸江北路，天教看盡浙西山。尚書清節衣冠後，處士風流水石間。一笑相逢那易得，數詩狂語不須删。

查慎行《初白庵詩評》卷中：（「天教看盡浙西山」）樂天得意句。

《御選唐宋詩醇》卷三四：首作不露刻斲經營之迹，自成高唱。五、六用毛玠、方干，貼二人姓。此本古法，少陵集中多有之。

紀昀評《蘇文忠公詩集》卷一二：（「尚書清節衣冠後」二句）切姓便俗。工部之「杜酒張梨」，不可訓也。

趙翼《甌北詩話》卷五《蘇東坡詩》：坡詩有云「清詩要鍛鍊，方得鉛中銀」。然坡詩實不以鍛鍊爲工，其妙處在乎心地空明，自然流出，一似全不著力而自然沁入心脾。此其獨絶也。今第就七言律論之，如（略）「人未放歸江北路，天教看盡浙西山。」（略）此數十聯乃是稱心而出，不假雕飾，自然意味悠長。即使事處，亦隨其意之所欲出，而無牽合之迹。此不可以聲調、格律求之也。

路轉山腰足未移，水清石瘦便能奇。白雲自占東西嶺，明月誰分上下池。黑黍黃粱初熟候，朱柑綠橘半甜時。人生此樂須天付，莫遣兒郎取次知。

袁宏道評閱譚元春選《東坡詩選》卷三譚元春評：前首結句尚非全璧，何不省此一首，留心末韻。

《御選唐宋詩醇》卷三四：次作「白雲」句承「石瘦」來，「明月」句承「水清」來。「黑黍黃粱」，池旁之所見也；「朱柑綠橘」，嶺上之所植也。錯雜寫來，自然合拍。惟其才大而氣雄，故雖「清」、「白」、「黑」、「黃」等字疊見，不嫌其複。

紀昀評《蘇文忠公詩集》卷一二：已開劍南之派。

《歷代詩發》卷二四：氣雄詞勃，更復天機灑灑然。

陳衍《宋詩精華錄》卷二：三、四摹彷樂天。

王文濡《宋元明清詩讀本》卷六：于一氣奔放之中，仍復細膩熨帖。子瞻詩紀律謹嚴，于此可見。

大絃春温和且平，小絃廉折亮以清。平生未識宫與角，但聞牛鳴盎中雉登木。門前剝啄誰叩門，山僧未閑君勿嗔。歸家且覓千斛水，淨洗從前箏笛耳。

聽賢師琴

吳曾《能改齋漫錄》卷三《使騶忌聽琴事》：元微之《桐花》詩云：「爾生不我得，我願裁爲琴。宫弦春以君，君若春日臨。商弦廉以臣，臣作旱天霖。」蓋取《史記》：「騶忌子聞齊威王鼓琴，而爲說曰：「大弦濁以春温者，君也；小弦廉折以清者，相也。」」《西清詩話》乃云：「吳僧義海，琴妙天下。而東坡聽唯賢琴詩，有「大弦春温和且平，小弦廉折亮以清」之句。」至謂「東坡未知琴趣，不獨琴爲然」。殊不知亦取騶忌子聽琴之事耳。

又卷五《僧義海評韓文公蘇東坡琴詩》：蔡絛《西清詩話》謂：三吳僧義海以琴名。世謂歐陽文忠公問東坡：「琴詩孰優？」坡答以退之聽穎公琴，曰：「此只是聽琵琶爾。」或以問海，海曰：「歐陽公一代英偉，何斯人而斯誤也？「昵昵兒女語，恩怨相爾汝」，言輕柔細屑，眞情出見也；「劃然變軒昂，勇士赴敵場」，精神餘溢，竦觀聽也；「浮雲柳絮無根蒂，天地闊遠隨飛揚」，縱横變態，浩乎不失自然也；「喧啾百鳥群，忽見孤鳳凰」，又見穎孤絶，不同流俗下俚聲也；「躋攀分寸不可上，失勢一落千丈強』，起伏抑揚，不主故常也。皆指下絲聲妙處，唯琴爲然。琵琶格上聲，烏能爾邪？退之深得其趣，未易譏評也。」以上皆《西清詩話》。余謂義海以數聲非琵琶所及是矣，而謂眞知琴趣則非也。昔晁無咎謂嘗見善琴者云：「『浮雲柳絮無根蒂，天地闊遠隨飛揚』，爲泛聲。輕非絲、重非木也。『喧啾百鳥群，忽見孤鳳凰』，爲泛聲中寄指聲也。『躋攀分寸不可上』，爲吟繹聲也。『失勢一落千丈強』，爲厲聲也。數聲琴中最難工。」洪慶善亦嘗引用，而未知出于晁。是豈義海所知，況西清邪？東坡後有《聽惟賢琴》詩「大弦春溫和且平，小弦廉折亮以清。平生未識宮與角，但聞牛鳴盎中雉登木」云云，亦未知琴。「春溫和且平，廉折亮以清」，絲聲皆然，何獨琴也？「牛鳴盎中雉登木」，概言宮角耳。八音皆然，何獨宮角也？聞者以義海爲知言。西清又謂：「嘗考今昔琴譜，謂宮者非宮，角者非角。又五音迭起，宮聲爲多，與五音之正者異，此又坡所未知也。」以上皆西清語。余考《史記》：「騶忌子聞齊威王鼓琴，而爲說曰：『大弦濁以春溫者，君也。小弦廉折以清者。相也。』」又《管子》：「凡聽宮如牛鳴窖，凡聽角如雉登木以鳴，音疾以清。」故《晉書》亦云：「牛鳴盎中宮，雉登木中角。」以此知義海、西清寡陋而妄爲之說，可付之一笑。

胡仔《苕溪漁隱叢話》前集卷一六引《西清詩話》：（僧義）海曰：「東坡詞氣倒山傾海，然亦未知琴。『春溫和且平』、『廉折亮以清』，絲聲皆然，何獨琴也？又特言大、小弦聲，不及指下之韻。『牛鳴盎中雉登木』，概言宮角耳。八音宮角皆然，何獨絲也？」聞者以海爲知言。余嘗考今昔琴譜，謂宮者非宮，角者非角，又五調迭犯，特宮聲爲多，與五音之正者異，此又坡所未知也。

又：古今聽琴阮琵琶箏瑟諸詩皆欲寫其音聲節奏，類以景物故實狀之，大率一律，初無中的，句互可移用，是豈眞知音者？但其造語藻麗，爲可喜耳。（略）永叔、子瞻謂退之聽琴詩，乃是聽琵琶詩。僧義海謂子瞻聽琴詩，絲聲、八音宮角皆然，何獨琴也。互相譏評，終無確論。如玉谿生《錦瑟》詩（略），此亦是以景物故實狀之，若移作聽琴阮等詩，誰謂不可乎？

又後集卷一〇引《復齋漫錄》：元微之（《桐花》）詩云：「爾生不我得，我願裁爲琴。宮弦春以君，君若春日臨。商弦廉以臣，臣作旱天霖。」蓋取《史記》：「騶忌子聞齊威王鼓琴，而爲說曰：『大弦濁以春溫者，君也；小弦廉折以清者，相也。』」《西清詩話》乃云：「吳僧義海，琴妙天下。而東坡《聽唯賢琴》，有『大弦春溫和且平，小弦廉折亮以清』之句。」至謂「東坡未知琴趣，不獨琴爲然」。殊不知亦取騶忌子聽琴之事耳，可謂不學。

孫緒《無用閑談》：昌黎《聽琴詩》高視百世，無庸論矣。東坡亦嘗作《聽琴詩》，欲以擬之。其詩曰：「大絃春溫和且平，小絃廉折亮以清。平生未識宮與角，但聞牛鳴盎中雉登木。」此等句皆琴中深趣，不工於琴、不善於詩者不知也。吳僧義海以琴得名，曰春溫、和平、廉折、亮清，絲聲皆然，何獨琴也？牛鳴盎、雉登木，八音宮商皆然，何獨絲也？聞者以海爲知言。按《史記》鄒忌聞齊威王鼓琴，爲說曰：「大絃濁以春溫者，君也；小絃廉折以清者，相也。」又《管子》云：「凡聽宮如牛鳴窖中，聽角如雉登木以鳴，音疾以清。」又《晉書》云：「牛鳴盎中宮，雉登木中角。」

乃知東坡俱有所本。海不但不知琴，亦寡陋不知詩矣。

朱翌《猗覺寮雜記》卷上：東坡《琴》云：「平生不識宮與角，但聞牛鳴窖中雉登木。」出《管子·地員篇》：「凡聽宮如牛鳴窖中，聽角如雉登木。」

袁宏道評閱譚元春選《東坡詩選》卷三譚元春評：「山僧」忙得妙。

朱承爵《存餘堂詩話》：（此詩）自是聽琴詩，如曰聽琵琶，吾未之信也。東坡《聽箏》云：「喚取吾家三鳳槽，移作三峽孤猿號。」「孤猿號」之語，可移以詠琵琶乎？自是聽箏詩也。

《御選唐宋詩醇》卷三四：（韓愈）《聽穎師琴》詩，曲中疾徐之節；（蘇軾）《聽賢師琴》詩，別傳離合之神。兩詩足以並峙。義海俗工，譽韓毀蘇，《復齋漫錄》直以不學斥之，最堪砭愚擊蒙。

紀昀評《蘇文忠公詩集》卷一二：意境甚闊，不知其爲四韻詩。

（日本）賴山陽《東坡詩鈔》卷三：歐公問東坡：「琴詩何者爲佳？」東坡舉退之穎師琴詩答之，公云是琵琶詩。義海聞之曰：「公不精琴，故云爾耳。」如東坡此詩，反不如退之之切，所以不可不輸也。（「平生未識宮與角」）四字，一篇眼目。（「歸家且覓千斛水」）非東坡不能言。（「淨洗從前箏笛耳」）結法輸穎師琴詩。

又《書韓蘇古詩後》：蘇古詩，有意與韓鬬，不特《石鼓》、《聽琴》也。

王文誥《蘇文忠公詩編注集成》卷一二：公此詩因永叔而發，而昌黎詩由是傳爲口舌，至今屈抑莫伸，無有敢正之者。

趙克宜《角山樓蘇詩評注彙鈔》卷五：直起直落，大筆淋漓，亦因歐公議昌黎聽琴詩，故別開一徑。前半實賦，後半卻于虛步掉弄，託高身分。

贈寫真何充秀才

君不見潞州別駕眼如電，左手挂弓橫撚箭。又不見雪中騎驢孟浩然，皺眉吟詩肩聳山。饑寒富貴兩安在，空有遺像留人間。此身常擬同外物，浮雲變化無蹤跡。問君何苦寫我眞，君言好之聊自適。黃冠野服山家容，意欲置我山巖中。勳名將相今何限，往寫褒公與鄂公。

吳曾《能改齋漫錄》卷七《褒公鄂公》：杜子美《贈曹將軍霸》詩：「淩煙功臣少顏色，將軍下筆開生面。良相頭上進賢冠，猛將腰間大羽箭。褒公鄂公毛發動，英姿颯爽來酣戰。」鄂公謂尉遲敬德，褒公謂段志元也。故東坡《贈寫眞何充》詩：「黃冠野服山家容，意欲置我山巖中。勳名將相今何限，往寫褒公與鄂公。」鮑愼由《謝傳神蔡景直》詩：「馳譽丹青有古風，筆端及我未宜蒙。雲臺麟閣遙相望，往寫褒公與鄂公。」用東坡語，尤爲無功。

紀昀評《蘇文忠公詩集》卷一二：意境甚淺。

（日本）賴山陽《東坡詩鈔》附《書韓蘇古詩後》：世服蘇之廣長舌，不知其收舌不盡展者更好。（略）《贈寫眞何充》，（略）皆豐約合度，姿態可觀。

回先生過湖州東林沈氏飲醉以石榴皮書其家東老菴之壁云
西鄰已富憂不足東老雖貧樂有餘白酒釀來因好客黄金散
盡爲收書西蜀和仲聞而次其韻三首東老沈氏之老自謂也
湖人因以名之其子偕作詩有可觀者

世俗何知窮是病，神仙可學道之餘。但知白酒留佳客，不問黄公覓素書。
符離道士晨興際，華岳先生尸解餘。忽見黄庭丹篆句，猶傳青紙小朱書。
凄涼雨露三年後，彷彿塵埃數字餘。至用榴皮緣底事，中書君豈不中書。

趙令時《侯鯖錄》卷四：熙寧中，有道人過沈東老飲酒，用石榴皮寫絕句于壁，自稱回山人。東老送出門，至石橋上，先渡橋數十步，不知所在，或曰此呂先生也。詩云：「西鄰已富憂不足。」七年，坡過晉陵，見東老之子能道其事，時東已殁三年矣，坡爲和其詩。

陳善《捫蝨新話》下集卷三《嘲厥頑》：呂居仁嘗有一絕云：「胡虜那知鼎重輕，禍胎元自漢公卿。襄陽耆舊推龐老，受禪碑中無姓名。」後有人題于館驛壁上，乃注其下「此本中嘲厥祖之作」，見者無不大笑。蓋呂之父嘗聯名立僞楚故也。近王會出守吳興，其甥秦伯陽以詩送之，卒章云：「飽聞呂老榴皮字，試問溪頭鶴頭翁。」自注云：事見東坡詩。按坡集，言呂洞賓嘗以石榴皮書字于湖州沈東老之壁，故坡詩云：「至用榴皮緣底事，中書君豈不中書。」其意不能無譏諷也。今秦公乃指坡此詩爲出處，無乃亦嘲厥祖乎？茲可以絶倒。

李行中醉眠亭三首

費袞《梁谿漫志》卷七：詩人詠史最難，須要在作史者不到處別生眼目，正如斷案不爲胥吏所欺，一兩語中須能說出本情，使後人看之，便是一篇史贊，此非具眼者不能。自唐以來，本朝人最工爲之。如（略）東坡《題醉眠亭》、《雪溪乘興》、《四明狂客》、《荆軻》等詩，皆其見處高遠，以大議論發之于詩。

張道《蘇亭詩話》卷五《補注類》：查氏于《李行中醉眠亭》詩題下注引《中吳紀聞》云云。今按「不仕」下有「獨以詩酒自娱，晚治園亭，號醉眠，東坡先生與之游從，嘗以詩贈之」等語，查氏失引，又按《中吳紀聞》，李無悔，名行中，今查氏作字行中。

已向閒中作地仙，更於酒裏得天全。從教世路風波惡，賀監偏工水底眠。

君且歸休我欲眠，人言此語出天然。醉中對客眠何害，須信陶潛未若賢。

阮閱《詩話總龜》前集卷九引《王直方詩話》：山谷《題（晁）無咎卧陶軒》亦云：「欲眠不遣客，佳處更難忘。」意極相類。

葛立方《韻語陽秋》卷一九：東坡《醉眠亭》詩云：「醉中對客眠何害，須信陶潛未若賢。」山谷云：「欲眠不遣客，佳處更難忘。」如是則既不失賓主之禮，而又可以適我之情，是賓主之情兩得也。

孝先風味也堪憐，肯爲周公晝日眠。枕麴先生猶笑汝，枉將空腹貯遺編。

潤州甘露寺彈箏

多景樓上彈神曲，欲斷哀絃再三促。江妃出聽霧雨愁，白浪翻空動浮玉（自注：金山名）。喚取吾家雙鳳槽，遣作三峽孤猿號。與君合奏芳春調，啄木飛來霜樹杪。

紀昀評《蘇文忠公詩集》卷一二：小詩賦瑣事，意境卻空闊有餘。

朱承爵《存餘堂詩話》：東坡《聽箏》云：「喚取吾家三鳳槽，移作三峽孤猿號。」「孤猿號」之語，可移以詠琵琶乎？自是聽箏詩也。

單同年求德興俞氏聚遠樓詩三首

袁宏道評閱譚元春選《東坡詩選》卷三譚元春評：袁（宏道）選此三首是矣，但「一時收拾與閑人」，「何啻人間萬戶侯」，「不知門外有塵寰」三語終是浮浮，一二語雖若無害，然浮一語而使通首之沉心幽響頓然失去，豈不可惜。

紀昀評《蘇文忠公詩集》卷一二：此亦應酬詩，但題目不俗，故說來脫灑耳，實按之，則空空無味。

雲山煙水苦難親，野草幽花各自春。賴有高樓能聚遠，一時收拾與閒人。

胡仔《苕溪漁隱叢話》後集卷二七《東坡二》：《復齋漫錄》云：韓子蒼言，作語不可太熟，亦須令生。近人論文，一味忌語生，往往不佳。東坡作《聚遠樓》詩，本合用「青江綠水」對「野草閑花」，以此太熟，故易以「雲山煙水」，此深知詩病者。予然後知陳無已所謂「寧拙毋巧，寧朴毋華，寧粗毋弱，寧僻毋俗」之語爲可信。

王文誥《蘇文忠公詩編注集成》卷一二：（「雲山煙水苦難親」二句）山之有雲，水之有煙，遠則見之，近無有也。故下云「苦難親」也。此七字已將作聚遠之意拘到筆下。若別本作「雪山」（按：馮應榴《蘇文忠公詩合註》卷一二：「雲」一作「雪」），並失「煙」字之意。「青山綠水」更屬夢囈，且何以便見華巧，而「雪山煙水」即是拙樸耶？二句是遠，在下句承明。

無限青山散不收，雲奔浪卷入簾鈎。直將眼力爲疆界，何啻人間萬戶侯。

王文誥《蘇文忠公詩編注集成》卷一二：（「無限青山散不收」二句）「青山」如此用，便與「青山綠水」不同。亦從聚遠入手，前首明點樓字，此首暗點，故用「簾鈎」二字也。

聞說樓居似地仙，不知門外有塵寰。幽人隱几寂無語，心在飛鴻滅沒間。

王文誥《蘇文忠公詩編注集成》卷一二：（「幽人隱几寂無語」二句）收到聚遠。

趙克宜《角山樓蘇詩評注彙鈔》卷五：眞解人語。

平山堂次王居卿祠部韻

高會日陪山簡醉，狂言屢發次公醒。酒如人面天然白，山向吾曹分外青。江上飛雲來北固，檻前修竹憶南屏。六朝興廢餘邱壠，空使奸雄笑寧馨。

吳曾《能改齋漫錄》卷四：唐張謂詩：「家無阿堵物，門有寧馨兒。」以「寧」爲去聲。劉夢得《贈日本僧智藏》詩云：「爲問中朝學道者，幾人雄猛得寧馨？」以「寧」爲平聲。蓋《王衍傳》曰：「何物老嫗，生寧馨兒。」山濤叱王語也。又《南史》：「宋王太后疾篤，使呼廢帝，帝曰：『病人間多鬼，那可往。』太后怒，謂侍者：『取刀來剖我腹，那得生此寧馨兒。』」按二說，知晉宋間以「宁馨兒」爲不佳也。故山濤、王太后皆以此爲詆叱，豈非以兒爲非馨香者邪。雖平去兩聲皆可通用，然張、劉二詩義則乖矣。東坡亦作仄聲。《平山堂》詩云：「六朝文物餘丘壠，空使奸雄笑寧馨。」

葉大慶《考古質疑》卷六《唐張謂詩》：（前引《能改齋漫錄》）已上皆吳虎臣《漫錄》所載也。大慶按《通鑑》注云：「宁字《晉書》無音，世以寧音之，宁馨猶言阿堵，指物之稱。」意謂斯言是也。阿堵物猶言這個物也，宁馨兒猶言如此兒也。平聲去聲皆通，而美惡亦皆可用。《晉書》云：

「王衍神情明秀，風姿詳雅。總角嘗造山濤，濤嗟歎良久，既去，目而送之曰：『何物老嫗，生宁馨兒！然誤天下蒼生，未必非此人也。』」此乃先褒後貶之辭。先褒之，謂何人生得如此兒；後貶之，故以然字爲間隔。《論語》：「子游曰：『堂堂乎張也，爲難能也。然而未仁。』」與此文理一同。《漫録》乃謂山濤詆叱王衍之語，非也。至王太后怒廢帝之不來，我何爲生得如此兒，此乃怒罵之辭爾。然則張、劉詩自可如是用。若專謂爲詆叱，以兒爲非馨香者，恐未然也。大慶近見馬侍讀大年《懶眞子録》云：「古今之語，大都相同，但其字各別爾。古所謂阿堵者，今所謂兀底也。王衍口不言錢，家人欲試之，以錢繞牀，不能行，因曰『去阿堵物』，謂口不言去卻錢，但云去卻兀底爾。如顧長康畫人，或數年不點目睛，人問其故，曰『四體妍媸，無關妙處。傳神寫照，正在阿堵中』。蓋當時以手指眼，謂在兀底中爾。後人遂以錢爲阿堵物，眼爲阿堵中，皆非是。蓋此兩阿堵，同一意也。」又云：「宁馨兒，宁去聲，馨音亨，今南人尚言之，猶言恁地也。」竊謂馬侍讀之説在大慶則爲暗合，但其字別耳，因具録之，以見《漫録》之言爲未盡。大慶又按：《世説》殷浩見佛經云：「理亦應阿堵上。」又劉孝標引宋明帝《文章志》：桓溫大陳兵衛，謝安曰：「諸侯有道，守在四鄰，明公何須壁間著阿堵輩！」此所謂阿堵，與上意義一同也。又殷浩嘗至劉惔所清言，殷去後乃云：「見謝仁祖，常令人得上。」與何次道語，惟舉手指地曰：「正自爾馨。」桓溫詣劉眞長，卧不起，桓彎彈彈劉枕，劉作色曰：「使君如馨地，寧可鬬戰求勝。」劉孝標注《世説》引《書林》曰，王仲祖好儀形，每覽鏡自照曰：「王文開那生如馨兒！」此所謂如馨、爾馨，亦與上宁馨義一同也。江西詩派李商老詩：「短李門前無宁馨，書淫詩癖類天成。」詩意蓋本于張謂。如山谷詩：「語言少味無阿堵，冰雪相看有此君。」陳簡齋《目疾》詩：「天公嗔我眼常白，故著雲花阿堵中。」若如此用事，深于詩者必知之。

查愼行《初白庵詩評》卷中：王字壽民，登州人。

趙翼評沈德潛《宋金元三家詩選·東坡詩選》：（「山向吾曹分外青」）新。

紀昀評《蘇文忠公詩集》卷一二（「山向吾曹分外青」）狂語，卻蘊藉。（「空使奸雄笑寧馨」）「寧馨」猶言如是，非不佳之謂。唐人五律往往三平落腳，不得援爲仄聲之據。劉中山詩，卻是平聲的據。

次韻陳海州書懷

鬱鬱蒼梧海上山（自注：東海鬱州山，云自蒼梧浮來），蓬萊方丈有無間。舊聞草木皆仙藥，欲棄妻孥守市闤。雅志未成空自嘆，故人相對若爲顏。酒醒卻憶兒童事，長恨雙鳧去莫攀（自注：陳曾令鄉邑）。

次韻陳海州乘槎亭

人事無涯生有涯，逝將歸釣漢江槎。乘桴我欲從安石，遁世誰能識子嗟。日上紅波浮翠巘，潮來白浪卷青沙。清談美景雙奇絕，不覺歸鞍帶月華。

次韻孫職方蒼梧山

蒼梧奇事豈虛傳，荒怪還須問子年。遠託鼇頭轉滄海，來依鵬背負青天。或云靈境歸賢者，又恐神功亦偶然。聞道新春恣遊覽，羨君平地作飛仙。

查愼行《初白庵詩評》卷中：孫名奕。五六聯從無此流利。

紀昀評《蘇文忠公詩集》卷一二：查云「五六聯從無此流麗」，然卻是滑調，初白偶然喜之，不可爲訓。

王文誥《蘇文忠公詩編注集成》卷一二：（「遠託鼇頭轉滄海」二句）此聯道鬱州山浮來事。但前半坐實蒼梧，究竟荒誕，故第三聯特意拆鬆，而本家筆獨快，又將孫吉甫就便了當也。讀此詩，必當照此看法。乃初白揚之，則云「從來無此流麗」；曉嵐訶之，則云「滑調」、「不可爲訓」。兩家持論，皆非眞知此詩者也。

次韻孫巨源寄漣水李盛二著作並以見寄五絶

南嶽諸劉豈易逢，相望無復馬牛風。山公雖見無多子，社燕何由戀塞鴻（自注：昔與巨源、劉貢父、劉莘老相遇於山陽，自爾契闊，惟巨源近者復相見於京口）。

高才晚歲終難進，勇退當年正急流。不獨二疏爲可慕，他時當有景孫樓（自注：巨源近離東海郡，有景疏樓）。

王楙《野客叢書》卷九《景仰美修》：山谷云：「兪清老作景陶軒，名爲未當。《詩》曰：『高山仰止，景行行止。』景，明也。高山則仰之，明行則行之。自魏晉間所謂『景莊』『景儉』等，從一人差誤，遂相承謬。」僕謂此謬自漢已然，非始于魏晉也。僕觀《東漢·劉愷傳》曰：「今愷景仰前修。」注：「景，慕也。」則知此謬其來尚矣。近時名公如東坡，亦承此謬。孫巨源作景疏樓，東坡有詩曰：「不獨二疏爲可慕，他時當有景孫樓。」豈特兪清老之謬而已。

漱石先生難可意（自注：謂巨源），氊毹校尉久無朋（自注：自謂）。應知客路愁無奈，故遣吟詩調李陵（自注：謂李君也）。

紀昀評《蘇文忠公詩集》卷一二：（「漱石先生難可意」二句）切姓可厭！此格最俗。況「罽氈」尤不切情事。

雲雨休排神女車，忠州老病畏人誇。詩豪正値安仁在，空看河陽滿縣花（自注：盛爲邑宰）。

膠西未到吾能說，桑柘禾麻不見春。不羨京城騎馬客，羨他淮月弄舟人。

王莽

漢家殊未識經綸，入手功名事事新。百尺穿成連夜井，千金購得解飛人。

周必大《二老堂詩話·出務觀說東坡三詩》陸務觀云：王性之謂蘇子瞻作《王莽》詩譏介甫云：「入手功名事事新。」蓋譏介甫爭市易事，自相叛也。

劉定之《雜志·王介甫》（《明文衡》卷五六）：王介甫詩云：「周公恐懼流言日，王莽謙恭下士時。假使當時身便死，終身眞僞有誰知。」其意謂己嘗辭館職出于眞，異己者若同司馬君實辭樞副、范景仁辭翰長出于僞，爲莽之徒也。然不知蘇子瞻又嘗謂介甫爲莽之徒，其詩曰（略）。譏其妄作也。嗚呼，數他人之髭髩鬚髯而不見己睫者，其介甫之謂哉。

袁宏道評閱譚元春選《東坡詩選》卷三譚元春評：他人詠莽，思路不得到此。《蘇文忠詩合注》卷一二何焯評：（「百尺穿成連夜井」二句）項斯詩：「從服小還後，自疑身解飛。」此詩第三句刺介甫求水利，第四句刺其開邊隙。

董卓

公業平時勸用儒，諸公何事起相圖。只言天下無健者，豈信車中有布乎。

周必大《二老堂詩話·出務觀說東坡三詩》陸務觀云：又詠《董卓》云：「公業平時勸用儒（略）。」蓋譏介甫爭市易事，自相叛也。車中有布，借呂布以指惠卿，姓曾布名，其親切如此。

紀昀評《蘇文忠公詩集》卷一二　雖有寓意，詩殊不佳，以東坡之故，而曲爲之說，宋人多有此習氣。

虎兒

舊聞老蚌生明珠，未省老兔生於菟。老兔自謂月中物，不騎快馬騎蟾蜍。蟾蜍爬沙不肯行，坐令青衫垂白鬚。於菟駿猛不類渠，指揮黄熊駕黑貙。丹砂紫麝不用塗，眼光百步走妖狐。妖狐莫誇智有餘，不勞搖牙咀爾徒。

王文誥《蘇文忠公詩編注集成》卷一二：於菟之外，不使一虎事，以虎兒二字並作故也，可謂奇矯。

除夜病中贈段屯田

龍鍾三十九，勞生已強半。歲暮日斜時，還爲昔人歎（自注：樂天詩云：行年三十九，歲暮日斜時）。今年一線在，那復堪把玩。欲起強持酒，故交雲雨散。惟有病相尋，空齋爲老伴。蕭條燈火冷，寒夜何時旦。倦僕觸屏風，饑鼯嗅空案。數朝閉閣卧，霜鬢秋蓬亂。傳聞使者來，策杖就梳盥。書來苦安慰，不怪造請緩。大夫忠烈後，高義金石貫。要當擊權豪，未肯覷衰懦。此生何所似，暗盡灰中炭。歸田計已決，此邦聊假館。三徑麤成資，一枝有餘暖。願君更信宿，庶奉一笑粲。

葉適《習學記言序目》卷四七：蘇氏次韻詩酬和最工，爲一時所慕，次韻自此盛于天下，失詩本意最多。夫以六義爲詩，猶不足言詩，況以韻爲詩乎！言「今年一綫在，那復堪把玩，欲起強持酒，故交雲雨散」，無乃與川上之逝異觀？此于博塞爲歡娛粗勝爾。

袁宏道評閱譚元春選《東坡詩選》卷三譚元春評：三首（按：指此首及《喬太博見和復次韻答之》、《二公再和亦再答之》），袁（宏道）極賞之，譚云只可備選。其實作詩偶然拈韻，不必和了又和也。此弊宋人彌甚，坡亦乃爾耶？

《御選唐宋詩醇》卷三四：除夜無聊，病中落寞，因得段書，遂一氣寫出。讀「暗盡灰中炭」五字，尤覺黯然神悽。

紀昀評《蘇文忠公詩集》卷一二：（起處）語皆精鍊。（「大夫忠烈後」以下四句）借太尉生出波瀾，非他詩切姓之比。

趙克宜《角山樓蘇詩評注彙鈔》卷五：（「龍鍾三十九」四句）朴質有味。（「傳聞使者來」以上除夜，以下贈段屯田。（「此生何所似」）綰合自己。

又見本卷《喬太博見和復次韻答之》趙克宜評。

喬太博見和復次韻答之

百年三萬日，老病常居半。其間互憂樂，歌笑雜悲歎。顛倒不自知，直爲神所玩。須臾便堪笑，萬事風雨散。自從識此理，久謝少年伴。逝將遊無何，豈暇讀城旦。非才更多病，二事可並案。愧煩賢使者，弭節整紛亂。喬侯瑚璉質，清廟嘗薦盥。奮髯百吏走，坐變齊俗緩。未遭甘鷃退，並進恥魚貫。每聞議論餘，凜凜激貪懦。莫邪當自躍，豈復煩爐炭。便應朝秣越，未暮刷燕館。胡爲守故邱，眷戀桑榆煖。爲君叩牛角，一詠南山粲。

紀昀評《蘇文忠公詩集》卷一二：（「顛倒不自知」二句）諧語，卻奇確。（「莫邪當自躍」二句）二句譬劍，（「便應朝秣越」二句）又忽二句譬馬；而「馬」字不出明文，竟承「莫邪」說下，殊不了了。此爲韻所牽耳。

趙克宜《角山樓蘇詩評注彙鈔》卷五：（「百年三萬日」八句）運用無迹，句意烹鍊而極自然。（「逝將遊無何」四句）「旦」、「案」兩韻押得新峭。（「愧煩賢使者」二句）承前首段屯田（《除夜病中贈段屯田》）說。（「喬侯瑚璉質」）此下方入喬太博。「瑚」字下一字「敬」避作「璉」字。

又見本卷《除夜病中贈段屯田》袁宏道評、《二公再和亦再答之》紀昀評、《雪後書北臺壁二首》費袞評。

二公再和亦再答之

寒雞知將晨，饑鶴知夜半。亦如老病客，遇節嘗感歎。光陰等敲石，過眼不容玩。親友如摶沙，放手還復散。羈孤每自笑，寂寞誰肯伴。元達號神君，高論森月旦。紀明本賢將（自注：段釋之本將家），汩沒事堆案。欣然肯相顧，夜闌燈火亂。盤空愧不飽，酒薄僅堪盥。雍容許著帽，不怪安石緩。雖無窈窕人，清唱弄珠貫。幸有縱橫舌，說劍起慵懦。二豪沈下位，暗火埋湮炭。豈似草玄人，默默老儒館。行看富貴逼，炙手借餘暖。應念苦思歸，登樓賦王粲。

袁宏道評閱譚元春選《東坡詩選》卷三譚元春評：此首反覺自然。（「登樓賦王粲」）韻所必有，句不可無。「登樓王粲」只得遷就苟且用之，此和韻之虐政也。

紀昀評《蘇文忠公詩集》卷一二：此首無和韻之迹，連作三比（指起四句），而頭緒秩然，非前首夾雜之比。

趙克宜《角山樓蘇詩評注彙鈔》卷五：（「寒雞知將晨」八句）銜口而出，曲折淋漓，此公詩所獨也。

又見本卷《除夜病中贈段屯田》袁宏道評、《雪後書北臺壁二首》費袞評。

雪後書北臺壁二首

孫覿《押韻序》（《鴻慶居士集》卷三一）：王荆公讀《眉山集》雪詩，愛其善用韻，而公繼和者六首。

陸游《跋呂成叔和東坡尖叉韻雪詩》：古詩有倡有和，有雜以追和之類，而無和韻者。唐始有之，而不盡同。有用韻者，謂同用此韻耳。後乃有依韻者，謂如首倡之韻，然不以次也。最後始有次韻，則一皆如其韻之次。自元、白至皮、陸，此體乃成，天下靡然從之。今蘇文忠集中有《雪》詩，用尖叉二字。王文公集中，又有次蘇韻詩。議者謂非二公莫能爲也。通判澧州呂文之成叔乃頓和百篇，字字工妙，無牽強湊泊之病。

《瀛奎律髓彙評》卷二一胡澹庵《追和東坡雪詩》方回評：看來十分好詩在前，似不當和也。

又趙昌父《頃與公擇讀東坡雪後北臺二詩嘆其韻險而無窘步嘗約追和以見詩之難窮去冬適無雪正月二十日大雪因用前韻呈公擇》方回評：昌父當行本色詩人，押此詩亦且如此，殆不當和而和也。存此以見「花」、「叉」、「鹽」、「尖」之難和。荆公、澹庵、章泉俱難之，况他人乎。（按：紀昀《瀛奎律髓刊誤》卷二一評方回此語：此論是。）

又王安石《讀眉山集次韻雪詩五首》馮舒評：蘇公偶作，荆公偶和，後人正不勞着筆。我嘗謂世人詩集中如有擬《鐃歌》，和江淹《雜擬》，用「尖」、「叉」韻者，此人必不知詩。悠悠此世，解我語者，皆竟幾人？

冒春榮《葚原詩説》卷二：東坡詠雪「尖」、「叉」韻詩，偶然游戲，學之恐入于魔。彼胸無寄託，筆無遠情，如宗可、瞿佑之流，直猜迷語耳。

《御選唐宋詩醇》卷三四：「尖」、「叉」韻詩，古今推爲絶唱，數百年來，和之者亦指不勝屈矣。然在當時，王安石六和其韻，用及「諸天夜叉」、「交戟叉頭」等字，支湊勉強，貽人口實。

沈德潛《説詩晬語》卷下：東坡「尖」、「叉」韻詩，偶然游戲，學之恐入于魔。

紀昀評《蘇文忠公詩集》卷一二：二詩徒以窄韻得名，實非佳作。

朱庭珍《筱園詩話》卷四：東坡尖叉韻詩，實非佳作，以韻險而語意凡猥，易于諧俗，故得盛名。

黄昏猶作雨纖纖，夜静無風勢轉嚴。但覺衾裯如潑水，不知庭院已堆鹽。五更曉色來書幌，半月寒聲落畫簷。試埽北臺看馬耳，未隨埋沒有雙尖。

蔡正孫《詩林廣記》後集卷一引《蔡載集》：本朝歐陽公《雪》詩多大篇，然已屏去白事，故東坡效之。東坡少時之作，亦多有犯此者。如（略）云：「但覺衾裯如潑水，不知庭戶已堆鹽。」

孫奕《履齋示兒編》卷一〇《韻書脫字》：東坡《雪夜》詩云：「試掃北臺看馬耳，未隨埋沒有雙尖。」趙次公云：「馬耳，山名。」竊謂天下之山，至低不下數丈，而止于尋丈者少。雪雖深，埋沒山阜，未之有也。趙指爲山，果何所據？殊不知雪夜王晉之與霍辯對談，雪盈尺，王曰：「雪太深乎？」霍曰：「看北臺馬耳菜何如？」左右曰：「有兩尖在。」坡蓋用此，何趙未嘗見是事，而妄爲是說？（盧文弨案：馬耳菜不著所引書。千巖俱縞，即是埋沒。馬耳之雙尖矗然露見，即是未隨埋沒。孫公說詩，何其固也。）

費袞《梁谿漫志》卷七：東坡《雪》詩：「五更曉色來書幌，半夜寒聲落畫簷。」或疑五更自應有曉色，亦何必雪？蓋誤認五更字。此所謂五更者，甲夜至戊夜爾，自昏達旦，皆若曉色，非雪而何？此語初若平易，而實新奇，前人未嘗道也。

張淏《雲谷雜記》卷三《蘇詩注不詳》：東坡《雪後書北臺壁》云：「試掃北臺看馬耳，未隨埋沒有雙尖。」按北臺在密州之北，因城爲臺，馬耳與常山在其南。東坡爲守日，葺而新之，子由因請名之曰超然臺。偶閱《注東坡詩》，見注者不得其詳，因記之。

《瀛奎律髓彙評》卷二一《雪類》方回評：「馬耳」，山名，與「臺」相對。坡知密州時作。年三十九歲。偶然用韻甚險，而再和尤佳。或謂坡詩律不及古人，然才高氣雄，下筆前無古人也。觀此雪詩亦冠絕古今矣。雖王荆公亦心服，屢和不已，終不能壓倒。

又何義門評：二詩應從倒轉，可見作詩層次。

又紀昀評：「潑水」、「堆鹽」，字皆不雅。

又李光垣評：「尖」、「叉」二律倒置，下同。

又黄庭堅《春雪呈張仲謀》方回評：蘇、黄名出同時，山谷此二詩（按：即此篇與《詠雪奉和廣平公》），適亦用「花」字、「簷」字韻，此乃山谷少作耳。視坡詩高下如何？細味之，「夢間」、「睡起」、「疎密」、「整飾」二聯，與坡「潑水」、「堆鹽」之句，亦只是一意，但有淺深工拙。而「庭院已堆鹽」之句，卻有頓挫。坡詩天才高妙，谷詩學力精；坡詩寬而活，谷律刻而切云。（按紀昀《瀛奎律髓刊誤》卷二一評方回此語：四語評蘇、黄恰當。）

顧嗣立《寒廳詩話》：己蒼先生嘗曰：「世人詩集中如有《擬鐃歌》、《和江淹雜體》及東坡「尖」、「叉」韻，此人必不知詩。」又曰：「詩有擬不得者，江文通《雜體》是也。有和不得者，「尖」、「叉」是也。知此者可與言詩。」

查愼行《初白庵詩評》卷中：「潑水」「堆鹽」，皆不雅。詩話因「五更」字礙「半夜」字，遂改爲「前月」而以雪後簷溜爲之説；不知此「五更」、「半夜」亦是互文，不必泥定。

紀昀評《蘇文忠公詩集》卷一二：作「半夜」（「半月寒聲落畫簷」，注「半月」之「月」一作「夜」）則不似雪，作「半月」，指晴後之簷溜，又與末二句不貫。

馮應榴《蘇文忠公詩合註》卷一二：（「五更曉色來書幌」二句）五更尚無曉色，轉不必如

《梁谿漫志》之費解也。上云「五更」，下云「半夜」，似倒。今從七集本、《梁谿漫志》作「半月」，蓋言月影方半也，與雪後意更合。

王文誥《蘇文忠公詩編注集成》卷一二：首句是雨，二、三、四句是雪，皆從不見不知中落想。蓋謂雪作如此，而我在卧中，惟覺嚴寒，猶未悟爲雪也。後三聯亦疑而未定之詞。五更乃遲明之時，未應遽曉，而我方疑之，復因半夜寒聲，漸悟爲雪也。此乃以下句叫醒上句，其所以曉色之故，出落在下句也。詩之前半，但知雨作，餘皆架空，乃專爲此二句地，須知前半不易着手也。（下引馮應榴語，略）闌入「月」字，全局打散，無論半月無聲，又與雨矛盾也。所謂「寒聲」者，雪大而有聲也。其根在「勢轉嚴」三字內，或恐混雨，特以「無風」二字爲界，聽去，但若無風之雨，而所卧「衾裯如潑」亦在「嚴」字生根，此禁體法也。讀者往往不喜「堆鹽」一聯，紀曉嵐尤譏詆之，殊不知四句必要暗落「雪」字。非合前後聯觀之，不知其白戰之妙也。（「試埽北臺看馬耳」二句）謂試埽北臺登望，則群山爲雪所封，惟馬耳雙尖猶未沒也。如以栞論，是此栞種于臺之上矣，遠則漫無所別，何以獨見此栞雙尖乎？不圖喑萬馬者乃亦有此寒蟲聲，可笑可笑。

趙克宜《角山樓蘇詩評注彙鈔》附錄卷中：凡雪堆積檐間樹杪，積多則成塊，墮落撲簌有聲。第六句最是靜中體驗語，而昧者必謂化雪方有聲，甚矣，說詩之難矣。

任日愈《退庵詩話》卷四：押險韻要工穩而有味。王荆公尖叉韻，當時往復唱和，皆不及東坡「試掃北臺看馬耳，未隨埋沒有雙尖」也。「雙尖」二字，妙在從上句「馬耳」生出，不然，亦平平耳。

高步瀛《唐宋詩舉要》卷六引吳汝綸評：（「不知庭戶已堆鹽」）得雪之神。

城頭初日始翻鴉，陌上晴泥已沒車。凍合玉樓寒起粟，光搖銀海眩生花。遺蝗入地應千尺，宿麥連雲有幾家。老病自嗟詩力退，空吟冰柱憶劉叉。

趙令畤《侯鯖錄》卷一：東坡在黃州日，作《雪詩》云：「凍合玉樓寒起粟，光搖銀海眩生花。」人不知其使事也。後移汝海，過金陵，見王荊公，論詩及此，云：「道家以兩肩爲玉樓，以目爲銀海，使此否？」坡笑之，退謂葉至遠曰：「學荊公者，豈有此博學哉！」

葉夢得《石林詩話》卷下：詩禁體物語，此學詩者類能言之也。歐陽文忠公守汝陰，嘗與客賦雪于聚星堂，舉此令，往往皆閣筆不能下。然此亦定法，若能者則出入縱橫，何可拘礙。鄭谷「亂飄僧舍茶煙濕，密灑歌樓酒力微。」非不去體物語，而氣格如此其卑。蘇子瞻「凍合玉樓寒起粟，光搖銀海眩生花」，超然飛動，何害其言「玉樓」、「銀海」？

吳沆《環溪詩話》卷下：環溪嘗謂：「詩之工不在對句，然亦有時而用；第泥於對而失詩之意，則不可耳。」伯兄一日看東坡詩云「凍合玉樓寒起粟，光搖銀海眩生花」，再三嘆其佳對。環溪云：

「以『銀』對『玉』則佳矣，以『海』對『樓』則未盡善。」伯兄云：「只是銀海、玉樓皆身上事，海不是海，樓不是樓，所以爲佳耳。」環溪云：「若就身上覓時，何不將『玉山』對『銀海』？」伯兄喜曰：「想當時坡意偶不及此，留與吾弟今朝作對耳。」

莊綽《鷄肋編》卷中：東坡作《雪》詩云：「凍合玉樓寒起粟，光搖銀海眩生花。」人多不曉「玉樓」、「銀海」事，惟王文正公云：「此見于道家，謂肩與目也。」

舊題王十朋《集註分類東坡先生詩》卷七引次公語：世傳王荆公常誦先生此詩，嘆云：「蘇子瞻乃能使事至此。」時其婿蔡卞曰：「此句不過詠雪之狀，狀樓臺如玉樓，瀰漫萬象若銀海耳。」荆公哂焉，謂曰：「此出道書也。」蔡卞曾不理會于「玉樓」何以謂之「凍合」，而下三字云「寒起粟」；于「銀海」何以謂之「光搖」，而下三字云「眩生花」。「起粟」字蓋使「趙飛燕雖寒，體無軫粟」也。

胡仔《苕溪漁隱叢話》前集卷二九《六一居士上》：苕溪漁隱曰：東坡《雪》詩，有（略）「遺蝗入地應千尺，宿麥連雲有幾家」，蓋蝗遺子於地，若雪深一尺，則入地一丈，麥得雪則資茂而成稔歲。此老農之語也，故東坡皆收拾入詩句，殆無餘蘊矣。余亦嘗有《春雪》鄙句：「潤資宿麥兩歧秀，寒勒新花幾信風。」

費衮《梁谿漫志》卷七《作詩押韻》：作詩押韻是一奇。荆公、東坡、魯直押韻最工，而東坡尤精于次韻，往返數四，愈出愈奇。如作梅詩、雪詩押「暾」字、「叉」字，在徐州與喬太博唱和押「粲」字，數詩特工。荆公和「叉」字數首，魯直和「粲」字數首，亦皆傑出。蓋其胸中有數萬卷書，左抽右取，皆出自然。初不著意要尋好韻，而韻與意會，語皆渾成，此所以爲好。若拘于用韻，必有牽強處，則害一篇之意，亦何足稱。

羅大經《鶴林玉露》丙編卷一：或問杜陵詩云「日月籠中鳥，乾坤水上蘋。」何也？余曰：「此自嘆之詞耳。蓋拘束以度日月，若爲鳥在籠中；漂浮于乾坤間，若蘋浮水上。本是形容淒涼之意，乃翻作壯麗之語。東坡《雪》詩「凍合玉樓寒起粟，光搖銀海眩生花」，亦此類。

《瀛奎律髓彙評》卷二一《雪類》方回評：雪宜麥而辟蝗，蝗生子入地，雪深一尺，蝗子入地一丈。「玉樓」爲肩。「銀海」爲眼，用道家語，然竟不知出道家何書。蓋《黃庭》一種書相傳有此說。

又紀昀評：「玉樓」、「銀海」之說，疑出詩話之附會。「銀海」爲目，義尚可通。「凍合」兩肩，更成何語？且自宋迄今，亦無確指出何道書者，不如依文解之爲是。

又：此因「玉樓」、「銀海」，太涉體物，故造爲荆公此說，以周旋東坡。其實只是地如「銀海」，屋似「玉樓」耳，不必曲爲之說也。

又馮舒評：次聯去唐遠甚。

又馮班評：自然雄健。

又：三、四予意所不取，正以其「銀」「玉」影射可厭耳。試請知詩者論之。

又：「玉樓」、「銀海」正是病處。

又何義門評：「凍合」二句若賦雪便無餘味，妙在是雪後耳。兩詩次第極工，馮（班）先生似未細看也。

王士禛《帶經堂詩話》卷一二《賦物類》：或問余古人雪詩何句最佳，余曰：莫踰羊孚贊云：「資清以化，乘氣以霏。値象能鮮，即潔成輝。」陶淵明詩云：「傾耳無希聲，在目皓已潔。」王摩詰云：「隔牖風驚竹，開門雪滿山。」祖詠云：「林表明霽色，城中增暮寒。」韋蘇州云：「怪來詩思清人骨，門對寒流雪滿山。」此爲上乘。若溫庭筠「白馬夜頻驚，三更灞陵雪。」亦奇作也。近人唯見熊侍郎雪堂「輸與黃巖僧補衲，滿天風雪未開關」二語差佳。至韓退之之「銀杯」、「縞帶」，蘇子瞻之「玉樓」、「銀海」已傖父矣。下至蘇子美「既以粉澤塗我面，又以珠玉綴我腮」，則下劣詩魔，適足噴飯耳。

查愼行《初白庵詩評》卷中引陸辛齋評：三四如不解，「玉樓」、「銀海」便不成語。近有謂不當解，解之味減者，眞不足與言詩也。

又查愼行評：（「凍合玉樓寒起栗」二句）乃二篇之警策。

又：（「宿麥連雲有幾家」）《瀛奎律髓》作「萬家」。

賀裳《載酒園詩話》卷一：宋人論詩，多用心于無用之地，風氣使然，名家不免。如（略）東坡之自負「玉樓」、「銀海」，事則然矣。然並無佳處，韓詩不過平常，蘇語且不免粗豪之累。作詩用意固當于其大者，不在尺尺寸寸。

袁守定《佔畢叢談》卷五：詩嫌空腔，不能不用典實，然有可用者，有儘可不用者。如（略）蘇文忠《雪》詩：「凍合玉樓寒起粟，光搖銀海眩生花。」（略）摶撦此等語有數病：非注不明，病一；替身字，病二；用古太痕，病三；頗近纖巧，病四；有損詩品，病五；有意賣弄腹笥，病六，與郝參軍「娵隅躍青池」無異，病七。自應以不用爲高。

袁枚《隨園詩話》卷一：東坡《雪》詩，用「銀海」、「玉樓」，不過言雪色之白，以「銀」、「玉」字樣襯托之，亦詩家常事。註蘇者必以爲道家肩、目之稱，則當下雪時，專飛道士家，不到別人家耶？

又卷一四：或稱東坡「凍合玉樓寒起粟，光搖銀海眩生花」，余曰：此亦有所本也。晚唐裴說詩：「瘦肌寒起粟，病眼餒生花。」

《御選唐宋詩醇》卷三四：至于「玉樓」、「銀海」，典故流傳，其說不一。蓋皆得自傳聞，而所稱作道書者，究無人知其出何道書。方回稱是《黃庭》一種，亦臆度語耳。軾嘗讀《道藏》千函，有詩紀其事。要之，「玉樓」爲肩，「銀海」爲目，必作如是解，詩意乃通。若集中詩尚有《雪中過淮謁客》詩云：「萬頃穿雲海」，《次韻仲殊雪中游西湖》詩云：「玉樓已峥嶸」，則又不當與此一例解也。

紀昀評《蘇文忠公詩集》卷一二：此首較可。

趙翼批沈德潛《宋金元三家詩選·蘇東坡詩選》上卷：玉樓，肩也。銀海，眼也。出《道書》。

潘德輿《養一齋詩話》卷七：歐公《聚星堂》詩禁體物語，石林云：「能者出入縱橫，有何拘礙？蘇子瞻『凍合玉樓寒起粟，光搖銀海眩生花』，超然飛動，何害其言『銀』與『玉』也。」論誠通脫，然「凍合玉樓」二語，字生新，句工整，則有之矣，超然飛動之妙，吾亦無從得之。此自由石林眼低耳，覽別未精，遽欲持論抑揚，可乎？

高步瀛《唐宋詩舉要》卷六引吳汝綸評：（「凍合玉樓寒起粟」二句）清腴可愛。

王文濡《宋元明詩評注讀本》卷六：句句切定「雪後」。「玉樓」、「銀海」一聯，頗見烹鍊之功。

謝人見和前篇二首

《瀛奎律髓彙評》卷二一《雪類》方回評：「尖」、「叉」二字，和得全不吃力，非坡公天才，萬卷書胸，未易至此。

又紀昀評：此二詩實非佳作。以韻險故驚俗耳。查初白排之甚是。虛谷所論，皆宋人標榜之說，不足據也。

查慎行《初白庵詩評》卷中：先生再和，已不如前，後人乃好用此二首韻作雪詩，何也？《御選唐宋詩醇》卷三四：即軾《謝人見和因再用韻》二詩，亦未能如原作之精釆。方回謂「再和尤佳」者，非也。

王文誥《蘇文忠公詩編注集成》卷一二：二詩語多託諷，與「閒花不偶栽」同意。已分酒杯欺淺懦，敢將詩力鬭深嚴。漁蓑句好應須畫，柳絮才高不道鹽。敗履尙存東郭足，飛花又舞謫僊簷。書生事業眞堪笑，忍凍孤吟筆退尖。

唐庚《唐子西文錄》：詩在與人商論，深求其疵而去之，等閒一字放過則不可，殆近法家，難以言恕矣，故謂之詩律。東坡云：「最將詩律鬭深嚴。」

阮閱《詩話總龜》前集卷九引《王直方詩話》：東坡作「漁蓑句好眞堪畫，柳絮才高不道鹽」，只「不道鹽」與「眞堪畫」自合是一對。

胡仔《苕溪漁隱叢話》前集卷二三引《藝苑雌黃》：《南史》：「張融作《海賦》成，（略）示顧凱之，凱之曰：『此賦實超元虛，但恨不道鹽耳。』」（略）東坡《雪》詩押「鹽」字一聯：「漁蓑句好眞堪畫，柳絮才高不道鹽。」學者徒知柳絮撒鹽用謝安故事，殊不知「不道鹽」三字亦有來處也。

又卷二九《六一居士上》：苕溪漁隱曰：東坡《雪》詩，有「飛花又舞謫仙簷」之句。余讀李謫仙詩：「好鳥迎春歌後院，飛花送酒舞前簷。」恐或用此事也。

又後集卷二七引《藝苑雌黃》：《雪詩》押簷字一聯云：「敗履尙存東郭指，飛花又舞謫仙簷。」「東郭指」正用雪事，出《史記·滑稽傳》。「謫仙簷」蓋取李太白詩所謂「飛花送酒舞前簷」者，即無雪事矣。

吳曾《能改齋漫錄》卷七《海水立》：政如《雪》詩云：「柳絮才高不道鹽。」人徒知用「撒鹽空中差可擬」，而不知兼用《南史》「但不道鹽耳」故事也。

洪邁《容齋隨筆》卷一六《嚴有翼詆坡公》：嚴有翼所著《藝苑雌黃》，該洽有識，蓋近世博雅之士也。然其立說頗務譏詆東坡公，予嘗因論玉川子《月蝕詩》，誚其輕發矣。又有八端，皆近于蚍蜉撼大木，招後人攻擊。（略）最後一篇遂名曰《辨坡》，謂雪詩云。「飛花又舞謫仙檐」，李太白本言送酒，即無雪事。殊不知坡藉花詠雪（略），正是妙處。

陳善《捫蝨新話》上集卷一《文字各有所主未可優劣論》：撒鹽空中，此米雪也。柳絮因風，此鵝毛雪也。然當時但以道蘊之語爲工。予謂《詩》云：「如彼雨雪，先集維霰。」霰即今所謂米雪耳。乃知謝氏二句，當各有所謂，固未可優劣論也。東坡遂有「柳絮才高不道鹽」之句，此是且圖對偶親切耳。

《瀛奎律髓彙評》卷二一《雪類》方回評：「漁蓑句好」，鄭谷漁蓑，道韞柳絮，賴此增光，而世無異論。「不道鹽」三字出《南史》，詳見詩話及本詩注。退之詩：「兔尖齊莫並。」若苦寒則退尖矣。李白詩：「好鳥吟春歌後院，飛花送酒舞前簷。」文字可謂縛虎手。「駐」、「尖」二字，和得全不喫力，非坡公天才，萬卷書胸，未易至此。

又馮班評：韻妙。

又何焯評：此二首亦應倒轉。

又紀昀評：「柳絮」句何指？

查慎行《初白庵蘇詩補注》卷一二：「眞堪」二字，八句中凡再見（「漁蓑句好眞堪畫」，「書生事業眞堪笑」），諸本皆然。後見宋刻本第三句乃是「應須」二字，足證俗本之訛。

紀昀評《蘇文忠公詩集》卷一二：（忍凍孤吟筆退尖）此句強。

高步瀛《唐宋詩舉要》卷六：（「漁蓑句好眞堪畫」二句）運用靈活。

九陌凄風戰齒牙，銀杯逐馬帶隨車。也知不作堅牢玉，無奈能開頃刻花。得酒強歡愁底事，閉門高卧定誰家。臺前日暖君須愛，冰下寒魚漸可叉。

舊題王十朋《集註分類東坡先生詩》：退之有《叉魚》詩。東坡既作此詩，以示黃門（蘇轍），黃門曰：「冰下有魚，恐未易叉耳。東風解凍冰始解，莫若改爲『冰解』，如何？」公以爲知言。

黃徹《䂬溪詩話》卷七：臨川愛眉山《雪》詩能用韻，有云「冰下寒魚漸可叉」，又「羔袖龍鍾手獨叉」。蓋子厚嘗有「江魚或共叉」，又云「入郡腰常折，逢人手盡叉」。

蔡正孫《詩林廣記》後集卷一引《蔡載集》：本朝歐陽公《雪》詩多大篇，然已屏去白事，故東坡效之。東坡少時之作，亦多有犯此者。如「也知不作堅牢玉，無奈能開頃刻花。」（《謝人見和前篇二首》）

《瀛奎律髓彙評》卷二一《雪類》查慎行評：昌黎一聯，本非佳句。自東坡用之，遂成公案。後來衮衮，亦數見不鮮矣。

又紀昀評：馮抹「帶隨車」三字，以無原詩「縞」字，不是雪也。「戰齒牙」，不雅。山谷「花」字韻詩用「天巧能開頃刻花」句，卻落俗格。此句只換二字，其語頓活。故詩家雅俗之別，只爭用筆。

查慎行《初白庵詩評》卷中：（「天敎看盡浙西山」）樂天得意句。（「冰下寒魚漸可叉」）又子由欲改「下」字作「解」，謂冰下魚未易叉也。

紀昀評《蘇文忠公詩集》卷一二：（「九陽凄風戰齒牙，銀杯逐馬帶隨車」）去一「縞」字，便不是雪。

王文誥《蘇文忠公詩編注集成》卷一二：堯卿此說附會，解凍之意已到，且並未說死「叉」字，無須出「解」字也。

趙克宜《角山樓蘇詩評注彙鈔》卷五：押窄韻乃詩人一端之長，無關大體。世人爭標此種爲法，安得不入魔道。

高步瀛《唐宋詩舉要》卷六：（「臺前日暖君須愛」二句）吾鄉人冬日鑿冰爲孔，伏其上叉冰下之魚，爲一種漁業，惜王見大（文誥）未見耳。（略）何嘗含有「解凍」之意乎？

高步瀛《唐宋詩舉要》卷六引吳汝綸評：半山和作，極盡艱難刻畫之苦，而公前後四章皆極天然妙趣，所謂天馬行空者也。此四篇皆率性漫作，特其才力偉大，故能特見精警。

又見卷一〇《有美堂暴雨》吳曾評，本卷《雪後書北臺壁》蔡載、方回評，《御選唐宋詩醇》評，卷一四《雪夜獨宿柏仙庵》紀昀評、卷二四《次韻段縫見贈》嚴有翼、洪邁評。

趙成伯家有麗人僕忝鄉人不肯開樽徒吟春雪美句次韻一笑

繡簾朱戶未曾開，誰見梅花落鏡臺。試問高吟三十韻（自注：世言檢死秀才衣帶上有雪詩三十韻），何如低唱兩三杯（自注：世傳陶穀學士買得黨太尉家故伎，遇雪，陶取雪水烹團茶，謂伎曰：黨家應不識此。伎曰：彼粗人，安有此景。但能於銷金煖帳下淺斟低唱，喫羊羔兒酒。陶默然媿其言）。莫言衰鬢聊相映，須得纖腰與共回。知道文君隔青瑣，梁園賦客肯言才（自注：聊答來句，義取婦人而已）。

黄徹《䂬溪詩話》卷四：坡有「試問高吟三十首，何如低唱兩三杯。」又「譬如長鬣人，不以長爲苦。歸來被上下，一夜著無處。」《天覺眞贊》云：「書生大抵多窮相，金眼除非是黨公。」皆笑林語也。

紀昀評《蘇文忠公詩集》卷一二：中四句虛字平頭。

成伯家宴造坐無由輒欲效顰而酒已盡入夜不欲煩擾戲作小詩求數酌而已

道士令嚴難繼和，僧伽帽小却空迴。隔籬不喚鄰翁飲，抱甕須防吏部來（自注：道士令，悅神樂中所謂離而復合者）。

紀昀評《蘇文忠公詩集》卷一二：此二首（連下一首《成伯席上贈所出妓川人楊姐》）當時原不當做詩，後人炫博收之，爲累不小。

成伯席上贈所出妓川人楊姐

坐來眞箇好相宜，深注脣兒淺畫眉。須信楊家佳麗種，洛川自有浴妃池。

查愼行《初白庵詩評》卷中：先生集中有《成伯席上贈所出妓川人楊姐》，絶色也。今題中所謂麗人即楊姐也，故曰鄉人。（其二）此山谷作。（其三）此少游作。

鐵溝復贈喬太博

城東坡隴何所似，風吹海濤低復起。城中病守無所爲，走馬來尋鐵溝水。鐵溝水淺不容輈，恰似當年韓與侯。有魚無魚何足道，駕言聊復寫我憂。孤村野店亦何有，欲發狂言須斗酒。山頭落日側金盆，倒著接䍦搔白首。忽憶從軍年少時，輕裘細馬百不知。臂弓腰箭南山下，追逐長楊射獵兒。老去同君兩憔悴，犯夜醉歸人不避。明年定起故將軍，未肯先誅霸陵尉。

黃徹《䂬溪詩話》卷八：余嘗論李廣以私憾殺灞陵尉，其褊忮險刻，決非長者，所以不侯，非直殺降之譴也。因觀坡云：「明年定起故將軍，未肯先誅灞陵尉。」恐亦寓此意。

《許彥周詩話》：淮陰勝而不驕，乃能師李左車，最奇特事。荆公詩云：「將軍北面師降虜，此事人間久寂寥。」李廣誅霸陵尉，薄於德矣，東坡詩云：「今年定起故將軍，未肯先誅霸陵尉。」用事當如此向背。

紀昀評《蘇文忠公詩集》卷一二：（「忽憶從軍年少時」以下）文境拓開，音節亦直逼唐人。

趙克宜《角山樓蘇詩評注彙鈔》卷五：東坡與喬並無年少從軍事，駕空立論，唐人所無，然詩境卻好。

莫笑銀杯小答喬太博

陶潛一縣令，獨飲仍獨醒。猶將公田二頃五十畝，種秫作酒不種秔。我今號爲二千石，歲釀百石何以醉賓客。請君莫笑銀杯小，爾來歲旱東海窄。會當拂衣歸故丘，作書貸粟監河侯。萬斛船中著美酒，與君一生長拍浮。

王文誥《蘇文忠公詩編注集成》卷一二：時減削公使庫錢太甚，歲造酒不得過百石，詩意專指此事。故題曰《莫笑銀杯小》也。

紀昀評蘇文忠公詩集卷十三

送段屯田分得于字

勸農使者古大夫，不惜春衫踐泥塗。王事靡鹽君甚劬，奉常客卿虬兩鬚。東武縣令天馬駒，泮宮先生非俗儒。相與野飲四子俱，樂哉此樂城中無。谿邊策杖自攜壺，腰笏不煩何易于。膠西病守老且迂，空齋愁坐紛墨朱。四十豈不知頭顱，畏人不出何其愚。

紀昀評《蘇文忠公詩集》卷一三：通篇不見送段之意，恐題有脫訛。詩語卻極矯健，用一事而兩面俱到。（「谿邊策杖自攜壺」二句）有此二句，方不是直頭布袋。

趙克宜《角山樓蘇詩評注彙鈔》卷五：（「谿邊策杖自攜壺」二句）古人押分韻之字最不苟且，觀此可見。

和段屯田荊林館

南山有佳色，無人空自奇。淸詩爲題品，草木變芬菲。謝女得秀句，留待中郎歸。便當勤鞭策，僕倦馬亦饑（自注：段有姪女在密州）。

出城送客不及步至溪上二首

紀昀評《蘇文忠公詩集》卷一三：二詩皆老筆直寫，無根柢人效之，便成淺率。

送客客已去，尋花花未開。未能城裏去，且復水邊來。父老借問我，使君安在哉。今年好風雪，會見麥千堆。

紀昀評《蘇文忠公詩集》卷一三：（「父老借問我」二句）如此寫「步」字神妙！

趙克宜《角山樓蘇詩評注彙鈔》卷五：（「父老借問我」四句）淸空如話，此境正不易到。

春來六十日，笑口幾回開。會作堂堂去，何妨得得來。倦遊行老矣，舊隱賦歸哉。東望峨眉小，盧山翠作堆（自注：郡東盧山絕類峨眉而小）。

紀昀評《蘇文忠公詩集》卷一三：（「東望峨眉小」二句）絡合得不寂寞。

又見本卷《盧山五詠》紀昀評。

游盧山次韻章傳道

塵容已似服轅駒，野性猶同縱壑魚。出入巖巒千仞表，較量筋力十年初。雖無窈窕驅前馬，還有鴟夷挂後車。莫笑吟詩淡生活，當令阿買爲君書。

卞永譽《書畫匯考》卷一「蘇軾」條《蘇雪堂次傳道遊盧山詩帖》：東坡先生以雄文直節高一代，而其英偉秀傑之氣，發爲翰墨者，姿態橫生，鋒穎遒勁，尤非時人之所能及。此帖文簡意足，不易得也。好事者宜寶藏之。至正十九年龍集己亥四月既望，後學雙流宇文公諒謹題。

查慎行《初白庵詩評》卷中：公手書墨迹此詩，題云：「軾謹次傳道先生游盧山韻」，末云：「閱訖幸即付去人，送公弼郎中、禹功太博、明叔教授，各乞一首，軾上。」此段見《式古堂書畫彙考》。

紀昀評《蘇文忠公詩集》卷一三：前四句自佳，後半無聊塞白耳。

廬山五詠

廬敖洞　自注：《圖經》云：敖，秦博士，避難此山，遂得道。

上界足官府，飛昇亦何益。還在此山中，相逢不相識。

郎曄《經進東坡文集事略》卷五〇：公嘗有《廬山五詠》，其一則《廬敖洞》，公自注云：「按圖經，敖乃秦博士，避難此山，遂得道。」而《淮南子》注云：「盧敖，燕人。秦始皇召以爲博士，使求神仙，亡而不返也。」

紀昀評《蘇文忠公詩集》卷一三：不必定是廬敖洞詩，而借以託意，語自可喜。

飲酒臺

博士雅好飲，空山誰與娛。莫向驪山去，君王不喜儒。

紀昀評《蘇文忠公詩集》卷一三：此首太直，反不如前首之不切。

聖燈巖

石室有金丹，山神不知秘。何必吐光芒，夜半驚童稚。

舊題王十朋《百家註分類東坡先生詩》卷七引次公曰：此本詠聖燈，而詩人立新意，以爲丹之光芒爾。

高步瀛《唐宋詩舉要》卷八：此以金丹爲陪，非以聖燈爲丹之光芒也，趙（次公）似誤會。

紀昀評《蘇文忠公詩集》卷一三：有「至人貴忘機」之感。

三　泉

皎皎巖下泉，無人還自潔。不用比三星，清光同一月。

障日峰

長安自不遠，蜀客苦思歸。莫教名障日，喚作小峨眉（自注：其狀類峨眉，俱小爾）。

舊題王十朋《百家註分類東坡先生詩》卷七引次公曰：因山之似峨眉而小，所以起蜀客思歸之興也。因「蜀客歸」之句，所以引長安之日也。

紀昀評《蘇文忠公詩集》卷一三：坐煞反成死句，不如「步至溪上」詩多矣。詩家往往同一意而工拙不同，只爭運筆耳。

次韻章傳道喜雨 自注：禱常山而得。

去年夏旱秋不雨，海畔居民飲鹹苦。今年春暖欲生蝝，地上戢戢多於土。預憂一旦開兩翅，口吻如風那肯吐。前時渡江入吳越，布陣橫空如項羽（自注：去歲錢塘見飛蝗自西北來，極可畏）。農夫拱手但垂泣，人力區區固難禦。撲緣鬉尾困牛馬，啖齧衣服穿房戶。坐觀不救亦何心，秉畀炎火傳自古。荷鋤散掘誰敢後，得米濟饑還小補。常山山神信英烈，撝駕雷公訶電母。應憐郡守老且愚，欲把瘡痍手摩撫。山中歸時風色變，中路已覺商羊舞。夜窗騷騷鬧松竹，朝畦泫泫流膏乳。從來蝗旱必相資，此事吾聞老農語。庶將積潤掃遺孽，收拾豐歲還明主。縣前已窖八千斛（自注：今春及今得蝗子八千餘斛），率以一升完一畝。更看蠶婦過初眠（自注：蠶一眠則蝗不復生矣），未用賀客來旁午。先生筆力吾所畏，蹴踏飽謝跨徐庾。偶然談笑得佳篇，便恐流傳成樂府。陋邦一雨何足道，吾君盛德九州普。中和樂職幾時作，試向諸生選何武。

舊題王十朋《百家註分類東坡先生詩》卷七引次公曰：（「布陣橫空如項羽」）《前漢書》：「因有告英布反，于是上自將擊布，布兵精甚。上乃壁庸城，望布軍置陳如項羽軍，上惡之。」此尤見先生詩妙，無不有所出也。

《御選唐宋詩醇》卷三四：古語時情，錯雜寫來，可謂博誕空類。至結穴推本盛德，寓規于頌，盡遣奇詞奧旨，俱歸雅頌之音。

紀昀評《蘇文忠公詩集》卷一三：通體老健。（起處八句）只說旱蝗相資之苦，而雨之可喜自見，此背面烘託之法。（「先生筆力吾所畏」）入得稍突。

謝郡人田賀二生獻花

城裏田員外，城西賀秀才。不愁家四壁，自有錦千堆。珍重尤奇品，艱難最後開。芳心困落日，薄豔戰輕雷（自注：昨日雷雨）。老守尤多病，壯懷先已灰。殷勤此粲者（自注：賀獻魏花三朵），攀折爲誰哉。玉腕揎紅袖，金樽瀉白醅。何當鑷霜鬢，強插滿頭回。

紀昀評《蘇文忠公詩集》卷一三：本色語，極老健！此老境，不易效，無其火候而效之，便入香山門戶。

惜花

吉祥寺中錦千堆（自注：錢塘花最盛處），前年賞花眞盛哉。道人勸我淸明來，腰鼓百面如春雷。打徹涼州花自開，沙河塘上插花回。醉倒不覺吳兒咍，豈知如今雙鬢摧。城西古寺沒蒿萊，有僧閉門手自栽。千枝萬葉巧翦裁，就中一叢何所似，馬瑙盤盛金縷杯。而我食菜方淸齋，對花不飲花應猜。夜來雨雹如李梅，紅殘綠暗吁可哀。（自注：錢塘吉祥寺花爲第一，壬子淸明賞會最盛，金盤綵籃以獻於座者五十三人。夜歸沙河塘上，觀者如山，爾後無復繼也。今年諸家園圃花亦極盛，而龍興僧房一叢尤奇，但衰病牢落，自無以發興耳。昨日雨雹，知此花之存者有幾，可爲太惜也。）

《御選唐宋詩醇》卷三四：語不斲斷，似無意求工，而入頹放處正復滔滔淸絕。

紀昀評《蘇文忠公詩集》卷一三：信手寫出，有曲折自如之妙。（「就中一叢何所似」二句）柏梁體間一句用韻，體例俟考。

趙克宜《角山樓蘇詩評注彙鈔》卷五：韓昌黎《岣嶁山》、李昌谷《高軒過》，體格皆如此。

（「腰鼓百面如春雷」四句）襯筆寫得興會。

和頓教授見寄用除夜韻

我笑陶淵明，種秫二頃半。婦言既不用，還有責子歎。無絃則無琴，何必勞撫玩。我笑劉伯倫，醉髮蓬茆散。二豪苦不納，獨以鍤自伴。既死何用埋，此身同夜旦。孰云二子賢，自結兩重案。笑人還自笑，出口談治亂。一生溷塵垢，晚以道自盥。無成空得懶，坐此百事緩。仄聞頓夫子，講道出新貫。豈無一尺書，恐不記庸懦。陋邦貧且病，數米銖稱炭。慚愧章先生，十日坐空館。袖中出子詩，貪讀酒屢暖。狂言各須慎，勿使輸薪粲。

紀昀評《蘇文忠公詩集》卷一三：入手恣逸之至，惜後幅有瑕耳。（「孰云二子賢」四句）出落輕捷。（「豈無一尺書」二句）二句語意不醒豁。（「狂言各須慎」二句）二句亦太露、太直。

趙克宜《角山樓蘇詩評注彙鈔》卷五：此韻屢疊，出奇無窮。

和子由四首

韓太祝送遊太山

偶作郊原十日游，未應回首厭籠囚。但教塵土驅馳足，終把雲山爛漫酬。聞道逢春思濯錦，更須到處覓菟裘。恨君不上東封頂，夜看金輪出九幽。

紀昀評《蘇文忠公詩集》卷一三：全答子由末二句意。

送　春

夢裏青春可得追，欲將詩句絆餘暉。酒闌病客惟思睡，蜜熟黃蜂亦懶飛。芍藥櫻桃俱掃地，鬢絲禪榻兩忘機。憑君借取法界觀，一洗人間萬事非（自注：來書云近看此書，余未嘗見也）。

《瀛奎律髓彙評》卷二六《變體類》方回評：「酒闌病客惟思睡」，我也，情也。「蜜熟黃蜂亦懶飛」，物也，景也。「芍藥櫻桃俱掃地」，景也。「鬢絲禪榻兩忘機」，情也。一輕一重，一來一往，所謂四實四虛。前後虛實，又當何如下手？至此則知繫風捕影，未易言矣。坡妙年詩律頗寬，至晚年乃神妙流動。

又馮舒評：亦是才高，故可縱橫如意，執變體二字擬之，千里萬里。

又馮班評：大手自然不同，豈可以尋常蹊徑束之乎？

又何焯評：此亦和子由。

又紀昀評：三、四兩句是對面烘染法。好在「亦」字，上下熔成一片。

又無名氏（乙）評：四句一氣揮斥，曲折排宕。惟坡公沛然爲之有餘，是天才，不可及。

又許印芳評：紀昀批本集云：「第四句對得奇變。此對面烘托法。末聯上句用五仄落腳，下句【萬】字宜用平聲。此亦小疵。」按：七律平起式，上句第五字拗作仄，下句第五字宜拗作平以救之。若第五、第六皆作仄，尤不可不救，此正格也。有不救者，乃是變格，古人詩中亦多有之，卻不得指爲疵病。曉嵐之言，殆未博考詩家變格耳。「觀」，去聲。

查愼行《初白庵詩評》卷中：（「酒闌病客唯思睡」二句）對句不測。

《御選唐宋詩醇》卷三四：「酒闌」句是賦，「蜜熟」句是比，對句卻從上句生出。作手大家，即一屬對，不易測識如是。

紀昀評《蘇文忠公詩集》卷一三：（「酒闌病客唯思睡」四句）四句對得奇變，此對面烘託之法。（「憑君借取法界觀」二句）上句五仄落腳，下句「萬」字宜用平聲。

趙克宜《角山樓蘇詩評注彙鈔》卷五：（「酒闌病客唯思睡」四句）四句一氣揮斥，曲折排宕，惟坡公沛然之有餘，是天才不可及。

首夏官舍即事

安石榴花開最遲，絳裙深樹出幽菲。吾廬想見無限好，客子倦遊胡不歸。坐上一樽雖得滿，古來四事巧相違。令人卻憶湖邊寺，垂柳陰陰晝掩扉。

《瀛奎律髓彙評》卷二六《變體類》方回評：此詩變體，他人殆難繼也，首唱兩句自說榴花，下面如何着語，似乎甚難。卻自想吾廬之好，而恨此身之未歸。第五、第六卻又謂不是無酒，只是心事自不樂爾。至尾句卻又擺脫，而歸宿于湖上之寺。蓋謂雖未可遽歸，一出遊僧舍亦可也。變體如此難學，姑書之以見蘇公大手筆之異。如初夏《賀新郎》詞後一段全說榴花，亦他人所不能也。如老杜「即看燕子入山扉」以下四句說景，卻將四句說情，則甚易爾。善變者將四句說景括作一句，又將四句說情括作一句，以成一聯，斯謂之難。

又馮舒評：何用許多閑講？

又紀昀評：說此詩意甚細、確。

又馮班評：趁筆所之，自然如意。

又何焯評：時新自杭倅遷密守，故有落句。

又無名氏（乙）評：純于空處宕折。

紀昀評《蘇文忠公詩集》卷一三：三四宋調之清歷者。結句複第三句。

送李供備席上和李詩

家聲赫奕蓋并涼，也解微吟錦瑟旁。擘水取魚湖起浪，引杯看劍坐生光。風流別後人人憶，才器歸來種種長。不用更貪窮事業，風騷分付與沈湘。

查慎行《初白庵詩評》卷中：語含諷刺，起結一意。

紀昀評《蘇文忠公詩集》卷一三：查云：「語含諷刺，起結一意。」然此即和劉景文詩（《次韻劉景文見寄》）「烈士家風安用此」意。借寫牢騷則有之，無諷其不必作詩之意。

西齋

西齋深且明，中有六尺牀。病夫朝睡足，危坐覺日長。昏昏既非醉，踽踽亦非狂。褰衣竹風下，穆然中微涼。起行西園中，草木含幽香。榴花開一枝，桑棗沃以光。鳴鳩得美蔭，困立忘飛翔。黃鳥亦自喜，新音變圓吭。杖藜觀物化，亦以觀我生。萬物各得時，我生日惶惶。

《御選唐宋詩醇》卷三四：目見耳聞，具有萬物各得其所氣象。昔人稱淵明爲古閒淡之宗，此則升堂入室矣。

紀昀評《蘇文忠公詩集》卷一三：善寫夷曠之意，善用託染之筆。寫物處全是自寫。音節字句，亦皆一一入古。此東坡極經意之作。

趙克宜《角山樓蘇詩評注彙鈔》卷五：此亦有意效陶，但陶覺氣和，公覺氣勁耳。（「杖藜觀物化」二句）二語篇中樞紐。（「亦以觀我生」）押「生」字用古韻，古庚陽通也。《韻補》謂生協音商，其說轉泥。

小兒

小兒不識愁，起坐牽我衣。我欲嗔小兒，老妻勸兒癡。兒癡君更甚，不樂愁何爲。還坐愧此言，洗盞當我前。大勝劉伶婦，區區爲酒錢。

瞿佑《歸田詩話·與李之儀簡》：東坡詩云：「小兒不識愁（略）。」其曠達如此。又《與李之儀小簡》云：「伏惟起居佳勝，眷聚各安慶，無他祝，惟保愛之外，酌酒與婦飲，尙勝俗侶對，梅二丈詩云爾。」梅二丈，謂聖兪也。

寄劉孝叔

君王有意誅驕鹵，椎破銅山鑄銅虎。聯翩三十七將軍，走馬西來各開府。南山伐木作車軸，東海取鼉漫戰鼓。汗流奔走誰敢後，恐乏軍興汙資斧。保甲連村團未遍，方田訟牒紛如雨。爾來手實降新書，抉剔根株窮脈縷。詔書惻怛信深厚，吏能淺薄空勞苦。平生學問只流俗，衆裏笙竽誰比數。忽令獨奏鳳將雛，倉卒欲吹那得譜。況復連年苦饑饉，剗齧草木啖泥土。今年雨雪頗應時，又報蝗蟲生翅股。憂來洗盞欲強醉，寂寞虛齋卧空甒。公厨十日不生煙，更望紅裙踏筵舞。故人屢寄山中信，只有當歸無別語。方將雀鼠偸太倉，未肯衣冠挂神武。吳興丈人眞得道，平日立朝非小補。四方冠蓋鬧如雲，歸作二浙湖山主。高踪已自雜漁釣，大隱何曾棄簪組。去年相從殊未足，問道已許談其粗。逝將棄官往卒業，俗緣未盡那得睹。公家只在霅溪上，上有白雲如白羽。應憐進退苦皇皇，更把安心教初祖。

朋九萬《烏臺詩案·送劉述吏部詩》：與劉述干涉事：熙寧八年四月十一日，軾作詩送劉述云：「君王有意誅驕虜，椎破銅山鑄銅虎。聯翩三十七將軍，走馬西來各開府。」是時朝廷遣使諸路點檢軍器及置三十七將官。軾將謂今上有意征討西夏，以譏諷朝廷諸路遣使及置將官，張皇不便。又云：「南山伐木作車軸，東海取鼉漫戰鼓。汗流奔走誰敢後？恐乏軍興汚刀斧。保甲連村團未遍，方田訟牒紛如雨。邇來手實降新書，抉剔根株窮脈縷。詔書惻怛信深厚，吏能淺薄空勞苦。」以譏諷朝廷法度屢更，事目煩多，吏不能曉。又云：「況復年來苦饑饉，剝齧草木啖泥土。今年雨雪頗應時，又報蝗蟲生翅股。憂來洗盞欲強醉，寂寞空齋卧空甒。公廚十日不生煙，更望紅裙踏筵舞。」（原注云：「近齋廚索然，可笑。」）又云：「近來屢得山中信，只有當歸無別語。猶將鼠雀偷太倉，未肯衣冠掛神武。」意謂邇來饑謹，飛蝗蔽天甚，以譏諷朝廷政事闕失，新法不便之所致也。又云酒食無備，齋廚索然，以譏諷朝廷行法減削公使錢太甚。公事既多，旱蝗又甚。二政巨藩，尚如此窘迫。所以言山中故人寄信令歸，但軾貪祿，未能便挂衣冠而去也。又云：「四方冠蓋鬧如雲，歸作二浙湖山主。」以譏諷朝廷近日提舉官所至生事苛碎，故劉述乞宮觀，歸湖山也。軾在臺，八月二十二日準問目，仰軾供具，自來做過是何文字。軾說曾寄劉述吏部上件詩因依，其詩即不係朝旨降到冊子內。

吳可《藏海詩話》：蔡天啓坐有客云：「東湖詩叫呼而壯。」蔡云：「詩貴不叫呼而壯。」此語大妙。「擘開蒼玉巖」、「椎破銅山鑄銅虎」，何故爲此語？是欲爲壯語耶？

袁宏道評閱譚元春選《東坡詩選》卷三袁宏道評：爲安石作也，那得不取禍。

《御選唐宋詩醇》卷三四：始陳政令之弊，繼悼饑饉之臻，而中以「詔書惻怛」「吏能淺薄」爲詞，可謂立言有體。後言已不能如孝叔之高蹈，蓋其志在救時，有未肯「掛冠神武」者。特詩中不可以顯言，乃以「雀鼠」、「太倉」，故作慚謝故人之語，溫厚和平，與詩人之旨宛合。一切譏誚躁妄之詞，其不可同年而語明矣。

查愼行《初白庵詩評》卷中：（「未肯衣冠挂神武」）葉夢得《玉澗雜書》云：「子瞻倅錢塘時，作詩用陶隱居挂冠神虎門事。後坐詔獄，舉詩問出處，子瞻倉卒誤記。本傳云：『齊祚將衰，故去。』不敢以實對，即謬言『予往官鳳翔，見壁上王嗣宗詩『欲挂衣冠神虎門，先尋水竹渭南村』，詩事本此。舒信道聞之，果大笑，謂蘇未讀陶傳，因釋不問。

紀昀評《蘇文忠公詩集》卷一三：灝氣旋轉，伸縮自如。（起處）託諷處亦不甚激。（「東海取鼉漫戰鼓」）「漫」當作「輓」。（「詔書惻怛信深厚」二句）二句詩人之筆。（「平生學問只流俗」以下四句）妙於用比，便不露激訐之痕。前人立比體，原爲一種難着語處開法門。

王文誥《蘇文忠公詩編注集成》卷一三：（「自從四方冠蓋鬧」）曉嵐謂此句當從《詩案》作「四方冠蓋鬧如雲」，誤。前有「紛如雨」，後必不作「鬧如雲」。然篇幅太長，曉嵐未能兼顧也。「污質斧」句，義本不協，故從「污資斧」爲可信。若本句極爲緊健，且叙吴興丈人本事只四句，必要「自從」二字貫下，至「湖山主」句止，而後「高蹤」句蕩開，「大隱」句頓住。若從紀説，則「四方」句先已蕩開，至「湖山」而氣已住，下二句更蕩不得，必要删去以前四句，以直接「去年」讀下故也。久讀當自知之。（「問道已許談其粗」句以下）時孝叔游心方外，特用「問道」句留作種子，便于此處收煞。否則，公既未退，而孝叔亦不出，此詩無結處矣。其「問道」一層，且是孝叔丈當日身分。詩法細密如此，若以譚空當一件事論，即大可笑矣。

方東樹《昭昧詹言》卷一二：滿紙奇縱之氣。此詩推尊孝叔已至，蓋以同被安石之斥，故言之親切也。「更望紅裙」句言不可得。收跟談道。

又：贈人寄人之詩，如此首暨（略）《寄劉孝叔》（略）皆入妙。

張道《蘇亭詩話》卷二《考韻類》：又《寄劉孝叔》詩：「聞道已許談其粗。」押入虞韻。又《次韻樂著作野步》詩：「寂寞閒窗《易》粗通。」亦作仄用。按《廣韻》，粗有徂古切一音，今韻書不收。（《翁覃溪云：「粗字雖有平上二音，而以上聲爲本音，邵子湘以爲與徂睹叶，不知此字實是上聲，並非叶也。」）

趙克宜《角山樓蘇詩評注彙鈔》卷五：一路實叙時事，筆勢浩瀚，得「詔書」一聯爲樞紐，便不直致，立言又復得體。（「故人屢寄山中信」）此是有意作曲折。（「自從四方冠蓋鬧」）頓筆整鍊。

又見卷六《送錢藻出守婺州得英字》趙翼評、卷一七《百步洪二首》方東樹評。

孔長源挽詞二首

少年才氣冠當時，晚節孤風益自奇。君勝宜爲夫子後，林宗不愧蔡邕碑。南荒尙記誅元惡，東越誰能事細兒。耆舊如今幾人在，爲君無憾爲時悲。

查愼行《初白庵詩評》卷中：（「東越誰能事細兒」）須溪「細兒」注：「似非細兒，猶纖兒也，必有所指。」

紀昀評《蘇文忠公詩集》卷一三：（「南荒尙記誅元惡」二句）太激便傷雅。

小堰門頭柳繫船，吳山堂上月侵筵。潮聲夜半千巖響，詩句明朝萬口傳（自注：長源自越過杭，夜飲有美堂上，聯句，長源詩云：「天目遠隨雙鳳落，海門遙蹙兩潮趨。」一坐稱善）。豈意日斜庚子後，忽驚歲在巳辰年。佳城一閉無窮事，南望題詩淚灑牋。

《石林詩話》卷上：詩之用事，不可牽強，必至於不得不用而後用之，則事詞爲一，莫見其安排鬭湊之迹。蘇子瞻嘗爲人作挽詩云：「豈意日斜庚子後，忽驚歲在巳辰年。」此乃天生作對，不假人力。吳聿《觀林詩話》：半山詩有用蔡澤事云：「安排壽考無三甲。」又用退之語對云：「收拾文章有六丁。」東坡詩有用屈原事云：「豈意日斜庚子後。」又用鄭康成夢對曰：「忽驚歲在巳辰年。」皆天設對也。

汪師韓《蘇詩選評箋釋》卷六：集中尙有（略）以「日斜庚子」對「歲在巳辰」，並爲宋詩人所稱，其實軾詩卓絕處不盡在此。

紀昀評《蘇文忠公詩集》卷一三：（「驚歲在巳辰年」）「巳辰」倒用，牽於聲病耳。

趙翼《甌北詩話》卷五：詩人遇成語佳對，必不肯放過。坡公尤妙于翦裁，雖工巧而不落纖佻，由其才分之大也。如（略）「豈意日斜庚子後，忽驚歲在巳辰年。」（《孔長源挽詩》）（略）此等詩雖非坡公著意之作，然自然湊泊，觸手生春，亦見其學之富而筆之靈也。

又見卷八《贈孫莘老七絕》趙翼評、卷三九《章質夫送酒六壺書至而酒不達戲作小詩問之》汪師韓評。

寄呂穆仲寺丞

孤山寺下水侵門，每到先看醉墨痕。楚相未亡談笑是，中郎不見典刑存（自注：杭有伶人善學呂，舉措酷似，別後常令作之以爲笑）。君先去踏塵埃陌，我亦來尋桑棗村。回首西湖眞一夢，灰心霜鬢更休論。

紀昀評《蘇文忠公詩集》卷一三：（「楚相未亡談笑是」二句）二句俱是歿後典故，用來欠親切。

余主簿母挽詞

閨庭蘭玉照鄉閭，自昔雖貧樂有餘。豈獨家人在中饋，卻因麟趾識關睢。雲軿忽已歸僊府，喬木依然擁舊廬。忍把還鄉千斛淚，一時灑向老萊裾。

送趙寺丞寄陳海州

景疏樓上喚娥眉，君到應先誦此詩。若見孟公投轄飲，莫忘衝雪送君時。

趙克宜《角山樓蘇詩評注彙鈔》卷五：用陳孟公事，切海州也。

答陳述古二首

查愼行《初白庵詩評》卷中：公倅杭州，述古爲太守。公移守密州，述古未幾亦去。二詩交互看來，自爾分明。

漫說山東第二州，棗林桑泊負春游。城西亦有紅千葉，人老簪花卻自羞。

查慎行《初白庵詩評》卷中：結句集中再見。

小桃破萼未勝春，羅綺叢中第一人。聞道使君歸去後，舞衫歌扇總成塵（自注：陳有小妓，述古稱之）。

紀昀評《蘇文忠公詩集》卷一三：（自注：「陳有小妓，述古稱之」）注「陳有」疑當作「杭有」。

趙克宜《角山樓蘇詩評注彙鈔》卷五：此首及次首「小桃」皆比也。

張安道樂全堂

列子御風殊不惡，猶被莊生譏數數。步兵飲酒中散琴，於此得全非至樂。樂全居士全於天，維摩丈室空翛然。平生痛飲今不飲，無琴不獨琴無絃。我公天與英雄表，龍章鳳姿照魚鳥。但令端委坐廟堂，北狄西戎談笑了。如今老去苦思歸，小字親書寄我詩。試問樂全全底事，無全何處更相虧。

紀昀評《蘇文忠公詩集》卷一三：（「樂全居士全於天」四句）接法入化。（「我公天與英雄表」四句）著一頓挫，方不直致。結處稍嫌偈頌氣。

趙克宜《角山樓蘇詩評注彙鈔》卷五：（「我公天與英雄表」）有此數語，方切安道身分。

張文裕挽詞

高才本出朝廷右，能事方推德業餘。每見便聞曹植句，至今傳寶魏華書。濟南名士新凋喪，劍外生祠已潔除。欲寄西風兩行淚，依然喬木鄭公廬。

懷西湖寄晁美叔同年

西湖天下景，游者無愚賢。淺深隨所得，誰能識其全。嗟我本狂直，早爲世所捐。獨專山水樂，付與寧非天。三百六十寺，幽尋遂窮年。所至得其妙，心知口難傳。至今清夜夢，耳目餘芳鮮。君持使者節，風采爍雲煙。清流與碧巘，安肯爲君妍。胡不屏騎從，暫借僧榻眠。讀我壁間詩，清涼洗煩煎。策杖無道路，直造意所便。應逢古漁父，葦間自延緣。問道若有得，買魚勿論錢。

袁宏道評閱譚元春選《東坡詩選》卷三譚元春評：游湖上眞性情，懷湖上眞念頭，一二語道破。中間一段，勸化富貴人假山水處，痛快難言。若勸化得轉，便是一大功德，莫作嘲譏看也。

查愼行《初白庵詩評》卷中：（「三百六十四」至末）山水之間，俗吏原無置身處，示以幽尋之訣，語雖直而意良厚。

《御選唐宋詩醇》卷三四：知其妙處難傳，便是能識其全者。妙處既不可傳，故令讀壁間詩，使自得之。又令「直造意所便」，以庶幾所至有得耳。

紀昀評《蘇文忠公詩集》卷一三：（「胡不屏騎從」以下）即次山「莫道車馬來，使我鳥獸驚」意，說來太直致，便似尊己凌人。

宋長白《柳亭詩話》卷二一：（「西湖天下景」八句）具此眼識，宜乎六橋至今口于婦豎。

王文誥《蘇文忠公詩編注集成》卷一三：（「西湖天下景」四句）是西湖定評。而讀此集亦然，正當借以評公集也。

趙克宜《角山樓蘇詩評注彙鈔》卷五：（起處）游覽中閱歷語。（「胡不屏騎從」二句）此亦親昵之言，不嫌直致，世之輿蓋游山者讀之宜省。

和梅户曹會獵鐵溝

山西從古說三明，誰信儒冠也捍城。竿上鯨鯢猶未掩（自注：近臬數盜），草中狐兔不須驚。東州趙傻飲無敵，南國梅僊詩有聲。不向如皋閒射雉，歸來何以得卿卿（自注：是日惟梅、趙不射）。

黄朝英《靖康緗素雜記》卷一〇《東坡誤用事》：劉公《嘉話》云：「晉謝靈運鬚美，臨刑，因施爲南海祗洹寺維摩像鬚，寺人寶惜，初不虧損。中宗朝，安樂公主五日鬭百草，欲廣其物色，令馳驛取之，又恐爲他所得，因剪棄其餘，今遂無。」其集所載，止此而已。（略）又《左傳》昭公二十八年：「賈大夫娶妻美，御以如皋，射雉獲之。」杜預注：「爲妻御之。皋，澤；如，訓之。」則非地名明矣。而東坡《和人會獵》詩云：「不向如皋閑射雉，歸來何以得卿卿。」眞誤也。

邵博《邵氏聞見後錄》卷一六：又《會獵》詩：「不向如皋閑射雉，歸來何以得卿卿。」按《左傳》昭公二十八年，賈大夫娶妻美，御以如皋，射雉，獲之。杜氏注：「爲妻御之皋澤。」則如當訓之，非地名，亦誤也。（略）東坡信天下後世者，寧有誤邪？予應之曰：「東坡累誤千百，尚信天下後世也。」童子更曰：「有是言，凡學者之誤亦許矣。」予曰：「爾非東坡，奈何？」

吳聿《觀林詩話》：嘗見東坡手寫《會獵》詩云：「向不如臯閑射雉，人間何以得卿卿。」世所傳本乃作「不向如臯」，遂以爲東坡誤用如臯爲地名，特未嘗見寫本耳。

袁文《瓮牖閑評・佚文》：人多病蘇東坡詩「不向如臯閑射雉，歸來何以得卿卿」，謂《左氏傳》「如」訓「往」，「御以如臯」者，蓋爲妻之御而往臯也，今曰「不向如臯」，則是便指「如臯」爲地名，非是。彼乃不知後人誤寫「向」字「不」字下爾，非東坡之誤也。余嘗親見東坡一紙書此詩，乃「向不」，誠是也，與如臯地名略不相妨。見前輩文字不能詳究，輒妄自譏語，豈不重可笑歟！

洪邁《容齋四筆》卷一六《嚴有翼詆坡公》：嚴有翼所著《藝苑雌黄》，該洽有識，蓋近世博雅之士也。然其立說頗務譏詆東坡公，予嘗因論玉川子《月蝕詩》，詆其輕發矣。又有八端，皆近于蚍蜉撼大木，招後人攻擊。如（略）《如臯篇》中，謂「不向如臯閑射雉」與《左傳》杜注不合，其誤與江總「暫往如臯路」之句同。

胡仔《苕溪漁隱叢話》後集卷二七引《復齋漫錄》：《古樂府》張正見《雉子斑》云：「惟當渡弱水，不怯如臯箭。」毛處約《雉子斑》云：「能使如臯路，相迎巧笑間。」蓋用賈大夫事耳。而黃朝英《緗素雜記》乃謂東坡錯用如臯事，故云：「不向如臯閑射雉，歸來何以得卿卿？」蓋承《古樂府》之誤耳。若潘安仁《射雉賦》云：「昔賈氏之如臯，試解顏之一笑。」山谷《南園記》云：

「可盡記子之言，我將鑱之南園之石，他日御以如皋，雖不獲雉，尚期一笑哉。」若二公者，眞可謂得《傳》意。

王楙《野客叢書》卷二三《東坡用如皋事》：前輩謂東坡詩曰：「不向如皋閑射雉，歸來何以得卿卿。」按《左傳》「賈大夫娶妻美，御以如皋」，「如」訓往也，非地名曰「如皋」，坡誤用之耳。僕觀古樂府，張正見、毛處約、江總等《雉子斑》詩，皆以「如皋」爲地名用，知此誤非始于坡。僕得此詩後，檢諸家詩注，見趙次公亦引其間一詩，乃知暗合孫、吳。又觀《宋書》，明帝射雉無所得，謂侍臣曰：「吾但來如皋，空行可笑！」陳蕭有《射雉》詩：「今日如皋路，能將巧笑回？」

葉大慶《考古質疑》卷五：大慶因而觀坡詩，錯誤尤多，前輩嘗論之矣，今總序于此。（略）《和人會獵》詩：「不向如皋閑射雉，歸來何以得卿卿。」蓋以「如皋」爲地名也。按昭公二十八年，賈大夫娶妻，御以如皋，射雉獲之。杜氏注「爲妻御之皋澤」，如訓之，謂往也，則「如皋」非地名審矣。

又見卷二六《次韻徐積》葉大慶評、卷三三《次韻楊公濟梅花十首》邵博評。

祭常山回小獵

青蓋前頭點皀旗，黄茅岡下出長圍。弄風驕馬跑空立，趁兔蒼鷹掠地飛。回望白雲生翠巘，歸來紅葉滿征衣。聖明若用西涼簿，白羽猶能效一揮。

朋九萬《烏臺詩案·祭常山作放鷹一首》：去年祭常山回，與同官習射放鷹，作詩一首，題在本州小廳上，除無譏諷外，云：「聖朝若用西涼簿，白羽猶能效一麾。」意取西涼州主簿謝艾事。艾本書生也，善能用兵，故以此自比。若用軾爲將，亦不減謝艾也。故作放鷹詩云：「聖朝若用軾爲將，不減尚父能鷹揚。」

吳可《藏海詩話》：蔡天啓坐有客云：「東湖詩叫呼而壯。」蔡云：「詩貴不叫呼而壯。」此語大妙。（略）「弄風驕馬跑空立，趁兔蒼鷹掠地飛」（《祭常山回小獵》），山谷社中人皆以爲笑。坡暮年極作語，直如此作也。

查愼行《初白庵詩評》卷中：（「弄風驕馬跑空立」四句）豪健自喜。

《御選唐宋詩醇》卷三四：此似規橅右丞「風勁角弓鳴」一詩。馬立、鷹飛，宛然「草枯鷹眼疾，雪盡馬蹄輕」之句也。「白雲」、「紅葉」，亦是「千里雲平」遺意。特其才大，不露青藍冰水之迹耳。結以謝艾自况，想見下筆時顧盼自雄，躊躇滿志。

紀昀評《蘇文忠公詩集》卷一三：（「青蓋前頭點皀旗」）「旗」當作「旂」。（「回望白雲生翠巘」二句）寫得興致。（「白羽猶能效一揮」）「白」字複。

趙翼《甌北詩話》卷五《蘇東坡詩》：坡詩有云「清詩要鍛鍊，方得鉛中銀」。然坡詩實不以鍛鍊爲工，其妙處在乎心地空明，自然流出，一似全不著力而自然沁入心脾。此其獨絕也。今第就七言律論之，如（略）「弄風驕馬跑空立，趁兎蒼鷹掠地飛。」（略）此數十聯乃是稱心而出，不假雕飾，自然意味悠長。即使事處，亦隨其意之所欲出，而無牽合之迹。此不可以聲調、格律求之也。

趙翼評沈德潛《宋金三家詩・東坡詩選》卷上：（「歸來紅葉滿征衣」）開筆好。

方東樹《昭昧詹言》卷二〇：瑰瑋。五、六境象佳。

趙克宜《角山樓蘇詩評注彙鈔》卷五：（「弄風驕馬跑空立」）「跑」字不雅。後半極其縱宕。

和章七出守湖州二首

翁方綱《石洲詩話》卷三：《和章七出守湖州二首》，起句「方丈仙人出淼茫」，《揮麈錄》以爲讖語。然次首則仍是「方丈仙人」之意，蓋亦演之使不覺耳。

方丈僊人出淼茫，高情猶愛水雲鄉。功名誰使連三捷，身世何緣得兩忘。早歲歸休心共在，他年相見話偏長。只因未報君恩重，清夢時時到玉堂。

王明清《揮麈錄》餘話卷一《東坡送章守湖州詩》：章俞者，郇公之族子，早歲不自拘檢。妻之母楊氏，年少而寡，俞與之通，已而有娠生子。初產之時，楊氏欲不舉，楊氏母勉令留之，以一合貯水，緘置其內，遣人持以還俞。俞得之云：「此兒五行甚佳，將大吾門。」雇乳者謹視之。既長登第，始與東坡先生締交。後送其出守湖州詩，首云：「方丈仙人出渺茫，高情猶愛水雲鄉」以為譏己，由是怨之。其子入政府，俞尚無恙。嘗犯法，以年八十，勿論。事見《神宗實錄》。紹聖相天下，坡渡海，蓋修報也。所謂燕國夫人墓，獨處而無祔者，即楊氏也。

王口《道山清話》：章子厚，人言初生時，父母欲不舉，已納水盆中，為人救止。其後朝士頗聞其事。蘇子瞻嘗與子厚詩，有「方丈仙人出渺茫，高情猶愛水雲鄉」之語，子厚謂其譏己也，頗不樂。

袁宏道評閱譚元春選《東坡詩選》卷三譚袁宏道評：章子厚初生，家人漬之水中，得救乃免，故首二句云云。然章見此詩，亦不樂。

查愼行《初白庵詩評》卷中：（「早歲歸休心共在」二句）語似樂天，亦似牧之。

絳闕雲臺總有名，應須極貴又長生。鼎中龍虎黃金賤，松下龜蛇綠骨輕（自注：君好爐火而餌茯苓）。霅水未渾纓可濯，弁峰初見眼應明。兩卮春酒眞堪羨，獨占人間分外榮。

查愼行《初白庵詩評》卷中：（「絳闕雲臺總有名」二句）故作誇張，中含諷微。

紀昀評《蘇文忠公詩集》卷一三：（「應須極貴又長生」）次句故作誇張，中含微諷。

次韻劉貢父李公擇見寄二首

白髮相望兩故人，眼看時事幾番新。曲無和者應思郢，論少卑之且借秦。歲惡詩人無好語（自注：公擇來詩，皆道吳中饑苦之狀），夜長鰥守向誰親（自注：貢父近喪偶）。少思多睡無如我，鼻息雷鳴撼四鄰。

朋九萬《烏臺詩案·與劉攽通判唱和》：熙寧六年九月內，軾和劉攽寄「秦」字韻詩云：「白髮相看兩故人，眼看時事幾番新。」以譏諷朝廷近日更立新法，事尤多也。

紀昀評《蘇文忠公詩集》卷一三：三四宋調之不佳者。

趙翼《甌北詩話》卷五：詩人遇成語佳對，必不肯放過。坡公尤妙于翦裁，雖工巧而不落纖佻，由其才分之大也。如（略）「曲無和者應思郢，論少卑之且借秦。」（《答劉貢父李公擇》）（略）此等詩雖非坡公著意之作，然自然湊泊，觸手生春，亦見其學之富而筆之靈也。

賀裳《載酒園詩話·蘇軾》：「曲無和者應思郢，論少卑之且借秦」，則破體書、沒骨畫也。

王文誥《蘇文忠公詩編注集成》卷一三：（「白髮相望兩故人」）劉、李總起。（「歲惡詩人無好語」二句）此聯劉、李並作，可見二詩必不可分編也。

何人勸我此間來，絃管生衣甑有埃。綠蟻沾脣無百斛，蝗蟲撲面已三回。磨刀入谷追窮寇，灑涕循城拾棄孩。爲郡鮮歡君莫歎，猶勝塵土走章臺。

朋九萬《烏臺詩案·和李常來字韻》：熙寧八年六月，李常寄「來」字韻詩一首與軾，即無譏諷。軾依韻和云（略）。此詩譏諷朝廷新法，減削公使錢太甚，及造酒不得過百石，致弦管生衣，甑有塵埃，及蝗蟲盜賊災傷饑饉之甚。以譏朝廷政事闕失，及新法不便之所致也。馮應榴《蘇文忠詩合注》卷一三引何焯評：（「爲郡鮮歡君莫歎」二句）自言勝作京兆推官也。紀昀評《蘇文忠公詩集》卷一三：四句（「蝗蟲扑面已三回」）太質。

和張子野見寄三絕句

過舊遊

前生我已到杭州，到處長如到舊遊。更欲洞霄爲隱吏，一庵閒地且相留。

見題壁

狂吟跌宕無風雅，醉墨淋漓不整齊。應爲詩人一回顧，山僧未忍掃黃泥。

竹閣見憶

柏堂南畔竹如雲，此閣何人是主人。但遣先生披鶴氅，不須更畫樂天眞。

葉寘《愛日齋叢鈔》卷三：予因諸詩之作而考之，東坡之慕樂天似不盡始黃州。（略）守膠西《和張子野竹閣見憶》云：「柏堂南畔竹如雲，此閣何人是主人？但遣先生披鶴氅，不須更畫樂天眞。」或謂此自屬之子野。

田汝成《西湖游覽志餘》卷一〇：杭州巨美，得白、蘇而益章，考其治績怡情，往往酷似。（略）蓋子瞻景慕惟在樂天，故摹擬之詞，比比歌詠。又云：「但遣先生披鶴氅，不須更畫樂天眞。」殆有夢寐羹牆之想矣。

和蔣夔寄茶

我生百事常隨緣，四方水陸無不便。扁舟渡江適吳越，三年飲食窮芳鮮。金虀玉膾飯炊雪，海螯江柱初脫泉。臨風飽食甘寢罷，一甌花乳浮輕圓。自從捨舟入東武，沃野便到桑麻川。翦毛胡羊大如馬，誰記鹿角腥盤筵。廚中蒸粟堆飯甕，大杓更取酸生涎（自注：山東喜食粟飯，飲酸醬）。柘羅銅碾棄不用，脂麻白土須盆研。故人猶作舊眼看，謂我好尚如當年。沙谿北苑強分別，水腳一綫爭誰先。清詩兩幅寄千里，紫金百餅費萬錢。吟哦烹噍兩奇絕，只恐偷乞煩封纏。老妻稚子不知愛，一半已入薑鹽煎。人生所遇無不可，南北嗜好知誰賢。死生禍福久不擇，更論甘苦爭蚩妍。知君窮旅不自釋，因詩寄謝聊相鐫。

袁文《甕牖閑評》卷六：余生漢東，最喜啜茶，閑時常過一二北人，知余喜啜此，則往往煮以相餉，未嘗不欣然也。其法以茶芽盞許，入少脂麻，沙盆中爛研，量水多少煮之，其葉極甘腴可愛。蘇東坡詩云「柘羅銅碾棄不用，脂麻白土須盆研」者是矣。

樓鑰《次韻黃文叔正言送日鑄茶詩序》（《攻媿集》卷五）：龍圖正言年兄寄日鑄貢品，且以東坡詩中妖邪奴隸等語爲病，使爲直之。既與佳客品嘗，比平日所得者絕不同，仰嘆鑒賞之精也。

細觀坡公《和錢安道寄惠建茶》詩，一時和韻，反爲雙井所牽。後在北方《和蔣夔寄茶》，則云：「沙谿北苑強分別，水腳一綫爭誰先。清詩兩幅寄千里，紫金百餅費萬錢。吟哦烹嚥兩奇絕，只恐偷乞煩封纏。老妻穉子不知愛，一半已入薑鹽煎。人生所遇無不可，南北嗜好知誰賢。死生禍福久不擇，更論甘苦爭蚩妍。」則是此老，初亦無定論，似不必深較。輒次前韻，聊爲日鑄解嘲，以資一笑。

袁宏道評閱譚元春選《東坡詩選》卷三譚元春評：（「老妻穉子不知愛」二句）老頑皮戲筆，妙，妙。

楊愼《橘柚蒲桃橄欖》（《楊升庵全集》卷七九）：坡詩又曰：「人生所遇無不可，南北嗜好知誰賢。」可謂達人之言矣。

紀昀評《蘇文忠公詩集》卷一三：（起處二）開合變動，筆力不凡。結處一齊翻盡，乃通篇俱化煙雲，筆墨脫灑之至。

光祿庵二首

文章恨不見文園，禮樂方將訪石泉。何事庵中著光祿，枉教閒處筆如椽。
城中太守的何人，林下先生非我身，若向庵中覓光祿，雪中履迹鏡中眞。

《蘇詩彙評》

精裝四冊定價新臺幣二八〇〇元

前人對蘇詩的研究遠遠超過對蘇詞、蘇文的研究。從宋代起，蘇詩就既有分類注，又有編年注，清人更是評、注蘇詩成風，而紀昀幾乎盡評蘇詩。本書即以李香巖手批（此爲編者所藏孤本）紀昀評《蘇文忠公詩集》爲底本，彙集歷代有關蘇詩的評論資料和背景資料。涉及單篇者皆錄於各篇之後；不涉及單篇而綜論蘇詩者，附於單篇作品之後。因蘇詩幾乎篇篇有評，爲使讀者得一完整的紀昀評《蘇文忠公詩集》，故少數無評者亦予收錄。爲便讀者檢索，書末附有〈蘇詩篇名索引〉。

《蘇詞彙評》

精裝一冊定價新臺幣五〇〇元

編纂本書的目的，在於爲蘇詞研究者和蘇詞愛好者，提供盡可能全的有關蘇詞的資料，以省大家的翻檢之勞。本書雖名之曰《蘇詞彙評》，但所收不限於評論資料，有關背景資料也一并收錄。因蘇詞字數不多，故即使沒有資料的蘇詞原作也予以收錄，以使讀者有一部完整的蘇詞。所收蘇詞原文文字，以《全宋詞》中的〈蘇軾詞〉爲準，編排則按詞牌略作調整。不涉及單篇而泛論蘇詞者，皆附於單篇作品之後；蘇軾對詞的看法，對理解蘇詞亦很有用，故把蘇軾論詞的詩文及詩話、筆記中蘇軾論及他人詞的記載也予以收錄。因詞多數無題，詞序長短不一，詞牌又多重複，爲便檢索，故書末附〈蘇詞首句索引〉。

《蘇文彙評》

精裝一冊定價新臺幣七〇〇元

蘇軾的各體散文、駢文都取得了很高的藝術成就，因此爲歷代文學愛好者所喜好，歷代專選或兼選蘇文的選本很多，並往往附有該文的評論、背景資料，歷代文集、詩話、文話、賦話、四六話以及各種筆記中也有不少蘇文的評論、背景資料。本書把這些資料按篇彙在一起，不涉及單篇而泛論蘇文者總附於單篇之後。詩、詞字數不多，蘇詩又幾乎篇篇有評（紀昀），故全部收了原詩原詞。文章一般較長，故只是讀者面大而資料又較多的少數名篇收原文，多數文章則只在篇名下附資料，而不收原文。所收蘇文原文文字，以《全宋文》中的〈蘇軾文〉爲準，編排順序也大體按《全宋文》分類編排。書末附有本書有評論資料的蘇文的〈篇名索引〉，以便讀者查閱所需之篇的資料。